하나님의 종

# 리더 모세

Leader Moses

## 홍림의 마음

넓(洪)고 붉(紅)은 숲(林)이라는 중의적 의미를 담고 있는 <홍림>은, 세상을 향해 그리스도인들이 추구해야할 사유와 그리스도교적 행동양식의 바람직한 길을 모색하고자 노력하고 있습니다. 폭넓은(洪) 독자층(林)을 향해 열린 시각으로 이 시대 그리스도인의 역할 고민을 감당하며, 하늘의 소망을 품고 사는 은혜 받은 '붉은 무리'(紅林:홍림)로서의 숲을 조성하는데 <홍림>이 독자 여러분과 함께하고자 합니다.

하나님의 종

# 리더 모세


지은이 | 김재구

초 판 1쇄 인쇄 2015년 06월 18일
개정판 1쇄 발행 2019년 09월 30일

펴낸이 | 김은주
펴낸곳 | 홍 림

등록 _ 제 312-2007-000044호 17
주소 _ 서울 서대문구 거북골로14길 60
전자우편 _ hongrimpub@gmail.com

값은 표지에 있습니다.
ISBN 978-89-6934-021-4 (03230)

이 도서의 국립중앙도서관 출판예정도서목록(CIP)은 서지정보유통지원시스템 홈페이지(http://seoji.nl.go.kr)와 국가자료종합목록 구축시스템(http://kolis-net.nl.go.kr)에서 이용하실 수 있습니다.(CIP제어번호 : CIP2019035155)

하나님의 종

# 리더 모세

김재구 지음

홍림

## 일러두기

1. 이 책은 2015년에 출간된 『하나님의 종 리더 모세』의 개정판이다.
2. 이 책은 개역한글 성경 사용을 원칙으로 하되, 원어 성경에 비추어 일부 개역개정을 참고하였고, 때로 사역을 제공하였다.
3. 히브리어와 헬라어 단어와 문장을 원어로 표기할 때는 한글 음역을 제공하여 원어를 모르는 독자들도 읽을 수 있게 하였다.
4. 필요에 따라 'Thinking Tip'을 넣어 본문의 내용을 이해하는데 도움을 주도록 했다.
5. 참고자료에 대한 인용은 미주로 처리하여, 책의 뒷부분에 정리하였다.
6. 각 장별로 읽은 내용을 개인이나 그룹이 혼자, 혹은 같이 교제하며 나눌 수 있도록 연습문제를 책의 맨뒷부분에 부록으로 제공하였다.
7. 이 책에 사용한 어미 표기는 '-하다'체를 원칙으로 하되 필요에 따라서는 '-합니다'체를 혼용하였다. 특히 부록은 모두 '-합니다'체로 작성하였다.
8. 편의상 시내산, 나일강, 호렙산 등의 외래어 지명 표기는 모두 붙여쓰기를 하였다.

이 책을
아버지 고 김헌기 집사님과
어머니 황복란 권사님께
드립니다.

두 분의 사랑과 기도의 후원, 격려로 인해
하나님만 바라보며
살아가는 진리를 배웠습니다.

# 들어가는 말

『리더 모세』란 책을 쓰게 된 동기는 리더십에 관한 대부분의 책들이 성경적이라고 하면서 대다수 사람들의 이야기를 그들이 성공했다는 이유만으로, 그리고 그들이 영향력이 있다는 이유만으로 흡사 그들이 성경적 리더십의 모델인 것처럼 오해하는 경향이 있어서이다. 예: 앤드류 카네기, 잭 웰치, 빌 게이츠 등 성공과 리더십에 대한 일반적인 서적에서뿐만 아니라 성경적 리더십을 논술하는 곳에서도 이들은 단골로 등장한다. 흡사 이들의 성공 논리를 뒷받침하고 정당화하기 위해서 성경이 이용되고 있는 것이 아닌가라는 두려운 마음이 든다. 이것은 분명히 주객이 전도된 것이다.

한두 가지 예를 든다면 다음과 같은 것들이다. 한 개신교 목회자가 쓴 리더십에 관한 책에서는 맥도날드 형제의 성공신화를 경의에 찬 시선으로 알려주고 있다. 맥도날드 형제는 실패와 성공을 통해 1948년도에 시대가 변했음을 직감하고 그들의 식당 사업 방식에도 변화를 시도했다고 한다. 그들은 차로 오는 손님들을 위한 서비스를 대폭 줄이고 걸어 들어오는 손님들에 집중하기 시작했으며 메뉴도 햄버거류에 집중했다. 무겁고 거추장스런 쇠로 된 나이프, 포크, 유리컵 등을 없애고 모두 종이로 만든 간단한 일회용품으로 대치시켰다. 그렇게 생산 비용을 줄이고 소비자 가격도 대폭 낮추면서 손님들의 부담을 덜어 주었다. 또한 그들은 스피드 시스템을 만들었다. 주방을 마치 생산 라인처럼 만들어 손님의 주문을 평균 30초 내에 처리할 수 있게 했다. 이들의 새로운 시도는 계속 히트를 쳤고 1950년대 중반에는 연간 35만 달러가 넘는 매출을 올렸다. 그리고 이 방식을 이용한 프랜차이즈, 즉 체인점들이 전 세계적으로 들어서게 되었다.

여기에서 느낄 수 있는 것은 숫자다. 기하급수적인 수의 확장이면 다 된다는 의식이다. 그러나 현재 맥도날드사로부터 시작한 일회용품 사용은 자연파괴와 환경오염의 주범이 되었고, 일명 '정크 푸드'junk food-칼로리는 높으나 영양가가 낮은 인스턴트 식품류로 낙인찍힌 햄버거류의 빠른 음식 문화는 사람들의 건강에 적신호를 가져다주어 세계적으로 비만과 질병의 주원인이 되고 있다.

한치 앞을 내다보지 못한 돈을 쫓는 성공기의 다름 아니다. 안타까운 것은 이 맥도날드사 성공기의 내용으로 시작하는 책의 이 부분 제목이 역대상 12장 32절에서 인용된 "잇사갈 지파의 족장들은 그 시대의 흐름을 이해하고 이스라엘이 무엇을 해야 할 것인가를

**Thinking Tip !**

빠른 음식(fast food)이란 햄버거류, 통조림류, 튀긴 음식류, 피자, 소시지, 조미료, 설탕, 탄산음료들, 설탕류, 소주, 맥주 등으로 고칼로리에 고지방이며 화학첨가제가 가미된 음식으로 장기 복용시 대사성질환인, 암, 고혈압, 당뇨, 심장병, 중풍, 뇌출혈 등 수많은 성인병, 소아병의 원인을 제공한다. 현재 전 국민의 50퍼센트가 비만인 미국의 고민은 이러한 빠른 음식 문화를 고치는 것에 치중하고 있다. 그에 비해 느린 음식이란? 김치, 야쿠르트, 된장, 고추장, 청국장, 식혜, 포도주, 젓갈처럼 자연의 미생물 발효를 이용하여 천천히 숙성시켜서 먹는 음식류를 말한다. 이러한 자연 미생물 숙성음식을 장기적으로 먹을 경우 빠른 음식으로 인해 발생하는 다양한 질병을 미연에 예방하는 효과를 가질 수 있다.

알고 있었다"라는 것이다.[1)]

여기서 그 시대의 흐름을 이해했다는 것은 하나님께서 사울을 폐하시고, 다윗과 함께하시며 그에게 이스라엘을 맡기신 것을 믿음으로 감지했다는 것이지, 다른 이의 건강과 삶의 질을 파괴하면서 나의 성공신화를 만드는 것은 아니기 때문이다.[2)]

이스라엘이 목숨처럼 소중히 여기는 '토라'창세기-신명기의 주축에는 신명기가 서 있다. 그 말씀이 얼마나 소중하면 예수님께서도 사탄의 세 가지 시험을 이기실 때 모두다 신명기의 말씀으로 대처하셨을까! 이 신명기 법에는 목숨이 경각에 달려있는 전쟁의 와중에도 지켜야만 하는 환경과 생명에 대한 법이 있다.

> 너희가 어느 성읍을 오랫동안 에워싸고 쳐서 취하려 할 때에도 도끼를 둘러 그 곳의 나무를 작벌하지 말라 이는 너희의 먹을 것이 될 것임이니 찍지 말라 밭의 수목이 사람이냐 너희가 어찌 그것을 에워싸겠느냐 오직 과목이 아닌 줄로 아는 수목은 작벌하여 너희와 싸우는 그 성읍을 치는 기구를 만들어 그 성읍을 함락시킬 때까지 쓸지니라(신 20:19-20).

토라 속에는 나를 살리자고 모든 것을 마구 황폐화 시켜서는 안 된다는 생명윤리가 꿈틀거리고 있는 것이다.

다른 한 가지 더 예를 든다면 이번에는 원리에 대한 확신으로 가득 차서 자신이 주장하는 원리를 지키면 반드시 성공할 수 있다는 가톨릭 신부의 책에 실린 내용이다. 신부는 어느 조미료 회사에서 실제로 있었던 일이라고 언급하며 이야기를 시작한다. 그 회사에서 하루하루 조미료 매상이 떨어지는 것으로 인해 긴급 대책회의가 열렸다. 어떻게 하면 매출을 올릴 수 있을까를 고민하며 아이디어를 내고, 적용을 해봤지만 별반 실효가 없었다. 그런데 한 여사원이 이색적인 아이디어를 냈다. 그것은 "조미료통의 구멍 크기를 두 배로 하면 어떨까요?"였다. 이 기발한 아이디어는 곧 실행에 옮겨졌고, 그 결과는 매출의 두 배 신장으로 나타났다. 신부의 평가는 "그녀의 물음은 남들과 달랐는데, 어떻게 하면 매출이 늘 것인가가 아니라 어떻게 하면 좀더 빨리 조미료를 사도록 만들까였다"는 것이다. 그는 이것을, 드넓은 생각의 바다인 좌뇌의 블루오션을 이용하여 당신도 시도해 보라고 종용하고 있다. 그리고 이 부분의 개발은 신명기의 '쉐마 이스라엘'의 핵심인 "마음을 다하고, 뜻을 다하고, 힘을 다하여 하나님을 사랑하라는 것"신 6:5을 통해 이룰 수 있다고 설명한다. 왜냐하면 '쉐마 이스라엘'이야말로 그에게는 가장 완벽한 인성계발 원리이자 모델로 보이기 때문이다.[3)]

요즘 사람들은 어떻게든지 음식에 들어가는 조미료의 양을 줄이려고 안간힘을 쓴다. 그리고 느린 음식이긴 하지만 천연 조미료를 사용하려는 움직임이 높다. 그런데 그런 화학조미료를 소비자들이 그것도 두 배로 먹게 만들어 회사가 두 배의 매출을 올린 것이 기발한 아이디어가 되고 일등 공신이 된다면 과연 성공의 목적은 무엇인가? 하다못해 세상 리더십의 원리를 다루는 사람도 승/패, 패/승, 패/패가 아닌 승/승적 사고**쌍방이 이기는 것**를 추구하고 있는데[4)] 다른 사람의 건강은 생각지 않는 이같은 일방적 기업의 숫자놀음을 성공이자 탁월한 리더십이라고 말하는 것은 문제가 크다. 하나님의 말씀에 바탕을 두고 리더십에 관해 논한 책도 문제지만 그 책을 쓴 사람들에 의해서 리더십의 정의가 왜곡되고 있다는 것에도 심각성이 있다. 이에 대해 윌리암 윌리몬은 다음과 같이 일침을 놓고 있다.

처음부터 교회의 리더십은 목사들이 자기가 누구이며 누구에게 책임이 있는 사람인지를 보여줄 수 있는 성도(saints) 이미지와 연관이 있는 것 같다. 그런데 현대 목회사역은 성서보다 주변 문화에서 빌려온 리더십 이미지 때문에 희생되었다. 그래서 목사를 회사 최고 경영자(CEO)나 심리치료사(psychotherapeutic guru), 또는 정치선동가 정도로 보고 있다. 안수 목회가 우리에게 도전해 오는 것 가운데 하나는 안수 사역을 통해 기독교 리더십의 독특한 소명을 마땅히 구현하도록 도와주는 목회 은유들을 찾아내는 것이다. 우리 주변 문화가 보여주는 리더십 이미지들을 비판 없이 받아들이는 것은 특히 기독교적(Christian) 지도자의 죽음일 수가 있다.[5)]

우리가 살아가는 세상은 수많은 신화를 만들어 내고 있다. 성공에 대한 무수한 이야기들이 바로 그것이다. 지금까지 수많은 위인들 그리고 입지전적인 기업가들이 제각기 앞을 다투어 자신의 신화를 글로 옮겨놓았다. 그리고 사람들은 그것을 성공신화라고 한다. 이들의 성공신화는 기대를 불러일으키는가 아니면 그 반대인 위축감을 제공하는가? 그도 아니면 지배적인 힘을 과시하는가? 혹시, 현재 이러한 부를 축적하고 그 지위까지 올라오기 위해서 거친 과정과 치른 희생을 통해 세상의 범인들은 도저히 상상도 할 수 없는 것을 이루어 내었다는 것을 전시하려는 것은 아닐까? 그래서 자신은 다르다는 것과 쌓아 놓은 부를 감히 어느 누구도 나누자고 할 수 없는 자신만의 것이라는 소유의 정당성을 강조하려는 것은 아닐까? 이러한 질문에 대한 명백한 답을 포드와 크라이슬러사에서 승진 가도를 달렸던, 리 아이아코카의 자서전 속에서 확인해 볼 수 있다.

> 나는 높은 연봉을 받는다는 사실에 조금도 양심의 가책을 느껴본 적이 없다. 나는 소비가 많은 사람은 아니지만 높은 연봉으로 대표되는 성취를 귀하게 느낀다. 사람들은 왜 사장이 되려할까? 그 일이 좋아서? 그럴 수도 있겠지만 일은 사람을 늙고 지치게 할 수도 있다. 그런데도 그들은 왜 그렇게 열심히 일할까? "보라, 나는 꼭대기까지 올라왔다. 뭔가 이루었다"라고 말하고 싶어서가 아닐까?[6)]

아이아코카의 이러한 성취는 그의 아내의 건강을 희생하면서 이루어졌다. 그의 아내 메리의 첫 심장 발작은 그가 사내의 세력 다툼에서 밀려나 포드에서 해임된 직후에 발생했고, 이에 대해 아이아코카는 "아내의 건강이 악화된 것은 매번 내가 포드나 크라이슬러에서 심한 스트레스를 겪고 난 후였다"[7)]라고 회고했다.

성공할 수 있다는 내용의 책들이 지금도 쉴 새 없이 쏟아져 나온다. 그러나 그 책들이 이야기하는 것이 제목만 다를 뿐 그 내용에 있어서는 하등 다를 바가 없다. 그 저자가 무신론자이든, 불교인이든 아니면 기독교인 혹은 다른 어떤 종교를 가지고 있든지에 관계없이 성공의 논리는 늘 유사하다. 인간은 늘 원리**원칙, 법칙**를 좋아한다. '성공원리,' '리더십원리' 등, 이러한 원리를 만들어 내는 것은 하나님의 보호와 구원을 인간 스스로의 통제 아래에 두려는 유혹이기도 하다. 시편 91편 10-11절에는 "그가 너를 위하여 그의 천사들을 명령하사 네 모든 길에서 너를 지키게 하심이라 그들이 그들의 손으로 너를 붙들어 발이 돌에 부딪히지 아니하게 하리로다"라는 구절이 있다. 예수님을 시험할 때 사탄이 사용한 구절로도 유명하다. 사탄은 예수님을 성전 꼭대기에 올려놓고 천사들이 보호할 것이라 하나님이 약속하지 않았느냐고 뛰어내려보라고 유혹한다.마 4:6 이 유혹의 본질은 하나님의 보호하신다는 약속을 자신 스스로의 뜻과 행동의 통제 아래 두라는 것이다. 하나님의 자유로우신 주권을 인간의 의지로 변질시키라는 시험이다. 예수님은 이것을 하나님에 대한 믿음이 아니라 하나님에 대한 시험으로 간파하셨다. 진정한 믿음은 하나님을 시험하거나 그분의 신실하심을 증명하려 들지 않는다.[8] 하나님을 하나님 되시게 하는 것은, 내가 원하는 대로 될지라도, 혹은 아니 될지라도 그 분의 주권에 전폭적인 신뢰를 두는 것이다. 결국, 성공의 법칙대로, 형통의 원리대로 되어야만 한다는 주장은 "하나님의 고유한 주권을 자신의 것으로 삼으려는 인간의 안전장치"가 될 수 있기에 위험성을 내포하고 있다.

"왜 모세에 관하여 쓰는 것인가?"라는 질문을 한다면 모세를 알면 알수록 쓰지 않으면 안 되는 내부의 갈망 때문이라는 것밖에야 무슨 정답이 있을까? 이스라엘의 삶의 중심인 토라 속에 모세의 삶의 여정이 담겨있고, 또 그리스도교 공동체가 신약성경의 출발을 모세 유형론으로 채색한 마태복음으로 시작하고 있다는 것만으로도 가히 모세라는 인물의 위력을 짐작해 볼 수 있다. 즉, 유대인이나 그리스도인이나 모세의 재현은 너무도 중요하고 시급한 신앙의 요청이었다. 시대를 거듭하여 사람들은 모세를 통해 나타난 새로운 공동체, 즉 대안 공동체를 바라고 있다는 것이다. 이스라엘은 애굽의 통치로부터 벗어난 새로운 세상, 그리고 초기 그리스도인들은 로마의 통치로부터 벗어난 새로운 시대를 기대하고 있다는 것이다.

우리가 알고 있는 모세와 그 모세로 인하여 가능하게 된 세상, 우리는 그것이 무엇인지 정확하게 모르고 있는지도 모른다. 아니 모세를 모르고 있는지도 모른다. 월터 브르거만Walter Brueggemann은 모세로 인하여 나타난 새로움과 혁신성은 과장될 필요가 없을 정도라고 하며, 어쩌면 우리는 그의 이야기에 너무 익숙해져서 모세 때문에 나타난 철저히 새롭고 혁명적인 사회적 현실을 제대로 인식하지 못하는 경향이 있다고 우려를 표명한다.[9]

이 책은 '모세를 그리는 책'이다. '모세를 그린다'는 것은 두 가지의 의미를 내포하고 있다. 첫째는 "그림을 그리다"drawing는 의미이다. 이 글 속에 모세라는 인물의 이미지를 담고 그로 인해 변화된 세상을 그리고 싶은 마음 때문이다. 둘째는 "무언가를 그리워하다"longing for는 의미이다. 모세라는 인물을 알아 갈수록 그가 사무치게 그리워진다. 그의 삶과 행적, 말, 성취, 심지어 그의 연약함과 실패까지도 너무나 소중하게 느껴진다. 그의 시대를 통해 이 시대의 아픔이 느껴지기 때문이다. 그래서 그리고 싶고, 그리워한다. 이 모세를 배워 가면 '성경적 리더십'이 무엇인지와 그를 통해 나타나게 된 '철저히 새로운 세상'을 만나볼 수 있지 않을까라는 기대와 더불어 이 글을 시작한다.

하나님의 사랑을 뺀다면 이 책은 아무것도 아님을 고백하며, 이 책을 완성하는데 많은 분들의 기도와 도움이 있었음에 감사를 드린다. 먼저 이제는 고인이 되신 아버지와 홀로 남으신 어머니, 그리고 장인어른과 장모님의 숨은 기도와 영적인 후원은 아무리 감사해도 지나치지 않다. 수많은 동역자들의 격려와 제자들의 기도 또한 잊을 수 없는 감격이 되었다. 원고를 꼼꼼히 읽고 매끄러운 문장으로 다듬어준 아내의 절친한 신앙의 벗인 정경혜 사모님과 아끼는 제자 고성민 목사님에게 감사를 드린다. 또한 5년 전부터 지금까지 선한목자교회에서 성경강의를 할 수 있도록 장을 제공해 주신 유기성 담임목사님께 감사를 드린다. 영성 가득한 교회에서의 강의를 통해 많은 것을 숙고할 수 있는 기회를 제공받았다. 더불어 이 책이 출판될 수 있도록 이모저모로 애써 주신 선한목자교회 정한영 목사님께도 감사를 드린다. 그리고 부족한 글을 쾌히 생명 있는 책으로 탄생시켜 주신 홍림의 김은주 편집장님께 감사를 드린다.

마지막으로 늘 함께하는 가족의 사랑과 관심은 아무리 감사해도 지나침이 없을 것이다. 하나님께서 맺어주신 돕는 배필인 사랑하는 아내 심희엽은 밤을 밝혀가며 부족한 글을 읽고 격려를 아끼지 않았음에 힘을 낼 수 있었다. 그리고 늘 하나님의 선물이며 동시에 책임으로 다가오는 사랑하는 딸 연주와 아들 영훈에게 감사한다. 강의와 목회사역, 연구와 책 쓰기에 아빠를 빼앗겼음에도 인내심 있게 기다려주고 이해해주며 간식을 챙겨주던 손길이 다시 일어서는 힘이 되었다. 정말 모두 모두에게 감사를 드린다.

2015년 6월

원종동 작은 골방에서

김재구

# 축약어(Abbreviations)

| | |
|---|---|
| AB | Anchor Bible |
| *ABD* | *Anchor Bible Dictionary* |
| *AusBibRev* | *Australian Biblical Review* |
| *BAR Biblical* | *Archaeology Review* |
| *BibRev* | *Bible Review* |
| BucRev | Bucknell Review |
| *CBQ* | *Catholic Biblical Quarterly* |
| *ChrCen* | *Christian Century* |
| *DS* | *Dominican Studies* |
| FRLANT | Forschungen zur Religion und Literatur des Alten und Neuen Testaments |
| *HTR* | *Harvard Theological Review* |
| *HUCA* | *Hebrew Union College Annual* |
| *IDB* | *Interpreter's Dictionary of the Bible* |
| *Int* | *Interpretation* |
| Int. | Interpretation: A Bible Commentary |
| *JBL* | *Journal of Biblical Literature* |
| *JETS* | *Journal of the Evangelical Theological Society* |
| *JNES* | *Journal of Near Eastern Studies* |
| JPS | Jewish Publication Society |
| *JSOT* | *Journal for the Study of the Old Testament* |
| JSOTSup | JSOT Supplement Series |
| NAC | New American Commentary |
| NICOT | New International Commentary on the Old Testament |
| OBT | Overtures to Biblical Theology |

| | |
|---|---|
| OTL | Old Testament Library |
| SBEC | Studies in the Bible and Early Christianity |
| *TD* | *Theology Digest* |
| *USQR* | *Union Seminary Quarterly Review* |
| *VT* | *Vetus Testamentum* |
| VTSup | VT Supplement Series |
| WBC | Word Biblical Commentary |
| *ZAW* | *Zeitschrift fr die Alttestamentliche Wissenschaft* |

# /차 / 례/

본질과
비본질 사이에서

승계와
숭배 사이에서

## 제 1 장 | 고주몽, 고레스 대 모세



## 제 2 장 | 성경적 리더란?

# 1부

# 탄생과 훈련 사이에서

## 제 1 장

# 고주몽, 고레스 대 모세

레위 족속 중 한 사람이 가서 레위 여자에게 장가들었더니 그 여자가 잉태하여 아들을 낳아 그 준수함을 보고 그를 석 달을 숨겼더니 더 숨길 수 없이 되매 그를 위하여 갈 상자를 가져다가 역청과 나무진을 칠하고 아기를 거기 담아 하숫가 갈대 사이에 두고(출 2:1-3).

리더는 탄생되는 것인가? 아니면 교육과 훈련으로 만들어지는 것인가? 현대의 리더십에 대한 대부분의 책들을 살펴보면 이것은 질문거리도 아니다. 당연히 리더는 탄생되는 것이 아니라 만들어지는 것이라는 주장을 일사불란하게 펼쳐나가고 있기 때문이다. 성공의 길로 안내한다는 슬로건을 내건 지그 지글러가 쓴 『정상에서 만납시다 *See You at the Top*』는 "위대한 사람은 태어나는 것이 아니라 선택과 훈련에 의해 만들어지는 것이다"라고 주장한다. 그리고 자신의 책의 메시지를 깊이 음미하면 할수록 독자는 자신의 미래를 더욱 잘 조절할 수 있게 되고, 만족한 삶을 살게 되고, 난생 처음 자신의 내부에 깃들어 있는 거대한 잠재력을 발견할 수 있을 것이라고 장담한다.[10] 또한 1980년에 한글로 번역된 월터 헨릭슨이 쓴 『훈련으로 되

는 제자: 제자는 태어나는 것이 아니다 *Disciples are Made - not born*』라는 책은 30년이 다 되어 가는 지금도 그 생명을 유지하며 새로운 판수로 출판을 계속하는 것만 보아도 알 수 있다.[11] 여기서 리더냐 제자냐의 말장난을 할 필요는 없다. 하나님 앞에서 우리는 제자이면서 리더이기 때문이다. 이러한 훈련 중심의 사고방식은 리더들이나 성공하기 원하는 사람들이 반드시 따라가야 할 법칙과 원리, 습관들을 제시하는 수많은 책들의 인기로 쉽게 파악해 볼 수 있다.[12] 탄생에는 법칙, 원리, 습관이 어떤 역할도 하지 않는다는 것은 일반적인 사실이다. 물론 태교를 위해서 좋은 습관을 들이는 예는 있지만 그것을 이상적인 리더를 탄생시키는 전제 조건으로 제시하는 책은 찾아볼 수 없다. 그에 반해 법칙과 원리와 습관은 삶을 통해 배우고 습득하는 것이다. 즉, 훈련으로 형성된다는 것이다.

막스 베버Max Weber, 1864-1920는 고전이 된 그의 책『사회 경제학적 조직이론 *The Theory of Social and Economic Organization*』에서 리더가 가질 수 있는 영향력을 두 가지로 나눈다.[13] 첫 번째는 '권력'power으로 자신의 지위나 세력을 이용해서 다른 사람들을 자신의 의지대로 행동하도록 강제 또는 지배하는 능력ability이다. 둘째는 '권위'**authority**로 개인의 영향력에 의해 사람들이 자발적으로 그의 의도대로 행동하도록 유도하는 기술**skill**이다. 때로 권력은 탄생 때부터 선천적으로 주어지는 경우가 있다. 왕족이나 귀족 혹은 거대한 부를 형성한 집안에서 출생한 사람의 경우는 이러한 권력을 타고 나기도 한다. 그러나 현대의 리더십 원리들에는 이러한 권력에 대해서 지극히 부정적인 견해를 가지고 있다.

김영민은 그의 책『리더십 특강 대한민국 혁신 리더를 위한』에서 권력은 조직에 그 기반을 두고 있고, 권위는 개인의 탁월함과 전문성에 그 바탕을 두고 있다고 분석한다. 그리고 이러한 차이 때문에 권력은 그 자리를 떠나는 순간 사라지지만 권위는 각 개인의 능력에서 비롯되므로 그 사람이 있는 곳에서는 언제나 그 힘이 발휘될 수 있다고 한다.[14] 그래서 권력보다는 권위에 바탕을 둔 리더십을 제안한다. 제임스 헌터는 한층 더 강력하게 권력에 대한 위험성을 지적하며 권위에 기반을 둔 서번트 리더십 servant leadership을 강조한다. 그 이유는 권력은 얼마 동안은 효과가 있고 얼마간의 목표를 달성할 수는 있지만 지속되면 인간관계를 훼손하게 되며 반항이라는 부정적인 요소를 유발시킬 수 있는 이유 때문이다.[15]

여기서 한걸음 더 나아가서 대부분의 리더십 이론을 주창하는 사람들은 이러한 권위에 바탕을 둔 리더십의 여러 가지 특징들을 제시하고 있다. 헌터 J. C. Hunter는 권위를 통해 영향력을 행사하는 사람들의 성격적 특징 열 가지를 나열하고 있는데 다음과 같다.[16]

① 정직, 신뢰
② 바람직한 역할 모델
③ 배려
④ 헌신
⑤ 경청하는 자세
⑥ 상대방의 업무를 후원하는 자세
⑦ 상대방을 존중하는 자세
⑧ 상대방을 격려하는 자세
⑨ 긍정적, 열정적 자세
⑩ 인정

다음은 다양한 분야에서 다양한 방식의 리더십을 인정하는 '다중지능가설' multiple intelligence hypothesis로 유명한 하워드 가드너H. Gardner가 제시하는 리더십의 여섯 가지 중요 요인을 살펴볼 필요가 있다.[17)]

① 탄생 이야기가 아닌, 청중을 끌어들일 설득력 있는 주장이 담긴 리더의 이야기
② 그 이야기를 듣고 따를 청중
③ 그로 인해 탄생된 조직
④ 그 이야기의 실천
⑤ 직접적.간접적 리더십
⑥ 전문지식을 든다.

다음은 바스B. M. Bass가 주장하는 조직이나 체계의 특성을 근본적으로 바꾸어 과거의 습관이나 전통에 얽매이지 않고 새로운 환경에 완벽하게 적응하는 것을 추구하는 변혁적 리더십의 세 가지 특징이다.[18)]

① 조직 구성원들을 이끄는 사회적 권위를 제공하는 '카리스마'
② 구성원들이 새롭고 창의적인 방식으로 변화하도록 사고력, 상상력, 신념 그리고 가치를 자극하는 리더의 '지적자극을 주는 행동'
③ '개별적 배려'로 구성원들에게 개별적인 관심과 지지적인 모습을 보이는 리더의 행동

이제 이러한 제안들을 기초로 리더십의 탄생과 훈련이라는 주제로 돌아가서 이야기를 다시 전개할 필요가 있다. 먼저 헌터가 제시하고 있는 권위

Thinking Tip !

**다중지능이론** multiple intelligence hypothesis

사람을 '지능지수' (IQ: Intelligence Quotient_ 한 가지 만으로 평가하는 것이 아니라 음악, 미술, 체육, 문학, 스포츠, 군사학 등 각기 다양한 분야에서 나타나는 천재성을 인정하는 것이다. 즉, 학문적인 분야에서의 천재만이 아닌 모든 분야에서의 천재적 지능을 인정하는 것이다.

를 형성하는 이러한 모든 특징들과 가드너가 제시하는 리더십의 중요한 요인들, 그리고 바스가 주장하는 변혁적 리더십의 특징들 중에서 선천적으로 타고나는 요소는 몇 가지나 되는가라는 질문을 던질 필요가 있겠다. 만약 선천적인 요소와 후천적인 요소가 골고루 섞여 있다면 리더는 탄생과 훈련으로 되는 것이라고 분명히 주장할 수 있다. 그러나 세세히 살펴보면 이 모든 것 중에 단 한 가지도 타고나는 것이 없다. 이 관찰을 통해 결론을 내린다면 리더는 탄생되는 것이 아니라 만들어지고 훈련된다고 하는 것이 옳을 것이다. 왜냐하면 위의 요소들은 선천적인 것이 아니라 후천적인 교육과 훈련을 통해서 형성되고 다듬어져야 하기 때문이다.

이렇게 탄생이 아닌 훈련과 교육을 통해서 리더가 만들어진다는 일반적인 세상의 리더십 원리가 맞다면 역사적인 인물들의 삶에 나타나는 탄생의 이야기들은 어떤 의미를 가지는 것인가라는 의문을 가질 수 있다. 전부는 아니지만 그래도 대다수의 인물**리더**들이 퍽 경이롭고 기적적인 탄생의 이야기를 가지고 있다. 이것은 성경 속에서도 동일하게 나타난다. 그렇다면 리더에게는 훈련과 교육 그 이상이 존재한다는 것인가? 탄생 이야기부터 시작하는 리더와 탄생은 배제되고 훈련과 교육만으로 만들어지는 리더 사이에는 어떤 차이점이 존재하는 것인가? 한 사람의 탄생 이야기가 다른 사람들보다 더 극적이고, 환상적이며, 기적적이라고 한다면 그 안에는 반드시 탄생의 이야기가 보여주려는 목적이 있을 것이기 때문이다.

# 1. 신화적인 탄생 이야기들

## 신라의 박혁거세

역사 속으로 들어가 보면 수많은 탄생 신화의 예들을 살펴볼 수 있다. 동서양을 막론하고 그 탄생부터 예사롭지 않은 많은 인물들의 이야기가 존재한다. 우선 우리나라의 경우를 살펴보면 나라를 건국한 시조들은 그 탄생 이야기부터 남다르다. 『삼국사기』와 『삼국유사』에는 신라의 건국시조인 박혁거세기원전 69-기원후4와 고구려의 건국시조인 고주몽東明聖王: 기원전 58-19의 탄생신화가 기록되어 있는데 그 간략한 내용은 다음과 같다. 먼저 박혁거세부터 이야기해 보자.

기원전 69년 3월 1일 경주 지방의 여섯 마을의 촌장들이 알천이라는 언덕에 모여 임금을 모셔 나라를 세우고 도읍을 정할 것을 의논하고 있었다. 그런데 양산 밑에 나정이라는 우물 근처에 하늘에서 빛이 비추이고, 흰 말이 꿇어 앉아 절하고 있는 모습을 보고 달려가 보니 큰 알이 하나 있었다고 한다. 말은 하늘로 날아가고 그 알에서 어린 사내아이가 나왔고 그 아이를 고허촌 촌장인 소벌공이 데려가 키웠다. 박과 같이 생긴 알에서 나왔다 해서 성을 박씨로 하고, 빛이 세상에 비추었다 해서 '혁거세'라고 지었다. 박혁거세는 기골이 장대하고 모습이 준수한 영특한 아이로 자라 13세 되던 해에 그를 왕으로 추대 되었다고 한다.

**Thinking Tip !**

궁켈은 '전설'(legend)은 과거의 인물이나 사건에 대한 유명하고 오래된 시적인 이야기를 뜻하고, '신화'(myth)는 인간이 주체인 전설과는 반대로 신들에 대한 이야기라고 정의한다. 그리고는 신의 활동이 분명하게 보이는 전설적인 이야기들은 신과 인간이 연합된 이야기로 '약화된 신화들'(weakened myths)이라고 명명한다. 여기에서 전설적인 이야기를 '신화'라고 명명하는 이유는 이들의 이야기가 거의 신격화에 가깝기 때문이다.[19]

Thinking Tip !

다산 정약용은 실용적인 학문(실학)에 관심을 두었던 터라 이러한 신화가 별반 의미 없이 여겨졌던 것으로 보인다.

**오천 년의 문헌들 허술하기 그지없네(載籍荒疏五千歲)**
**호해 마란 모두가 잘못된 전설이네(壺孩馬卵都謬悠)**

『다산 시문집 제2권』 '조룡대(釣龍臺)' 중에서

여기서 '호해'(壺孩)는 '단지에서 나온 아이'라는 뜻으로 가야국 시조인 수로왕 탄생 신화를 말하는 듯하고, '마란'(馬卵)은 '말 곁의 알'이라는 뜻으로, 박혁거세의 탄생 신화를 빗대어서 말하는 듯하다.[20)]

## 고구려의 주몽

동부여의 왕 금와가 우발수로 나들이를 갔다가 강을 다스리는 신 하백의 딸인 유화라는 여인을 만난다. 그런데 그녀는 부모의 허락 없이 결혼한 죄로 쫓겨났고, 그 남편인 천제의 아들 해모수는 어디론가 떠나버렸다. 금와 왕은 이를 측은히 여겨서 유화를 궁궐로 데려왔다. 그런데 그녀에게 계속 햇빛이 비치더니 임신을 했고, 커다란 알을 낳았다. 금와 왕은 불길한 징조로 생각하고 알을 빼앗아 돼지우리에 던져 버렸으나 무사했고, 소와 말에 밟히도록 했으나 이들이 피해갔고, 새들이 쪼아 먹게 했으나 오히려 알을 품어 주었다. 도끼로 내리쳐도 꿈쩍도 하지 않았다. 이에 금와 왕은 유화에게 알을 돌려주었고, 그 알을 따스하게 덮어주자 사내 아이가 태어났다. 이 아이는 보통 아이들과 달라 일곱 살이 되었을 때 스스로 활을 만들어 쏘았는데 백발백중이었다고 한다. 이에 아이의 이름을 부여말로 '활을 잘 쏘는 사람'이란 뜻의 '주몽'이라고 불렀다. 그는 결국 부여를 떠났고 고구려를 개국하는 시조가 된다.

이러한 탄생 설화들은 건국시조들이 출생부터 여느 사람과 비교해서 다르다는 것을 보여주고자 하는 데 그 목적이 있다. 이것은 그의 후손들의 통치와 더 나아가서는 동일한 지역을 통치하고 있는 다른 왕들 또한 보통 사람과는 다르다는 사고를 심어줄 수 있다. 신화적 탄생 이야기는 결국 그들의 통치에 대한 정통성과 정당성을 입증하는 도구가 된다. 한걸음 더 나아가면 탄생 신화는 지배의 야욕을 정당화하는 도구로 사용될 수도 있다.

## 페르시아의 고레스

그 한 예가 키케로[21)]가 '역사의 아버지'라 부르는 그리스 역사가 헤로도토스의 글에 수록되어 있는 페르시아 제국을 일으킨 '고레스' **기원전 590/576-530**의 이야기이다.[22)] 그 이야기는 다음과 같다.

메디아 제국의 마지막 왕인 아스티아게스**기원전 585-550**에게는 아들이 없고 만다네라는 딸이 하나 있었다. 그런데 어느 날 왕은 이 딸의 방뇨로 전 도시가 물에 잠기고 나아가 아시아 전역이 홍수로 범람하는 꿈을 꾸었다. 그는 해몽가들인 마고스들에게 이 꿈을 이야기하고 그 꿈의 의미를 듣고 놀랐다. 그래서 메디아인 중에서 사위를 고르지 않고 식민지 페르시아의 캄비세스라는 가문 좋고 성격도 조용한 청년과 결혼을 시켰다. 왕은 그 청년을 메디아의 중류층보다 훨씬 낮은 처지로 생각했다. 그런데 만다네가 시집간 그 해에 왕은 다시 꿈을 꾸었는데 이번에는 이 딸의 음부에서 포도나무 한 그루가 자라나 아시아 전역을 뒤덮는 것이었다. 그 해몽을 들은 후 왕은 임신 중인 딸을 페르시아로부터 불러들여 엄중히 감시하고 자식을 낳으면 그 아이를 죽여 없애려 했다. 왜냐하면 해몽가인 마고스들이 딸의 소생이 마침내 그를 제치고 왕이 되어 아시아 전역을 통치하게 될 것이라 했기 때문이다.

손자가 태어났을 때 왕은 신뢰하는 신하 하르파고스를 불러 죽일 것을 명령한다. 하르파고스는 왕이 죽은 후에 공주가 왕위를 물려받을 후일을 두려워하여 왕의 소치기 중 한 사람인 미트라다테스라는 자를 소환해 그가 방목하는 산에 야수가 많으니 이 아이를 꼭 산에 버려두어 죽이고 증거를 가져오라고 했다. 소치기가 사연을 알아보니 아이가 공주 만다네의 아들이라는 사실을 알게 되었다. 마침 소치기의 아내도 만삭이었는데 그가 없는 사이에 해산을 했다. 소치기가 근심하며 집으로 돌아와서 그의 아내에게 사연을 얘기 한 후 아기에게 덮여 있던 천을 벗기고 아이 얼굴을 보였다. 그의 아내가 크고 잘생긴 아기를 보자 남편의 무릎에 매달리며 버리지 말자고 애원했지만 소치기는 다른 도리가 없다고 얘기했다. 하르파고스가 보낸 사람이 와서 명령대로 하지 않은 것을 발견하면 자신은 처참히 죽게 될 것이라고 했다. 그의 아내는 자신도 아기를 낳았지만 사산이니 바꾸어서 이 아기를 대신해서 기르자고 말했다. 소치기는 자신의 죽은 아이를 바구니에 담아 산 속에 갖다 놓고 하르파고스에게 사람을 보내어 죽은 것을 확인하라고 했다. 하르파고스는 가장 충실한 자들을 보내 확인시킨 후 매장하게 했다. 그리고 소치기 부부는 아이를 고레스라 부르지 않고 다른 이름을 붙여서 키웠다.

이 아이가 열 살이 되었을 때 결국 혈통이 밝혀지는 사건이 벌어지게 되었다. 동네에서 아이들과 어울려 노는데 아이들이 소치기의 아들인 이 아이를 자신들의 왕으로 뽑았다. 이 아이는 왕이 되자 아이들에게 각기 체계있게 명령하여 집을 짓고, 왕을 호위하고, 왕의 눈 역할, 보고자 역할 등으로 분담하여 한 아이 한 아이에게 역할을 부여했다. 그런데 아이들 중에 메디아에서 귀족인 아르템바레스라는 자의 아들이 끼어 놀고 있었다. 이 아이가 고레스의 명령대로 따르지 않자 고레스는 그 아이를 잡게 하여 채찍으로 호되게 때렸다. 이 귀족은 아스티아게스 왕에게 나가 왕의 소치기 아들이 자신의 아들을 무례하게 쳤다고 상처를 보이며 벌을 줄 것을 청했다. 왕은 그 신하의 지위를 생각하여 소치기의 아들을 불러서 무례함을 꾸짖었다. 그러자 고레스는 아이들이 왕으로 뽑았는데 그 아이만 명령을 따르지 않아 벌을 준 것이며 그 일 때문에 벌을 받아야 한다면 각오는 되어 있다고 당당하게 말한다. 이 때 왕은 그 아이를 어디서 본 듯한 느낌이 들었다. 얼굴이 자신과 비슷한 것 같고, 그 대답이 비천한 신분 치고는 지나치게 훌륭했으며, 또 아이를 버린 시기와 이 아이의 나이가 딱 맞아 떨어진다는 생각이 들었다. 자신을 진정시키고 모든 연루된 자들을 불러들여 심문한 결과 이 아이가 만다네의 아들이라는 것이 밝혀지고 말았다.

왕은 해몽가들인 마고스들을 불러 어찌해야 할지를 물었다. 그들은 이미 이 아이가 아이들의 놀이일지라도 왕으로 등극했다면 이제 더 이상 걱정할 것이 없다고 말했다. 그것으로 꿈은 이미 이루어 진 것이라는 해석이었다. 그리고는 아이를 부모에게 돌려보내는 것이 좋겠다고 했다. 이 말에 안도한 왕은 아이를 페르시아의 부모에게 돌려보냈고 고레스는 친부모에게 돌아가는 길에 자신의 출생의 비밀을 다 알게 되었다. 기원전 554년, 고레스는 자신의 외할아버지 아스티아게스 왕에게 대항해 반란을 일으켰다. 나아가 그는 기원전 549년에 엑바타나를 정복함으로 메디아 제국을 무너뜨리고 페르시아 제국의 기초를 놓았다. 결국 그의 외할아버지가 두 번에 걸쳐서 꾼 꿈은 이렇게 고레스의 정복과 지배라는 사실로 현실이 되었다.

긴 이야기지만 고레스의 탄생 신화가 의미하는 것 역시 그가 외할아버지까지 공격하여 나라를 빼앗은 것이 이미 신의 섭리에 의해 예정된 것이라고 정당화 되고 있다. 그리고 이것을 막으려 했던 그의 외할아버지는 신의 섭리를 거스르는 악인으로 부각되어 정복되는 것이 마땅하며, 아시아 전역을 정복하고 지배할 권리가 이미 면죄부처럼 주어져 있는 것이다.

## 로마 최초의 황제 아우구스투스

또 하나의 예를 들자면 예수님께서 태어날 당시에 로마 최초의 황제로 군림하고 있던 아우구스투스**기원전 63-기원후 14년; 황제 통치 기원전 27-기원후 14년**의 이야기이다. 그의 경우 『로마인 이야기』 시리즈를 완성한 시오노 나나미의 표현을 그대로 빌리자면 그의 전前시대를 풍미했던 '술라'나 '율리우스 시이저'처럼 카리스마나 압도적인 통치력은 없던 사람이었다.[23] 그러나 그의 탄생과 그가 만들어낸 '로마의 평화'*Pax Romana*는, 동시대를 살아갔던 로마의 시인 '버질' **Publius Vergilius Maro: 기원전 70-19년**이 "평화와 행복이 지배하는 새로운 시대를 일으킬 하늘에서부터 온 한 아이의 출현"이라고 그의 네 번째 전원시에서 노래하고 있을 만큼 대단한 것이었다.[24]

> 그는 신으로서 살 것이며 신들 가운데 살면서 옛날의 영웅들을 볼 것이다. 그들이 그를 놀라운 눈으로 바라볼 것이다. 그는 아버지의 능력으로 세상을 지배하면서 이 세상에 평화를 가져온다. 그의 평화의 왕국에는 놀라운 것이 생길 것이다: 염소들이 무거운 (소의) 유방을 가지고 집으로 온다. 소를 치는 목자들이 더 이상 사자를 두려워하지 않는다. 요람에서 꽃다발이 생긴다. 뱀이 사라지고 독초가 없어진다. 잔디들이 앗시리아의 향고를 풍부하게 가져다 준다. … 자 일어나라. 주피터의 자손, 너 사랑하는 신의 아들, 벌써 그 때가 더 가까이 왔다. 고상한 지위를 받으라. 세상의 권력이 구부러지고 흔들리는 것을 보라. 땅들과 먼 바다 그리고 하늘의 깊음, 만물이 얼마나 임박한 황금시대를 기뻐하는지 보라.

버질은 여기에서 멈추지 않았다. 그의 생애 마지막 작품으로 아우구스투스 황제의 가상적 시조인 아이네아스Aeneas가 트로이 전쟁에서 살아남아 어떻게 로마를 세웠는지에 대해 신화적 서사시로 다룬 『아이네이드 *Aeneid*』를 썼다. 그리고 "로마의 건국과 아우구스투스의 영광을 위하여… "라는 헌정사를 붙여 황제에게 바쳤다.[25] 이것은 한 인물의 시조로서의 탄생 트로이인 안키세스와 미의 여신 비너스 사이에서 태어남과 승리의 신화를 창조하여 결국은 주인공인 황제를 높이 고양시키려는 목적을 가지고 있다. 이렇게 되면 그의 모든 폭력까지도 평화를 위한다는 명목으로 미화시킬 수 있기 때문이다.[26]

**Thinking Tip**

성경 속에도 에서와 야곱의 이야기처럼 이미 태중에서 "큰 자는 어린 자를 섬기리라"(창 25:23)는 신탁이 주어진 경우가 있다. 그럼에도 작은 자인 야곱이 무작정 큰 자인 에서의 것을 탈취하는 것은 결코 용납되지 않는다. 그 속에는 오히려 탈취가 아닌, 돌봄의 책임이 주어져 있는 것이다.

## 아카드 제국의 창시자 사르곤

마지막으로 오래된 이야기 중의 하나인 '사르곤'의 탄생을 살펴보자. 고대 아카드 제국의 창시자로 수메르 도시국가를 점령하여 메소포타미아에 거대한 제국을 형성한 사르곤기원전 2333-2279의 탄생 신화는 그의 왕권을 정당화하고 지배와 군림에 힘을 실어주는 역할을 한다. 다음은 사르곤 전설 The Legend of Sargon의 내용이다.

나는 사르곤, 위대한 왕, 아카드의 왕이다.
내 어머니는(바꾸어 놓은) 사람[27]
내 아버지는 누구인지 알지 못한다.
내 아버지의 형제들은 언덕을 사랑하였다.
내 도시는 아주피라누, 유프라테스 강 둑에 놓여 있다.
나의(바꾸어 놓은) 어머니가 나를 잉태했고, 비밀리에 나를 낳았다.
그녀는 나를 갈대 상자에 넣었고 역청으로 뚜껑을 봉했다.

그녀는 나를 강 위에 띄웠는데, 물이 나를 덮지 않았다.
강이 나를 쳐들어 물을 긷는 아키에게 넘겨주었다.
물을 긷는 아키가 나를 들어올렸다.
물을 긷는 아키가 나를 아들로 삼아 길러주었다.
물을 긷는 아키는 나를 그의 정원사로 임명하였다.
내가 정원사로 있을 때 이스달이 나에게 사랑을 주었다.
그리고 4년간 나는 왕노릇을 했다.
머리가 까만 사람들을 나는 다스렸다.
나는 구리 도끼로서 큰 산을 정복했고
나는 높은 산 위를 올라갔으며
낮은 계곡도 내려갔다.
바다도 나는 세 번이나 돌았다.
딜문을 내 손으로 정복하고
커다란 데르에 나는 올라갔으며 …
나는 … 을 바꾸었으며
내 후에 어떤 왕이 오더라도
그는 머리 까만 사람들을 지배하리라.[28)]

사르곤의 탄생 설화는 그의 전쟁과 파괴, 그리고 정복과 지배의 통치가 결코 우연히 이루어진 것이 아님을 보이는 정치적 선전 문구가 된다. 이것은 이미 그의 탄생 때부터 예고되어 있었던 것이며 어느 누구도 거역할 수 없는, 거역해서도 안 되는 예정되어 있는 운명이라는 논리가 성립되기도 한다. 이 탄생 신화는 결국 그가 지배자로 예정되어 있다는 하늘의 섭리를 선포하는 왕조지배선언문이 된다.

이와 같이 위에 열거된 왕들의 탄생 신화 속에는 전쟁과 폭력까지도 미화된다. 그 신화의 주인공은 반드시 역사의 주체가 되며, 시대의 영웅이 된다. 모든 부귀영화는 그의 누림을 위하여 그를 향해 집중되어야만 한다. 그러므로 세상에 흩어져 있는 무수한 탄생 신화들은 지배와 통치, 군림의 이데올로기가 될 수 있는 위험성을 내포하고 있는 것이다.

## 2. 성경적 리더의 탄생 의미

### 탄생 신화와 성경

이제 하나의 위기감이 조성된다. 왜냐하면 하나님의 말씀인 성경 속에도 많은 인물들의 탄생 이야기들이 존재하기 때문이다. 특히 마지막의 사르곤 탄생 신화는 이스라엘의 가장 위대한 인물로 꼽히는 모세의 탄생 이야기와 매우 유사하다.[29] 하지만 분명한 것은 성경 속의 그 어떤 리더도 지배와 통치, 군림을 위하여 보내진 적이 없다는 사실이다. 그것은 이미 하나님께서 주신 지고의 법 아래에서 태어나 그 법 안에서 리더로 선 것이기 때문이다. 이것은 신명기 법에 주어진 이스라엘의 왕도에서 분명하게 드러나고 있다.

> 네가 네 하나님 여호와께서 네게 주시는 땅에 이르러서 그 땅을 얻어 거할 때에 만일 우리도 우리 주위의 모든 열국 같이 우리 위에 왕을 세우리라는 뜻이 나거든 반드시 네 하나님 여호와의 택하신 자를 네 위에 왕으로 세울 것이며 네 위에 왕을 세우려면 네 형제 중에서 한 사람으로 할 것이요 네 형제 아닌 타국인을 네 위에 세우지 말 것이며 왕된 자는 말을 많이 두지 말 것이요 말을 많이 얻으려고 그 백성을 애굽으로 돌아가게 말 것이니 이는 여호와께서 너희에게 이르시기를 너희가 이 후에는 그 길로 다시 돌아가지 말 것이라 하셨음이며 아내를 많이 두어서 그 마음

이 미혹되게 말 것이며 은금을 자기를 위하여 많이 쌓지 말 것이니라 그가 왕위에 오르거든 레위 사람 제사장 앞에 보관한 이 율법서를 등사하여 평생에 자기 옆에 두고 읽어서 그 하나님 여호와 경외하기를 배우며 이 율법의 모든 말과 이 규례를 지켜 행할 것이라 그리하면 그의 마음이 그 형제 위에 교만하지 아니하고 이 명령에서 떠나 좌로나 우로나 치우치지 아니하리니 이스라엘 중에서 그와 그의 자손이 왕위에 있는 날이 장구하리라(신 17:14-20).

이스라엘의 왕도는 왕의 특권이 따로 존재하지 않는다. 오히려 법적으로 더욱 강력하게 선한 영향력을 발휘할 수 있는 삶의 길을 걸어갈 것을 촉구한다. 탄생 신화도 예외로 삼지 않을 것임을 짐작케 한다. 이스라엘에서 왕의 신격화란 생각조차 할 수 없는 일이었다. 인간에게 신성을 부여하려는 시도는 공포와 재난을 초래할 따름이었다. "다른 곳에서 왕이 신이었다면 이스라엘에서는 신이 왕이었다."[30] 왜냐하면 땅은 다 여호와의 것이요, 사람이란 존재는 여호와께 몸 붙여 사는 거류민이요 식객에 불과하기 때문이다. 레 25:23

그렇다면 성경 속에서 특별한 탄생의 이야기는 어떤 목적을 가지고 있는 것인가? 분명 모든 아이들에게 다 적용되는 이야기는 아니기에 예외적이고 특수한 목표를 가지고 있다는 것만큼은 분명하다. 그러나 이 세상에 흩어져 있는 그런 탄생 신화와는 분명 다른 무엇인가를 내포하고 있을 것임을 짐작해 볼 수 있다. 여기서는 이 책의 중심인물인 모세의 탄생 이야기를 중심으로 그 목적을 밝혀 보기로 한다.

## 모세의 시작

모세의 탄생 이야기는 바로 전에 언급한 아카드 제국을 일으켰던 사르곤

대왕의 탄생 및 성장의 이야기와 흡사하다. 이것이 우연인지 아니면 어느 쪽이 영향을 받은 것인지가 논의의 주제는 아니지만 시대적인 구분으로 본다면 사르곤의 것이 천년 정도 앞섬으로 영향을 받았다면 모세의 탄생 이야기일 것이다.[31] 그렇다면 이야기는 재미있어진다. 사르곤의 탄생 이야기와 흡사한 구조를 가지고 있는 모세의 이야기가 유사하면서 어떤 차이점과 독특성을 가지고 있는지, 이것을 알아보는 과정에서 하나님의 말씀이 제시하는 리더십의 정신을 발견할 수 있기 때문이다.

출애굽기는 창세기의 연속임에도 현격히 다른 배경에서 그 시작을 하고 있다. 그럼에도 새로운 역사의 시작을 새로운 인물의 탄생 이야기로 열어가지 않는다. 그 인물의 탄생은 한 템포 늦게 역사의 무대에 등장하고 있다. 출애굽기 1장이라는 오랜 배경이 완성된 후에야 그 아이는 서서히 섭리 가운데 이 땅에 오게 된다. 그렇다면 출애굽기 1장은 분명히 이 아이의 탄생과 깊은 연관이 있을 것이며 심지어 그 탄생의 목적이 될 수도 있다. 이것은 사무엘서가 새로운 역사의 시작을 사무엘이라는 섭리의 아이가 탄생하는 것으로 출발하는 듯하지만 사무엘의 탄생은 사사기라는 악순환의 반복을 이해함이 없이는 의미가 희석되기 십상이다. 즉, 사무엘의 탄생이 목표하는 것은 사사기라는 서론에 의해서 이미 보이고 있다. 그 악순환을 끊을 수 있는 열쇠를 손에 쥐고 탄생한 것이다.

출애굽기의 시작인 1장 1-7절은 이스라엘이 애굽 땅에서 하나님의 숨은 섭리 가운데 수도 셀 수 없을 만큼 기하급수적으로 불어나는 모습을 보여주고 있다. 그리고 세월의 흐름을 묘

Thinking Tip !

한글 구약성경의 배열은 '사사기-룻기-사무엘상.하'의 순서로 이루어지지만, 히브리어성경은 '룻기'가 세부분 중에서(토라[오경], 예언서, 성문서) 마지막인 성문서 부분에 포함된다. 사사기와 사무엘서는 이처럼 틈새 없이 밀접하게 연결되어 있다. 그러므로 사사기는 사무엘서의 직접적인 서론이 될 수 있다.

사하기 위해 요셉과 그의 형제들, 그리고 그의  모든 세대들이 사라지고 난 다음이라는 것을 창세기[50:26]에 이어서 다시 한 번 언급하고 있다.

이것은 옛 시대가 그 막을 내리고 새로운 시대가 시작 되었다는 것을 명시하는 것이다. 이 이스라엘의 번성은 바로 창세기 1장 28절에서 창조된 인류를 향하신 하나님의 축복과 삶에 대한 명령이 이스라엘 민족을 통해 그 성취로 향하고 있음을 보이고 있다.

> 하나님이 그들에게 복을 주시며 하나님이 그들에게 이르시되 생육하고 번성하여 땅에 충만하라 땅을 정복하라 바다의 고기와 공중의 새와 땅에 움직이는 모든 생물을 다스리라 하시니라(창 1:28).

> 이스라엘 자손은 생육이(생육) 중다하고 번식(번성)하고 창성하고 심히 강대하여 온 땅에 가득(충만)하게 되었더라(출 1:7).

천지창조 때 부여된 인간의 소명이 끝내 어느 누구도 아닌 애굽에 있는 이스라엘에 의해 이루어지고 있다. 창세기 안에서 이 소명의 흐름은 먼저 노아를 통과하고**8:17; 9:1, 7**, 아브라함을 통해**17:6** 이스마엘**17:20**과 이삭**26:22-24**에게로 연결되고, 끝내 야곱**35:11**을 통해 애굽으로 내려간 그의 열두 아들에 의해서 실현되어간다.**47:27** 그리고 이제 애굽에서 이들은 거대한 민족을 이루게 되었다. 그러나 아직 이루어지지 않은 두 가지의 소명이 남아있다. 그것은

**Thinking Tip !**

"땅을 정복하라"는 명령에 나타나는 히브리어 동사는 '카바쉬'(כָּבַשׁ)로 창세기부터 여호수아서까지 단 4번만 등장하는 흔치않은 단어이다(창 1:28; 민 32:22,29; 수18:1). 그리고 이 단어는 늘 약속의 땅과 연관되어 나타나기에 창조 때 정복해야 할 땅은 바로 하나님의 백성 이스라엘이 정복해야 할 약속의 땅과 동일한 것을 뜻한다고 할 수 있다.

바로 '땅을 정복하는כָּבַשׁ 카바쉬 것'과 '만물을 다스리는 것'이다. 바로 이것이 이스라엘이 나아가야 할 방향이다.[32]

그러나 하나님에 의해 창조된 이 백성이 나아가는 길에 모든 것을 무無로 되돌리려고 하는 어둠과 혼돈의 세력이 그 힘을 발휘하기 시작한다. 창세기 1장 2절과 6장 11절에서는 하나님의 창조를 방해하는 세력이 혼돈과 파괴를 의미하는 태초의 물인 '깊음'תְּהוֹם 태홈으로 나타나지만 이제 출애굽기에서는 역사적 실제인 애굽의 바로 왕이 그 역할을 맡고 있다.[33] 이것은 바로 왕이 두려움 가운데 하나님의 창조의 목적인 이스라엘을 철저하게 파괴하고 말살하려는 시도에서 분명하게 드러나고 있다: "그가 그 백성에게 이르되 이 백성 이스라엘 자손이 우리보다 많고 강하도다 자 우리가 그들에게 대하여 지혜롭게 하자 두렵건대 그들이 더 많게 되면 전쟁이 일어날 때에 우리 대적과 합하여 우리와 싸우고 이 땅에서 나갈까 하노라."출 1:9-10

## 하나님 대 바로

이러한 상황을 깊이 있게 생각해 본다면 이제 앞으로 어떠한 일들이 벌어질 것인가를 미리 짐작해 볼 수 있다. 하나님께서는 분명히 당신이 계획하신 창조의 완성을 향해 전진하실 것이며, 그에 반해 바로 왕은 어떻게든 그 하나님의 창조를 파괴하려고 시도할 것이기에 그 두 힘의 대결이 결국은 출애굽기의 전반부를 장식할 것임은 불을 보듯 뻔한 이치이다. 창조를 파괴하려는 세력과 창세 전부터 계획하신 당신의 창조 목적을 그대로 이루어 가시려는 하나님의 창조 보존의 섭리가 부딪치는 그 첫 번째 대결은 바로 두 힘 간의 지혜의 대결이다. 누구의 지혜가 셀 것인가? 하나님의 것인가 아니면 바로 왕의 것인가?

출애굽기 1장 10절은 이 지혜의 대결을 여는 바로의 계획으로 시작하고 있다: "자! 우리가 그들에게 대하여 지혜롭게 하자חָכַם 하캄 두렵건대 그들이 더 많게 되면…." 창세기 1장 26절의 "우리의 형상을 따라 우리의 모양대로 우리가 사람을 만들고"라는 표현에서 나타난 하나님 편의 연합과 "자 우리가 그들에 대하여 더 이상 불어나지 못하게 지혜롭게 행하자"라는 바로 왕 편의 연합을 주시할 필요가 있다. 하나님의 '우리'와 바로 왕의 '우리'라는 의미 속에는 두 존재 다 이 세상을 통치하는 주권자라는 점에서 '우리'의 정체성은 자신들의 통치기구를 의미한다. 그러나 창세기에서 '우리'라는 표현은 창조적인 연합을 보여주고, 출애굽기에서의 '우리'라는 표현은 그 반대로 하나님이 이루신 창조의 파괴를 의도하는 악의에 찬 연합이라는 점에서 그 대조가 날카롭게 비교되고 있다. 지금 현재 '우리'는 어디에 속해 있는가? 하나님의 창조를 새롭게 이루어가는 편에 있는가, 아니면 그 창조를 파괴하는데 앞장서고 있는가? 아무리 부정할지라도 우리는 모두 이 둘 중의 하나에 속해 있는 것이다. "나는 아무 것도 하지 않았으니 중립이다"라고 생각할지 모르지만 그것은 사탄이 활동할 수 있는 공간을 제공한다는 의미에서 이미 파괴 쪽에 손을 들어주고 있는 것이다.

이제 바로 왕이 말한 '지혜롭게 하자'חָכַם 하캄라는 단어에 주의를 기울여야 할 것이다. 그 이유는 출애굽기 1장 8절에서 2장 25절 사이에는 하나님의 창조의 목적인 이스라엘을 바로 왕이 자신의 지혜로 파괴하려는 음모와, 그 시도를 무효화 시키시며 오히려 그 계획을 자신의 구원 사역을 위한 발판으로 삼으시는 하나님의 숨은 섭리와의 대결이 벌어지고 있기 때문이다. 애굽과 지혜는 이미 고대로부터 분리할 수 없는 깊은 연관관계를 가지고 있다. 고대의 지혜를 이야기할 때 애굽의 지혜는 고대 근동에서 빼놓을 수 없을 만큼 중요한 영향력을 행사했다. 그 비근한 예로 애굽의 중요한 지혜서 중 하나인 '아멘-엠-오펫'Amen-Em-Opet과 잠언서 22장 17절에서 24장 22절 내용의 유사성에서도 살펴볼 수 있듯이 이러한 지혜에 관한 내용들이 서로 교류되고 있었음을 알 수 있다.[34] 이처럼 지혜로 유명한 애굽, 그 중에서도 지혜의 중심으로 여겨지는 바로의 왕궁, 그 가운데서도 지혜 그 자체로 인정되며 신의 아들 **태양의 아들; the Incarnate Son of Re**로 숭배되고 있는 바로 왕이 이 지혜라는 단어를 가지고 이스라엘 말살을 시도하고 있는 것이다. 여기에서 보여주고자 하는 교훈은 이 교만한 인간의 지혜와, 숨은 섭리 가운데 펼쳐지는 하나님의 지혜와의 한판 승부가 어떤 결론을 맺을 것인가라는 것이다.

바로 왕은 자신의 지혜를 동원해 세 번에 걸쳐서 이스라엘 말살 정책을 시행한다. 이 세 번의 시도 속에 인간 지혜의 유한성과 하나님 지혜의 위대함이 드러난다. 바로 왕의 첫 번째 시도는 이스라엘에 가하는 극심한 탄압과 강제노동이다. **출 1:11-14** 이 방법은 오히려 더 탄압하고 억압하면 할수록 이스라엘 민족이 더 '불어나고,' '번성한다'는 것으로 결론이 나고 만다. 결국 이런 고통과 괴로움 가운데서도 하나님의 창조 목적은 결코 변함없이 이루어져 간다는 것을 여실히 보여주고 있다. 1회전은 바로의 실패로 끝이 난다.

바로의 두 번째 시도는 시간은 좀 걸리더라도 실질적인 인구 억제 방법으로, 이스라엘 아이들을 받는 산파들을 시켜 태어나는 사내아이들을 모두 죽이라는 명령이었다. **출 1:15-21** 그러나 이 방법 또한 아이러니하게도 두 산파들이 바로를 두려워하는 것이 아니라 하나님을 두려워하는 경외심으로 인하여 좌절되고 만다. 두 산파들이 하나님을 '경외했다'는 단어 '야레'

יָרֵא 출 1:17는 이스라엘에서는 지혜운동과 밀접하게 연관되어있다. 이 '경외하다'라는 말은 지혜서들인 잠언, 욥기, 전도서를 설명할 때 가장 중심 되는 단어 중 하나이기 때문이다. 잠언 1장 7절은 "여호와를 경외하는 것이 지식의 근본이어늘 미련한 자는 지혜와 훈계를 멸시하느니라." 잠언 9장 10절 또한 "여호와를 경외하는 것이 지혜의 근본이요 거룩하신 자를 아는 것이 명철이니라"고 선언하고 있기도 하다. 이와 같이 성경 속에서는 '여호와를 경외하는 것'이 가장 큰 지혜를 소유한 것이라는 결론을 내릴 수 있다. 출애굽기가 보여주고자 하는 교훈은, 바로 왕의 왕권을 통한 지혜보다 보잘 것 없는 두 산파의 하나님을 경외하는 지혜가 더 뛰어나다는 점을 보여주고 있다. 그리고 이 두 산파의 입을 통해 오히려 '이스라엘 여인'들이 '애굽 여인'들에 비해 강하고 특출한 체질을 부여 받았다는 결론으로 막을 내린다. 바로의 탄압에도 불구하고 이스라엘 민족은 여전히 "번성하고 심히 강대해 졌다."출 1:20 아이러니한 것은 바로 왕이 자신의 지혜를 사용하면 할수록 그것은 오히려 이스라엘을 번성케 하고 강하게 만드는 요인이 된다는 것이다. 2회전에서도 바로 왕의 참패로 끝이 난다.

세 번째 시도에서는 바로 왕의 인내심이 한계에 도달한 것을 보여주고 있다. 단기적인 계획도 실패하고 장기적인 계획도 수포로 돌아가자 이스라엘에 사내아이들이 탄생할 때에는 나일강에 던져버릴 수 있는 권한이 애굽인들 모두에게 주어진다.출 1:22 이제 모든 것이 끝장 날 것 같은 위기감이 조성되지만 이 계획으로 인해 결국 자신의 계획을 좌절 시켜버릴 결과가 초래된다. 이스라엘의 지도자 모세를 자신의 왕궁에서 자신의 모든 권력과 부로 교육시키고, 훈련시키는 결과를 가져오고 만다. 여기에 덧붙여서 "아들이거든 그를 죽이고 딸이거든 살려두라"는 바로 자신의 명령 속에는 여자아이들은 자신의 민족을 확장시키는데 큰 도움이 되리라는 그의 묘책이 들어가 있는 듯하다. 그러나 오히려 자신이 살리라고 명령했던 여자들이 모두 동원되어 합력하고 있다는 것 또한 인간의 지혜가 얼마나 보잘 것 없는 것인지를 깊이 깨닫게 한다. 두 명의 히브리 산파, 모세의 어머니와 그의 누이, 심지어 자신의 딸까지도 자신의 계획을 수포로 돌아가게 하고 나아가서는 자신을 파멸시킬 미래를 준비하는데 몫을 하고 있는 것이다. 이 놀랍도록 해학적인 이야기 안에는 하나님의 지혜와 인간의 지혜가 맞설 때 인간의 것이 얼마나 하찮은지 여실히 드러내는 증거되고 있다. 이것이 모세라는 지도자가 탄생하는 배경이다. 모세의 탄생 이야기는 인간의 지혜에 대한 하나님의 지혜의 승리이다.

## 모세 탄생의 의미

모세는 바로 왕의 마지막 명령인 "아들이 태어나거든 너희는 그를 나일강에 던지라"는 그 명령으로 인해 태어난지 삼 개월 만에 위기를 겪는다. 그는 갈대상자에 넣어져 나일강 갈대 사이에 놓이게 되는데, 이를 바로의 딸이 발견하고 건져냄으로 인생의 새로운 국면에 접어든다. 이 때 하나님께서 쓰신 전략은 아주 단순한 것이었다. 당신이 사건의 전방에 나서지 않으시고 그 공주의 마음에 '불쌍히 여기는 마음' חָמַל **하말**을 넣었을 뿐이다. 그런데 죽을 줄 알았던 모세는 유모로 궁에 들어간 친어머니의 품에서 젖을 뗄 때까지 자라게 된다. 바로는 자신의 국고에서 돈을 지불해 가며 자

**Thinking Tip**

에스더의 이야기 속에도 유사한 상황이 펼쳐진다. 에스더가 삼일 동안 금식한 후에 왕의 부름이 없었음에도 왕 앞에 목숨을 걸고 나아갔을 때 왕이 에스더가 뜰에 선 것을 본즉 "매우 사랑스러우므로(חֵן 헨) 손에 잡았던 금 규"(에 5:2)를 내 밀었다고 한다. 밤낮 삼일을 금식한 여인이 얼마나 아름다웠을까? 여기서 하나님께서 하신 일은 사랑스럽게 보이도록 하는 것이다.

신이 멸하려고 한 이스라엘의 리더를 키우고 있는 것이다. 결국 모세의 탄생 이야기는 하나님의 지혜의 승리이면서 또한 하나님의 승리를 이끌어야 할 지도자의 탄생을 가리킨다.[36] 이 탄생은 하나님에 의한 것이기에 하나님의 목표를 향한다. 결코 자신의 목적을 위하여 서 있는 것이 아니라는 것이다. 이것은 그에게 삶의 목표와 방향을 설정해 준다. 즉, 하나님의 사람에게 있어서 그의 탄생 이야기는 아무리 신비롭든지, 얼마나 대단하든지에 상관없이 하나님께서 계획하신 목적지를 가리키는 나침반의 역할을 할 뿐이다. 이 나침반이 없으면 망망한 인생의 대해에서 길을 잃을 수밖에 없다. 그 전형적인 예가 바로 사사기의 마지막 사사였던 삼손이었다. 그는 자신의 놀라운 탄생의 의미를 전혀 감지하지 못하고 방향 없이 살았던 어리석은 방랑자였다.

하늘의 계획에 의해 탄생한 리더는 반드시 이루어야 할 사명이 있으며, 걸어가야 할 삶의 목적지가 있다. 그 목적과 사명은 자신에게서 온 것이 아니라 그를 탄생케 하신 분의 것이다. 이러한 탄생의 이야기 없이 만약 리더가 훈련만으로 만들어지고, 후천적인 요소로만 리더가 리더 되게 한다면 그 사람은 스스로가 모든 것을 통제하고 이루어 나가는 주체가 될 것이다. 즉, 자신이 모든 일에 주권을 가지고 있다고 생각할 수 있다는 것이다. 미래도, 비전도, 목표도, 걸어가야 할 과정도 모두 그에게서 나오는 것이라고 착각할 수 있다. 거기에는 리더의 목표만이 있다. 그를 따르는 사람들의 삶은 단지 그의 목표를 이루는 도구요 수단으로 전락하기 쉽다. 거기에서 지배와 군림이 생겨난다. 이것이 바로왕 밑에서의 이스라엘의 삶이었다. 하지만 그리스도인 리더는 탄생할 때 선천적으로 부여받은 목표가 있다. 즉,

하늘의 뜻과 계획이다. 이 하나님의 계획은 선재적인 것으로 리더가 반드시 이루어가야 할 목표이며, 이를 이루기 위해 하나님께서는 의욕과 열정 또한 제공해 주신다.빌 2:13

## 3. 탄생과 훈련의 관계

### 탄생의 신화를 만들라!

이스라엘에는 이미 왕도, 선지자도, 제사장도 어떠해야 한다는 철저한 규정이 세워져 있다. 이런 나라에서는 모세의 탄생 이야기는 결코 지배와 통치 이념이 될 수 없다. 그리고 그 정당성에 힘을 실어 주지 않는다. 세상 나라들은 그 탄생과 성장의 신화들이 지배하고, 군림하며, 정복하는 힘의 논리를 정당화 시켜줄 수 있을지 모르지만 하나님의 백성에게는 어림도 없다. 이제 모세의 탄생 이야기는 오로지 기대와 희망이 된다. 리더의 탄생 이야기와 성장의 신화는 그가 이끌게 될 백성들이 가질 미래의 희망을 제공해 주며 기대감을 조성한다.[37] 이것은 하나님께서 하실 일에 대한 기대감이지 그 인간에 대한 기대감이 아니다. 그러므로 성경은 신비로운 섭리의 탄생은 바로 책임이며, 세상을 향한 소명과 사명으로 직결된다는 것을 강조한다.

지금 이 땅에 리더로 선 사람들에게 필요한 것이 있다면 바로 자신의 탄생 이야기를 올바로 이해하는 것이다. 얼마나 자신이 신묘막측하게 창조되었는지를 아는 것은 삶의 방향과 목적지를 갖는 것이다.시 139:13-24 그리고 그 길을 잃지 않을 수 있는 나침반을 갖는 것이기도 하다. 왜냐하면 하나님의 섭리 가운데 와서 하나님의 뜻을 이루어가는 그 방향을 향하여 간다는 지고의 사명이 있기 때문이다. 이것을 잊지 않고 끊임없이 되새기며 상기하는 사람은 늘 같은 방향을 가리키기 위해 미세하게 흔들리는 나침반의 바늘처럼 하나님의 비전을 향할 수 있다.

## 훈련은 무엇을 위함인가?

탄생이라는 신비한 하나님의 섭리로 가득 채워진 삶의 방향을 찾았다면 이제 필요한 것은 그 방향을 향해 전진해 나갈 수 있는 추진력을 얻는 것이다. 그렇다면 그 추진력은 어디에서 얻어질 수 있는 것인가? 이쯤에서 다시 한번 훈련을 통해 얻어지는 후천적인 리더십의 자질들을 거론하는 것이 좋을 듯 하다. 헌터의 것만 예로 다시 들면 다음과 같다.

> ① 정직, 신뢰, ② 바람직한 역할 모델, ③ 배려, ④ 헌신, ⑤ 경청하는 자세, ⑥ 상대방의 업무를 후원하는 자세, ⑦ 상대방을 존중하는 자세, ⑧ 상대방을 격려하는 자세, ⑨ 긍정적, 열정적 자세 그리고 ⑩ 인정.

이 외에도 많은 리더의 자질들이 있을 것이다. 이러한 자질들은 탄생이 아니라 분명 훈련을 통해 갖춰진다. 그리고 이러한 훈련을 통해 후천적으로 형성된 자질들은 탄생을 통해 주어진 방향과 목표를 향해 전진하는데 필요한 추진력을 제공한다. 하지만 잊지 말아야 할 것은 이러한 자질까지도 스스로 만들어 가는 것이 아니라 하나님의 계획 안에 있다는 사실이다. 탄생과 훈련의 조화는 예레미야 선지자의 삶이 잘 보여주고 있다. 예레미야는 자신이 소명 받는 그 때에 자신의 삶이 결코 우연히 주어진 것이 아니며, 또한 성인이 되어가려는 때에 하나님께서 자신을 선택하신 것이 아님을 알았다. 이미 태중에, 그의 형상이 생기기 전부터 하나님의 계획 가운데 있었음을 깨달은 것이다.

> 여호와의 말씀이 내게 임하니라 이르시되 내가 너를 복중에 짓기 전에 너를 알았고 네가 태에서 나오기 전에 너를 구별하였고 너를 열방의 선지자로 세웠노라(렘 1:4-5).

그리고 예레미야가 이 책임과 탄생의 사명을 감당케 하기 위해 하나님께서 얼마나 혹독하게 훈련을 시키셨는지를 볼 수 있다: "보라 내가 오늘 너를 그 온 땅과 유다 왕들과 그 지도자들과 그 제사장들과 그 땅 백성 앞에 견고한 성읍, 쇠기둥, 놋성벽이 되게 하였은 즉." **렘 1:18** 탄생의 소명을 이루는 것은 결코 쉽지 않다. 그 방향을 향해 걸어가며 예레미야의 입에서 끊임없이 쏟아지는 탄식의 소리들은 그의 삶이 결코 평탄치 않았음을 짐작케 한다. 예언자의 이 아픔에 찬 불평의 탄식을 들으시는 하나님께서는 그와 함께 고통을 겪으시며 묵묵히 답변하신다.

> (만일) 네가 보행자와 함께 달려도 피곤하면 어찌 능히 말과 경주하겠느냐 네가 평안한 땅에서는 무사하려니와 요단의 창일한 중에서는 어찌하겠느냐(렘 12:5).

## 탄생과 훈련이 만날 때

하나님께로부터 시작된 탄생의 신화는 사람들에게 희망을 제시해 준다. 신화를 잃어버린 세상 속에서 그 비현실적으로 보이는 신화는 분명 새로운 기적의 조짐을 보여주는 새 삶에 대한 기대를 제시한다. 신화는 기적 같은 희망을 제시해 주고 훈련은 현실을 강조한다. 희망은 현실을 통과하지 않고는 결코 실재가 될 수 없다. 희망이 허공에 매달려 있는 것으로 끝나지 않고 삶 속에 현실이 되는 것, 그것은 결국 탄생과 훈련이 만날 때에만 가능해진다. 그러므로 리더는 탄생되는 것이기도 하며 또한 훈련되는 것이기도 하다. 이 둘은 동전의 양면과 같아서 결코 한 쪽만으로는 그 숭고한 뜻을 이룰 수 없다. 탄생 신화가 없는 리더는 자신의 방향을 잃은 것이요, 훈련이 없는 신화는 추진력을 잃어버린 로켓처럼 바닥을 뒹굴고 말 것이기 때문이다. 그러므로 성경에서 리더가 탄생된다고 하는 것은 고대 근동의 다른 나라들의 이야기와 비교할 때 군림과 통치, 지배의 정당성을 주장하는 것이 아니라 책임과 소명을 일깨우는 것이다. 그 소명은 하나님께로부터 온 것이기에 하나님과 함께할 때에야 비로소 그의 모든 능력을 발휘할 수 있음을 강조하는 것이다.

리더는 탄생되는 것인가, 아니면 교육과 훈련으로 만들어지는 것인가라는 질문에 대한 응답은 결국 어느 한 쪽도 외면되어서는 안 되는 팽팽한 긴장감이 필요한 것으로 그 결론에 도달한다. 리더가 탄생을 통한 소명 인식으로 방향을 정하고 훈련으로 그 성취를 위한 추진력을 얻는다면 흔들림 속에서도 뚜렷한 목표를 향할 수 있을 것이다. 마지막으로 다코타족 인디언인 오이예사의 언급은 우리에게 생각할 거리를 제공해 준다: "동정녀 잉태는 세상에 태어난 많은 아기들보다 신기할 것이 조금도 없는 이야기야. 빵과 물고기의 기적은 옥수수 한 알을 심어 수많은 옥수수를 수확하는 일보다 조금도 놀라울 것이 없지." 그렇다. 조금도 신기할 것이 없는 한 아기의 탄생이 이 세상을 구원할 수 있는 길은 그 탄생의 소명과 철저한 훈련을 통한 추진력으로 그 소명을 향해 굽힘이 없이 전진할 때 이루어질 수 있다. 이제 하나님의 계획 가운데 탄생한 모세가 어떻게 이 두 가지를 조화시키며 사명을 이루어 가는지를 살펴보는 것이 남아있다. 그의 이야기 속에는 실패의 이야기들과 성공의 이야기들이 동시에 공존하며 지금 우리에게 말하고 있기 때문이다.

# 제 2 장

# 성경적 리더란

모세가 장성한 후에 한번은 자기 형제들에게 나가서 그 고역함을 보더니 어떤 애굽 사람이 어떤 히브리 사람 곧 자기 형제를 치는 것을 본지라 좌우를 살펴 사람이 없음을 보고 그 애굽 사람을 쳐 죽여 모래에 감추니라 이튿날 다시 나가니 두 히브리 사람이 서로 싸우는지라 그 그른 자에게 이르되 네가 어찌하여 동포를 치느냐 하매 그가 가로되 누가 너를 우리의 주재(지도자)와 법관(재판관)으로 삼았느냐 네가 애굽 사람을 죽인 것처럼 나도 죽이려느냐 모세가 두려워하여 가로되 일이 탄로되었도다 (출 2:11-14).

출애굽의 영웅이 누구인가라는 질문이 나오면 대부분은 모세라는 인물을 떠올린다. 그러나 이것이 정답일까? 사도행전에서는 스데반의 선포를 통해 "모세가 '애굽 사람의 모든 지혜' πάσῃ σοφίᾳ Αἰγυπτίων **파세 소피아 아이굽티온**를 배워 그의 말과 하는 일들이 능하더라"**행 7:22**라고 모세에 대해 말하고 있다. 그러나 정작 모세의 이야기를 담고 있는 본문인 구약성경은 철저히 모세의 학문과 능력 그리고 그의 지혜에 대해 침묵한다. 우리는 애굽 연구 고고학자이며 소설가인 크리스티앙 자크의 장편소설 『람세스』를 통해 애굽의 왕자들이 배웠음직한 서기관 교육에 대한 상식을 가져볼 수 있다.[38] 실제로 고고학에서 발견한 애굽의 교육문헌들은 왕자들과 귀족의 자제들을 중심으로 한 처세와 삶의 지혜를 가르치는 내용들이 참으로 많다.[39]

그런데 왜 성경은 침묵하는 것일까? 오히려 모세의 탁월함을 한 단계 더 높일 수 있는 좋은 길일 터인데 말이다. 혹시 모세가 교육받은 애굽의 학문을 칭송하면 이스라엘 신앙의 독특성을 말하는데 걸림돌이 될까 두려웠기 때문일까? 그랬다면 모세 장인의 직업이 미디안의 제사장이라는 것도 굳이 말할 필요는 없었을 것이다. **출 3:1**

**Thinking Tip !**

비글(D. M. Beegle)은 모세의 명예를 훼손하지 않으면서 그를 평가하기를 모세의 진정한 가치는 여호와의 조역을 맡는데 있다고 한다. 조역은 주연을 돋보이게 하기 위한 역할을 위임받는다. 고로 모세의 이야기는 모세에 관한 이야기가 아니라 오히려 하나님에 관한 이야기인 것이다.[40]

하지만 한 가지 명확히 대답할 수 있는 것은 출애굽의 여정 내내 모세의 능력은 극소화 되고 있으며 하나님의 능력은 그 반대로 극대화 되어 나타나고 있다는 것이다.

이 세상의 리더십은 이력서의 페이지를 늘려가며 더 많은 경력과 화려한 능력을 과시하는 리더를 존중하며 인정하지만 성경은 그것과는 오히려 무관하다. 세상이 요구하는 리더십의 표준에서 보면 성경 속의 리더들은 분명 문제를 많이 가지고 있다. 이들이 정말 학력과 경력 위조가 필요한 사람들인지도 모른다. 적진을 눈앞에 두고 할례를 행하고 유월절 축제를 벌인 여호수아, 수 5:2-12 십팔만 오천이나 되는 앗시리아 군대가 예루살렘을 철벽처럼 둘러친 그 절체절명의 위기 앞에서 그저 성전에 올라가 엎드려 부르짖은 히스기야, **왕하 19:14-19** 수많은 적들의 침공 앞에 "우리 하나님이여 그들을 징벌하지 아니하시나이까 우리를 치러오는 이 큰 무리를 우리가 대적할 능력이 없고 어떻게 할 줄도 알지 못하옵고 오직 주만 바라보나이다." **대하 20:12**라고 고백하며 군대가 아닌 찬양대를 앞세우고 적진을 향해 무모히 뛰어드는 여호사밧, 이들은 모두 이 세상의 잣대로는 상황 파악도 못하는 무능력한 리더십 그 자체이다. 인간 능력의 극대화를 통해 만들어 가는 승리주의와, 인간의 극소화 하나님의 극대화를 부르짖는 믿음의 길이 어찌 동일할 수 있을까?

이에 반해 세상의 리더십에는 모든 것이 사람으로 시작해서 사람으로 끝이 난다. 소망을 갖는 것도, 자신을 믿는 것도, 목표를 세우는 것도, 행동하는 것도, 기회를 잡는 것도, 또한 끊임없이 도전하는 것까지 모두 하나도 빠짐없이 사람이 주체가 되어 행하는 일들이다.[41] 그리고 사람을 다루는 모든 테크닉도 동일한 사람에 의해 만들어진다.[42] 심지어 『성공의 법칙 *The New Psycho-Cybernetics*』의 저자인 맥스웰 몰츠는 '가장 도전적이고 보상이 따르는 성공훈련'의 하나로 용서를 스스로의 힘으로 실천하라고 강조한다.

> 과거 모욕을 당해 오랫동안 원한 관계에 있는 두 사람을 택해 진정한 마음으로 그들을 완전히 용서하도록 하자, 여기에는 어떠한 단서도 붙이지 마라. 그리고 이를 실천에 옮겨라 … 21일 동안 하루 30분 정도 시간을 내서 조용하게 명상을 하고 혼자서 스스로를 위해 이것을 실천해 보도록 하자.[43]

이것은 받은 은혜에 기초한 사랑과 용서와는 정반대의 길로 나아간다. 네 스스로 열정을 품고, 꿈을 만들고, 용서하며, 사람을 움직이라고 말한다. 그렇다면 이 모든 것이 이루어졌을 때 그 성공과 성취는 누구의 것이 되겠는가? 어느 누구에게도 양보할 수 없는 자신의 것이 될 것이다. 왜냐하면 바로 그 자신이 이루어낸 업적들이기 때문이다. 이것은 누구와도 나눌 수 없는 '내 것'이 될 것이다.

결국 하나님의 교회 안에 세상적 리더십의 원리를 끌어들여 성경적 리더십을 세우려는 것은 교회 안에도 제국주의적 승리주의를 끌어들이는 것이다. 강자와 약자를 나누어 강자를 승리의 표본으로, 약자를 패배자로 몰아붙여 또 하나의 분열을 조장하는 것이다. 여기 모세라는 인물이 있다. 그의 탄생은 리더를 기다리는 사람들에게는 희망의 소식임에 틀림없다. 그러나 그의 탄생이 의미하는 것은 그의 삶 전체가 나아가야 할 길을 가리키는 것뿐이다. 이제 중요한 것은 누가 그 방향을 지시할 것인가이다.

## 1. 하나님 없이 하나님의 일을

### 히브리인 모세

모세의 이야기는 그의 탄생과 젖 뗄 때까지의 유년기는 상세하게 그려지고 있지만 그때로부터 그가 성년이 될 때까지의 과정은 완전히 생략되어 있다. 그런데 그가 성년이 되었을 때 이틀에 걸쳐서 바깥에 나가 세상을 살펴보는데 그의 눈앞에서 하루에 한 번씩 두 개의 사건이 펼쳐지고 있다. 물론 그 전에도 많이 외출을 했었겠지만 이것은 그의 삶에 벌어진 중요한 전환점을 만들어 주는 것이기에 기록되었을 것이다.

그런데 이 두 사건 속에서 볼 수 있는 놀라운 사실은 바로의 왕궁에서 애굽의 왕자로 자란 모세가 고역의 노동을 하고 있는 노예들이 '자기 형제'들이라는 것을 깨닫고 있다는 사실이다. 모세가 어떻게 자신의 정체성이 히브리인인줄 알았는지에 대해 성경은 침묵하고 있다. 한 가지 추측해 볼 수 있는 것은 모세가 어머니의 품에서 젖을 뗄 때까지 자랐다는 사실이다. 그 당시 고대 근동의 젖 떼는 시기는 요즘과 다르다. 기원전 2세기경에 쓰여진 구약 외경인 마카비하 7장 27절에는 한 어머니와 일곱 아들의 순교 이야기가 나온다. 그 어머니가 아들을 어떻게 키웠는지를 소개하고 있는

데, “나는 너를 아홉 달 동안 뱃속에 품었고 너에게 삼년 동안 젖을 먹였으며 지금 내 나이에 이르기까지 너를 기르고 교육하였다”라고 한다.[44] 그리고 기원전 11세기경의 애굽의 지혜 문헌 중의 하나인 ‘아니의 교훈’ The Instruction of Ani에도 이 풍습은 동일하게 나타난다: “너의 어머니에게 드리는 식물을 두 배로 하고, 그녀가 너를 안은 것처럼 안으라. 그녀는 네가 무거웠지만 내게 떠넘기지 않았다. …그녀의 젖은 삼년 동안이나 꾸준히 너의 입에 있었다. 너의 불결함이 역겨웠을지라도 그녀의 마음은 ‘내가 어떻게 해야 하지?’하고 불결하게 생각하지 않았다.”[45] 이와 같이 고대 근동에서 젖 떼는 시기는 네 살 때쯤으로 나타난다. 그 나이라면 말을 주고받을 수 있는 시기이다. 모세는 어렴풋하게나마 자신이 히브리인이란 정체성을 어머니와 가족들로부터 들을 수 있었을 것이라 짐작해 볼 수 있다. 그렇다면 이제 이러한 민족적 정체성을 인식하고 있는 그에게 이틀에 걸친 나들이는 어떤 의미를 가지고 있는 것인가? 모세의 눈앞에서 펼쳐진 두 사건은 그의 삶에 지대한 영향을 주고 있는 것이 분명하다. 이 사건들의 의미를 파악하면 모세가 왜 미디안 광야에서 40년의 세월을 보내야만 했는지를 이해할 수 있는 열쇠를 가질 수 있다.

## 삶을 뒤튼 나들이

모세가 첫째 날 나들이에서 본 것은 ‘자기 형제들이 고되게 노동하는 것’과 ‘어떤 애굽 사람이 한 히브리 사람 곧 자기 형제를 치는 것’이었다. 출 2:11

여기에서 주목해야 할 것은 ‘히브리인의 노동,’ ‘애굽인의 학대’와 ‘형제의 고통당함’이라는 단어들이다. 모세는 동족애同族愛에 불타서 끓어오르는 격정을 견디지 못해 그 애굽인을 쳐 죽였고, 고통 받는 동족 히브리인을 구해

주었다. 이것이 첫째 날의 사건 정황이다.

그 다음 날에는 모세가 밖으로 나갔을 때 두 히브리인이 싸우고 있었다. 법적으로 시시비비를 가릴 필요가 있는 폭력이 동반된 다툼이었다. 이것은 모세가 그 잘못한 사람에게 "네가 어찌하여 동포를 치느냐"라는 말 속에서 드러난다. **출 2:13** 다음의 두 연관관계를 비교하며, 이 두 사건의 의미를 살펴보아야겠다.

| **첫째 날** | 애굽인이 히브리인을 치다 | 모세가 애굽인을 쳐 죽이고 히브리인을 구하다 |
|---|---|---|
| **둘째 날** | 히브리인이 히브리인을 치다 | 모세가 잘못한 히브리인을 질책한다 |

위의 표를 통해 어렴풋이 짐작할 수 있는 것은 두 가지의 사건이 결코 우연히 발생한 것이 아니라는 사실일 것이다. 먼저, 주지해야 할 사실은 인종적인 대조다. 첫째 날의 사건에는 애굽인과 히브리인이 연루되어 있고, 둘째 날에는 한 히브리인과 동족 히브리인이 연루되어 있다는 것이다. 그렇다면 인종적인 대조를 명시하는 것, '치다' נָכָה 나카라는 동일한 히브리어 단어가 두 사건의 전체를 지배하는 것, 그리고 모세라는 인물이 주도적인 역할을 하고 있다는 것이 그 본래의 의미를 풀어나가는 열쇠의 역할을 할 것임에 틀림없다.

이 두 가지의 사건을 면밀히 살펴보면 모세의 삶과 연결시켜 전혀 낯설지 않다. 이 두 가지는 언젠가는 모세가 감당해야 할 사명을 다 묶어 놓

Thinking Tip !

노른버그(J. Nohrnberg)는 모세가 애굽인에게 학대당하는 동족을 위해 중재자로 나선 것은 나중에 바로 앞에서 이스라엘을 위해 중재자로 나설 것을 예시하고 있다고 본다. 그리고 모세가 애굽을 도망자처럼 빠져 나가는 것은 나중에 이스라엘이 출애굽을 하는 모습을 예시하고 있다고 한다.[46)]

은 것이다. 애굽인을 치고, 고역의 노동을 하는 히브리인을 구해내는 것, 그리고 히브리인들끼리의 다툼을 법적인 재판을 통해 시시비비를 가리는 것은 모세가 미래에 해야 할 모든 일들을 다 보여 주고 있다.

이것은 히브리어 '치다' נָכָה **나카**라는 단어가 출애굽기에서 사용된 예들만 살펴보아도 분명하게 알 수 있다. 이 두 사건 외에 출애굽기에는 21번에 걸쳐서 이 단어가 사용되는데, 단 한 경우를 제외하고는 모두 다 여호와의 능력으로 열 가지 재앙을 통해 애굽인을 치는 사건**13번**과 시내산에서 받은 율법규정 속에 동족 히브리인을 치지 말 것을 법적으로 명하는 사건**7번**에 나타난다.[47)]

이와 같이 모세는 자신의 일생을 통해 이루어 내야 할 두 가지의 커다란 사명을 지금 감당하고 있는 것으로 나타난다. 애굽에 쏟아진 열 가지 재앙은 하나님께서 모세라는 인물을 통해 애굽을 철저하게 치시는 사건이다. 이 재앙을 통해서 결국 히브리인들을 구해내시려는 하나님의 계획인 것이다. 그리고 이렇게 구원받은 백성은 반드시 그 안에 불의와 부정의가 없어야 한다. 이것은 모세가 시내산에 이르기 전부터 백성들의 시시비비를 가리는 출애굽기 18장 13-27절에서 그대로 실현되고 있다. 그 실례는 모세가 앉아서 백성들을 재판하고, 그 일의 효율성을 위해 천부장, 백부장, 십부장을 세워서 그들로 작은 재판들을 행할 수 있게 하는 것을 통해 잘 드러나고 있다. **출 18:13, 16, 21, 22, 25, 26** 그리고 그 모든 판단의 기준이 되는 율법이 하나님께로부터 모세를 통해 주어지고, 구체적으로 실현되는 것을 살펴볼 수 있다. 두 히브리인들이 싸울 때에 모세는 분명히 "그 그른 자에게 네가 어찌하여 동포를 치느냐?"고 질책하고 있다. 여기에 사용된 '그른 자'를 뜻하는 '라샤' רָשָׁע는 법정 용어이다. 율법에 비추어서 죄가 있다고 선포된 자를

| | |
|---|---|
| 애굽인을 치는 사건 | ① 3:20 내가 내 손을 들어 애굽 중에 여러 가지 이적으로 그 나라를 친 후에야<br>② 7:17 내가 내 손의 지팡이로 하수(나일 강)를 치면 그것이 피로 변하고<br>③ 7:20 지팡이를 들어 하수를 치니 그 물이 다 피로 변하고<br>④ 7:25 여호와께서 하수를 치신 후 이레가 지나니라<br>⑤ 8:16 네 지팡이를 들어 땅의 티끌을 치라<br>⑥ 8:17 아론이 지팡이를 잡고 손을 들어 땅의 티끌을 치매<br>⑦ 9:15 내가 손을 펴서 온역(돌림병)으로 너와 네 백성을 쳤더라면<br>⑧ 9:25 우박이 애굽 온 땅에서 사람과 짐승을 막론하고 밭에 있는 모든 것을 쳤으며<br>⑨ 9:25 우박이 또 밭의 모든 채소를 치고 들의 모든 나무를 꺾었으되<br>⑩ 12:12 사람이나 짐승을 막론하고 애굽 땅에 있는 모든 처음 난 것을 다 치고<br>⑪ 12:13 내가 애굽 땅을 칠 때에 그 피가 너희가 사는 집에 있어서<br>⑫ 12:29 여호와께서 애굽 땅에서 … 사람의 장자까지와 가축의 처음 난 것을 다 치시매<br>⑬ 17:5 하수를 치던 네 지팡이를 손에 잡고 가라 |
| 히브리인을 치지 말것 | ① 21:12 사람을 쳐죽인 자는 반드시 죽일 것이나<br>② 21:15 자기 아비나 어미를 치는 자는 반드시 죽일지니라<br>③ 21:18 사람이 서로 싸우다가 하나가 돌이나 주먹으로 그의 상대방을 쳤으면<br>④ 21:19 지팡이를 짚고 일어나 걸으면 그를 친 자가 형벌은 면하되<br>⑤ 21:20 사람이 매로 그 남종이나 여종을 쳐서 당장에 죽으면 반드시 형벌을 받으려니와<br>⑥ 21:26 사람이 그 남종의 한 눈이나 여종의 한 눈을 쳐서 상하게 하면<br>⑦ 22:2 도적이 뚫고 들어오는 것을 보고 그를 쳐죽이면 피 흘린 죄가 없으나 |

말한다.[48)]

## 저항에 부딪친 리더십

모세는 이스라엘을 구원하는 지도자로서, 그리고 법을 다루는 재판관으로서의 역할을 지금 자신의 동족을 위해서 행하고 있는 것이다. 그런데 모세는 자신의 동족 히브리인이 내뱉은 단 한마디의 말에 그대로 거꾸러져서 광야로 도망을 치게 된다. 그것은 바로 모세가 누구인가를 그대로 드러내주는 '그의 정체성'에 관한 날카로운 질문이었다.

> 누가 너를 우리의 주재(지도자)와 법관(재판관)으로 삼았느냐(출 2:14).

이 악의에 찬 항변은 모세가 바로잡으려고 했던 그 '그른 자'가 내뱉은 말이었다. 그리고 그는 모세를 향해 "네가 애굽 사람을 죽인 것처럼 나도 죽이려느냐?"출 2:14고 저항한다. 그는 모세가 행했던 애굽인을 쳐 죽이고 히브리인을 구해낸 사건의 모든 전모를 다 알고 있다. 그런데 그 모세가 자신에게 법적인 재판관으로서까지 행세하고 있는 것이다. 그렇기 때문에 그는 모세에게 '우두머리, 통치자, 관리' 심지어는 군대의 '장관'창 21:22의 의미까지 내포하고 있는 '다스리는 자' אִישׁ שַׂר **이쉬 싸르**와 법적 소송은 물론 민족을 구하는 역할을 한 사사를 뜻하는 '재판관' שֹׁפֵט **쇼페트**이라는 용어를 사용하여 맞대결을 펼치고 있다. "누가 네게 그런 일을 하라고 사명을 주었느냐?"는 반발이 그것이다. 그런데 그렇게도 당당했던 모세가 아무 소리도 내지르지 못하고 도망을 치게 된다. 이것은 통치자나 재판관의 문제를 넘어서 모세가 결코 대답할 수 없는, 폐부를 찌르는 송곳 같은 질문이었기 때문이다. "누가 너를 … 삼았느냐?" 이것은 "누가 너를 보냈느냐?"라는 배후를 캐는 질문이다. 민족의 아픔을 보고 자신도 모르는 사이에 어느새 지도자의 위치에 서버린 모세였다. 누군가의 소명을 받고말고 할 겨를도 없었다. 그러나 하나님의 백성을 위하여 일한다는 것은 하나님을 위하여 일하는 것이다. 하나님의 일을 하나님의 부름이 없이 행한다는 것은 이미 실패를 예고하고 있는 것과 같다.

모세는 하나님 없이 하나님의 일을 시작하고 있는 것이다. 아무리 화려한 법 지식을 가지고 있고, 애굽인을 쳐 죽일 만큼의 힘이 넘쳐나도 하나님의 소명이 없는 사람에게는 단지 혈기에 지나지 않는다. 인간의 지식과 힘, 능력이라는 것이 한 사람의 애굽인을 치고 뒤로 나자빠지는 것이며, 단 한 사람의 저항에도 두려워 도망하는 것밖에 안 되기 때문이다. 모세는 한 사람이 아니라 애굽인 전체를 치고, 한 사람이 아니라 이스라엘 전체를 구해내야 하며, 한 사람의 잘못됨을 바로잡는 것이 아니라 이스라엘 전체에 하나님의 법을 중재해야 할 하나님의 종이다. 이것이 하나님이 함께 하시느냐, 아니냐의 차이이다. 그가 40년 동안 바로의 왕궁에서 배운 모든 능력과 지식은 하나님의 부르심에 철저하게 굴복되어야만 한다. 하나님의 백성의 지도자로 나서는 사람은 반드시 그 백성의 하나님을 만나는 것으로부터 시작해야 한다. 모세는 이제 "누가?"라는 질문에 확신에 찬 응답을 할 준비가 필요하다. 그것이 바로 지도자의 정체성이다. 이 "누가?"라는 질문에 신념의 대답을 할 수 없는 사람은 결국 자신의 야망을 이루어 가는 사람이 되고 말 것이기 때문이다.

## 2. '내가!'- 누구인가? 하나님인가, 사람인가?

### 거스를 수 없는 시간의 벽

앞에서 펼쳐졌던 두 가지의 사건은 왜 모세가 미디안 땅으로 도망가 기나긴 세월을 보내야 했는가에 대한 이유를 명확하게 보여주고 있다. 이 짧은 이야기출 2:11-14는 모세가 바로의 왕궁에서 자라던 40년과 미디안 광야에서의 40년 기간 사이를 가름짓는 사건이 된다. 미디안에서의 이 기간도 바로의 왕궁에서의 기간만큼이나 모세의 삶에 대하여 철저하게 침묵을 지키고 있다. 우리가 분명하게 알 수 있는 것은 고작해야 모세가 미디안 제사장의 딸 중에 한 명인 십보라와 결혼을 했고, 아들을 낳았고, 그리고 장인 이드로의 양을 치며 세월을 보냈다는 것 정도밖에는 없다.출 2:16-3:1 하지만 모세가 미디안으로 가서 머무르는 시간출 2:16-22과 하나님의 산 호렙에서 여호와를 만나출 3:1는 그 사이에 막간의 이야기가 등장한다. 바로 이스라엘 민족의 상황이다.

> 여러 해 후에 애굽 왕은 죽었고 이스라엘 자손은 고역으로 인하여 탄식하며 부르짖으니 그 고역으로 인하여 부르짖는 소리가 하나님께 상달한지라 하나님이 그 고통 소리를 들으시고 아브라함과 이삭과 야곱에게 세운 그 언약을 기억하사 하나님이 이스라엘 자손을 권념하셨더라(출 2:23-25).

모세의 사명은 아직도 유효하다. 하나님은 자신의 때를 기다리신다. 인간이 정하는 때가 아니라 하나님의 타이밍이다. 모세가 광야의 40년을 보내는 기간 동안 하나님께서는 한시도 자신의 백성에게서 눈을 떼 보신 적이 없으시다. 인간적인 심정으로는 의욕과 열정에 넘치고 젊은 패기가 가득 찬 모세를 40년 전에 쓰실 수 있었지만 하나님께서는 그 부르짖음을 삭히시며 인내하심과 철저한 준비하심으로 새 시대를 열어가고 있음을 볼 수 있다.

성경을 읽노라면 의문점이 들 때가 많다. 모세가 미디안 광야 40년의 여정 동안에 특별한 지식을 배웠다든가, 기적을 일으키는 능력을 전수 받았다든가, 혹은 병법을 익혔다는 이야기는 전혀 없다. 그는 단지 한 사람의 양치기였을 뿐이었다. 하나님의 기다림은 무엇이었을까? 하나님께서 쓰시는 지도자에게 가장 필요한 것은 무엇이었을까? 드디어 하나님께서 양에게 먹일 풀을 찾아 하나님의 산 호렙에 이른 모세를 부르신다: "모세야 모세야!" 그리고는 어리둥절해 하고 있는 모세에게 단도직입적으로 소명을 주신다.

> 이제 이스라엘 자손의 부르짖음이 내게 달하고 애굽 사람이 그들을 괴롭히는 학대도 내가 보았으니 이제 (가라) 내가 너를 바로에게 보내어 너로 내 백성 이스라엘 자손을 애굽에서 인도하여 내게 하리라(출 3:9-10).

드디어 "누가?"라는 질문에 대답할 절호의 기회가 모세에게 주어졌다. 그리고 그때 하려고 했던 그 일을 성취할 수 있는 절호의 기회가 온 것이다. 그러나 모세는 더 이상 힘과 패기와 열정이 넘치던 그 옛날의 모세가 아니다. 하나님께서 주신 이 소명의 선포가 주어졌음에도 모세는 자신의 무능함을 토로한다.

내가 누구관대 바로에게 가며 이스라엘 자손을 애굽에서 인도하여 내리이까?(출 3:11).

이 반문 속에는 애굽에서 자신의 형제를 구하기 위해 애굽인까지 죽였던 모세의 패기와 열정은 보이지 않는다. 자신에 대한 신뢰나 신념이 다 사라져버린 듯한 한 자연인의 모습을 살펴볼 수 있다. 40여 년 동안의 방랑생활, 그리고 양치는 목자로서의 삶이 모세에게 자신에 대한 자긍심을 모조리 다 사라지게 하는 계기가 되었음 또한 생각해 볼 수 있다. 모세는 하나님의 갑작스런 소명 앞에 자신의 과거를 생각했고 이젠 그 때의 패기와 능력이 다 사라져 버린 노인이 되었으니 이스라엘 백성들이 자신을 거부할 것임은 불을 보는 듯이 뻔하다는 생각을 했음에 틀림없다. 하지만 하나님의 생각은 인간의 생각과 다르다는 것을 하나님의 단순, 명료한 대답에서 찾아볼 수 있다.

내가 정녕(반드시) 너와 함께 있으리라(출 3:12).

이 말씀은 늘 인간이 잊고 사는 명제이기도 하다. 모세는 "내가 누구관대?"라고 반문을 제시하나 하나님께서는 "내가 너와 함께 하겠다"고 응답하신다. 모세의 '내가'와 하나님의 '내가'라는 두 주체가 부딪치고 있다. 하나님의 이 응답 속에는 일하는 사람의 위대함이 아니라 누가 그 사람과 함께 하고 있느냐는 배경을 강조하고 있다. 가나안 정복을 눈앞에 두고 두려워하는 여호수아가 이 약속을 받았고 수 1:5, 미디안을 치라는 소명에 두려워 주저하던 기드온에게도 똑같은 약속이 주어졌다. 삿 6:16 아브라함, 이삭, 야곱, 요셉, 다윗, 엘리야, 예레미야, 에스겔 등 이 약속을 받은 사람들을 기록하려면 창세 이래로 지금까지 수도 셀 수 없을 만큼 많다.

## 거꾸로 가는 하나님의 시계

지금 이 시대에도 동일한 것을 고백하는 사람들이 하나님의 일을 한다. 헨리 블랙커비는 무디에 관한 일화를 한 가지 소개하고 있다. 조니 배서 아저씨Uncle Johnnie Vasser로 잘 알려진 한 전도자가 무디를 만난 자리에서 "하나님이 수많은 사람들을 그리스도께 돌아오게 하는데 사용하신 분을 이렇게 만나게 돼 정말 기쁩니다."라고 말했다. 그러자 무디는 몸을 구부려서 땅바닥에 흙 한 줌을 집어 올려, 손가락 사이로 바람에 날려보내며 이렇게 고백했다고 한다: "하나님이 쓰신다는 것을 빼고는 D. L. 무디도 이 흙에 지나지 않습니다."[49] 웨슬리 듀웰은 빌리 그래함의 고백에 관해 말하고 있는데, 그래함은 여러 차례 이렇게 말했다고 한다: "하나님께서 내 생활에서 그 손을 거두신다면 이 입술은 진흙으로 변할 것이다." 그렇다. 우리는 능력의 심히 큰 것이 하나님께 있고 우리에게 있지 않은 흙으로 만든 그릇에 불과 하다.고후 4:7. 50) 이것을 명확하게 깨달을 때 능력이신 하나님께서 우리 안에서 역사하실 수 있다. 그리고 죽음을 향해 흘러가던 인간의 시계는 거꾸로 흐르는 하나님의 시계로 전환되어, 능력의 에너지가 공급된다.

이제 준비된 사람에게 필요한 것은 하나님께서 함께 하신다는 신념이며 항상 그 분의 임재를 느끼는 삶이다. 모세가 어려움에 부딪칠 때마다 하나님께 그 결정의 여부를 맡겨놓듯이 지속적인 교통과 순종이 사명을 완수하는 유일한 길임을 모세의 이야기는 보여주고 있다. 결국 이 질문과 대답을 통해 알 수 있는 것은 모세가 아닌 하나님께서 하신다는 것이다. 그리고 소명 받은 자가 해야 할 일은 믿고 따라가는 적극적인 순종이라는 것을 살펴볼 수 있다. 즉, 모세가 어떠한 사람이냐가 중요한 것이 아니라, 누가 모세와 함께하고 있느냐가 사명의 성공 여부를 판가름 한다는 것이다. 모세는 하나님 없이는 도망치는 사람일 수밖에 없고, 한갓 양치기에 지나지 않았다. 하나님의 능력으로 바로에게로 발걸음을 당당히 떼놓을 수 있었다. 리더의 삶 속에 '내가'라는 주체가 누구인가를 분명히 깨닫는 것은 사명의 성패를 좌우하는 시금석이다.

## 3. 경험을 공유하라

### 하나님의 권위 인증

이러한 하나님과의 만남이 있고 나서 모세는 리더로서의 준비를 한다. 하나님에 관해 알아가는 것이다. 모세의 소명 이야기 전체는 모세에게뿐만 아니라 어느 시대 어느 누구에게나 주어진 소명을 완전하게 성취할 수 있는 힘을 제공해 주고 있다.[51] 모세는 자신과 함께하는 하나님을 어떻게 소개해야 할까를 묻고 있다.

> 그의 이름이 무엇이냐 하리니 내가 무엇이라고 그들에게 말하리이까?(출 3:13).

모세가 하나님을 만날 때는 자신에게 초점이 맞추어져 있었다. 그러나 하나님을 만나고 난 다음에는 '하나님'과 '다른 사람'에 초점이 맞추어진다. 이것이 지도자가 가져야 할 관점의 전환이다. 자신에게 사명을 부여하는 "당신은 누구십니까?"라는 질문이다. 이것은 모세의 과거와 연관되는 질문으로 "누가 너로 우리를 다스리는 자와 재판관으로 삼았느냐?"출 2:14라는 항변에 응답할 정확한 근원을 알고 싶어 한다. 하나님께서는 자신을 '스스로 있는 자'로 지칭하시며 그 '스스로 있는 자'는 "너희 조상의 하나님 여호와 곧 아브라함의 하나님, 이삭의 하나님, 야곱의 하나님이며, 이는 나의 영원한 이름이요 대대로 기억할 나의 칭호니라."출 3:15고 소개하신다.

마지막으로 모세는 이스라엘 백성이 하나님 자신의 권위는 인정하지만 그 하나님께서 모세 자신에게 나타나신 것을 믿지 않는다면 어찌 할 것인가라는 의문을 제기한다.

> 그들이 여호와께서 네게 나타나지 아니하셨다 하면 어찌하리이까(출 4:1).

이 염려는 나아가서 '소명을 받은 사람에게 나타나는 권위가 무엇인가'와 동일한 질문이다. 즉, 하나님께서 나타나셔서 모세에게 소명을 주시고 보내셨다면 그럼 모세가 그 일들을 수행할 수 있다는 증거가 나타나야 한다는 것이다. 그러한 증거들이 드러날 때 사람들이 하나님께서 그 사람을 보냈음을 믿고 신뢰할 수 있기 때문이다. 이것은 출애굽기 4장 1-9절에 계속해서 5번에 걸쳐서 나타나는 "그들이 믿을 것이다"라는 뜻의 단어 '아만' אָמַן ; 4:1, 5, 8[2번], 9을 통해서도 여실히 드러난다. 이 이야기는 신뢰감을 주기 위해 하나님께서 함께하실 때에 나타나는 권위 있는 능력들을 요구하는 것이기도 하다. 우리에게는 모세가 이미 유명한 사람이기에 그렇게 긴장감 있게 '백성들이 믿지 않으면'이라는 말에 무게를 두지 않을지 모른다. 하지만 세상에 어느 누가 "어떤 이가 하나님께서 자신에게 떨기나무 불꽃 가운데서 나타나셨으니 지도자로 인정해 달라고 하는 말"을 쉽게 받아들일 수 있을까? 모세를 통해서 하나님의 능력이 실현될 때마다 모세의 위치는 백성들 앞에서 상승한다. 이것은 모세를 믿는 것에서 끝나는 것이 아니라 백성들이 하나님을 믿게 하기 위함이다. 하나님께서 직접 말씀하실 때까지 모세가 하나님을 나타내는 유일한 중개자이기 때문이다.[52] 그래서 모세의 이 질문에 대해 하나님께서는 세 가지로 차근차근 응답하신다. '첫째 것을 믿지 않으면, 둘째 것을, 그래도 믿지 않으면 세 번째 것을' 이라는 형태로 모세에게 함께하심의 능력을 부여해 주시는 것이다. 처음부터 끝까지 모세가 아닌 하나님이시라는 것이 모세의 소명 이야기의 강조점이다. 그렇다면 모세의 광야 40년의 경험은 어떤 의미를 던져주는가라는 의문점이 생긴다.

## 퀴터·캠퍼·클라이머·리더

폴 스톨츠Paul G. Stoltz가 쓴 『위기대처능력 *Adversity Quotient*』이라는 책에는 위기에 직면했을 때 사람들은 보통 세 가지 정도로 분류된다고 한다. 첫째로, 힘든 일에만 부딪치면 모든 것을 포기해버리고 도망가는 형인 '퀴터' **Quitter; 포기형**이다. 둘째는, 역경이 닥칠 때 도망은 가지 않지만 그렇다고 적극적으로 문제를 해결할 생각은 못하고 그냥 그 자리에 주저앉아 시간만 보내는 형인 '캠퍼'Camper; **캠프치고 그냥 안주하는 형**이다. 60-70퍼센트의 사람들이 이 부류에 속한다고 한다. 셋째는, 역경이란 거대한 산이 버티고 있으면 있는 힘을 다해 그 산

**Thinking Tip !**

한홍 목사의 이 책 안에는 수많은 기업들의 이야기 그리고 성공한 사람들의 이야기가 쏟아져 나온다. 그 막간 막간에 성경 이야기가 나타나며, 예수님과 하나님의 이야기가 들어가 있다. 이것은 흡사 하나님과 예수님이 거인들 중의 한 분으로 비쳐지게 하는 오류를 범할 수 있다. 그리고 인용된 수많은 인물들이 그리스도인이든 아니든 상관없이 하나님께서 이들이 거인이 되는 것을 뒷받침하는 성공신화의 말없는 옹호자가 되는 듯한 착각을 일으키게 한다.

을 기어 올라가 정복해 버리는 '클라이머' Climber; **산을 정복하는 형**이다.[53] 한홍 목사는 『거인들의 발자국』이란 책에서 이 내용에서 한 걸음 더 나아가 그 다음 단계를 설명한다. 자기만 역경을 넘어가는 것이 아니라 다시 돌아와서 캠퍼들을 데리고 같이 역경을 넘어가는 사람을 '리더'라고 정의하고 싶다고 말한다.[54] 아쉽게도 한홍 목사는 이러한 본이 될 수 있는 리더의 모습을 성경 속에서 제시하지 않고, 요즘의 인물들 가운데서만 그러한 리더의 자질을 보이는 사람들을 소개하고 있다.

Thinking Tip !

모세가 나일 강에서 건짐을 받는 사건(출 2:1-10) 또한 이스라엘이 홍해에서 구원을 경험하는 사건의 모형(출 14:1-28)이 된다.

**A.** 애굽인들 이스라엘의 사내아이들 학살 --- 나일 강----→ 모세 건짐 받음.

**B.** 애굽인들 이스라엘 민족 전체를 추격 --- 홍해 -----→ 이스라엘 건짐 받음.

그럼에도 그의 정의를 살펴보면 리더가 어떤 존재인지를 생각해 볼 수 있도록 해준다. 리더는 바로 삶의 경험을 통과한 사람이다. 특히나 문제점들과 역경들에 부딪치면서 거기까지 오게 된 사람들이다. 리더가 자신이 감당해야 할 일에 대해 경험이 많으면 많을수록, 문제해결 능력이 크면 클수록 따르는 사람들에게는 유익할 것이다. 왜냐하면 무엇을 해야 하는지, 어디로 가야 하는지, 어떤 방법을 취해야 하는지에 대한 아이디어를 이미 경험을 통해서 축적하고 있기 때문이다. 이것은 이 책의 주인공인 모세에게도 그대로 적용될 수 있다. 모세가 기나긴 세월을 통해 얻은 경험은 결코 무의미하지 않았다. 아무 의미없어 보이는 미디안 광야에서의 40년의 세월 또한 모세에게나 그를 따르게 될 이스라엘 백성에게도 없어서는 안 될 소중한 경험이다. 심지어 모세가 나일 강에서 건져지는 경험까지도 버릴 것이 없다. 그리고 모세가 태어나 어머니의 품에서 자라다가 생명의 위협을 겪게 되고 그 위기의 순간에 구출되어 다시 어머니의 품에서 젖을 공급받는다는 과정 또한 미래 이스라엘의 삶의 모형이 된다. 이스라엘이 족장들의 이야기 속에서 하나님의 손길에 의해 태동되었고, 애굽에서 존재의 위협을 받게 되나 결국 다시 하나님의 품으로 돌아오는 사건의 전개가 모세의 유년기의 이야기 속에 축소판처럼 농축되어 있는 것이다.[55] 그리고 모세가 바로의 낯을 피하여 도망쳤을 때 미디안 광야에서 이드로의 딸들과 그들의 양떼에게 물을 제공한 사건출 2:16-19은 먼 미래에 광야를 통과할 하나님의 백성들과 그들의 양떼들에게 물을 공급할 것을 예시하고 있다.[56] 이와 같이 지도자는 민족이 걸어가야 할 길을 이미 삶 속에서 알게 모르게 체득한 사람이다.

이처럼 모세의 삶의 여정은 하나님께서 한 사람의 지도자를 세워가시는 과정을 면밀하게 살펴볼 수 있는 좋은 본보기가 된다. 모세는 어느 날 우연히 지도자가 된 것이 아니다. 수십 년의 세월을 통한 각고의 준비를 통해서 그는 하나님의 사람으로서 사람들을 이끄는 지도자로 설 수가 있었다. 모세의 삶을 완전히 뒤바꾼 소명 사건을 다루고 있는 부분을 면밀히 살펴보면 생각해볼 필요가 있는 상황들이 눈에 띈다. 그냥 지나칠 수 있는 부분이기도 하지만 지도자로서 반드시 갖추어야 할 요건이 다루어지고 있다는 점에서 그 중요성을 깨달아야 하리라 본다. 그는 그의 장인 미디안 제사장 이드로의 양 무리를 치고 있었고 광야 서편으로 그 무리를 인도하여 공교롭게도 하나님의 산 호렙에 이른다. 분명 양들을 먹일 풀을 찾아서 우연히 옮겨온 것이리라 여겨진다. 그런데 그는 호렙산, 거룩한 하나님의 땅, 그래서 신발을 벗는 성별이 필요한 그 땅에서 가시떨기 불꽃 가운데 하나님을 만나는 놀라운 경험을 한다. 그리고 자신이 해야 할 소명을 받는다.

## 리더 모세

지금 이 그림을 명확히 그릴 필요가 있다. 모세가 자기 장인의 양 무리를 이끌고 호렙산에 이르러 거기에서 하나님을 만나고 앞으로 나아갈 길을 제시받는다는 이 그림은 모세의 40년 방랑이 끝이 났다는 점에서도 중요하지만, 그보다 더 중요한 것은 그가 이제 행해야 할 모든 소명이 이 그림에 농축되어 있다는 점이다. 비록 자신의 것이 아닌 맡겨진 양들이지만 어떻게든 더 좋은 목장, 풀밭으로 이들을 이끌며 자신의 책임을 다하는 자세는 이제 새로이 시작될 사명과 밀접하게 연관되어 있다. 이것은 곧 맡겨질 거대한 무리의 사람들을 이끄는 지도자로서 반드시 갖추어야 할 자세이기 때문이다. 호세아 12장 13절은 이러한 모세의 역할을 잘 설명하고 있다: "여호와께서는 한 선지자로 이스라엘을 애굽에서 인도하여 내셨고 이스라엘이 한 선지자로 보호 받았다." 여기서 '보호되다' 혹은 '지켜지다' **שָׁמַר 샤마르**라는 동사는 모세가 목자의 사역을 행하고 있다는 것을 제시한다. 창세기 30장 31절에도 동일한 동사가 야곱의 목자 사역을 지칭하는 말로 사용되고 있다. "내가 다시 외삼촌의 양 떼를 먹이고 지키리이다.**שָׁמַר 샤마르"**[57] 모세가 호렙에서 했던 경험은 이제 앞으로 감당해야 할 그의 사명을 그대로 농축시켜 놓은 모델이 된다. 신선한 풀과 쉴만한 물가라는 자신의 만족에만 관심이 있는 이드로의 양무리가 하나님께서 구원한, 그러나 자신들의 평안과 안녕만을 원하는 오합지졸 같은 일단의 무리로 전환된다는 것밖에는 없다.

양 무리들은 하나님의 산, 호렙에는 관심이 없다. 오직 자신들을 만족시키는 신선한 풀과 갈증을 해소할 마실 물에만 관심이 있다. 그 만족이 채워지지 않으면 불만을 토로할 수밖에 없는 존재들인 것이다. 이것이 모세가 겪어야 할 어려움들이다. 즉 먼저 경험한 사람이 겪을 수밖에 없는 아픔이기도 하다. 모세는 자신이 경험한 것을 이스라엘 민족 전체가 경험해야 함을 깨달았음에 틀림없다. 모세가 호렙산에서 하나님의 거룩한 임재 앞에 신발을 벗고 경배했던 것처럼, 그 동일한 산에서 이스라엘 백성 모두가 하나님을 섬길 것이며 이것이 하나님께서 모세를 보낸 증거가 될 것이다. 출 3:12 그러나 그러한 것에는 관심이 없는 양떼 같은 이스라엘, 그저 만족스러우면 기뻐하고, 무언가 부족하면 불평하는 그들을 새로운 존재로 거듭나게 하는 하나님과의 만남을 중재하는 것이 모세에게는 그들을 가나안 땅으로 인도하는 것만큼이나 커다란 과제로 남아있는 것이다. 그 만남의 체험이 없이는 하나님의 백성으로 거듭나는 놀라운 기적이 일어나지 않기 때문이다.

모세는 가시떨기 불꽃 가운데 나타나신 하나님을 만나고, 그곳은 거룩한 곳이니 신발을 벗어야만 한다는 엄숙한 신현현의 경험을 한다. 이것은 이스라엘 민족 전체가 바로 이 하나님의 산에서 하나님의 현현의 상징인 장엄한 불꽃 가운데 나타나시는 하나님을 만나는 사건의 전조가 되며 그를 위해 이스라엘 백성이 지켜야 할 정결예식 또한 나타내고 있다. 출 19:14-18 모세 자신이 하나님으로부터 사명을 부여받았듯이 이제 하나님의 백성 전체가 하나님으로부터 율법으로 대표되는 삶의 길을 부여받을 수 있도록 징검다리 역할을 해야 한다는 전제가 그의 소명사건에서 잘 보여지고 있다. 그가 경험한 것들은 하나하나 그가 이끌 사람들이 반드시 경험해야 할 것들을 제시하고 있는 전조들인 것이다. 이러한 선험적인 경험이 없었다면 모세는 결코 하나님의 백성에게 어떠한 것도 전해줄 수 없었을 것임은 너무도 분명하다.

이를 통해 볼 때 리더에게 경험은 사람들을 올바른 길로 이끄는 도구가 된다. 그러므로 바람직한 리더십은 아주 작은 경험도 소중히 여기는 자세가 필요하며, 이러한 지도자의 경험이 자연스럽게 다른 사람들의 경험으로 전이되는 것이다. 이렇게 하나님께서는 우리의 눈에 무의미해 보이는 것까지도 소명을 이루어 가는 도구로 사용하신다. 하나님의 손에 쥐어지면 모든 것이 합력하여 선을 이루는 것이다.

## 하나님의 종 모세

그렇다면 이제 출애굽의 영웅은 누구인가라는 질문에 정확하게 답을 해야 할 차례이다. 출애굽의 대장정은 결코 모세로부터 시작하지 않았다. 모세가 시작한 것은 힘이 넘치는 그 순간에 자신의 열정에 겨워 한 사람의 애굽인을 쳐 죽이고, 자신이 구해준 한 사람의 히브리인에게조차도 영향력을 발휘하지 못했던 일이다. 그리고 자신의 생명이 아까워 광야로 도망쳤다. 그런 모세를 돌이켜서 다시 세상을 호령하는 바로 왕 앞에 세우시는 분, 보잘 것 없는 양치기의 경험까지도 사용하셔서 민족을 경영하는 인물로 세우시는 분 바로 그 분의 힘을 우리는 모세의 뒤에서 확인할 수 있다.

그렇다면 모세와 같이 동일한 인간인 우리의 가치는 무엇인가라는 고민을 해본다. 죠오지 코우츠G. W. Coats는 이렇게 도구로 사용되는 모세의 권위도 약화시키지 않으면서 어떻게 하나님께 최고의 서열을 돌릴 수 있을까를 고민하며 그 해결책으로 하나님과 그의 종에게 동시에 최고의 권위를 돌리는 출애굽기 14:30-31절을 예로 든다.[58)]

그 날에 여호와께서 이같이 이스라엘을 애굽 사람의 손에서 구원하시매 이스라엘이 바닷가의 애굽 사람의 시체를 보았더라 이스라엘이 여호와께서 애굽 사람들에게 베푸신 그 큰 일을 보았으므로 백성이 여호와를 경외하며 여호와와 그 종 모세를 믿었더라(אָמַן 아만).

하나님의 능력이 이 땅에 실체가 되어서 나타나게 하는 사람, 그 사람이 바로 하나님의 종이라 불리기에 손색이 없는 모세라는 인물이다. 하나님의 능력이 그를 통해 나타나며 백성들은 그를 믿게 되고, 그에 대한 믿음이 커갈수록 백성들은 하나님의 능력을 강력하게 체험하게 된다. 그러므로 성경에서 리더에 대한 신뢰는 하나님에 대한 신뢰를 떠나 독립적으로 존재할 수 없다. 왜냐하면 그 신뢰 또한 하나님께서 그를 통해 행하시는 능력으로 가능한 것이기 때문이다. 이제 이 숨어계신 진정한 영웅이신 하나님의 활동이 그의 종 모세를 통해 어떻게 유감 없이 발휘되고 있는지를 살펴보아야겠다.

## 제 3 장 | 하나님의 왕 되심을 증거 하는 리더

1. 바로 왕 밑에서
2. 이 세상은 여호와의 것이다
3. 승전가를 올리는 공동체

## 제 4 장 | 예배를 회복하는 리더

1. 예배의 시작
2. 노동인가, 예배인가?
3. 기쁨과 감격의 예배

## 제 5 장 | 참 예배와 거짓 예배를 분별하는 리더

1. 거짓 예배의 위험
2. 우상숭배 무엇이 문제인가?
3. 온전한 예배

## 2부

# 참 예배와
# 거짓예배 사이에서

LEADER MOSES

## 제 3 장

# 하나님의 왕 되심을 증거 하는 리더

이 때에 모세와 이스라엘 자손이 이 노래로 여호와께 노래하니 일렀으되 내가 여호와를 찬송하리니 그는 높고 영화로우심이요 말과 그 탄 자를 바다에 던지셨음이로다 여호와는 나의 힘이요 노래시며 나의 구원이시로다 그는 나의 하나님이시니 내가 그를 찬송할 것이요 내 아비의 하나님이시니 내가 그를 높이리로다…주께서 백성을 인도하사 그들을 주의 기업의 산에 심으시리이다 여호와여 이는 주의 처소를 삼으시려고 예비하신 것이라 주여 이것이 주의 손으로 세우신 성소로소이다 여호와의 다스리심이 영원무궁하시도다 하였더라(출 15:1-2, 17-18).

화려한 빌딩 숲의 마천루 꼭대기에 서면 신이 보이는 것이 아니라 인간의 힘이 느껴진다. 정교하기 이를 데 없는 기기들과 거대한 기술 문명의 이기 앞에 서게 되면 인간의 능력이 어디까지인가를 놓고 감탄을 하기도 한다. 절대적인 권력을 휘두르던 제왕들이 사라진 현시대에도 인간의 힘은 삶의 곳곳에서 거대하게 느껴진다.

특히나 현대 기술문명의 최고봉이라 할 수 있는 유전자공학은 인간이 인간의 유전자 서열을 밝혀내어 99퍼센트의 확신에 가까운 유전자 지도를 완성하기에 이르렀다. 그 결과 특정 유전자가 인체 내에서 어떤 역할을 맡고 있는지 알 수 있게 되었고, 키, 피부색의 조정은 물론 병든 유전자를 골라내고 정상 유전자를 대신 넣는 기술을 통하여 난치병 치료는 물론 인간 수

명을 두 배 이상으로 끌어올리는 시대를 기대할 수 있게 되었다. 개인의 유전정보의 데이터 베이스화로 인해 장기이식 등을 효율적으로 할 수 있게 될 것이라 기대한다. 더구나 공상과학영화에 등장하는 개개인의 유전형질에 맞춘 맞춤형 인간의 출현도 예상된다. 이제는 바야흐로 인간이 인간의 창조자로 자처하는 시대를 눈앞에 두고 있는 것이다.

이러한 인간의 힘이 숭배되는 세상 속에서 눈에 보이지 않으시는 하나님께서 이 세상을 창조하셨고 지금도 통치하시고 계시며 인간역사歷史의 주主시라는 신념은 환상처럼 느껴지기도 한다. 인간은 점점 절대자라는 신적 존재를 자신의 역사의 무대에서 밀어내고 그 자리를 차지하려 한다. 왜냐하면 현실 역사 속에서 하나님의 능력보다 인간의 능력이 더 화려하게 비쳐지고 있기 때문이다.

**Thinking Tip !**

나이스비트는 이런 소비재 기술과 유전자 기술 문명에 빠져 있는 현 시대와 같은 하이테크 시대에 더욱 필요한 것이 '하이터치,' 즉 감성적인 부분의 충족이 더욱 중요하게 요구된다고 본다. 인간의 무한한 능력이 칭송될수록 무능해 보이기까지 하는 하나님의 존재가 더욱 절실하다는 아이러니가 아닌가 여겨진다.[59)]

역사에 대한 초월적 존재의 불간섭不干涉은 현대의 일반 역사가들에게는 이미 팽배해 있는 요소이기도 하다. E. H. 카는 그의 책 『역사란 무엇인가』의 '역사에서의 신의 문제'라는 부분에서 역사가는 자기 문제를 신의 조화력 따위에 의지하지 않고 풀어가야 한다고 주장하며, 역사란 조커 없이 노는 트럼프 놀이 같은 것이라고 한다. 그는 진지한 천문학자가 된다는 것과 신이 마음대로 별들의 궤도를 바꾸고 일식이나 월식을 조정하며, 우주의 운행 규칙을 변경시킨다는 믿음은 양립될 수 없다고 본다. 진지한 역사가도 때로 신이 역사 전체를 운행하고 그 의미를 부여한다고 믿을 수는 있겠지만, 아말렉인들의 살육에 끼어든다거나, 여호수아의 군대를 돕기 위해 달력을 위반하여 낮 시간을 연장시키고 태양을 머무르게 하는 등의 구약성경식의 신은 믿을 수 없다는 것이다. 그리고 역사 전체의 과정을 지배하고 또 그 과정에 의미를 주는 신도 믿을 수 없다고 단언한다.[60]

또 다른 역사가 아놀드 토인비는 인류의 역사를 국가의 흥망사가 아닌 문명의 흥망사로 보고 역사의 흐름을 '도전과 응전'challenge and response이라는 개념으로 명명했다. 그는 역사의 주된 요소인 인간이 하는 일이 결코 신의 의지 혹은 자연법칙 따위에 결정된다고 보지 않는다. 그에게 있어 역사는 인간과 인간이 만날 때 그 중 한 명이 상대방에 대하여 도전하고 상대방이 이것에 대해 응전을 하는 과정에서 이 응전의 어떤 형태가 예측불가하기 때문에 역사는 결코 신격체의 간섭에 의해 결정되지 않는다고 했다. 즉, 인간의 주권과 반응에 따라 역사는 얼마든지 변화를 맞이할 수 있다는 주장이다.[61]

만약 이들이 주장하는 바가 우리가 살아가는 현실 '역사'를 올바르게 정의한 것이라고 결론 내려진다면 성경 속에서 우리는 결코 이들의 주장과 같은 '역사'를 찾을 수 없을 것이다.

이들이 주장하는 역사는 바로 인간 그 자체이다. 즉, 인간의 능력이 극대화 되는 장소 그곳이 바로 역사의 무대이며, 삶의 현장이다. 우리가 살아가는 현재도 이러한데 인간이 절대 권력을 휘두르며 신의 자리를 넘보던 과거에는 얼마나 더 심각하게 인간의 힘이 숭배되었을까?

하나님의 종으로 선 모세가 가야 할 장소가 바로 이곳이다. 모세는 단지 바로라는 한

**Thinking Tip !**

나이스비트는 처음에는 '하이테크'(건조한 기술문명)였던 것이 오랜 세월 문화적 친화 과정을 겪으면 '하이터치'(감성적 향수)로 태어난다고 한다. 예를 들면, 나무로 된 북을 사용하던 베틀은 오늘날 하이터치이다. 하지만 4000년 전 아시리아와 애굽에서는 하이테크를 의미했다. 그렇다면 지금 애굽의 피라미드는 하이터치지만 그 당시에는 분명 엄청난 하이테크였을 것이다. 그 하이테크의 중독 증상의 하나로 "기술을 두려워하고 숭배하게"된다는 것이다.[62]

인물과 대립하는 것이 아니며, 단지 한 나라인 애굽과 상대하는 것이 아니다. 모세는 인간의 힘이 종교가 되고[63] 사람을 억압하는 통치가 정당화 되어 있는 제국의 제도권 안으로 들어가 '하나님의 해방의 종교'로의 전환과 그리고 '인간의 정의의 정치'로의 대체를 촉구하는 강력한 메시지를 전해야 한다.[64] 결국 모세가 지도자로서 가져야 할 과제는 무엇이 잘못되어 있는가를 명확하게 인식할 수 있는 통찰력이며, 또한 진정한 대안을 제공하는 것이다. 현재가 잘못되었다면 그 잘못을 폭로하고 비판하여 결국 올바른 것을 소개하고 이끌어야만 한다. 그리고 인간의 힘을 등에 업은 우상들이 아니라 살아계신 하나님께서 이 세상을 주관하고 계시며 그 분 만이 올바른 것을 제공할 수 있다는 확증을 갖는 것이다.

마지막으로 이를 통해 이 세상이 하나님의 것임과 하나님의 뜻 안에 있는 사람들에게 새로운 희망이 있음을 보임으로 다시 새롭게 하나님이 왕으로 통치하시는 세상을 만드는 것이다. 이러한 변화는 결코 쉽게 오지 않는다. 현재 자신들의 손아귀에 모든 것이 다 쥐어져 있다고 믿는 우상숭배자들은 결코 자신들이 누리고 있는 것들 - 우리가 흔히 말하는 기득권 - 을 쉽게 놓으려하지 않을 것이기 때문이다. 이들에게 필요한 것은 자신들이 아무것도 아님을 깨달아야 한다는 사실이다. 그리고 하나님이 어떤 분이신가를 명확하게 인지하는 것이다. 모세를 예언자의 선구자로 보고 있는 브루거만의 말을 빌리면 다음과 같다.

> 따라서 예언자가 되려는 사람들에게 내가 강조하고 싶은 것은, 우리는 하나님이 어떤 분이신가라는 데 대한 우리의 탐구를 게을리 해서는 안 되며, 우리가 하나님에 대해 바로 아는 일은 인간 공동체에 돌파구를 마련하는 일이

된다는 사실이다.[65]

하나님께 대한 올바른 지식과 경험이 현실을 직시하고 바로잡아 갈 수 있는 원동력을 제공하기 때문에 리더에게 있어서 하나님에 대한 인식은 반드시 선행되어야 할 요소임에 틀림없다. 이제 호렙산 불꽃 가운데서 하나님을 만났고 그 하나님께 소명을 받은 모세가 애굽의 바로 왕과 벌이는 이야기는 이스라엘이 기다리던 지도자 상을 충족시키기에 충분하다.

# 1. 바로 왕 밑에서

## 인간이 신을 소유한 나라

모세의 삶은 크게 바로 왕과의 대항과 이스라엘을 하나님의 백성이 되게 하는 법의 중계로 민족의 형성에 있다고 하겠다. 그러나 이 두 가지는 결코 쉽게 주어지지 않는다. 이제 만왕의 왕 여호와 하나님과 그 당시 세계의 경제, 문화, 과학, 종교 그리고 지혜의 중심이요 최강의 국력을 자랑하는 애굽의 바로 왕 사이에 이스라엘 민족을 놓고 주도권 다툼이 숨 가쁘게 펼쳐진다. 이스라엘의 고통은 이름을 알 수 없는 애굽의 바로 왕이 자신의 만족을 채우기 위한 궁전과 자신의 신들을 위한 신전을 세우는 건축사업을 완성하기 위해 억압과 착취의 중노동으로 이스라엘을 희생시키고 있다는 것이다. 출 1:13, 14 [66]

왜 이런 현상이 벌어지고 있는 것인가? 애굽이라는 나라를 이해하면 그 해답은 저절로 나온다. 고대에 가장 원대한 문명을 건설한 나라, 아직도 사라지지 않는 영광의 기념비들이 즐비하게 늘어서 있는 나라 바로 그곳이 애굽이다. 혹자의 표현을 빌리자면 "거기엔 인간이 물질적인 힘들을 누르고 얻은 승리에서 인간의 주권 의식을 선포하고 있는 석조 피라미드들이 당당하게 서 있다"라고 한다.[67] 아브라함이 일개 한 사람의 방랑자로 애굽을 헤매던 시절에 이미 애굽은 지금 우리 눈으로 볼 수 있는 거대한 피라미드들을 다 완성한 상태였다. 아마도 고대의 애굽인들더 정확하게 기득권자들이 다시 돌아와 자신들이 세웠던 피라미드들이 그대로 서 있는 것을 본다면 굉장한 자부심을 느낄 것이다. 이를 통해 볼 때 애굽인들은 이 세상의 그 어떤 문명보다 훨씬 인간과 인간의 물질적인 업적에 더 많은 의의를 부여했을 것이다.[68]

이렇게 인간의 능력이 최고조의 찬양에까지 이를 수 있었던 배경이 애굽에는 있다. 그것은 바로 애굽 특유의 환경적인 요인이 큰 몫으로 작용한다.

> 이집트 문명은 부락과 부락이 마음 든든할 정도로 가까이에 있고 전체 부락은 산악의 요새들이 보호해 결속과 격리가 자연스럽게 이루어진 오밀조밀한 나라에서 발생하였다. 이같이 한갓진 세계 위로는, 밤의 암흑이 물러가면 다음 이집트에 생명과 활력을 가져오는 절대로 기대를 저버리는 일이 없는 태양이 날마다 통과하였다. 여기에 또한 믿음직스러운 나일강이 이집트의 토양을 풍요롭게 소생시키기 위해 해마다 넘쳐흘렀다. 그것은 마치 자연이 의식적으로 자신을 자제하면서 인간이 방해받지 않고 즐길 수 있도록 안전한 나일 계곡을 따로 떼어놓은 것 같았다. 이러한 배경에서 일어난 위대한 문명이 자신의 힘에 대한 의식에 가득 차고 자신의 – 즉 인간적인 – 업적을 깊이 새길 수 있었다는 것은 그다지 놀라운 일이 아니다. …거기엔 또한 패기와 스스로를 믿는 오만 같은 것도 있었는데 이는 이제껏 어떠한 방해도 없었기 때문이다. 인간은 자신 만으로 충분하였다. 신들은 어떠했는

가? 그렇다. 신들은 어딘가 먼 곳에 있으면서 분명 이처럼 훌륭한 세상을 만들었다. 그리고 이 세상이 훌륭했던 것은 인간이 신들의 끊임없는 지원을 바라지 않고 스스로 주인이 되었기 때문이다.[69]

애굽에서 왕은 신의 아들로 숭배된다. 태양신 레Re가 최초의 왕으로 나타나며 바로는 레의 아들로서 그 안에 호루스Horus 신의 구현이 있다고 여겨진다. 즉 왕은 살아있는 호루스 신이다. 이러한 왕의 신적 기원은 람세스 2세Ramses II가 자신을 프타 신과 연결시키는 다음의 언급에서 명확히 드러나고 있다.[70]

나는 당신의 아들이요,
당신께서 왕위에 앉게 한 자입니다.
당신은 나에게 왕권을 주셨으며
나를 당신의 형상을 따라 낳으셨습니다.
당신은 당신께서 창조하신 모든 것들을 나에게 물려주셨습니다.

심지어 바로 왕은 '만물의 창조자'와 '레Re의 눈eye'으로 불리기도 한다.[71] 그리고 일반 다른 인간은 레 신을 위한 가축으로men, the cattle of the god, 레 신은 인간에게 호흡을 주었고 그리고 자신의 몸에서 나온 형상을 주었다고 되어 있다.[72] 인간을 신의 가축으로 평가하고 있다는 것은 결국 노동을 위하여 존재한다는 메소포타미아의 인간관과 동일함을 살펴볼 수 있다.[73] 바로는 신의 아들로 모든 것을 다스릴 권리가 주어져 있고, 다른 인간은 신의 가축이니 바로가 마음대로 할 수 있다는 논리가 정당화되는 것이다. 그리고 바로 왕 자신의 업적을 위해서 인간은 얼마든지 희생되어도 괜찮다는 지배적 논리가 이러한 종교적인 신화를 통하여 뒷받침 된다.

## 신이 인간을 소유한 나라

성경의 출애굽기는 이러한 바로 왕의 지배 논리를 단순하게 한 마디로 표현한다. 그것은 '모른다'라는 것이다. 즉 '무지'가 바로 왕의 특징이라고 선포한다. 지혜의 본산이라고 하는 애굽의 왕궁, 그 중심에 자리 잡은 신의 현현인 바로 왕은 그 자체로 무지의 상징이라고 비웃기까지 하는 것이다. 그 실례는 두 곳에서 발견되는데 바로가 이스라엘을 억압하기 시작하는 이유와 여호와께로부터 보내어진 모세가 신탁을 전함에도 이스라엘을 보내지 않겠다고 선언하는 곳에서도 나타난다.

> 요셉을 알지 못하는(לֹא־יָדַע 로-야다) 새 왕이 일어나서 애굽을 다스리더니(출 1:8).

> 그 후에 모세와 아론이 바로에게 가서 이르되 이스라엘 하나님 여호와의 말씀에 내 백성을 보내라 그들이 광야에서 내 절기를 지킬 것이니라 하셨나이다 바로가 가로되 여호와가 누구관대 내가 그 말을 듣고 이스라엘을 보내겠느냐 나는 여호와를 알지 못하니(לֹא יָדַעְתִּי 로 야다티) 이스라엘을 보내지 아니하리라(출 5:1-2).

모든 것을 다 알고 통치할 수 있다는 애굽의 바로 왕의 무지는 의도성이 있는 무시든지 혹은 정말 모르든지 둘 중에 하나일 것이다. 그러나 그 결과는 동일하다. 먼저 요셉을 알지 못한다는 의미는 이스라엘이 그 곳에 있게 된 경위를 모른다는 것이다. 요셉이라는 인물로 인해 애굽이 구원을 받았다는 사실을 모른다는 것이며, 그것은 그들에 대한 과거를 모른다는 애기다. 그리고 여호와를 알지 못한다는 것은 하나님께서 창세 전에 세우신 이스라엘을 향한 계획을 모른다는 사실이다. 즉 이스라엘의 미래를 모른다는 것이다. 결국 남는 것은 현재밖에 없다. 과거도 없고, 미래도 없는 무수히 많은 숫자를 가지고 있는 한 종족이 바로 왕의 손 안에서 그의 현재의 업적을 치장하는 도구로 전락하는 것은 시간문제일 것이다. 아무것도 모르는 인생이 주인 노릇을 하게 되면서 발생하는 일들을 이스라엘은 이미 그들의 역사 속에서 겪고 있는 것이다. 인간이 왕이 되어 통치한다는 것 자체가 이미 이런 위험성을 가지고 있는 것이다. 왜냐하면 인간은 다른 인간에 대한 과거와 미래를 분명하게 볼 만한 능력이 없기 때문이다. 결국은 자신의 꿈을 이루어 나가는 방편으로 인간을 도구화 시킬 것은 너무도 자명하다.[74)]

하지만 이에 반해 여호와 하나님은 이스라엘의 상태와 상황, 비전까지 속속들이 알고 계신다는 점에서 그 어느 누구와도 비교 불가능하다.

> 하나님이 그 고통소리를 들으시고 아브라함과 이삭과 야곱에게 세운 그의 언약을 기억하사 하나님이 이스라엘 자손을 권념하셨더라(보시고, 아셨다)(출 2:24-25).

> 여호와께서 가라사대 내가 애굽에 있는 내 백성의 고통을 정녕히 보고 그들이 그 간역자(감독자)로 인하여 부르짖음을 듣고 그 우고(근심)을 알고(יָדַע 야다)…이제 이스라엘 자손의 부르짖음이 내게 달하고 애굽 사람이 그들을 괴롭게 하는 학대도 내가 보았으니 이제 (가라) 내가 너를 바로에게 보내어 너로 내 백성 이스라엘 자손을 애굽에서 인도하여 내게 하리라(출 3:7-10).

"그들의 고통소리를 들으시고, 아브라함, 이삭 그리고 야곱과의 언약을 기억하시고, 이스라엘을 권념하셨다"고 하신다. 개역개정 성경에는 '권념하셨다'를 '보시고, 기억하셨다'로 번역한다. 히브리어 원어도 권념은 두 개의 동사로 이루어져 있는데 '보셨다' 그리고 '아셨다' יָדַע **야다**이다. 마지막 단어를 개역개정에서 '기억하셨다'로 번역하나 히브리어 원어는 '아셨다' יָדַע **야다**인 것이다. 이 단어의 출현은 다분히 의도성이 짙은 것으로 바로 왕의 무지와 대조되는 하나님의 성품을 강조하려는 데 목적이 있다. 이렇게 '들으시고, 기억하사, 보시고, 아셨다'라는 이 네 개의 동사는 바로 왕과는 정 반대의 특징을 보여주고 있다. 이스라엘의 과거 근본을 분명히 아신다는 것이다. 그리고 하나님께서는 이스라엘이 어디로 가야하는지 또한 분명하게 알고 계신다. 즉, 이스라엘의 미래 비전까지도 알고 계신다는 것이다.

이 구절들에 등장하는 동사들은 이스라엘의 과거와 미래가 다 농축되어 있는 하나님의 계획과 관련이 있다. 그리고 모든 것을 분명하게 알고 계시는 하나님의 계획은 이스라엘에게 기쁨의 현재를 선사할 것이라 기대할 수 있다. 이제 이스라엘을 정말 잘 아시는 하나님께서 그들을 예배하는**출 3:12; 4:23** 본연의 목표로 이끌기 위해 구원 계획을 차근차근 펼쳐나가실 것이기 때문이다. 자신이 이 세상의 참 주권자이심은 물론이요 이스라엘의 진정한 소유주임을 증명해 나가시는 것이다. 어떻게 이것을 이루어 나가실 것인가? 그것은 "나는 여호와를 알지 못하니 이스라엘을 보낼 수 없다"는 바로 왕에게 여호와가 누구이신지를 분명하게 알려 주시는 것을 통해서 일 것이다.

칼 바르트는 그의 『교의학 개요』에서 '신뢰로서의 신앙'은 '만남'이 선행되어야 한다고 말한다. 하나님을 만나고 경험한 일이 없이는 결코 하나님을 향한 신뢰는 싹틀 수 없을 것이기 때문이다. 그러므로 섬김의 예배와 신뢰는 인간에게서 선행되는 것이 아니라 하나님께서 베풀어주신 은혜에 기인한다고 그는 말하고 있다. 그리고 그 신뢰에 이르는 가장 큰 장애물은 바로 우리 인간의 마음속에 있는 '오만과 불안'이라고 강조한다.[75] 출애굽기에서 우리는 이 양방향을 다 살펴볼 수 있다. 오만과 교만, 독선으로 가득 찬 바로 왕을 볼 수 있고, 또한 그 바로로 인해 불안으로 전전긍긍하는 이스라엘을 만날 수 있다. 이제 여호와 하나님께서는 이 양극단의 두 그룹을 향하여 자신의 전지전능하심과 만유의 주 되심을 유감없이 보여주실 것이다.

### Thinking Tip !

"마음을 완악하게 하다"라는 뜻으로 사용되는 히브리어 단어는 세 가지로 '하자크(חָזַק), 카베드(כָּבֵד), 콰샤(קָשָׁה)'가 사용된다. 그리고 출애굽기에 모두 합하여 20번이 사용되고 있다. 흥미롭게도 이 20번 중에서 정확하게 10번이 "여호와께서 바로의 마음을 완악하게 하셨다"(출 4:21; 7:3; 9:12; 10:1; 10:20, 27; 11:10; 14:4, 8, 17)라는 표현에 그리고 나머지 10번은 "바로(애굽인)의 마음이 완악하여 말을 듣지 않았다"(출 7:13, 14, 22; 8:11, 15, 28; 9:7, 34, 35; 13:15)는 표현에 사용되고 있다. 이상에서 보는 바와 같이 하나님께서 강제로 바로의 마음을 완악하게 하는 것이 아니라 바로라는 인물 자체가 완악한 인간이라는 것이다. "여호와를 모른다"(출 5:2)라는 선언에서 보인 것처럼 그리고 모세와 아론의 간청과 이스라엘 십장들의 고통스런 탄원에도 아랑곳 하지 않는 그의 완고한 행동에서 이미 완악한 마음의 소유자라는 것이 드러난다. 그러므로 바로의 완악한 마음을 하나님께서 자신의 목적을 이루시기 위해 적절하게 사용하신다는 것이 "마음을 완악하게 하다"의 올바른 해석일 것이다.[76]

너희로 내 백성으로 삼고 나는 너희 하나님이 되리니 나는 애굽 사람의 무거운 짐 밑에서 너희를 빼어낸 너희 하나님 여호와인 줄 너희가 알지라(출 6:7).

내가 내 손을 애굽 위에 펴서 이스라엘 자손을 그 땅에서 인도하여 낼 때에야 애굽 사람이 나를 여호와인줄 알리라(출 7:5).

바로 왕과 애굽은 여호와를 알게 됨으로 자신들의 손을 들게 되고, 이스라엘은 여호와를 알게 됨으로 섬김과 신뢰로 나아가게 된다. 세상 만방에 여호와가 누구이신가를 보이는 사건의 모든 전면에 하나님의 리더로 세움 받은 모세가 서 있다. 그리고 그를 통해 여호와의 위대하심이 선포될 것이다.

## 2. 이 세상은 여호와의 것이다

### 여호와를 알리기 위해

출애굽기에서 가장 흥미로운 이야기를 들라고 한다면 대부분 열 가지 재앙과 홍해에서의 구원 사건을 뽑을 것이다. 이것은 하나님께서 선택하신 백성을 위하여 철저한 구원의 손길을 펴시는 감동적인 이야기로 시대와 인종을 초월해 하나님을 주主로 고백하는 신앙인들에게 끝없이 펼쳐지는 구원의 모형이 되기 때문일 것이다. 그러기에 많은 사람들이 이 이야기를 새롭게 해석해서 그 깊은 의미를 밝히고 또 각 시대를 따라 그 구원사건을 현재화 시키려고 애썼던 것이다. 결코 우연의 결과는 아니라 생각된다.

우선 용어에 대한 정리부터 하고 넘어가는 것이 낫겠다. 우리가 흔히 쓰는 표현은 '열 가지 재앙'이라는 말이다. 하지만 이 '재앙'이라는 말이 범위를 축소시키는 요인이 되기도 한다. 이렇게 되면 출애굽기 7장 8-13절에 나타나는 첫 번째 아적, 즉 지팡이가 뱀으로 변하는 사건은 재앙이 아니므로 제외된다. 출 7장 14절부터 시작되는 나일강이 피로 변하는 사건부터 출 11장 1절에서 12장 32절의 애굽의 장자들이 사람으로부터 동물까지 모두 죽는 사건까지가 열 개의 이야기 묶음이 된다. 그러나 정작 하나님께서 당신이 일으키시는 일들을 지칭할 때 '재앙'**출 9:14, מַגֵּפָה 막게파**이라는 단어보다는 오히려 '이적'과 '표징' 그리고 '큰 심판'이라는 단어를 더 자주 사용하시고 있다는 것을 성경을 통해 확인할 수 있다.

> 내가 내 손을 들어 애굽 중에 여러 가지 '이적'으로 그 나라를 친 후에야 그가 너희를 보내리라(출 3:20).

> 여호와께서 모세에게 이르시되 네가 애굽으로 돌아가거든 내가 네 손에 준 이적을 바로 앞에서 다 행하라 그러나 내가 그의 마음을 강퍅케 한즉 그가 백성을 놓지 아니하리니(출 4:21).

> 그러므로 이스라엘 자손에게 말하기를 나는 여호와라 내가 애굽 사람의 무거운 짐 밑에서 너희를 빼어내며 그 고역에서 너희를 건지며 편 팔과 여러 큰 심판들로써 너희를 속량하여(출 6:6).

> 내가 바로의 마음을 강퍅케 하고 내 표징과 나의 이적을 애굽 땅에서 많이 행할 것이나 바로가 너희의 말을 듣지 아니할 터인즉 내가 내 손을 애굽에 뻗쳐 여러 큰 심판을 내리고 내 군대, 내 백성 이스라엘 자손을 그 땅에서 인도하여 낼지라(출 7:3-4).

하나님께서는 이러한 '이적'과 '표징' 그리고 '큰 심판'을 통하여 이스라엘 자손을 애굽 땅에서 인도하여 내실 것을 표명하시고 계신다. 이러한 것들을 통하여 하나님께서 이루시고자 하시는 목적은 이스라엘과 애굽인들이 "나를 여호와인줄 알리라."출 6:7; 7:5는 것을 이루시기 위함이다.

이러한 결론을 가지고 이 '이적'과 '표징' 그리고 '큰 심판'의 이야기를 살펴보면 이 속에는 흔히 말하는 '열 가지 재앙'의 이야기뿐만 아니라 지팡이가 뱀으로 변하는 사건 또한 포함될 수 있다. 그리고 더 나아가서는 홍해가 갈라져서 이스라엘이 마른 땅으로 건너고, 애굽 군대가 다 수장되는 사건까지도 포함된다는 것을 알 수 있다. 왜냐하면 지팡이가 뱀으로 변하는 사건은 바로가 "너희는 이적을 보이라."출 7:9는 요청에 의해서 그 증거로 보이는 것이며, '바로의 마음이 완악하게 되는 시리즈'가 시작되고 있다.출7:13

그리고 홍해를 건너는 사건 또한 "애굽인들이 나를 여호와인 줄 알리라."출14:18는 주제의 연속으로 흘러가고 있다. 이를 위해 "바로의 마음을 완악하게 하신다."출 14:4, 8, 17는 주제도 동일하게 등장한다. 이것은 홍해 사건 또한 '이적과 표징 그리고 큰 심판'에 연속되는 사건이라는 것을 알 수 있게 한다. 이와 같이 출애굽기 7장 8절에서 14장 31절까지의 이야기 전체는 열두 가지의 이적과 표적, 큰 심판의 연속이다. 그러므로 이 대 사건들을 단지 '열 가지 재앙'이라는 협소한 말로 표현하기보다 '여호와께서 이적과 표징 그리고 큰 심판으로 바로와 애굽을 징계하심'이라는 폭넓은 의미로 해석해야 하리라 본다. **때로 편의를 위해 '열 가지 재앙'이란 용어를 쓰기도 할 것이다.**77) 이제 여호와께서 이러한 것들을 통하여 어떻게 '자신이 여호와인지'를 깨닫게 하시는지 살펴보아야겠다.

## 무능한 신들 폭로하기

먼저, 이 사건들 속에는 애굽의 신들에 대한 징계출 12:12; 민 33:4; 렘 46:25가 들어 있다. 애굽에 쏟아부어진 이적과 심판들을 통해 여호와가 누구신가를 강력하게 인식시켜 주며, 애굽의 힘과 종교 그들이 믿는 신들이 아무 생명이 없는 허울뿐이라는 것을 세상에 폭로하고 있다. 이 이적과 심판들은 애굽의 구석구석을 통치한다고 믿었던 신들이 아무런 힘도 발휘하지 못하고 여호와 하나님의 징계 앞에 속수무책 무너져 내리는 것을 통해 이 세상의 창조 질서를 주관한다고 믿었던 애굽인들의 신들에 대한 이념들이 송두리째 파괴되어 버리는 모습을 낱낱이 보여주고 있다. 애굽의 신들이 이 세상에 질서를 가져다주는 실제가 아니라는 폭로이다. 그들은 살아있는 신들이 아니라는 사실이 몇몇 사건들 속에 명확하게 드러난다. 그것은 애굽에서 신격화되어 있는 것들이 여호와의 다루시는 손길에 의해 속수무책으로 징계를 받으며, 애굽을 위해 유익을 주는 것이 아니라 오히려 해를 끼치는 존재가 되는 것을 보이고 있다. 이를 통해 오직 여호와만이 참 신이시며 이 세계의 역사를 이끌고 나가는 유일한 존재라는 것을 선포하고 있다.[78]

다음은 재앙의 내용과 여호와께로부터 도전을 받았음직한 애굽의 우상들을 다루고 있다.[79]

| 재 앙 | 성경 | 도전을 받았을 애굽의 신 |
|---|---|---|
| 피 | 7:20 | 크눔(Khnum): 나일 강의 제 1홍수 지역을 관장하는 수호신 |
| 개구리 | 8:6 | 헤크트(Heqt): 개구리 형상을 한 부활의 여신(크눔의 아내) |
| 이 | 8:6 | 세브(seb)와 아코르(Akhor):땅의 신으로 땅의 풍요 수호 |
| 파리 | 8:24 | 케페라(Khephera):투구풍뎅이신으로 소똥을 제거함으로 파리억제 |
| 악질 | 9:3 | 하도르(Hathor): 본래는 하늘의 신이었으나 후일 암소의 수호신이 되었다 |
| 독종 | 9:10 | 임호텝(Imhotep): 의술의 신 |
| 우박 | 9:23 | 누트(Nut): 하늘의 여신으로서 오시리스의 어머니 |
| 메뚜기 | 10:12 | 세드(Seth): 곡물의 수호신으로서 호루스의 적대자 |
| 흑암 | 10:22 | 라(Ra): 태양신, 세케트(Sekhet): 태양의 여신 |
| 장자의 죽음 | 12:29 | 오시리스(Osiris): 다산의 신, 이시스(Isis): 생명을 주관하는 신 |

이렇게 정지된 채 머물러 있는 죽은 우상은 역사와 무관한 존재로 여호와는 역사를 움직이시는 살아계신 하나님이시라는 신앙으로 인해 우상숭배는 그 설자리를 잃는다. 여호와는 이스라엘과 세계의 역사를 움직이는 살아계신 신이시다. 그러나 우상은 아무것도 할 수 없다. **사 44:9-28; 렘 10:1-16** [80]) 브루거만은 이것을 다음과 같이 표현한다.

> 모세는 애굽의 신들을 폭로하여 실상 이런 신들이란 무력하고 따라서 신이 아니라는 것을 보여줌으로써 정적인 승리주의의 종교의 가면을 벗겼다. 이리하여 바로가 다스리던 사회적 현실의 신학적 정통성은 파괴된다. 그것은 바로의 체제가 사실은 존재하지도 않은 권위sanctions에 의거하고 있다는 것이 드러났기 때문이다.[81])

그렇다면 왜 사람들은 우상을 섬기는가? 아니 더 정확하게 말해서, 왜 우상을 만드는가? 우상들은 시각적인 모양은 갖추고 있으나 행동할 수는 없다. 그러므로 그 우상들은 그것을 만든 사람들의 뜻에 따라 움직이며 그 인간들의 욕심을 채우는 도구가 된다. 애굽의 바로들이 존재하지도 않는 권위에 자신들의 권력의 기반을 두고 있는 것은 자신들의 제국을 만드는 도구로 이용하기 위함이다. 그러나 이에 반하여 형상이 존재치 않는 여호와 하나님은 어느 누구도 자신의 욕심을 채우기 위해 이용할 수 없는 역동적인 존재가 된다. 이 이적과 심판의 이야기는 이와 같이 애굽의 신들이 결코 이 세상을 유지하는 힘이 아님을 폭로하며 그들의 존재성마저도 심각하게 의문 속에 던져버린다.

## 하나님의 자격

그 다음으로 이 사건들은 이러한 무능한 우상을 배경으로 이 세상의 통치권을 주장하는 바로 왕을 향해 직격탄을 날리고 있다. 바로 왕은 '만물의 창조자'라 불리며 모든 만물을 있게 하는 태양신 '레Re의 눈eye'으로 인정된다. 그렇다면 이 창조세계 천지만물의 운행 자체가 바로의 왕권에 달려있다는 주장이 가능해진다. 이 질서가 무너지지 않는 이상은 바로의 창조주됨은 결코 흔들리지 않는 신념으로 남을 것이다. 하나님 백성의 리더가 된다는 것은 바로가 이 땅에 존재하며 살아있는 신으로 이 세상의 창조질서를 주관하는 것이 아니라 오직 여호와께서 그 모든 운행, 섭리를 조종하고 계심을 증명하는 것이다.[82] 살아있는 신으로 불리는 바로가 이 세상의 모든 것을 질서 있게 이끌어 간다고 믿어지고 있는 그 현실 속에서 부름받은 리더는 '아니다!'라는 선언을 하며 당당히 나서야 하는 것이다. 비록 그 대상이 제국의 황제일지라도 굽힘 없이 대항하는 것이 바로 리더십이다. 이 리더를 통하여서 제국의 허상들이 낱낱이 파헤쳐질 것이다.

이 세상의 창조질서 유지자로서의 주권을 놓고 벌이는 바로와 여호와 사이의 싸움은 출애굽기의 시작부터 열리고 있었다. 이스라엘은 어느 모로 보나 하나님의 창조의 완성임을 확인해 볼 수 있다.

> 이스라엘 자손은 생육이 중다하고 번식하고 창성하고 심히 강대하여 온 땅에 가득하게 되었더라(출 1:7).

> 하나님이 그들에게 복을 주시며 하나님이 그들에게 이르시되 생육하고 번성하여 땅에 가득하라 땅을 정복하라 바다의 물고기와 하늘의 새와 땅에 움직이는 모든 생물을 다스리라 하시니라(창 1:28).

그런데 바로는 자신이 이 창조의 주인인 줄 알고 자기 마음대로 하나님의 창조를 파괴하려고 시도한다. 이제 대결이 눈앞에 펼쳐진다. 바로가 주관하고 있다고 믿어졌던 물, 개구리, 티끌, 파리, 생축의 악질, 독종, 우박, 메뚜기, 흑암, 장자의 죽음들이 그 어떤 것도 정해진 질서의 틀을 지키지 않는다. 모두 다 뒤틀렸고, 파괴적이다. 물은 더 이상 생수가 못되고, 빛이 어둠을 이기지 못하고, 사람과 동물들에게 질병이 만연하고, 이 땅의 먼지들이 다 해를 끼치는 이가 되며, 곤충들과 생물체들의 통제가 불가능하고, 하늘에서는 이때까지 보지 못한 거대한 우박이 내리는 세상, 이런 세상에서 어찌 생명이 유지될 수 있을 것인가? 이 재난의 절정은 어둠이다. 칠흑 같은 암흑이 애굽을 덮고 가실 줄을 모른다. 일반적으로 아홉 번째라고 하는 재앙은 흑암이 땅을 덮는 것이다. 그런데 이 흑암은 열 번째 재앙인 애굽의 장자의 죽음 위에도 드리우고 있다. 이스라엘의 탈출도 그 밤에, 또한 홍해 사건도 이 밤과 밀접히 연관되어 있다.[83)]

* 출 12:29 밤중에 여호와께서 애굽 땅에서 모든 처음 난 것
* 출 12:31 밤에 바로가 모세와 아론을 불러
* 출 12:42 이 밤은 그들을 애굽 땅에서 인도하여 내심으로 말미암아
* 출 14:20 애굽 진과 이스라엘 진 사이에 이르러 서니 저쪽은 구름과 흑암이 있고
* 출 14:21 모세가 바다 위로 손을 내어민대 … 밤새도록 바닷물을 물러가게 하시니
* 출 14:24 새벽(בְּאַשְׁמֹרֶת הַבֹּקֶר 베아쉬모레트 하보퀘르)에 애굽 군대를 어지럽게 하시며[84)]
* 출 14:27 모세가 곧 바다 위로 손을 내어 밀매 새벽에 미쳐(לִפְנוֹת בֹּקֶר 리

프노트보퀘르) 바다의 그 세력이 회복된지라. … 애굽 사람들을 바다 가운데 엎으시니[85]

이것은 다시 또 창조의 첫 번째 날로 돌아간 것A Return to the First Day of Creation을 의미한다.창 1:2 흡사 모든 것이 흑암의 물 속에서 혼돈 가운데 거했던 그 때로 돌아간 것 같다.[86] 애굽은 빛이 사라진 암흑의 세상, 그 마지막에는 피조물 중의 으뜸인 인간, 그 중에서도 대를 이어 간다는 장자들이 다 죽는 사건과, 남은 장정들마저도 홍해에서 완전히 수장되어 버리는 철저한 창조의 파괴를 경험한다. 이 일련의 창조세계의 파괴 속에서도 바로는 그 어떠한 역할도 할 수 없고 오히려 곤혹스런 패배만을 갖는다는 것을 통해 모세는 바로가 아닌 여호와만이 참 신이시며 이 세상을 주관하시는 분이라는 것을 만 천하에 공표하고 있는 것이다. 하나님께서는 이미 모세에게 "내가 너를 세웠음은 나의 능력을 네게 보이고 내 이름이 온 천하에 전파되게 하려 하였음이라."출 9:16고 선언하셨다.

애굽이 철저한 창조의 파괴를 경험하는 그 순간에 이스라엘은 정반대의 경험을 한다. 애굽이 갖은 재앙으로 고통받는 그 순간에 이스라엘은 하나님의 돌보심을 받는다. 애굽에 암흑이 있다면 이스라엘에는 빛이 있다. 애굽의 생명이 죽어가는 그 순간에 이스라엘은 철저히 생명의 보호를 받는다. 애굽이 완전히 홍해에 수장되어 흑암의 물 속에 잠겨 흔적도 없이 사라지는 그 순간에 갈라진 죽음의 물 사이에서 마른 땅을 유유히 걸어 나오는 이스라엘을 상상해 보라. 이것이 새로운 창조가 아니겠는가? 혼돈의 물이 이스라엘 앞에서 갈라진 것이다. 그리고 광야에서 이스라엘은 마실 물과 먹을 양식을 제공받는다. 애굽 사람들은 물을 마실 수 없게 되었으나,출

4:24, 이스라엘은 쓴 물마저도 단 물로 바뀌는 체험을 한다. 출 15:23-25 애굽은 우박이 비같이 쏟아져 내려מַמְטִיר 맘티르 먹을거리가 다 초토화 되나출 9:18, 23, 이스라엘은 하늘에서 양식이 비같이 쏟아져 내리는מַמְטִיר 맘티르 기적을 본다. 출 16:4 애굽에는 메뚜기떼가 와서 온 땅을 덮어כָּסָה 카사 먹거리를 다 쓸어가나, 출 10:14-15 이스라엘은 메추라기가 와서 진을 덮어כָּסָה 카사 고기를 먹게 된다. 출 16:13 애굽은 창조의 철저한 파괴를 경험하고 이스라엘은 새 창조의 기적을 체험하는 것이다.[87] 그리고 이스라엘은 만나를 통해 안식일 준수를 배운다. 출 16:21-30

> 육일 동안은 너희가 그것을 거두되 제 칠일은 안식일인즉 그 날에는 없으리라 하였으나 제 칠일에 백성 중 어떤 사람들이 거두러 나갔다가 얻지 못하니라 여호와께서 모세에게 이르시되 어느 때까지 너희가 내 계명과 내 율법을 지키지 아니하려느냐 볼지어다 여호와가 너희에게 안식일을 줌으로 제 육일에는 이틀 양식을 너희에게 주는 것이니 너희는 각기 처소에 있고 제 칠일에는 아무도 그의 처소에서 나오지 말지니라 그러므로 백성이 제 칠일에 안식하니라(출 16:26-30).

'이적과 표적 그리고 큰 심판'의 거대한 싸이클은 천지창조를 다시 반복하는데 애굽은 철저히 파괴되고, 하나님의 백성 이스라엘은 새롭게 창조되는 것을 보여준다. 이스라엘의 새 창조는 이제 하나님의 계획God's mission이 다시 시작되는 창조의 그 위치로 돌아간 것이다.[88]

## 리더의 자격

이 모든 사건의 전개 속에 모세라는 지도자는 그림자일 뿐인가? 그렇지 않다. 하나님의 이름이 드러나는 그곳에 하나님의 이름을 드높인 사람의 이름도 같이 등장한다. 신명기 34:10-12절은 마지막으로 모세의 이미지를 다음과 같이 전한다.

> 그 후에는 이스라엘에 모세와 같은 선지자가 일어나지 못하였나니 모세는 여호와께서 대면하여 아시던 자요 여호와께서 그를 애굽 땅에 보내사 바로와 그의 모든 신하와 그 온 땅에 모든 이적과 기사와 모든 큰 권능과 위엄을 행하게 하시매 온 이스라엘의 목전에서 그것을 행한 자이더라.

이것은 모세가 행동할 때 그의 행동은 하나님의 행동이었고, 그가 말할 때 그것은 하나님의 말씀이었다는 것으로 분명해진다. 하나님은 자신의 백성을 위하여 행동하신다. 그러한 행동들은 반드시 모세의 사역을 통해서 집행된다는 것이 하나님 앞에 서 있는 리더의 중요성이다.[89] 이사야서는 이러한 사실을 더욱 극적으로 표현하고 있다: "그의 영광의 팔이 모세의 오른손을 이끄시며 그의 이름을 영원하게 하려 하사 그들 앞에서 물이 갈라지게 하시고."사 63:12 이것은 모세가 오른 손을 들면 그것은 이미 모세의 손이 아니라 하나님의 영광의 팔이 드러나는 것이라는 하나님과 모세의 일체감을 나타내는 영광스러운 표현이다. 이제 이러한 하나님의 뜻에 일치한 리더를 통해 하나님의 백성이 어떻게 변해가는지를 살펴보는 것이 필요하다.

## 3. 승전가를 올리는 공동체

### 첫 노래, 첫 찬양

홍해에서 놀라운 구원을 체험한 이스라엘은 이제 새로운 하나님의 백성으로의 길을 준비한다. 하나님의 백성의 시작은 역시 감당할 수 없는 바로 이 구원 체험이다. 드디어 처음으로 인간 역사에 새로운 것이 돌입해 들어온다. 최초의 찬양이 울려 퍼지는 것이다. 그리고 이 찬양이 하나님의 백성을 향하신 하나님의 뜻임을 알 수 있다. 이스라엘은 모세와 미리암을 따라 일어나서 찬양하는 백성이 된다.

**Thinking Tip !**

브르거만은 모세의 찬양의 에너지는 다음과 같은 것을 내포한다고 주장한다.

(1) 모든 사회적 인식을 재규정하는 한 새로운 이름을 말한다.

(2) 제국적 현실을 무효화시키는 전환의 역사에 대해 재검토하게 한다.

(3) 자유를 춤으로 연출하는 상황이 이루어지며, 자유를 자유로운 몸으로 연출하는 것을 요구한다. 이제 바로는 더 이상 이를 저지할 수 없다(출 15:20).

(4) 그리고 대관식으로 그 절정에 이른다. 애굽이 허용할 수도 없고, 관용할 수도 없는 새로운 현실을 주장한다: "여호와만이 영원히 다스리실 왕이시어라"(출 15:18).[91]

> 이 때에 모세와 이스라엘 자손이 이 노래로 여호와께 노래하니 일렀으되 내가 여호와를 찬송하리니 그는 높고 영화로우심이요 말과 그 탄 자를 바다에 던지셨음이로다 여호와는 나의 힘이요 노래시며 나의 구원이시로다 그는 나의 하나님이시니 내가 그를 찬송할 것이요 내 아버지의 하나님이시니 내가 그를 높이리로다(출 15:1-2).

이 찬양의 초점은 끊임없이 쏟아져 나오는 한 이름 위에 모아진다. 바로 '여호와, 여호와, 여호와'이시다. 애굽의 신도 아니고, 바로도 아니고 모세도 아닌 그 어떤 인간도 아닌 오직 여호와만이 찬송의 대상이시다.[90] 그리고 이 찬송의 마지막은 이렇게 마감되고 있다: "여호와의 다스리심이 영원무궁하시도다."출 15:18

이 말은 히브리어를 그대로 따르자면 "여호와만이 영원무궁토록 다스리실 왕이 되실 것입니다":יְהוָה יִמְלֹךְ לְעֹלָם וָעֶד: **야웨 임로크 레올람 와에드**라는 표현이다. 웅장한 위용을 자랑하는 우상도 아니고, 제국의 힘을 등에 업은 바로도 아니며, 놀라운 홍해의 기적을 이 땅에 끌어들인 모세도 아니다. 오직 여호와의 왕 되심이 선포되고 있다. 리더로서의 모세의 위대함이 바로 여기에 있다. 자신의 이름은 뒤로 가려짐에도 하나님이 온 천하의 왕이심을 막힘없이 보여주고 있는 것이다. 지도자는 바로 이런 사람이다. 온 삶을 통하여 오직 하나님이 왕이심을 세상에 드러내는 사람이다. 여호와가 왕이 되셔서 통치하시는 이런 세상을 만드는 것이 바로 하나님의 부름을 받은 지도자의 사명임을 모세는 자신의 삶으로 증거하고 있다. 리더는 이 찬양을 백성들의 입에서 저절로 뿜어져 나오게 하는 주역이 되어야 하며, 이 찬양이 역사 속에서 단절되지 않도록 이끌어야만 한다.

## 영원한 노래, 영원한 찬양

이사야 43:15-21절은 하나님께서 이스라엘을 바벨론의 포로에서 다시 새롭게 창조하셔서 왕이 되실 것을 선언하고 계신다.

> 나는 여호와 너희의 거룩한 자요 이스라엘의 창조자요 너희의 왕이니라 바다 가운데 길을 큰 물 가운데에 첩경(지름길)을 내고 병거와 말과 군대의 용사를 이끌어 내어서 그들로 일시에 엎드러져 일지 못하고 소멸하기를 꺼져가는 등불 같게 한 나 여호와가 말하노라 너희는 이전 일을 기억하지 말며 옛날 일을 생각하지 말라 보라 내가 새 일을 행하리니 이제 나타낼 것이라 너희가 그것을 알지 못하겠느냐 정녕히 내가 광야에 길을 사막에 강을 내리니 장차 들짐승 곧 시랑과 타조도 나를 존경할 것은 내가 광야에 물들을 사막에 강들을 내어 내 백성 나의 택한 자로 마시게 할 것임이라 이 백성은 내가 나를 위하여 지었나니 나를 찬송하게 하려 함이라(사 43:15-21).

이스라엘 역사 속의 첫 찬양은 이렇게 계속해서 세대를 통해 이어진다. 시 66:5-6; 77:15-21; 73:13, 53; 106:9-11, 22; 114:3, 5; 136:13-15; 사 51:9-10; 63:11-13 왜냐하면 이 구원의 이야기는 결코 일회적인 사건으로 끝나는 것이 아니라 '끊임없이 계속되어야만 할 여호와의 구원 역사'a never-ending exodus가 될 것이기 때문이다.[92] 궁극적으로 하나님의 창조자 되심과 구원자 되심은 요한계시록이라는 최종적인 결말의 책에서 되살아나며 영원한 찬양의 절정에 이른다.

> 우리 주 하나님이여 영광과 존귀와 능력을 받으시는 것이 합당하오니 주께서 만물을 지으신지라 만물이 주의 뜻대로 있었고 또 지으심을 받았나이다(계 4:11).

> 책을 가지시고 그 인봉을 떼기에 합당하시도다 일찍 죽임을 당하사 각 족속과 방언과 백성과 나라 가운데서 사람들을 피로 사서 하나님께 드리시고 저희로 우리 하나님 앞에서 나라와 제사장(들)을 삼으셨으니 저희가 땅에서 왕 노릇 하리로다(계 5:9-10).

> 내가 또 들으니 하늘 위에와 땅 위에와 땅 아래와 바다 위에와 또 그 가운데 모든 만물이 가로되 보좌에 앉으신 이와 어린 양에게 찬송과 존귀와 영광과 능력을 세세토록 돌릴지어다(계 5:13-14).

그리고 이 모든 구절들은 민족적 원수에 대한 앙갚음의 의미가 아닌, 자신의 백성을 향하신 하나님의 은혜와 긍휼, 그리고 세상과 역사 위에 절대적 주권을 행하시는 하나님의 주 되심을 선언하고 있다.[93] 그리고 "영원히 왕이 되셔서 다스리심"을 바라는 이 찬양의 성취의 시작은 성막 건축이 완성되고, 여호와께서 성막으로 자신의 임재를 옮기시는 장면으로 완성된다.출 40:34-35 성막에 임재한 이 "여호와의 영광"은 시내산에 나타나셨던 그 하나님 임재의 모습24:15-18이 그대로 옮겨진 것이다. 하나님의 산에서 자신을 나타내시던 하나님께서 이제 이스라엘의 중심에서 그들과 함께 생활하시는 이스라엘의 하나님이 되시겠다는 그분의 철저한 의지를 보이시는 것이다. 모세는 이제 이스라엘을 회복해야 할 본질인 예배하는 공동체로 인도한다.[94)]

이 예배의 사명은 모세의 뒤를 잇는 여호수아가 이어받아 그대로 실천하는 모습을 통해 잘 살펴 볼 수 있다. 그 또한 마지막에는 이스라엘 백성들을 향해서 여호와만 섬길 것을 촉구하고 있다. 그 촉구는 다름 아닌 "그러므로 이제는"and now"; וְעַתָּה … 너희 섬길 자를 오늘날 택하라 오직 나와 내 집은 여호와를 섬기겠노라."수 24:14-15고 한다.

예배와 섬김의 길로 나아가는 것이 구원받은 공동체가 행할 길이며, 또한 구원 공동체를 이끄는 리더가 만들어 가야 할 사명이다. 아무리 인간의 힘과 능력이 극대화 되어 있는 세상일지라도 오직 "여호와가 하나님이심을 드러내는 삶"을 사는 리더가 있다면 거기에는 새로운 희망이 있다. 왜냐하면 그 곳에는 "여호와께서 영원토록 왕이 되십시오."라는 고백이 쏟아져 나오는 창조의 질서가 회복될 것이기 때문이다.

# 제 4 장

# 예배를 회복하는 리더

여호와께서 모세에게 일러 가라사대 이스라엘 자손에게 명하여 내게 예물을 가져오라 하고 무릇 즐거운 마음으로 내는 자에게서 내게 드리는 것을 너희는 받을지니라 너희가 그들에게서 받을 예물은 이러하니 금과 은과 놋과…호마노며 에봇과 흉패에 물릴 보석이니라 내가 그들 중에 거할 성소를 그들이 나를 위하여 짓되 무릇 내가 네게 보이는 대로 장막의 식양과 그 기구의 식양을 따라 지을지니라(출 25:1-2, 7-9).

예수님께서는 그 어떠한 것에도 감동을 받지 못하는 세대를 향하여 "이 세대의 사람을 무엇으로 비유할까 무엇과 같은가 비유하건대 아이들이 장터에 앉아 서로 불러 이르되 우리가 너희를 향하여 피리를 불어도 너희가 춤추지 않고 우리가 곡하여도 너희가 울지 아니하였다 함과 같도다."눅 7:31-32라고 하신다. 유대인들은 세례요한이 금욕적인 생활로 본을 보이니 귀신이 들렸다 하고, 예수님께서는 모든 사람들을 모아 기쁨의 축제를 벌이니 먹기를 탐하고 포도주를 즐기며 세리와 죄인과 어울리는 부랑자라고 몰아붙인다. 감동이 없는 곳에는 예배도 없다. 이러한 현상은 현대에 더욱더 심각할 정도로 그 위력을 펼쳐나간다.

이 세상은 예수 그리스도 이후 이천여 년의 세월을 보내며 다양한 사상의 변화를 경험하였다. 물론 각 학자들마다 보기에 따라서는 다르게 볼 수도 있지만 일반적으로 15세기 이전을 중세의 암흑시대라고 부른다. 15세기는 르네상스의 시대이고, 16세기는 종교개혁의 시대, 17세기는 과학혁명의 시대, 그리고 18세기는 산업혁명 혹은 계몽주의 시대라고 부르고 있다. 이렇게 칼로 자르듯이 혹은 자로 잰 듯이 시대를 정확히 구분할 수는 없을 것이다. 때로는 동시에 두세 가지 현상이 같이 가는 경우도 있기 때문이며, 서로가 서로에게 영향을 주고받기 때문이다. 편의를 위해 도식화한 시대구분이지만 눈에 띄는 것은 15세기 이후의 흐름을 한 마디로 축약한다면 아마도 '인간해방의 흐름'이라고 말할 수 있을 것이다. 즉, 인간 본연의 모습을 되찾자는 부르짖음이 역사의 한 흐름이 되어서 현재까지 연결되고 있는 것이다.[95)]

## 르네상스 효과

르네상스를 간략하게 설명하자면 14세기경부터 16세기까지 유럽을 중심으로 일어난 문예부흥 운동**文藝復興 運動**이라고 할 수 있다. 르네상스**프랑스어의 renaissance; 이탈리아어의 rina scenza**의 어원적 의미는 고대 그리스와 로마의 고전적인 학문과 문화, 전통에 대한 '부활' 혹은 '재생'을 의미하는 것이다. 이 운동이 핵심적으로 추구하는 방향은 그 당시 중세 가톨릭주의가 뿜어내고 있었던 절대주의적인 신 중심적 규범과 통제에서 벗어나 인간 본연의 가치를 중시하는 자유주의적이며 인문주의적인 사상으로의 복귀라고 할 수 있다.[a] 인간은 더 이상 죄 가운데 거하는 존재가 아닌 무한한 가치를 지닌 창조적인 존재로 자연을 정복하여 마음껏 활용할 수 있는 주권적인 존

a http://blog.cyworld.com/lmsu1124/3617126

재로 부각된다. 이에 맞물려 예술에서는 인간의 본성을 다루는 작품이 쏟아져 나왔고, 종교적인 측면에서는 다양성을 인정하는 혼합적인 추구가 탄생했다. 종교로 인해 억압되었던 인간의 정신이 해방되며 자유로운 탐구와 비판으로 새로운 지식 추구가 활발하게 일어났다.[b]

이렇게 중세의 전통에서 해방된 신흥 도시들과 신흥 시민들을 중심으로 자유로우면서도 독립적이라 할 수 있는 합리적이며 이성적인 정신이 소생하였다. 그리고 그 어떤 것에도 구속 받지 않는 인간 본연의 가치라 할 수 있는 인간성의 추구가 극대화되기 시작했으며, 각자가 자신의 지위에 얽매이지 않고 다양한 개성을 발휘할 수 있는 기회가 주어졌다. 이것은 정치, 경제, 문화, 예술, 과학은 물론이고 심지어 절대적인 성역으로 치부되던 종교에까지 파급효과를 미쳤다. 이와 같이 르네상스는 인간의 이성에 대한 해방이 고조되며 교회나 교황으로부터의 해방 선언으로 나아갈 수 있는 길을 열어놓은 것이다.

## 종교개혁 효과

루터1483-1546의 종교개혁은 르네상스의 여파로 인해 발생한 다방면에서의 변화의 물결을 타고 1517년 10월 31일 95개조의 반박문을 비텐베르그 교회 정문에 붙인 것으로 시작되었다. 이 95개조의 반박문은, 마인츠 대주교 알브레히트가 교황 레오 10세Leo X, 1513-1521가 성 베드로 성당의 건축을 계속하고 그의 호사스런 취미를 만족시키기 위하여 거액의 돈이 필요했는데 이 돈을 충당하기 위하여 면죄부 판매를 확대하기로 한 데서 기인했다. 그리고 루터의 종교개혁은 이미 준비되어 있던 여러 가지 동인들로 인해 급

b http://100.daum.net/encyclopedia/view/b06r2656a

속한 확산이 가능하게 되었다. 구체적인 예를 들면 교권주의적인 중세 가톨릭교회를 향하여 팽배해 있었던 귀족들과 시민들의 불만이 있었고, 이에 더하여 구텐베르크에 의해 1454년에 발명된 금속인쇄술의 도움으로 루터의 95개조 반박문이 유럽 여러 언어로 번역되어 손쉽게 확산될 수 있었다는 점을 들 수 있다.

이 개혁은 성경을 교권의 상징물이 아닌 일반 민중의 책으로 돌려주었다는 점에서 혁명적이다. 르네상스가 문예부흥을 통한 '인간해방 선언'이라면, 오직 성경으로만, 오직 믿음으로만, 그리고 만인제사직을 선언한 루터의 종교개혁은 또 다른 차원의 '종교적 인간해방의 선언'이었다.

이처럼 종교개혁은 각 개인이 하나님 앞에서 스스로 양심과 자유를 가지고 나아갈 것을 요구하였고 공의회를 앞세운 기존의 권위나 기존의 제도를 무시할 것을 권고하였다. 그 결과 종교개혁은 르네상스와는 다른 의미에서 인간의 개성을 해방시켰다. 루터의 개혁을 통해 탄생한 개신교는 순수한 내면적인 신앙을 찾아 절대자인 하나님과 인간을 직결시킴으로써 그 사이를 막고 있는 어떤 종교회의의 권위이든지 부정함으로써 교권을 앞세운 지배에 종지부를 찍었다. 그 결과 봉건사회의 해체와 더불어 성장하고 있던 근대적인 요소, 즉 근대국가, 초기 자본주의, 인간중심의 세속적인 문화 등의 발전을 간접적으로 자극함으로써 그 장애물을 제거하는데 공헌하였다. 이처럼 루터를 통한 종교개혁은 르네상스로 인해 풀려난 인간의 이성에 종교적인 자유까지 더해 줌으로 또 하나의 해방의 날개를 달아준 것이다. 만약 이 개혁이 극으로 치닫는다면 인간은 신으로부터의 해방까지도 추구하는 단계로까지 나아갈 수 있을 것이란 점에서 불안하기도 하다.

## 과학혁명효과 - 뉴톤과 다윈

17, 18세기 그리고 19세기로 이어지는 시대는 삶의 전분야로부터 해방된 인간의 자유가 누려지는 시기였다. 그것은 과학혁명으로 표출되었다. 르네상스와 종교개혁을 거치며 이루어진 과학혁명이 그동안 잠자고 있던 인간의 창조적 상상력에 불을 붙여놓은 셈이 된다. 이러한 인간의 능력에 날개를 달아준 두 명의 인물이 있다. 그들은 바로 아이작 뉴톤Issac Newton, 1642-1727과 찰스 다윈Charles Darwin, 1809-1882이다.[96]

뉴톤의 묘비명에는 다음과 같은 글이 적혀있다: “자연, 그리고 자연의 법칙들은 어둠에 가리워 숨어 있었네. 그래서 하나님은 말씀하셨네. ‘뉴톤 있어라!’라고. 그랬더니 빛은 만물 위에 있었네.”[97] 뉴톤의 시대에도 이 우주, 그 중에서도 밤하늘에 빛나는 수많은 별들이 인간의 사고구조에 큰 영향력을 행사하고 있었다는 것은 부인할 수 없는 사실이다. 해가 뜨고 지는 것, 달이 차고 기우는 현상, 그리고 바닷물의 간만 현상, 사람들을 일종의 공포 속에 몰아넣었던 일식과 월식 등은 우리의 일상생활에서 흔히 목격되는 현상들이다. 이 수많은 현상들은 뉴톤이 나타나기 전까지는 전부 하나님의 영역에 속하는 성역이었다. 그리고 그 하나님을 대변하는 종교 세력은 거의 횡포에 가까운 강제력을 갖고 인간의 일상생활을 지배하고 통제하였다. 이러한 굴레를 벗어던지고 인간 그대로의 참모습을 찾자는 운동이 르네상스였고, 그래서 종교개혁도 이루어졌다. 이러한 시대의 흐름 속에 뉴톤이 등장했다. 그의 천재적 두뇌와 풍부한 상상력, 수학적 두뇌는 그가 누렸던 성공의 직접적 요인이었으나, 더 중요한 그의 성공의 기초는 그가 살았던 ‘시대’라고 볼 수 있다.[98]

뉴톤은 물체의 낙하운동과 천체와 천체 사이에 서로 인력이 작용하여 회전운동을 하고 있는 현상 사이에 공통적으로 작용하고 있는 힘은 과연 무엇일까를 고민했고, 그래서 묻고 또 묻는 가운데 얻어진 것이 만유인력의 법칙이고, 저 유명한 운동방정식이다. 힘의 개념이 정립되고 우리가 살아가는 3차원 공간을 뉴톤은 질점, 즉 물질의 최소 기본단위의 운동계로 정의했다. 그랬더니 이제까지 하나님의 손안에 있던 것으로만 여겨졌던 모든 현상이 일목요연하게 그의 운동방정식에 의해서 설명되는 것이었다. 그때까지 하나님이라는 인간의 의식 너머에서 움직이고 있던 힘이 인간의 손에 쥐어진 것이다.

뉴톤의 운동방정식이란 속도의 변화인 가속도에다 질량, 즉 물체의 무게를 곱한 지극히 단순한 공식이지만 세상은 일대 혁신을 맞이하게 된다. 하나님의 섭리로 귀착되어 있던 모든 천체의 운동이 일목요연하게 해석되었다. "이로 인해 만물을 통해 하나님에 대한 경외심을 배웠던 인간은 이제 만물을 이해하는 논리적인 키를 갖게 된 것이다. 무생물계가 하나님의 주권으로부터 해방된 것이다."[99] 이러한 당시의 과학에 대한 신뢰는 거의 종교와 같았다. 그전까지는 성경을 통해 신에게 다가갔으나 이제는 신의 작품인 자연을 통해 신에게 접근 가능하게 되었다는 것이다.

심지어 뉴톤은 만유인력을 발견한 다음에 스스로를 제2의 예수에 비유했다고도 한다. 즉, 예수님은 말씀을 통해 신에 이르는 길을 마련했다면, 자신은 자연의 법칙을 통해 신에 이르는 길을 찾았다고 믿었기 때문이다. 이것은 기계론적 우주관을 통해 이제 인간이 신을 이용하는 단계에까지 왔음을 주장하는 것이다.[100]

또 하나의 인간해방 선언은 찰스 다윈으로 인해 이루어진다. 1860년 여름에 개최된 영국과학진흥협의회 총회 석상에는 찰스 다윈과 그의 스승 존

헨슬로, 비글호 선장이었던 로버트 피츠로이, 당시 저명한 식물학자인 조셉 후커와 내로라하는 학자들이 거의 참석하였다. 다윈의 진화론에 적극 찬동하는 토머스 헉슬리에게 당시 영국학술원 부원장직을 맡고 있던 옥스퍼드 대학의 사무엘 윌버포스 주교는 강력한 질문을 던졌다: "당신의 조상은 어느 쪽이 원숭이입니까? 아버지 편입니까? 어머니 편입니까?" 이 난데 없는 질문을 받고서도 헉슬리는 태연하게 돌아서서 그를 향해 반격을 가했는데 "네, 저는 진리와 맞서는 것을 두려워하는 사람이기보다는 차라리 두 원숭이의 후손이 되겠습니다."라고 선언했다. 결국 이것은 그 당시의 사조가 이미 종교인의 패배를 의미하고 있는 것이기도 하다.[101)] 헉슬리가 말한 '진리'는 무엇인가? 그것은 사실을 의미한다. 기독교의 바탕인 성경이 허구적이라는 암시와 더불어 사실은 과학적 사고와 발견 안에 있다는 것을 말한다.

다윈의 진화론은 적자생존의 법칙에 따라 환경과 조화를 잘 이루고 또한 자연환경에 잘 적응하여 다른 생물종과의 치열한 생존경쟁에서 이긴 생물종만이 이 지상에 남게 된다는 것이다. 이렇게 생존한 같은 생물 종에 속해 있는 개체도 각 개체마다 각각 다른 성격을 갖게 된다고 주장한다. 이 말은 개체 사이의 차이는 후손으로 내려갈수록 더욱 벌어지게 되며, 결국은 유전적으로 우성에 속하는 생물 종만이 후손으로 내려갈수록 남게 되어 마침내는 처음의 생물종과는 엄청나게 다른 성질을 지니게 되는 새로운 생물종이 탄생하게 되는 진화과정을 밟게 된다는 것이다.[102)] 이 주장은 인간을 비롯한 모든 생물 종들이**식물계, 동물계 포함** 하나님의 손길에 의한 것이 아닌 자체적인 생존능력으로 삶을 영위하고 진보해 나가고 있다는 주장이 가능하며 결국 하나님의 섭리로부터 모든 생물계를 해방시키는 선언문이 되었다.

뉴톤의 물리학과 다윈의 진화론은 하나님과 인간, 세계라는 기독교적인 세계관에 일대 변화를 초래했다. 즉 '만유의 주'의 자리에서 하나님이 제거되고 인간이 그곳을 차지한 것이다. 시계를 만들 때까지는 창조주는 필요불가결한 존재이지만 일단 시계가 완성된 뒤에는 그 시계는 하나님에 의해서가 아니라 그 시계가 갖고 있는 일정한 메카니즘에 의해서 자동적으로 움직이게 되어 있다는 기계론적 세계관이 정착된 것이다. 그리고 그 기계를 잘 연구하고 개량하면 이 세상은 얼마든지 편리한 세계로 만들어질 수 있다는 사고가 자리 잡은 것이다. 여기서 우리는 인간이 중심이 되는 기계론적인 진보사관을 만나게 된다.[103] 이런 세계 속에서 하나님의 부름을 받은 리더는 무엇을 할 수 있을까? 하나님을 예배한다는 것은 어리숙한 광대들의 놀음처럼 무력하기 그지없어 보이기 때문이다.

## 1. 예배의 시작

### 이성reason과 성경

이성과 합리성을 원칙으로 하는 인간 중심의 사고를 가진 사람들에게는 성경의 그 어떠한 기적도 믿어지지 않는 가상의 이야기일 뿐이다. 왜냐하면 인간의 이성으로는 설명할 수 없기 때문이다. 그리고 이들은 그 수많은 기적 이야기들을 합리적인 공식으로 풀어내려고 한다. 홍해가 갈라진 사건도 기적이라기보다는 자연현상으로 보려고 한다. 『리더스 다이제스트』에 실린 오래전의 한 논문에는 이 사건을 다음과 같이 설명하고 있다. 히브리말로 홍해는 원래 '얌-수프' יַם־סוּף, 출 15:4인데 이는 '갈대바다'라는 뜻이며 후에 헬라어 구약성경이 이를 '홍해'ἡ ἐρυθρὰ θάλασσα **헤 에뤼쓰라 쌀라사;**

the Red Sea라고 잘못 생각했다는 것이다. 그리고 이 갈대바다는 애굽인들에게 '파피루스 늪'으로 알려진 발라 호수로 수에즈 운하 바로 서쪽에 있는 멘잘레 호에서 남쪽으로 수 킬로미터 떨어져 있다고 본다. 기원전 1477년쯤의 어느 봄날 이른 아침에 이스라엘 민족을 구하고 애굽인 추격부대를 익사케 한 해일이 일어났다고 한다. 이 해일의 근원지는 해발 900미터쯤 되는 산이 많은 산토리니섬의 화산 폭발로 이루어진 것인데, 이 폭발로 화산재와 연기가 뒤섞인 기둥이 30킬로미터 높이로 치솟아 올랐다고 한다. 화산폭발은 성경에 나오는 열 가지 재앙을 설명할 수 있을 뿐만 아니라 구름기둥과 불기둥을 만들어 주었을 가능성도 있다고 본다. 화산 연구가들은 산토리니섬의 화산폭발은 950킬로미터 정도밖에 안 떨어진 애굽의 나일강 삼각주 상공에도 충분히 변화를 가져왔을 것으로 추정한다. 산 덩어리가 해면 350미터 밑의 화산구 속으로 빠져들어가면서 높이 30미터가 넘었을 해일을 만들었을 것으로 본다. 이 연구를 주도한 게딕이란 사람은 "산토리니섬의 폭발은 기적이 아니다. 그것은 비록 매우 드문 것이기는 하지만 자연현상이다. 기적은 그 해일이 그처럼 결정적인 순간에 일어났다는 우연의 일치에 있다"고 말한다.[104)]

성경 속의 기적도 인간의 이성으로 이해되어야만 직성이 풀리는 것이 인간이다. 인간의 손 안에 모든 원리가 쥐어져야만 한다고 큰소리 친다. 그러면 어떤 신격체도 찬양하거나 예배할 필요가 없는 탈출구가 마련되기 때문이다. 모든 것이 인간이 통제 가능한 지식의 세계 안에 들어온 것이기 때문이다. 이제 하나님으로부터, 성경으로부터 독립한 인류에게 남겨진 과제가 있다. 이제는 스스로의 정체성을 만들어 가야만 하는 것이다. '찬양'이 인간을 정의하는 중요 요소 중의 한 가지라면, 분명 하나님을 잃은 존재인 인간은 스스로의 '찬양거리'를 찾아 해맬 수밖에 없다. 그것이 '자기 자신'이든 혹은 자신이 만들어 내는 '성공'이든, 아니면 다른 위대한 인물이나 그들이 보이는 재능과 성공일 수도 있다. 왜냐하면 인간은 본질적으로 무언가를 예배하며, 찬양하는 존재이기 때문이다. 하나님의 백성 이스라엘은 민족으로서의 자신의 정체성을 단 한 문장으로 정의하고 있는데 그것은 "나는 너를 애굽 땅 종 되었던 집에서 인도하여낸 네 하나님 여호와니라."**출 20:2; 신 5:6**이다. 이 선언 속에는 이스라엘 민족의 정체성이 하나님의 정체성과 더불어 주어지고 있다. 이것은 하나님을 떠나서는 결코 설 수 없는 한 존재를 이야기한다. 하나님을 향한 예배는 이러한 구원체험과 동전의 양면처럼 분리할 수 없는 것이다.

## 창조와 구원의 결론

하나님을 섬기고 경배를 올리는 예배는 하나님께로부터 지음을 받은 피조물에게 주어진 기쁨이다. 창세기 1장 1절에서 2장 4절로 연결되는 이 세상의 창조 이야기는 엿새 동안에 하나님께서 필요한 모든 것들을 다 만드셨고 그 마지막에는 창조의 걸작품인 인간을 만드셨다는 내용이다. 하지만 인간을 창조하신 것으로 천지창조의 대계획이 마감되는 것이 아니었다. 만약 여기에서 하나님의 창조가 마감되고 이 땅의 역사가 시작되었다면 인간은 하늘과 땅에서 최고의 권위를 누려도 될 것이다. 그러나 창조의 완성은 일곱째 날까지 이어져 이루어진다. 하나님께서 일곱째 날을 안식일로 제정하시고 그 날을 축복하시고 거룩히 구별하는 것으로 하나님의 놀라운 창조는 완성된다. 이것은 일곱째 날이 천지창조의 정점임을 보여주는 것이다. 이것을 도표를 통해 보면 더욱 명확해진다.

| 땅이 혼돈하고 공허하며 흑암이 깊음 위에 있음 | |
|---|---|
| 첫째 날 : 빛 | 넷째 날 : 해, 달 별들 |
| 둘째 날 : (물) 궁창 (물) | 다섯째 날 : 물-물고기류, 궁창-조류 |
| 셋째 날 : 육지 - 풀, 채소, 과목 | 여섯째 날 : 땅의 짐승, 인간 |
| 일곱째 날 : 안식하심 | |

첫째 날부터 셋째 날까지는 배경을 이루고, 넷째 날부터 여섯째 날까지는 그 배경을 바탕으로 존재하는 피조물들을 다루고 있다. 그리고 혼돈과 공허가 하나님의 창조질서에 의해서 쫓겨나고 모든 피조물들이 일곱째 날인 안식일로 그 방향을 향하고 있다. 그러므로 하나님의 창조의 목표는, 인간을 그 대표자로 하는 모든 피조물들이 안식일을 거룩히 구별하여 여호와 하나님께 온전한 찬양과 경배로 예배하는 세상을 만드는 것임을 알 수 있다.[105)]

출애굽은 새로운 천지창조가 이루어지는 대격변이었다. 흑암의 깊은 세력인 바로 왕을 비롯하여 모든 피조 세계가 혼돈과 공허 속에 뒤흔들리는 가운데 하나님께서 새롭게 창조하신 백성인 이스라엘이 완성되었다. 이제 이들이 가야 할 목표는 분명하다. 바로 섬김의 예배, 그것을 온전히 이루어 내는 것이다. 이제 리더로 선 사람은 무엇이 예배의 본질인가를 분명히 할 필요가 있다. 출애굽기에서 우리는 하나님을 찬양해야 할 분명한 이유를 살펴 보았다. 찬양하는 백성이 걸어가야 할 분명한 본분이 있을 것이다. 이것은 천지창조의 감동이 채 가시기도 전에 그 진정한 예배의 본질을 상실해버린 에덴동산에서의 잘못을 회복하는 것이기에 참으로 중요하다. 구원

받은 이스라엘 민족의 이야기는 이 예배의 본질을 너무도 잘 보여주고 있다. 하나님의 구원 사명을 이 땅에 끌어들이는 리더의 사명은 이제 구원받은 공동체를 섬김과 예배의 공동체로 바꿔나가는 것이다.

## 2. 노동인가, 예배인가?

### 선택의 기로에서

출애굽기는 이스라엘 민족이 살아가는 두 가지의 상반된 모습을 보여주고 있다. 전반부에서는 바로 왕의 종으로 그리고 후반부에서는 하나님의 백성으로의 전이를 보여주고 있다. 그런데 이 두 정체성의 차이는 극히 자주 나타나는 표현을 통해서도 극명하게 드러난다. 먼저 이스라엘이 바로 왕의 종으로 있을 때에 나타난 현상을 살펴보기로 하자.

| | |
|---|---|
| 출 1:13-14 | 이스라엘 자손의 일을 엄하게 시켜 어려운 노동으로 그들의 생활을 괴롭게 하니 곧 흙 이기기와 벽돌 굽기와 농사의 여러 가지 일이라 그 시키는 일이 모두 엄하였더라 |
| 출 2:23 | 여러 해 후에 애굽 왕은 죽었고 이스라엘 자손은 고된 노동으로 말미암아 탄식하며 부르짖으니 그 고된 노동으로 말미암아 부르짖는 소리가 하나님께 상달된지라 |
| 출 5:18 | 이제 가서 일하라 짚은 너희에게 주지 않을지라도 벽돌은 너희가 수량대로 바칠지니라 |

이스라엘 민족은 이와 같이 바로 왕 밑에서는 백성으로서의 지위도 보장 받지 못하고 노예화된 삶을 살아가고 있다. 이들의 가치는 오직 '노동'이

라는 단어로 표현될 수 있을 것이다. 사람의 가치가 전인격적인 존재에 의해 측정되는 것이 아니라 오로지 그가 만들어 내는 노동의 양, 즉 생산량으로 계산되는 사회는 분명 빈부의 격차가 현격하게 드러나는 경쟁의 세상을 만들어 낼 것이다. 이런 사회 속에서 인간은 그 노동의 짐에 눌려 신음하는 현실을 경험하며 살아갈 것임에 틀림없다. 이것이 이스라엘의 과거에도 관심이 없고, 미래의 비전에도 무지한 바로 왕 밑에서 살아가는 유일한 현재인 것이다.

이에 반하여 이스라엘을 창조하신 하나님은 계속해서 다른 한 가지를 위해 그들을 불러내신다.

| | |
|---|---|
| 출3:12b | 네가 그 백성을 애굽에서 인도하여 낸 후에 너희가 이 산에서 하나님을 섬기리니 이것이 내가 너를 보낸 증거니라 |
| 출 4:23 | 내가 네게 이르기를 내 아들을 보내 주어 나를 섬기게 하라 하여도 네가 보내 주기를 거절하니 |
| 출 7:16 | 히브리 사람의 하나님 여호와께서 나를 왕에게 보내어 이르시되 내 백성을 보내라 그러면 그들이 광야에서 나를 섬길 것이니라 |
| 출 8:1 | 여호와께서 모세에게 이르시되 너는 바로에게 가서 그에게 이르기를 여호와의 말씀에 내 백성을 보내라 그들이 나를 섬길 것이니라 |
| 출 8:20 | 여호와께서 이와 같이 말씀하시기를 내 백성을 보내라 그러면 그들이 나를 섬길 것이니라 |
| 출 9:1 | 히브리 사람의 하나님 여호와께서 말씀하시기를 내 백성을 보내라 그들이 나를 섬길 것이니라 |

| 출 9:13 | 바로 앞에 서서 그에게 이르기를 히브리 사람의 하나님 여호와의 말씀에 내 백성을 보내라 그들이 나를 섬길 것이니라 |
|---|---|
| 출 10:3 | 네가 어느 때까지 내 앞에 겸비하지 아니 하겠느냐 내 백성을 보내라 그들이 나를 섬길 것이니라 |

히브리 사람의 하나님 여호와께서는 바로 왕 밑에서 고역의 '노동'을 하는 이스라엘을 구원하셔서 오직 한 가지 하나님을 '섬기는 일,' 즉 '예배하는 삶'으로 부르신다. 이스라엘의 모든 것을 다 아시는 하나님과 함께하는 현재는 기쁨의 예배이다. 결국 하나님의 백성은 '노동'이 아닌 '섬김의 예배'로의 초대를 받고 있는 것이다. 노동을 할 것인가, 아니면 예배를 할 것인가? 이것은 지금 우리에게도 늘 주어지는 삶의 본질적인 질문이다.

그렇다면 '노동'과 '예배'는 무엇이 다른가? 출애굽기는 동일한 한 단어를 가지고 언어의 유희를 벌이고 있다. '노동하다' '일하다'라는 단어와 '섬기다'라는 단어는 히브리어로 동일한 동사형 단어인 '아바드'עָבַד이다. 이 단어의 명사형이 출애굽기에서는 '종'이라는 뜻의 '에베드'עֶבֶד; 4:10; 5:15, 16; 13:3, 4; 14:31로 나온다. 이 단어 '아바드'는 출애굽기를 풀어가는 중요한 단어임과 동시에 또한 구원받은 백성이 살아가야 할 길을 명확하게 보여주는 지침서와도 같은 단어이다. 위의 두 표 안에 있는 밑줄 친 글씨들은 모두 '아바드'에서 생겨난 명사형이거나 혹은 동사형들이다. 그러나 이 단어는 특이하게 '노동'이나 '섬김'이라는 두 가지로 해석된다. 이 단어 '아바드'가 아무 것도 모르는 무지스런 바로 왕과 연결되면 그 뜻은 '고역의 노동'이 되지만, 이 말이 이스라엘을 너무나 잘 아시는 하나님과 연결되면 '섬김과 예배'의 뜻으로 전이된다.[106)]

## 차이를 만드는 요인

여기서 중요한 것은 누구를 위해서 일을 하느냐에 따라 현재가 죽기만큼 싫은 고통스런 노동의 시간이 될 수도 있고, 감사의 축제인 섬김의 예배 시간이 될 수도 있다는 사실이다. 출애굽기 전체의 긴장감은 하나님의 백성인 이스라엘이 바로의 종이 되어 고역의 노동을 할 것인가, 아니면 하나님의 백성이 되어 자발적이고 헌신적인 섬김과 예배의 공동체가 될 것인가라는 선택의 기로 앞에 서게 한다. 자끄 엘룰은 "일의 경쟁, 다른 사람의 제거, 최강자의 승리, 성공했을 때의 시기유발! 이것이 노동이다"라고 정의한다. 그리고 "그것은 결국 인간에게 아무것도 주지 않으며, 어떤 유익도 주지 못하며, 그 업적은 쓸모없음과 부조리다. 헛된 것을 위해 서로 싸우는 인간들 사이에 적개심과 경쟁과 갈등을 불러일으키는 것이 바로 노동이다."라고 선언한다.[107] 결국 노동은 파괴의 지경에까지 이르게 될 수 있다. 그러나 섬김의 예배는 하나님의 은혜 안에서의 연합을 의미한다. 이러한 선택은 지금 현재를 살아가는 신앙공동체에게도 동일하게 요청된다.

그렇다면 잔혹한 노동은 어디에서 기인하는 것인가? 물론 인간이 타락한 이후 노동은 불가피한 삶의 방편이 되었지만, 그럼에도 하나님은 그것을 벗어나 기쁨을 누릴 수 있는 길을 열어놓으셨다. 그럼에도 인간의 노동이 경감되지 않고 더욱더 가중되는 이유는 무엇인가? 그 이유는 바로 세상 역사와 성경의 역사접근법만 비교해 보아도 분명하게 파악될 수 있다. 성경에서 역사의 시작은 분명히 남편과 아내라는 인간 공동체의 최소단위인 가족이다. 그러나 우리가 배우는 세계사는 무엇이라 말하고 있는가? 어느 곳에서 출판되었든지 간에 역사책들은 모두 문명의 흥망성쇠로부터 시작한다. **예, 구석기, 신석기, 청동기, 철기 문명 등** 현대의 신문과 뉴스도 대부분 나라와 도시, 대학, 정부와 회사의 이야기로 가득 차며, 가족이 아닌 기구로의 이동이 분명하게 드러난다. 그렇다면 문명이나 기구, 그리고 가족의 차이점은 무엇인가? 필립 얀시의 말을 들어보면 그 차이점이 극명하게 드러난다.

> 기구란 지위와 서열에 근간을 두고 모인다. 군인은 자신의 서열, 곧 계급을 정확히 안다. 군복에 부착된 계급장이 서열을 여실히 드러내기 때문이다. 경쟁관계는 학교의 성적에서부터 시작된다. 회사에 들어가면 직위와 보수 따위의 냉엄한 현실이 지위를 가름한다. … 한 기구 내의 지위란 수행능력에서 온다. 기업세계는 지위라는 보상에 인간이 얼마나 혹 하는지 알고 있다. 지위라는 보상은 사람들을 움직이는 강력한 동력이다. 반면, 한 가족 내에서 지위란 전혀 다른 모습으로 나타난다. 가족 내에서 지위는 어떻게 획득되는가? 아이는 태어나는 것 그 자체로 가족의 권리를 얻는다. 성취력이 떨어지는 아이라 해서 집 밖으로 쫓겨나는 일이 없다. 아니 그와는 반대로 더 많은 관심과 사랑을 받는다. 아무것도 할 줄 모르고 아파서 누워 있기만 하는 아이가 나머지 건강한 형제자매들보다 더 사랑받는다는 것은 누구네 집에서도 마찬가지다. 소설가 존 업다이크(John Updike)가 표현했듯, "가족이란, 단순히 싫고 좋고를 떠나, 무관심과 경쟁은 물론 증오조차 공존하는 한 세계에서 어떻게 사랑이 존재하는지 우리에게 가르쳐주는 곳이다.[108]

하나님을 향한 예배는 모든 인간이 하나님 앞에서 한 형제고 자매임을 일깨우게 하는 길을 열어간다. 이것은 예배를 통해 우리가 하나님 아버지를 왕으로 모신 한가족 공동체가 되는 것이다. 그리고 그 예배를 통해 우리는 기술문명을 앞세우며 우리를 노예화시키려는 음모에 반기를 들고, 그 어떤 기구에도 종속되지 않을 것을 선언하며, 오직 우리를 한가족으로 불러내신 하나님의 종으로서의 정체성을 갖게 되는 것이다.

그러므로 인간 삶에 예배가 아닌 노동이 더욱 가중되고 있다는 것은 하늘 아버지를 향한 예배가 확장되지 않고 있다는 것을 의미한다. 세계가 한 가족이 되기보다는 점점 더 분리의 길을 걷고 있다는 것이다. 이제 나만의 예배가 아닌 우리의 예배, 우리 민족만의 배타적 예배가 아니라 온 인류의 예배를 이루는 것이 나아가야 할 미래의 사명이다.

## 종은 종이로되 누구의 종?

하나님께서 세우신 리더 모세는 하나님을 만났을 때 이미 자신의 창조 의미와 부름의 의미를 깨달았다. 하나님의 소명 앞에 비록 주저하는 그였지만 그는 자신의 정체성을 '주의 종'4:10; עַבְדְּךָ 아브데카/당신의 종으로 명명하고 있다. 그리고 홍해를 건넌 뒤에 이스라엘 민족은 드디어 '여호와와 그의 종 모세'를 믿었다.출 14:31 이처럼 모세의 정체성은 확고하다. 그는 이제 더 이상 바로의 종이 아니라 '하나님의 종'이다. 그러나 아직 이스라엘은 그렇지 않다. 그들은 모세로 인해 바로가 자신들의 노동을 더욱 고통스럽게 하자 바로에게 찾아가 하소연을 한다.

> 이스라엘 자손의 패장(기록원)들이 가서 바로에게 호소하여 가로되 왕은 어찌하여 (당신의) 종들에게 이같이 하시나이까 (당신의) 종들에게 짚을 주지 아니하고 그들이 우리더러 벽돌을 만들라 하나이다 (당신의) 종들이 매를 맞사오니 이는 왕의 백성의 허물이니이다(출 5:15-16).

이들의 정체성은 계속해서 '바로의 종'이다. 그리고 이적과 기적, 큰 심판을 통한 여호와의 대대적인 승리로 출애굽의 대장정이 눈앞에 펼쳐져 홍해 앞까지 다다랐을 때에도 이스라엘은 여전히 이러한 자신의 정체성에 변함이 없었다. 그들은 모세를 향하여 항변한다.

> 우리가 애굽에서 당신에게 고한 말이 이것이 아니냐 이르기를 우리를 버려 두라 우리가 애굽 사람을 '섬길 것이라'(עָבַד 아바드) 하지 아니하더냐 애굽 사람을 '섬기는 것이'(עָבַד 아바드) 광야에서 죽는 것보다 낫겠노라(출 14:12).

애굽 사람을 섬기는 것은 예배로의 전이가 아니라 오직 '고역의 노동'일 뿐이었다. 이 정체성이 변하지 않는 한 이들은 결코 하나님을 예배할 수 없다. 바로의 종으로 남기를 원하는 사람들이 어떻게 또 다른 주인을 섬길 수 있겠는가? 마태복음 6장 24절은 그 좋은 예가 될 것이다: "한 사람이 두 주인을 섬기지 못할 것이니 혹 이를 미워하고 저를 사랑하거나 혹 이를 중히 여기고 저를 경히 여김이라 너희가 하나님과 재물을 겸하여 섬기지 못하느니라."

리더인 모세의 소명이 바로 이것이다. 하나님의 산에서 여호와를 예배하는 자로 자신의 정체성이 바뀌었듯이 이스라엘 백성들의 정체성이 새롭게 바뀌도록 그들을 이끄는 것이다. 이 소명은 그가 하나님의 약속을 받을 때 이미 주어졌다.

> 하나님이 이르시되 내가 정녕 너와 함께 있으리라 네가 그 백성을 애굽에서 인도하여 낸 후에 너희가 이 산에서 하나님을 섬기리니(עָבַד 아바드) 이것이 내가 너를 보낸 증거니라(출 3:12).

리더는 주어진 비전을 향해 달려간다. 하나님께서는 모세를 통해 이스라엘 민족 전체가 예배하는 공동체가 되기를 바라신다. 리더는 이미 이것을 잘 알고 있는 사람이다. 그리고 그 온전한 예배를 이루기 위해 나아간다.

이들의 정체성은 홍해를 건너면서 서서히 변해가기 시작한다. 홍해에서의 놀라운 구원을 체험한 이들은 드디어 '여호와와 그의 종 모세'를 믿음으로 전이의 시작이 이루어진다.**출 14:31** 시내산에서의 하나님과 이스라엘 백성의 만남과 언약체결은 이스라엘의 정체성의 변화를 증거 하기에 충분하다.

> 세계가 다 내게 속하였나니 너희가 내 말을 잘 듣고 내 언약을 지키면 너희는 열국 중에서 내 소유가 되겠고 너희가 내게 대하여 제사장(들의) 나라가 되며 거룩한 백성이 되리라 너는 이 말을 이스라엘 자손에게 고할지니라 모세가 와서 백성의 장로들을 불러 여호와께서 자기에게 명하신 그 모든 말씀을 그 앞에 진술하니 백성이 일제히 응답하여 가로되 여호와의 명하신 대로 우리가 다 행하리이다(출 19:5-8).

그리고 출애굽기 20장부터 23장까지 이스라엘이 지키며 살아야 할 세세한 법률 조항이 주어진다. 그리고 모세는 이 언약서의 조항들을 백성들에게 낭독하여 듣게 하고 이스라엘은 다시 한번 하나님 앞에서 엄숙하게 "여호와의 모든 말씀을 우리가 준행하리라"**출 24:3, 7**는 피의 서약을 한다. 이로써 이스라엘은 예배 공동체로의 발돋움을 힘차게 내딛은 것이다.

## 3. 기쁨과 감격의 예배

### 라암셋과 성막

지금 우리는 그 옛날 이스라엘 민족에게 주어졌던 질문인 '고역의 노동을 하는 사람'이 되려는가, 아니면 '기쁨과 감격의 예배를 하는 사람'이 되려는가라는 동일한 질문 앞에 서 있다. 우리가 하나님이 아닌 어떤 다른 것에 소속되어 우리 삶을 이끌고 나간다면 우리의 삶은 무엇을 하고 있건 '고역의 중노동'이 될 수 있다. 왜냐하면 하나님 이외의 어떠한 존재도 우리에게 우리 삶의 의미를 정확하게 가르쳐 줄 수 있는 것이 없기 때문이다. 오직 한 분이신 하나님, 우리를 이 땅에 보내신 우리의 창조주이시며 구원자이신 하나님만이 우리가 무엇을 하기 위해 이 땅에 왔는지를 알고 계시며 우리가 해야 할 일들을 정확히 인식하고 계시기 때문이다. 그 하나님 안에 거할 때 우리가 하는 일들은 그것이 어떠한 일이든지**귀하든지 천하든지** 구별이 없이 하나님을 섬기고 예배하는 일이 될 것이다. "그런즉 너희가 먹든지 마시든지 무엇을 하든지 다 하나님의 영광을 위하여 하라"**고전 10:31**는 바울 사도의 말은 분명 예배의 깊이를 우리에게 전해준다. 물론 그 일들을 통하여서 우리 안에서 솟아나는 기쁨 또한 우리가 하나님의 일, 즉 예배를 드리고 있다는 의식을 한층 깊이 깨닫게 해 줄 수 있을 것이다.

이스라엘 민족이 처음에 한 일은 바로를 위하여 국고성인 비돔과 라암셋을 건축하는 고역과 강제 노동을 하던 종살이였다.**출 1:11** 그러나 이들이 시내산에서 하나님의 백성으로 거듭난 후에 자발적으로 헌신하여 하나님의 집인 성막을 기쁨 가운데 짓는 백성으로 새로워진다.[109)]

| | |
|---|---|
| 출 1:11 | (바로) 감독들을 그들 위에 세우고 그들에게 무거운 짐을 지워 괴롭게 하여 그들에게 바로를 위하여 국고성 비돔과 라암셋을 건축하게 하니라 |
| 출 25:2, 8-9 | (여호와) 내게 예물을 가져오라 하고 기쁜 마음으로 내는 자가 내게 바치는 모든 것을 너희는 받을지니라 … 내가 그들 중에 거할 성소를 그들이 나를 위하여 짓되 무릇 내가 네게 보이는 모양대로 장막을 짓고 기구들도 그 모양을 따라 지을지니라 |

어느 누구도 하나님을 억지로 예배할 수는 없다. 왜냐하면 그것은 이미 예배가 아니기 때문이다. 예배의 중심인 성막 건축의 본질은 '자원하는 심령'이다. 여호와께서 모세에게 말씀하시기를 반드시 예물을 가져오되 기쁜 마음으로 내는 사람이 바치는 모든 것을 받으라고 하신다. 이것이 바로와 여호와 하나님의 현저한 차이점이다. 바로가 강제적일 수밖에 없는 것은 이스라엘을 위해서 베풀어 준 것이 아무것도 없기 때문이다. 따랑서 자발적인 것을 기대할 수가 없다. 그러나 하나님께서는 창조와 구원이라는 은혜의 선물을 자신의 백성을 위하여 값없이 베풀어 주셨다. 뿐만 아니라 모든 것을 다 베풀어 주신 후에도 그것을 깨닫고 '기쁨과 자원하는 심령'으로 나아오는 자의 것을 즐거이 받으신다. 이스라엘 백성들은 하나님께서 자신들에게 새롭게 부여하신 '하나님의 백성'이라는 정체성이 너무도 감격스러웠다. 하나님의 놀라운 구원을 통해 종에서 백성으로 새로운 창조가 일어난 것이다. 그들의 리더인 모세의 말을 듣고 마음이 감동된 자와 자원하는 모든 자가 와서 회막을 짓고, 그 속에서 쓸 모든 것을 위해 예물을 가져다가 여호와께 드렸다.**출 35:21** 백성들이 너무 많이 가져와 여호와께서 명령하신 일에 쓰기에 넉넉하여 오히려 남음이 있는지라 막아야 할 정도라고

했다.출 36:4-7 예배는 이와 같이 감사와 감격으로 이루어지는 것이다.

### 성막과 천지창조

이제 성막 건축이라는 거대한 프로젝트 속에 내재해 있는 진정한 예배의 본질을 찾아낼 필요가 있다. 왜냐하면 출애굽기가 여호와 하나님의 거대한 구원사의 여정이라고 본다면 여호와께서 행하시는 위대하신 일은 출애굽기의 전반부에 밀집되어 있기 때문이다.출 1-24장 그리고 그 분량에 있어서 절반쯤이나 되는 책의 후반부는 이스라엘 민족이 하나님을 위하여 만드는 성막건축이 자리 잡고 있다.출 25-40장 그렇다면 하나님의 구원과 창조를 경험한 백성이 행하는 이 거대한 프로젝트는 어떤 의미를 내포하고 있는 것인가?

하나님께서는 성막을 건축할 것을 지시하시는 장면에서출 25-31장 모세가 시내산에 올라가 육 일 동안 머물고 칠 일째 되는 날 모세를 부르신다.출 24:16 그러나 성막 건축에 관한 상세한 설계를 말씀하신다. 엿새가 지나고 이레가 되는 날이라는 언급이 결코 우연히 이루어진 것은 아닐 것이다. 하나님께서 새로운 창조와 밀접하게 연관이 있는 재앙들과 홍해 사건, 그리고 광야에서의 물과 만나라는 과정을 통해 이스라엘을 창조하신 것을 기억한다면 더욱 그렇다. 이 일곱째 날의 의미가 바로 창조의 완성 후 참 안식에로의 동참을 요구하시는 하나님의 음성으로 해석될 수 있다. 즉, 이제 진정한 안식일을 준수하는 한 민족이 탄생되었다는 것이다. 이것은 창세기 1장 1절에서 2장 4절까지에서 보인 천지창조의 완성이 눈앞에 이르렀음을 선언하는 것과도 같다. 그 뚜렷한 증거로 하나님께서 성막 건축 지시를 내리실 때 의도적으로 일곱 번에 걸쳐서 "여호와께서 모세에게 말씀하여 이르시되"출 25:1; 30:11, 17, 22, 34; 31: 1, 12라는 어구로 된 단락을 들 수 있다. 이것은 하나님께서 이루신 칠일 동안의 말씀을 통한 창조 작업을 그대로 묘사하고 있는 것이다.[110)]

이를 증명이라도 하듯이 일곱 번째의 "여호와께서 모세에게 말씀하여 이르시되"출 31:12는 안식일을 거룩히 지키라는 철저한 당부의 말씀이며, 이로써 성막 건축지시를 마치고 있다.출 31:12-17

> 여호와께서 모세에게 말씀하여 가라사대(일곱 번째) 너는 이스라엘 자손에게 말하여 이르기를 너희는 나의 안식일을 지키라 이는 나와 너희 사이에 너희 대대의 표징이니 나는 너희를 거룩하게 하는 여호와인 줄 너희가 알게 함이라 … 이는 나와 이스라엘 자손 사이에 영원한 표징이며 나 여호와가 엿새 동안에 천지를 창조하고 일곱째 날에 일을 마치고 쉬었음이니라 하라(출 31:12-13, 17).

이 증거들을 살펴볼 때 성막을 건축하는 일은 하나님의 창조 행위에 동참하는 거룩한 행위로 표현된다. 그렇다면 예배는 하나님의 천지창조를 완성해 가는 것이라고 할 수 있다. 바로 온 땅에 하나님께서 이루신 창조의 질서를 세우는 것이다. 이것은 시편 8편의 찬양으로도 충분히 이해할 수 있다. 이 시편은 구조적으로 처음과 끝이 같은 후렴으로 이루어진다: "여호와 우리 주여 주의 이름이 온 땅에 어찌 그리 아름다운지요."1, 9절 그리고 그 중심에는 사람의 자기 성찰이 들어가 있다: "사람이 무엇이기에 주께서 그를 생각하시며 인자가 무엇이기에 주께서 그를 돌보시나이까 그를 하나님보다 조금 못하게 하시고 영화와 존귀로 관을 씌우셨나이다 주의 손으로 만드신 것을 다스리게 하시고 만물을 그 발 아래 두셨으니…."4-6절 이 구조는 인간의 다스림은 하나님이 통치하시는 위엄에 의해 제한되고 그 한계가 정해져 있음을 알려준다. 그러나 이 시편의 중심에 있는 인간의 역할을 외면하고 그 테두리의 여호와께만 초점을 맞추는 것은 현실 도피자의 모습이 될 수 있다. 말하자면 인간은 하나님께서 만들어 놓으신 창조질서 안에서 중심적인 역할을 해야 하는 것이다. 그렇지만 더 큰 위험은 우리가 이 시의 가장자리를 의식하지 않은 채 그 중심에 초점을 맞출 때이다.[111] 바로 하나님을 벗어난 인간의 주권이다. 이 위험은 성막 건축의 실행이 이루어지는 부분에서 모두 해소될 수 있다.

성막 건축을 직접 실행하는 출애굽기 35장에서 40장까지는 역시 안식일을 거룩히 지킬 것을 명령하는 여호와의 말씀으로 시작한다.

> 모세가 이스라엘의 온 회중을 모으고 그들에게 이르되 여호와께서 너희에게 명하사 행하게 하신 말씀이 이러하니라 엿새 동안은 일하고 제 칠일은 너희에게 성일이니 여호와께 특별한 안식일이라 무릇 이 날에 일하는 자는 죽일지니 안식일에는 너희의 모든 처소에서 불도 피우지 말지니라(출 35:1-3).

성막 건축은 안식일 준수에 대한 명령으로 시작된다. 안식일을 거룩하게 지키는 것과 성막 건축은 불가분의 관계 속에 있다. 즉, 온전한 예배와 성막 건축 실행과의 깊은 연관성을 밝혀야 한다. 성경을 통독하는 사람들에게 창세기의 장황한 족보만큼이나 고통을 안겨주는 부분이 있다면 출애굽기의 성막 건축에 관한 부분이다. 구약성경 속에서 오직 성막을 건축하는 이 부분에서만 똑같은 이야기를 큰 변화 없이 그대로 반복하고 있어서다. 하나님께서 모세에게 일곱 장에 걸쳐서 세세하게 지시하시고출 25-31장, 또한 동일한 것을 여섯 장에 걸쳐서 반복하며 만들었다고 보고한다.출 35-40장 그냥 간단하게 "하나님께서 그렇게 명령하셨고 백성들이 그렇게 만들었더라"라고 하면 출애굽기는 지금보다 현저하게 짧아질 수 있다. 하지만 이렇게 장황하게 반복하는 이유가 성막 건축의 결론부에 반복적으로 나타나고 있다.

출애굽기 39장에서 40장은 열여덟 번에 걸쳐서 성막 건축이 "여호와께서 모세에게 명하신 대로 되었더라."출 39:1, 5, 7, 21, 26, 29, 31, 42, 43; 40:16, 19, 21, 23, 25, 27, 29, 32, 33는 차고 넘치는 표현을 통해 하나님을 향한 온전한 예배는 바로 하나님께서 지시하신 그대로 행하는 것임을 강력하게 인식시키고 있는 것이다. 이 반복이 지루한 듯하지만 예배의 본질을 회복하는데 있어서는 더한 반복도 지나치지 않다. 그러므로 안식일 예배의 올바른 적용은 단지 일을 하지 않는다는 수동적인 의미의 법이 아닌, 하나님의 일을 적극적인 순종으로 행하는 능동적인 참여라 하겠다. 그것도 하나님께서 지시하신 대로 어김없이 실천하는 것이라는 고백이다.

태초의 천지창조 후에 아담과 하와가 진정한 예배에 실패한 것을 보면 출애굽기의 이러한 반복적인 강조를 이해할 만하다. 아담과 하와가 선악의 열매를 먹은 후에 하나님의 심판은 "내가 네게 먹지 말라 명한 그 나무의 과실을 먹었느냐"라는 질문으로 시작한다.창 3:11 강조되는 것은 '선악을 알게 하는 나무'라는 명칭이 아니라 '하나님의 명령'이다.[112] '명령하다'는 히브리어 동사 '짜바'צוה 라는 단어를 사용하는데 이것은 출애굽기의

**Thinking Tip !**

'듣는 것'이 예배의 본질이라면 이러한 섬김의 예배는 우리가 아니라 하나님으로부터 시작된 것이다. 이스라엘이 고된 노동으로 말미암아 부르짖을 때, 하나님이 그 고통 소리를 들으시고 언약을 기억하셨다는 점에서(출 2:23-25), 사랑과 섬김은 진실로 하나님으로부터 시작된 것이다. 이것이 하나님의 백성이 하나님을 예배해야 할 진정한 이유이다.[113]

마지막에 후렴구처럼 나타나는 "여호와께서 모세에게 명하신 대로"의 그 '명하신'צִוָּה 짜바과 동일한 단어이다. 예배는 듣는 것이고 들은 그대로 실행하는 것이다.

이것은 사울 왕의 실패에서도 분명하게 드러난다. 사울 왕은 사무엘의 질책에 "하나님 여호와께 제사하려고 양과 소를 취하였나이다."**삼상 15:21**라고 변명한다. 좋은 제물들로 제사, 즉 하나님께 예배를 드리려 했다는 것이다. 그러나 사무엘의 대답은 예배의 본질을 그대로 드러낸다: "여호와께서 번제와 다른 제사를 그 목소리를 청종하는 것을 좋아하심 같이 좋아하시겠나이까 순종이 제사보다 낫고 듣는 것이 수양의 기름보다 나으니."**삼상 15:22** 그렇다. 예배의 진정한 본질은 하나님의 음성을 듣고 그대로 실행하는 것이다. 이것이 또한 창조의 완성이다.[114]

성막 건축의 완성**출 39:32-40:33**이 천지창조에서 안식일 준수**창 2:1-2:3**에 사용된 동일한 표현들로 마무리 된다는 점에서 성막이 창조의 완성을 목표로 한다는 것을 확인해 볼 수 있다.[115]

| | |
|---|---|
| **마치다**<br>(כָּלָה 칼라) | 출 39:32 이스라엘 자손이 성막 곧 회막의 모든 역사를 마치되<br>창 2:1 천지와 만물이 다 이루어 지니라(마치니라) |
| **일을 마치다**<br>(כָּלָה … מְלָאכָה<br>칼라…밀라카) | 출 40:33 모세가 이같이 역사를 마치니<br>창 2:2 하나님이 그가 하시던 일을 일곱째 날에 마치시니 |
| **축복하다**<br>(בָּרַךְ 바라크) | 출 39:43 모세가 그 마친 모든 것을 본즉 여호와께서 명령하신 대로 되었으므로 모세가 그들에게 축복하였더라<br>창 2:3 하나님이 그 일곱째 날을 복되게하사 |
| **거룩하게 하다**<br>(קָדַשׁ 콰다쉬) | 출 40:9 (모세)또 관유를 가져다가 성막과 그 안에 있는 모든 것에 발라 그것과 그 모든 기구를 거룩하게 하라 그것이 거룩하리라<br>창 2:3 하나님이 그 일곱째 날을 복되게 하사 거룩하게 하셨으니 |

안식일이 창조의 마침이 되고, 축복이 넘치는 날이요, 또한 거룩한 날이듯이, 이 모든 뜻을 내포하고 있는 성막이 완성된 것은 이제 거룩한 창조의 완성으로 볼 수 있다. 왜냐하면 이제 이 성막을 중심으로 하나님의 창조와 구원을 체험한 공동체가 안식일을 거룩하게 지킬 수 있는 삶을 열어갈 수 있기 때문이다.[116)]

**Thinking Tip !**

시편 95편은 출애굽기 15장의 홍해 도하 사건을 소재로 하여 95편 7절에 이러한 기적을 통해 하나님의 백성이 된 이스라엘을 강조하고 있다. 그리고 본론에서 "너희가 오늘날 그 음성 듣기를 원하노라"(시 95:7)라는 권면으로 하나님의 말씀에 순종하는 삶을 살 것을 강조하고 있다. 또한 거역하는 자들은 여호와의 "안식에 들어오지 못하리라"(시 95:11)는 선언으로 시를 마감한다. 즉, 구원체험은 순종이라는 예배로 향해야 하는 것을 강조하고 있는 것이다.

이제 중요한 것은 하나님께서 이루어 놓으신 창조의 완성이 사람의 손에 놓였다는 사실이다. 위의 표에서 살펴볼 수 있듯이 하나님께서 하시던 모든 창조의 대 과업이 모세라는 리더의 손에 놓여 있다. 리더가 그 결과를 확인하고, 축복하고, 거룩하게 한다. 그리고 그것이 잘 마쳐졌음을 선언한다.

이 모든 사실을 살펴볼 때 출애굽기는 단지 고통과 압박으로부터 한 민족을 해방시키는 것에 그 초점을 맞추고 있지만은 않다는 것이다. 오히려 신화적인 창조의 세계**창 1-2장**로부터 하나님의 창조 작업이 역사적인 현실**출애굽기** 속에서, 그리고 실제적인 인간의 삶 속에서 그대로 성취되고 있으며 또 그 완성을 향하여 달려가고 있다는 것을 드러내고 있다. 그리고 그 완성은 이스라엘로 대표되는 창조된 피조물인 인간이 적극적으로 하나님의 창조 작업에 동참하는 것임을 보여주고자 하는 뚜렷한 목표를 담고 있다. 하나님의 창조사역에 동참하는 것은 바로 예배의 핵심인 안식일을 거룩하게 지키는 것이며, 안식일을 거룩히 지키는 것은 바로 적극적인 순종임을 명시하는 것이기도 하다.[117)] 이것은 성막 건축의 실행에서 잘 보인다.

## 전인적인 예배

예언자들이 항상 하나님의 법인 율법과 창조를 같은 선상에 놓고 역사를 해석한 것은 결코 우연이 아니다. 즉, 하나님의 법을 어기는 것은 하나님의 창조질서를 파괴하는 것이라는 신념이다. 많은 예언자들이 이스라엘이 율법을 어기고 불순종의 길을 걸어갈 때 하나님의 창조의 질서가 무너져 내리는 탄식을 내뱉으며 심지어 성전예배의 무가치함까지 선언한 것을 통해 그 사실을 밝혀 볼 수 있다. **사 1:2-20; 렘 4:22-28; 7:1-15; 호 4:1-3; 습 1:2-3; 말 1-2장.118)** 율법을 지키는 것과 예배는 떨어질 수 없는 것이다. 그러므로 시내산과 성막의 연합은 예배의 본질을 밝혀주고 있는 것이다. 이것은 시내산에 임재하셔서 이스라엘에게 율법을 수여하신 여호와께서 이제 이스라엘의 삶의 중심인 성막으로 자신의 거처를 옮기셨다는 것에서 더욱 분명해진다.

이러한 사실을 통해 출애굽기는 단지 해방과 탈출에 관한 역사 이야기가 아니다. 이스라엘 속에 깊이 뿌리박힌 창조 신앙이 적극적인 순종을 통해 예배로 승화되는 것이다. 그리고 이 예배는 단순한 찬양이 울려 퍼지는 것이 아니라 하나님의 사명에 동참하는 것을 선언하는 신앙고백이라고 할 수 있다. 하나님 앞에 부름 받은 리더가 이러한 예배의 본질을 파악하고 있지 못하다면 예배는 늘 성전 안에서만 이루어지는 것으로 착각할 수 있고, 그렇게 사람들을 인도할 것이다. 그러나 하늘 높이 올려지는 찬양은 성전 안에서도, 그리고 삶의 터전 속에서도 동일하게 창조의 질서로 나타나야만 한다. 그것이 거짓 예배의 위험으로부터 공동체를 지킬 수 있는 길을 열어줄 것이기 때문이다.

## 제 5 장

# 참 예배와 거짓 예배를 분별하는 리더

백성이 모세가 산에서 내려옴이 더딤을 보고 모여 백성이 아론에게 이르러 가로되 일어나라 우리를 위하여 우리를 인도할 신을 우리를 위하여 만들라 이 모세 곧 우리를 애굽 땅에서 인도하여 낸 사람은 어찌 되었는지 알지 못함이니라 아론이 그들에게 이르되 너희 아내와 자녀의 귀의 금 고리를 빼어 내게로 가져 오라 모든 백성이 그 귀에서 금 고리를 빼어 아론에게로 가져가매 아론이 그들의 손에서 그 고리를 받아 부어서 각도로 새겨 송아지 형상을 만드니 그들이 말하되 이스라엘아 이는 너희를 애굽 땅에서 인도하여 낸 너희의 신이로다 하는지라(출 32:1-4).

모세를 통해 주어진 하나님의 가장 거룩한 소명이 무엇인지는 이제 너무도 분명해졌다. 바로 예배하는 공동체이다. 이것이 바로 하나님 앞에 서 있는 리더가 최고의 이상으로 삼아야 할 목표임에 틀림없다. 그러나 세상적인 리더십 이론에서는 그리스도인 리더십을 결정짓는 가장 중요한 요소인 '예배'라는 항목을 결코 찾아볼 수 없다. 그 비근한 예가 다중지능이론으로 유명한 하버드의 교육심리학자인 하워드 가드너--Howard Gardner가 제시하는 리더십을 결정짓는 중요 항목들을 들 수 있다.[119] 그는 리더십을 결정하는 여섯 가지 불변의 상수로 '이야기, 청중, 조직, 실천, 직접적-간접적 리더십 그리고 전문지식'을 제시한다. 각 항목을 간략하게 풀이하자면 먼저 리더는 대중 앞에서 정체성을 창조할 수 있는 '이야기'를 펼쳐놓을 수 있는 이야기의 전달자가 되어야 한다. 그리고 그 이야기를 통해 이질적이고 다양한 사람들로 구성된 청중을 같은 목적을 이루어갈 수 있는 공동체로 조직화하고, 그 이야기를 실천하고 실현하는 길로 나아갈 수 있게 해야 한다. 이런 과정 가운데 개개의 리더는 그 특성에 따라 눈에 띄지 않는 간접적인 방법으로 혹은 대중 앞에서 직접적인 방법으로 자신의 영향력을 행사하게 된다는 것이다. 이를 위해 어떤 리더든지 자신의 분야에 대한 전문적인 지식이 반드시 필요하다고 본다.[120] 이 불변하다고 하는 여섯 가지의 리더십 상수에는 인간 이외에는 발견할 수 있는 것이 없다. 사람이 만들어낸 이야기부터 시작하여 그 사람의 전문지식으로 끝난다는 것은 그 결과를 쉽게 예측해 볼 수 있기 때문이다. 예배가 상실된 리더십은 그 갈 길이 이미 정해져 있는 것이나 다름없다. 자신의 위대함을 숭배하든지, 그 어떤 업적을 찬양하는 거짓 예배의 길로 나아가기 십상이기 때문이다.

가드너는 그의 이론을 증명하기 위해 20세기와 21세기에 걸쳐 살았던 세계적으로 주목할 만한 리더들을 선택해서 자신의 리더십 상수를 적용하고 있다. 우리는 그 중에 그리스도인 리더인 마틴 루터 킹 목사를 발견할 수 있다.[121] 킹 목사는 자신의 전문지식을 강화하며 '비폭력 저항의 원칙'과 '사랑과 용서'라는 이야기를 통해 청중을 움직여, 조직화하고, 적극적인 리더십을 발휘하여 그 비폭력을 실천하며 리더십을 수행했다는 것이다. 킹 목사는 이것을 통해 폭력을 저지르는 사람들의 우정을 얻기 원했고, 그 목적은 화해이며 궁극적으로는 구원을 얻는 것이라고 수차례에 걸쳐서 설교와 연설을 통하여 피력한 바 있다.[122] 그러나 킹 목사의 리더십에서 가드너가 간과한 것이 한 가지 있다. 그것은 바로 공동의 예배로 최종적인 결론에 이르려는 그의 꿈이었다. 이것은 킹 목사의 가장 유명한 연설 중의 하나인

"나에게는 꿈이 있습니다"I Have a Dream의 마지막 결론 부분에서 명확하게 드러난다.

> 우리가 모든 주요 도시에서, 모든 마을과 촌락에서 자유의 종소리가 울려 퍼지는 것을 허락하고 자유의 종소리를 울려 퍼지게 할 때, 우리는 모든 하나님의 자녀들 즉, 흑인과 백인, 유태인과 독일인, 가톨릭인과 개신교인들이 함께 손잡고 "마침내 자유, 마침내 자유, 전능하신 하나님께 감사하세, 우리는 마침내 자유하리"라는 오랜 흑인 영가를 노래할 그 날을 위해 달음박질할 수 있을 것입니다.[123)]

하지만 전 인류가 화합하여 "하나님께 감사하세"라는 찬양으로 예배하자던 미래에 대한 꿈은 그의 죽음과 더불어 상실되었다. 흑인들은 인권적인 부분에서는 많은 것을 획득하였지만 한 목소리로 찬양하는 공동체로의 발돋움은 하지 못하였다. 이는 해방이라는 동일한 사명으로 삶을 불태웠던 모세가 해방과 더불어 '유월절'이라는 하나님의 구원역사를 기념하는 예배의식을 이루었다면, 킹 목사가 죽은 후 그의 생일이 기념일로 지정되는 일이 벌어졌다는 극명한 대조를 통해 분명해진다. 1월 15일이 킹 목사의 생일인 것을 기념하여 항상 1월 셋째 주 월요일을 그의 탄생 기념일로 지정, 황금 같은 연휴로 지키고 있는 것이다. 불완전한 인간을 기념한다는 것은 결코 어떤 문제에도 해답을 제시할 수 없다.[124)]

리더로서의 모세의 위대함이 여기에 있다. 그는 결코 자신을 추앙하는 그 어떤 기념일이나, 기념비를 세우지 않았다는 사실이다. 이것은 그가 죽은 이후에도 마찬가지였다. 출애굽은 단순히 바로라는 정치적이고 경제적인 억압에서의 해방만을 의미하지 않는다. 그것은 여호와 하나님을 예배하는 공동체로의 전환이다. 전에는 바로가 주인이었다면 출애굽 후에는 여호와 하나님이 주인이 되는 '신-정치적'theo-political 대변동의 사건이다.[125] 그렇듯 우리 그리스도인 리더들에게 분명히 각인되어야 할 것은 우리의 최종 목적지는 예배하는 공동체이며, 예배의 대상을 분명히 하는 것이다.

에이든 토저A. W. Tozer가 제시하는 현대 교회 예배의 문제점들은 우리가 지금 심각하게 생각해 보아야 할 것들을 날카롭게 지적하고 있다. 그 몇 가지를 요약해 보면 다음과 같다.

첫째, 예배의 초점이 하나님이 아닌 인간에게 가 있다는 것이다. 예배의 대상이 하나님이 아니라, 예배드리는 사람을 의식하여 예배가 진행되며 사람들은 헌금으로 눈을 만족시키고, 종교심을 충족시키는 쇼 티켓을 구매하여 예배를 관람한다는 것이다.

둘째, 예배를 인도하는 사람들이 예배의 주체가 되어서 관람객이 된 교인들을 만족시킨다는 것이다. 예배가 이렇듯이 화려한 장비를 동원한 공연이 되면 당연히 관람객들은 예배 인도자들이 예배의 주체인 듯한 착각을 하고 자신들은 잘 관람하는 것에 만족할 수 있고, 심지어는 자신들이 예배를 받는 듯한 착각에 빠지게 된다는 것이다. 이것은 예배 후에 교인들이 "오늘은 은혜가 넘쳤다. 혹은 은혜와 기쁨이 없었다"라고 평가하는 것에서도 잘 살펴볼 수 있다.

셋째, 예배에 대한 올바른 교육에 대한 투자가 아니라 최대의 연출효과를 노리는 극장식의 기구들과 세트들에 대한 투자가 늘어가며 교회인지, 극장인지를 구분할 수 없게 만든다는 것이다. 하나님께서 이러한 장비와

장치를 원하시는가를 생각해볼 필요가 있다. "하나님께서 구하시는 제사는 상한 심령"시 51:17이며, "감사로 제사 드리는 자가 하나님을 영화롭게 한다"시 50:23는 것을 깊이 숙고할 필요가 있겠다.

마지막으로 최대의 극적 효과를 노리는 의식이 예배의 의미를 변질시킨다는 것이다. 교인들이 기도하는 중에 다음 프로그램을 맡은 사람들이 무대에 올라가고, 기도가 마쳐지면 조명이 공연가들에게 갑자기 비춰지며 극적 효과를 만들어 낸다. 그러나 정작 그 순서를 맡은 사람들은 예배 전체에 집중하지 못하는 불합리함이 있다고 본다. 이것은 정해진 시간 내에 예배를 끝내려는 배려누구를 위한?로 볼 수 있다. 이와 같이 예배가 관람객의 눈을 만족시키는 것, 즉 사람을 만족시키면서 그럴듯한 예배를 드리고 있는 듯한 착각에 빠지게 하는 엔터테인먼트 예배를 하고 있다는 지적이다.[126)]

토저의 지적을 무작정 다 받아들일 수는 없다. 하지만 온전한 예배가 무엇인가를 이미 살펴본 지금 우리의 예배가 많이 어긋나 있음을 파악하는 것은 그리 어렵지 않다. 거짓 예배의 위험은 우리 삶의 곳곳에 도사리고 있으며, 신자이든 아니든 상관없이 그 늪에 빠질 수 있다. 이러한 잘못된 예배의 길은 결코 짧은 역사를 가지고 있는 것이 아니다. 에덴동산에서 그랬고, 이제 하나님의 백성 이스라엘도 동일한 오류를 범하고 있는 것을 보면 창조 이래로 결코 사라져 본 적이 없는 것이 바로 이 거짓 예배의 역사가 아닌가 본다.

시내산자락에서 이스라엘이 만든 금송아지는 어떤 의미를 가지는가? 그것은 또 다시 창세기의 사건으로 돌아갈 때 더욱 명확하게 파악할 수 있다. 하나님의 창조와 생명 구속이라는 대과업창 1:1-2:4; 출 1:1-19이 이루어진 후에 하나님께서는 삶을 충만하게 누릴 수 있는 지켜야 할 조건, 즉 법을 부여해 주신다. 창 2:16-17; 출 20:1-23:19 그 결론은 부끄러움아담과 하와 그리고 하나님과 거닐기과 두려움하나님과 이스라엘의 대표들을 벗어난 친밀한 교제였다. 창 2:25; 3:8-9; 출 24:9-11 그러나 그 다음에 즉시 나타나는 것은 하나님의 명령을 어기는 낯선 예배이다. 창세기-뱀의 말을 따름; 출애굽기-금송아지 숭배 그 결과 창조와 구원으로 맺어진 언약은 파기되고, 신앙의 순수를 잃었고, 이제 공동체는 하나님의 회복하시는 긍휼에 의지하여 그 생존을 바랄 수밖에 없게 되었다.

아담과 하와의 실패와 이스라엘의 실패는 두 가지 교훈을 제시해 주고 있다. 첫째, 창세기의 이야기는 결코 태초에 벌어진 일회성 사건이 아니라는 것이다. 이것은 어느 때나 개인이든 공동체든 가리지 않고 발생할 수 있다는 것을 보이고 있다. 둘째, 이러한 타락에 대한 경고는 누구도 자신의 타락에 핑계를 댈 수 없다는 사실이다. 설사 강력한 유혹이 있다 해도 결국 그것을 취하는 것은 자신이기에 "악마의 꾐에 넘어갔다"라고 떠넘길 수 없다는 것이다. 이미 이러한 반복적인 역사를 통해 수많은 경고가 주어졌기 때문에 우리에게 극복의 책임이 주어져 있는 것이다.[127] 이제 금송아지를 만들고 숭배하는 것이 어떤 문제를 가질 수 있는지 살펴볼 필요가 있다.

# 1. 거짓 예배의 위험

## 금송아지 대 모세

먼저 금송아지의 정체를 파악하는 것으로 시작하는 것이 바람직한 순서겠다. 지금까지 금송아지의 정체에 대한 수많은 논쟁이 있어왔으나 그 주장들은 세 가지 정도로 축약될 수 있다.[128] 첫 번째는 가장 일반적으로 주장되는 것으로 이스라엘적인 요소가 아닌 이방적인 신격체에 대한 숭배를 나타낸다는 것이다. 그 대표적인 것으로 애굽의 달 신인 '신' Sin을 나타내거나 혹은 가나안의 바알을 의미한다고 본다.

두 번째는 이스라엘 내부에서 태동된 우상숭배의 일종인 것으로 보는 견해이다. 이미 오래전에 이븐 에즈라를 시작으로 많은 학자들이 금송아지가 신격체를 나타내는 것이 아니라 신적인 영광이 거주하는 하나님의 보좌라고 주장했다.[129] 조금 더 나아간 의견은 금송아지에 붙여진 '우리를 인도할'출 32:1이라는 표현은 늘 '하나님의 사자'나 '구름기둥'의 기능출 14:19; 23:23; 32:34을 표현하는데 사용되므로 하나님의 임재를 상징하는 기능을 한다고 본다.[130] 물론 넓은 의미에서 이 두 번째 주장도 우상 숭배의 요소를 담고 있기에 그 기원이 내부적이라는 것만 제외하면 첫 번째의 주장과 유사하다는 것을 알 수 있다.[131]

마지막으로 금송아지 상을 모세의 대체물로 보는 견해이다.[132] 금송아지를 만든 것에 대응하여 모세가 두 번째 돌 판을 가지고 내려올 때에는 "이스라엘 자손이 모세를 볼 때에 모세의 얼굴 피부에 광채가 남קָרַן콰란을 보고 그에게 가까이 하기를

### Thinking Tip !

만나가 신비한 기적이 아닌 실제의 자연현상을 반영한다는 견해: 시내 반도의 사막지대에는 위성류 나무(渭城柳, tamarisk mannifera, 높이 5미터 내외의 낙엽성 작은 나무로 가지가 많고 밑으로 늘어져 있다)가 많이 자생한다.

이 나무에 기생하는 깍지벌레(색깔이 등황색인 열대성 곤충으로 모든 식물에 기생하며, 길이는 1밀리미터 정도이다)가 두 종류 있는데, 만나는 이 곤충의 분비물이라는 것이다. 6월이 되면 깍지벌레는 탄수화물이 많이 함유되어 있는 위성류 나무의 수액을 빨아, 일부는 애벌레에게 주고 나머지는 가지 위에 방울 모양으로 뱉아 놓는다. 이 분비물은 건조한 기후 탓에 물기가 빠져 금방 결정체가 되어 땅에 떨어지는데, 매우 달고 쫄깃쫄깃하여 먹을 수 있다.

만나는 온도에 민감해서 섭씨 21도 이상이 되면 녹아버리게 되고, 또한 단 것을 좋아하는 개미의 식량자원이 되기에 아침 일찍 주워 모아야 한다. 이렇게 거둘 수 있는 만나는 늘 있는 것이 아니라, 6월초부터 대략 6주 정도만 발견되며, 우기의 강수량에 따라 그 증감이 심하다. 시내 반도 전체에서 일년 동안 모을 수 있는 만나의 총량은 225-270kg 정도라고 한다.[144] 이러한 자연현상과 연계된 과학적인 설명은 안식일을 제외한 6일 동안 내리고, 40년 동안 먹을 수 있었던 만나의 신비를 설명하기에는 궁색하기 그지없다.

두려워하더니"출 34:29, 30, 35라고 기록하고 있다. 여기서 사용된 '광채가 나다'를 뜻하는 동사 '콰란'קָרַן은 '뿔'을 뜻하는 단어 '퀘렌'קֶרֶן과 같은 어근을 가진다. 이것은 달리 "모세의 피부에 뿔이 났다"라고도 번역할 수 있다. 왜냐하면 이 동사는 구약성경 전체에서 시 69편 31절을 통해 다시 한 번 더 사용되는데 '뿔이 난 황소'를 의미하는데 사용된다. 그렇다면 구약성경에서 모세에 대한 이야기를 제외하고는 단 한 번도 '광채가 난다'는 의미로 사용된 예가 없는 것이다. 모세의 얼굴에서 뿔이 돋아났다는 표현 속에는 어쩌면 이스라엘 백성이 금송아지를 만들어 모세를 대신하는 리더와 중재자로 세우려 했다는 것에 대해 일침을 가하는 것일 수 있다.

토마스 만의 결론은 이것을 정리하는데 도움을 줄 수 있다.

> 이전에 모세가 오래도록 내려오지 않게 되자 백성들은 그가 신적인 모습과 비교될 수 있는 사람임에도 불구하고 그를 대체시킬 존재를 찾고 있었다: "일어나라 우리를 인도할 신을 우리를 위하여 만들라 이 모세 곧 우리를 애굽 땅에서 인도하여 낸 사람은 어찌 되었는지 알지 못함이니라"(32:1). 모세가 시내산에서 내려왔을 때, 그는 거의 신적으로 숭배 받을 정도로 변해 있었다. 물론 모세의 상승은 하나님과의 대화의 결과이며(34:29), 이제 그는 하나님께 받은 명령을 직접 전하는 중재자가 된다.[133]

## 왜 하필 금송아지인가?

이러한 금송아지의 정체에 대한 다양한 의견들을 독립적으로 다룸으로 얻을 수 있는 것은 없다. 이제 필요한 것이 있다면 종합할 수 있는 길을 모색하는 길이다. 어쩌면 금송아지의 정체에 대한 문제보다도 더 중요한 것이 있는데 그것은 '왜?'라는 질문이다. 왜 이스라엘 백성은 금송아지를 제조할 수밖에 없었을까? 고대 근동에서 송아지나 황소에 대한 상징성을 살펴보면 그것을 쉽게 풀어갈 수 있을 것이다. 고대 근동 지역에서 황소는 두 가지의 의미를 갖는데 다산의 상징이면서, 또한 힘, 강함과 전투적 능력을 상징한다.[134] 메소포타미아의 닌릴Ninlil은 그녀의 적들을 자신의 강한 뿔로 쳐부수었다고 한다. 가나안 만신전의 최고신인 '황소 엘' Bull El은 죽음의 신인 모트Mot의 보좌를 위협한다. 애굽에서도 황소 상징은 다산과 더불어 강함 또한 나타낸다. 늙은 신 '몬투'Montu는 '전쟁의 주'와 '능력의 팔의 황소'로 불린다. 그리고 바로 또한 '승리의 황소' 혹은 '능력의 황소'로 불린다.[135]

이와 같이 황소 상징은 고대 근동에서 다산과 강함을 나타내는 양면성을 가지고 있다. 그렇다면 출애굽기에서 이스라엘이 금송아지를 만들었을 때 이들은 어떤 의미를 취하고 있는 것인가? 그 결론은 이제 성경 본문으로 돌아가 분석해 볼 때 더욱 정확하게 알 수 있을 것이다. 먼저 이스라엘 백성이 금송아지를 만든 이유를 살펴보아야 한다. 이들은 아론에게 "일어나라 우리를 위하여 우리를 인도할 신을 만들라"라고 한다.출 32:1 그리고 연이어 "우리를 애굽 땅에서 인도하여 낸 사람은 어찌 되었는지 알지 못함이니라"고 이유를 말한다. 이들에게 시급한 것은 길을 '인도할' 존재이다. 이 역할을 모세가 한 듯하지만 그러나 여호와께서 하신 일이다: "여호와께서 그들 앞서 가시며 낮에는 구름 기둥으로 그들의 길을 인도하시고 밤에는 불 기둥으로 그들에게 비추사 낮이나 밤이나 진행하게 하셨다."출 13:21 심지어 출애굽기 14장 19절에는 "이스라엘 진 앞에 가던 하나님의 사자가 그들의 뒤로 옮겨 가매 구름 기둥도 앞에서 그 뒤로 옮겨서"출 14:19 애굽의 추격을 방해하며 이스라엘을 보호하시는 장면을 보이고 있다. 이미 '인도 한다'라는 주제만으로도 이스라엘은 '다산의 신'을 만든 것이 아니라 자신들을 지켜주고 이끌어줄 '전쟁의 신'을 기대하고 있음을 살펴볼 수 있다. 이것은 홍해를 건넌 다음에 모세와 이스라엘 그리고 미리암과 여인들이 합세해서 부르는 승전가에 나타나는 여호와의 칭호에도 그대로 드러난다: "여호와는 용사시니 여호와는 그의 이름이시로다."출 15:3 이들은 용사이신 여호와를 기념하며 기쁨의 축제를 벌이고 해방의 춤을 춘다.출 15:20

그 후에 여호와께서는 율법을 부여하시며 그 율법의 결론으로 한 가지의 약속과 한 가지의 금기사항을 말씀하신다. 약속은 인도하심과 관련된다: "내가 내 사자를 네 앞서 보내어 길에서 너를 보호하여 너를 내가 예비한 곳에 이르게 하리니 너희는 삼가 그의 목소리를 청종하고 그를 노엽게 하지 말라 … 내 사자가 네 앞서 가서 너를 아모리 사람과 헷 사람과 브리스 사람과 가나안 사람과 히위 사람과 여부스 사람에게로 인도하고 나는 그들을 끊으리니."출 23:20-23 그리고 금기사항은 우상숭배이다: "너는 그들의 신을 경배하지 말며 섬기지 말며 그들의 행위를 본받지 말고 그것들을 다 깨뜨리며 그들의 주상을 부수고 네 하나님 여호와만 섬기라 그리하면 여호와가 너희의 양식과 물에 복을 내리고 … 네가 이를 곳의 모든 백성을 물리치고 네 모든 원수들이 네게 등을 돌려 도망하게 할 것이며."출 23:24-27 인도하심은 여호와의 계속적인 강조 사항이긴 하지만 우상숭배는 모든 약속을 무효로 만들 수 있음을 경고하고 있다. 다른 신들이 숭배되는 이유가 바로 보호와 승리를 보장받기 위한 것이란 점에서 여호와 신앙과 공존할 수 없기 때문이다.[136] 이스라엘은 이러한 하나님의 말씀을 그대로 준행하겠다고 서약한다.출 24:3 그리고 "이른 아침에 일어나 산 아래 제단을 쌓고"24:4 "여호와께 소로 번제와 화목제를 드리고"24:5, 칠십 인의 장로들이 대표가 되어 하나님 앞에 나아가 하나님을 뵙고 "먹고 마셨다"출 24:11라고 전한다.

## 금송아지 대 여호와

이스라엘 백성을 구원해 주신 여호와 하나님 앞에서 행했던 이 모든 의식들이 어이없게도 그들이 만든 신인 금송아지 앞에서 다 행해진다. 그들은 먼저 자신들이 만든 신에게 "이스라엘아 이는 너희를 애굽 땅에서 인도하여 낸 너희의 신이로다"출 32:4라는 '인도자'의 칭호를 부여한다. 그리고 그 신 앞에 제단을 쌓고32:5, 이튿날에 일찍이 일어나 번제와 화목제를 드리고, 백성들이 앉아서 먹고 마시고 일어나서 뛰놀았다.32:6

그렇다면 이스라엘이 제조한 신은 모세라는 차원을 넘어서서 모세가 나타내기를 그렇게 원했던 여호와를 대체하는 심각한 배교임을 알 수 있다. 모벌리는 이것을 "자신의 백성을 향한 하나님의 진심어린 의도에 대한 혐오스런 풍자" a gross parody of Yahweh's true intentions for his people라고 정의한다.[137)]

이스라엘 백성들은 미래에 대한 조급함으로 하나님의 선하신 섭리에 대한 순종과 신뢰를, 자신들이 쉽게 잡을 수 있고 언제나 볼 수 있는 안전장치와 바꾼 것이다.[138)] 이러한 불확실한 미래에 대한 불안감과 조급함은 비단 시내산에서의 이스라엘에게만 해당 되는 것은 아니다. 이스라엘의 초대 왕이었던 사울 또한 전쟁을 코앞에 둔 상황에서 하나님의 음성에 순종하는 것에 실패하고 만다. 사울의 두 번의 불순종은 결국 하나님의 강력한 질책과 더불어 심판에 이르게 한다. 그 이유는 "거역하는 것은 점치는 죄와 같고 완고한 것은 사신 우상에게 절하는 죄와 같기" 때문이다.삼상 15:23a 하나님을 향한 불순종 자체가 이미 이방인들의 우상숭배와 같다는 것이다. 이를 통해 추론해 볼 때 금송아지 숭배는 모든 우상숭배에 대한 전형적인 표현이요, 대표적인 이야기라고 결론 내릴 수 있다.

그렇다면 이제 다음과 같은 질문에 답할 수 있다. 거짓 예배는 무엇인가? 그것은 인간이 만들어 내는 것이다. 하나님께서 세우신 리더를 대체하고 심지어는 하나님까지도 대체할 수 있는 심각한 대체물이다. 그러나 하나님을 예배하는 장소인 성막 건축은 어느 한 부분도 인간의 생각이 침투할 수 있는 부분이 없다. 그리고 그 성막에서 드려지는 제의조차도 인간의 입김은 생각조차 할 수 없는 것은 마찬가지이다. 이것은 레위기에 나타난 제의에 대한 세세한 규정이 오로지 여호와 하나님으로부터 모세를 통해 주어지고 있다는 것만 보아도 쉽게 알 수 있다. 100퍼센트 하나님의 명령과 계획에 의해 이루어지는 것이 온전한 예배이다. 그에 반해 금송아지는 인간의 요구에 의해서 만들어진다. 그렇다면 우상은 결국 인간의 제조품이 되고 그것을 만든 사람의 생각에 따라 좌우되는 것이다.

특이하게도 이 금송아지 사건은 지금 현재의 그 자리에 의도적으로 삽입된 것 같은 느낌이 들게 한다. 성막 건축을 지시하는 하나님의 말씀**출 25-31장**과 모세와 이스라엘이 그 명령을 그대로 실행하는 내용이 담긴 부분**출 35-40장** 사이에 교묘하게 위치하고 있기 때문이다.

| 출 25-31장 | 출 32-34장 | 출 35-40장 |
|---|---|---|
| 성막건축 지시 | 금송아지 | 성막건축 실행 |
| 100퍼센트 하나님의 명령 | 거짓 예배 | 하나님의 명령대로 100퍼센트 이스라엘의 실행 |
| 예배의 시작 | 단절 | 예배의 완성 |

금송아지 숭배 사건을 다루는 출애굽기 32-34장까지를 그대로 뽑아내 버려도 결코 문맥의 흐름에 지장을 주지 않는다. 오히려 이것이 그 사이에 위치함으로 신앙적인 매끄러운 흐름을 방해하고 있는 것이다. 그렇다면 결국 금송아지 사건은 이것을 보여주기 위한 목적이 아닐까? 매끄러운 신앙의 흐름에 단절을 만드는 요소가 있다는 것을 강조하려는 것이 그 목적일 수 있다. 이렇게 예배를 단절하는 요소는 반드시 제거되어야만 한다는 것이다. 아무리 그 우상이 바다에서의 승리, 그리고 법을 부여 받은 것에 대한 모든 것을 포괄하는 축제를 그대로 모방하고 있다 할지라도 그 안에는 하나님께서 하신 일을 일으킬 생명이 없고, 하나님 나라를 이룰 말씀이 없기 때문이다.[139] 그렇다면 이제 이러한 인간이 제조한 우상을 숭배하는 것은 어떤 결과를 가져오는지를 살펴볼 필요가 있겠다.

## 2. 우상숭배 무엇이 문제인가?

### 우상 대 하나님의 형상

아무것도 할 수 없는 우상이 무엇 때문에 그렇게도 문제인가? 살아있지도 않은 것이 무슨 해를 끼친다고 그렇게도 야단법석인가? 하나님께서 주시는 법에도 첫 번째로 등장하는 것이 바로 이 우상숭배에 대한 금지사항이다. 법의 대표격인 십계명의 제1번과 2번이 우상숭배 금지를 선언하고 있다. 이것은 결코 단순한 질투심 때문은 아닐 것임을 짐작해 볼 수 있다. 물론 신명기 4장 24절에서 하나님께서 자신을 '질투하시는 하나님'으로 소개하고 있지만, 우리가 생각하는 그런 질투와는 분명 거리가 먼 종류의 것이리라 확신한다. 왜냐하면 동일한 단어가 이사야서에는 '여호와의 열심'

으로 나타나기 때문이다.사 9:7; 37:32 '질투'와 '열심'은 같은 히브리어 단어라는 점에서 '질투하시는 하나님'은 이스라엘을 향하신 하나님의 열정을 극대화한 표현이라 할 수 있다. 그렇다면 질투는 자신의 백성을 향하신 하나님의 열심을 따라갈 존재가 이 세상에 결코 존재하지 않는다는 배타성의 강조인 것이다. 이제 이렇게 자신의 백성을 향하여 질투하실 정도로 열심이신 하나님께서 우상을 그리도 금기시 하시는 이유를 분석해 보기로 하자.

이스라엘은 하나님의 구원을 체험한 민족이다. 그리고 이들은 하나님의 뜻이 담긴 법을 준수하며 살아야 하는 백성이다. 이 법 속에는 이들이 세상 속에서 하나님의 백성으로서의 정체성을 지키며 살아갈 수 있는 길이 들어 있다. 그럼 이스라엘에게 삶을 살아갈 길인 법이 주어졌다면 하나님께서는 무엇을 하시겠다는 것인가? 여기에 법의 중요성이 있다. 하나님의 현존을 매일 대면하지 않고도 이들은 자신이 하나님의 백성임을 자각하며 하나님 앞에서 살아갈 수 있는 말씀이 존재하고 있는 것이다.

창세기에서 하나님께서 뜻하신 바는 하나님이 인간 삶의 뒤로 물러나시고 인간들이 하나님의 대리 통치자가 되어서 이 세상을 질서 있게 이끄는 것이다. 이 사실은 인간을 창조하시고 "생육하고 번성하여 땅에 충만하라 땅을 정복하라 바다의 물고기와 하늘의 새와 땅에 움직이는 모든 생물을 다스리라"창 1:28고 그들에게 축복하시며 명령하신 것에 이미 잘 드러나 있다. 하나님께서는 창세기에서 창조로부터 요셉이라는 인물까지 자신의 출현을 점점 자제하신다. 창조 때에 하나님께서는 모든 것을 다 도맡아 하신다. 세상에 질서를 만드는 모든 일들이 하나님의 손안에서 이루어진다. 그리고 에덴동산을 만드시는 것도, 아담과 하와, 가인이라는 죄를 지은 사람들에 대한 심판과 저주도 모두 하나님의 직접 계시로 행하신다. 노아에게도 직접 나타나셔서 방주 설계를 일일이 지시하시고, 노아의 실패 또한 심판하시고 징계하신다. 아브라함부터는 서서히 하나님께서 그 출현의 방식을 다양하게 하신다. 아브라함에게 직접 일곱 번 나타나시고창 12:1, 7; 13:14; 17:1; 18:1; 21:12; 22:1, 밤에 환상 가운데 한 번15:1, 그리고 사람의 모습으로 두 번22:11, 15 나타나신다. 이삭에게는 직접 두 번 나타나신다.창 26:2, 24 야곱에게는 직접 나타나신 경우는 단 한 번이고35:9-15, 사람의 모습으로 한 번 32:22-32 나타나신다. 그리고 숨은 섭리의 돌보심이 야곱의 이야기 속에 자주 등장한다. 리브가에게 응답하시고25:23, 레아를 돌아보시며29:31, 라헬을 기억하시고30:22, 라반을 축복하시며30:27 그리고 야곱을 보호하신다.31:5-6 그리고 꿈이 하나님의 뜻을 전달하는 매개체로 꿈이 급격히 부상 된다.20:3; 28:12; 31;11, 24 이제 하나님께서 점점 역사의 무대에서 물러나셔서 섭리 가운데 일하시기 시작하심을 살펴볼 수 있다.[140)]

마지막으로 요셉의 이야기로 들어서면 상황은 완전히 바뀐다. 하나님께서는 단 한 번도 인간 삶의 정황 가운데 나타나셔서 선악 간에 주도적으로 조정하시거나 심판하시는 일이 없다.[141)] 요셉이 두 번의 꿈을 꾸지만 하나님의 나타나심이 아니라 해석해야만 하는 내용이다. 그럼에도 혼돈과 무질서로 만연한 기근의 죽음 속에서 창조의 질서를 유지하는 사람이 서 있다. 단 한 번도 하나님께서 나타나신 바가 없음에도 그는 하나님의 뜻이 무엇인지를 분명하게 깨닫고 있다.

> 하나님이 큰 구원으로 당신들의 생명을 보존하고 당신들의 후손을 세상에 두시려고 나를 당신들보다 먼저 보내셨나니 그런즉 나를 이리로 보낸 이는 당신들이 아니요 하나님이시라 하나님이 나를 바로에게 아버지로 삼으시고 그 온 집의 주로 삼으시며 애굽 온 땅의 통치자로 삼으셨나이다(창45:7-8).

그는 하나님의 신에 감동한 사람이며 하나님을 경외하는 사람이다.창 41:38; 42:18 창세기의 마지막에는 모든 것이 사람의 손에 의해 이루어진다. 하나님께서 창조하신 사람은 물론 짐승까지 포함해서 이 세계를 돌보는 것이 요셉이라는 사람을 통해서 가능해진다. 그렇지만 요셉은 결코 하나님의 권위를 넘어가지 않는다. 비록 자신을 해치려한 형제들이지만 두려워하며 용서를 구하는 그들에게 요셉은 의미심장한 말, "두려워 마소서 내가 하나님을 대신하리이까"창 50:19라고 위로한다. 하나님께서 한 번도 나타나지 않으셔도 그 하나님의 권위 아래서 자신이 맡은 소명을 다 이루어 나가는 사람, 바로 그 사람을 하나님께서는 기다리셨다. 그리고 그 사람을 통해서 이 땅이 아름다운 질서를 찾아가기를 원하셨던 것이다.

야곱은 창세기 49장의 아들들에 대한 축복에서 그들이 저지른 죄에 대해서는 심판의 저주 또한 말하고 있다.[143] 축복과 저주는 창세기의 전반부에서 하나님께서 하셨던 일이다. 이제 사람에게 이러한 책임이 주어져 있는 것이다. 이처럼 하나님께서는 우상이 아닌 하나님의 형상이 바로 서기를 원하셨다.

## 하나님의 형상과 율법

시내산에서 이스라엘이 받은 율법이 바로 이런 목적을 가지고 있다. 하나님께서 인간 역사의 무대 뒤로 자신의 거처를 옮기시고 인간들에게 모든 것이 다 맡겨져도 이 땅에 하나님의 뜻이 펼쳐질 수 있는 길을 열어놓으신 것이다. 시내산에서 모세를 통해서 주어진 법은 십계명을 그 출발점으로 하고출 20:1-17, 그 나머지 대부분이 사람과의 관계를 다루는 법조문들로 가득 차 있다.출 21:1-23:19 이것은 사람을 대하는 방식 속에 그 사람이 하나님을경외하는 신앙을 볼 수 있기 때문일 것이다. 광야에서의 '만나'는 하나님 사랑과 이웃사랑을 시험하는 좋은 도구였다.

하나님께서는 이스라엘이 홍해를 건너자마자 율법준수의 시험에 들어가신다: "그 때에 여호와께서 모세에게 이르시되 보라 내가 너희를 위하여 하늘에서 양식을 비 같이 내리리니 백성이 나가서 일용할 것을 날마다 거둘 것이라 이같이 하여 그들이 내 율법을 준행하나 내가 시험하리라." 출 16:4 이들이 안식일에 거두러 나가는지 아닌지에 따라 하나님의 말씀을 믿고 따르는지에 대한 하나님 사랑의 여부가 드러날 것이며, 그리고 자신의 양에 지나치도록 매일매일 욕심껏 거두는지의 여부에 따라 이웃사랑의 마음이 드러날 것이다. 처음엔 힘들지만 하루도 빠짐이 없는 하나님의 신실하심을 만나의 공급을 통해 배운 사람들은 이 두 가지를 실천할 수 있다.

결국 만나를 통해 이스라엘이 배워야 할 진리는 이것이다: "많이 거둔 자도 남음이 없고 적게 거둔 자도 부족함이 없이 각 사람이 먹을 만큼만 거두었더라."출 16:18 바울 사도는 이 말의 진정한 의미를 우리에게 정확하게 전달해 주고 있다. 바울은 고린도 교인들에게 마게도냐 교회들이 보여준 예수님 사랑과 형제 사랑을 신앙의 본으로 증거하고 있다. 고후 8:1-15 그들은 환난의 많은 시련과 극심한 가난 가운데서도 넘치는 기쁨으로 풍성한 헌금을 통하여 힘에 지나도록 자원하여 성도 섬기는 일에 앞장섰던 것이다. 바울은 말하기를 다른 사람들을 평안하게 하려고 고린도 교회의 성도들을 곤고하게 하려는 것이 아니라 균등하게 하려는 것이라고 한다. 즉, 고린도 교회의 넉넉한 것으로 다른 성도들의 부족한 것을 보충하는 것은 나중에 그들의 넉넉한 것으로 고린도 교회의 부족한 것을 보충하여 균등하게 하려는 목적이 있음을 강조한다. 그리고 바울은 만나에 대한 신비로운 정의를 인용하며 마치고 있다: "기록된 것 같이 많이 거둔 자도 남지 아니하였고 적게 거둔 자도 모자라지 아니하였느니라." 고후 8:15 이것이 만나의 신비이다. 이 속에는 하나님 경외와 이웃 사랑의 정신이 들어가 있는데 바로 이것이 율법의 정신이기도 하다. 그 전에는 하나님께서 만나를 내리시고 양식을 공급해 주셨으나 이제는 그 은혜를 받은 사람들이 서로 나눔으로 채워주는 부족함이 없는 세상을 만들어 가야 하는 책임이 사람들에게 주어진 것이다.[145] 왜냐하면 사람이 살아가는 세상 속에는 각 사람의 능력에 따라 많이 생산하는 사람과 모자라게 거두는 사람이 늘 공존하고 있기 때문이다. 신 15:11

## 율법 대 우상숭배

우상숭배의 문제를 다루는 부분에서 왜 이렇게 장황하게 은혜, 율법, 만나 그리고 하나님께서 원하시는 이상적인 인간상을 제시하고 있는가에 대한 의문을 가져볼 수 있다. 그 이유는 율법은 하나님께서 하셨던 모든 것들을 이제 하나님께서 사람의 손에 맡겨 놓으신 위임을 뜻하기 때문이다. 그런데 하나님께서 부여해 주신 공동체를 지키는 사랑의 율법이 단 한 순간에 무너질 수 있음을 알아야 한다. 시내산에서 율법이 주어질 때 그 서론과 결론을 살피는 것은 이 위험성이 어디로부터 가장 강력하게 파고들 수 있는지를 살펴볼 수 있는 가장 좋은 길을 보여준다. 시내산의 율법 조항은 그 시작을 '우상을 만들지 말 것'출 20:22-26을 강조하는 참 예배의 길과 '이방인의 신들을 숭배하지 말 것'출 23:20-33이며 오직 여호와만 섬기는 바른 예배를 다시 한 번 강조하며 마감하고 있다. 그리고 그 둘 사이에 이웃에 대한 법률 조항들이 그 자리를 차지하고 있다.

이것은 하나님께서 주신 율법이 단 한 가지를 어김으로 완전히 무너질 수 있기에 그러셨을 것이다.[146] 그것이 바로 우상숭배이다. 가나안 족속이 숭배하는 이방신 예배가 이스라엘의 삶을 완전히 뒤바꿀 수 있으며, 하나님의 법을 전적으로 무용지물로 만들 수 있기에 그랬을 것이다. 하나님의 길을 제시하는 리더 모세는 이것을 명확하게 바라볼 수 있었을 것이다. 이미 우상을 숭배하는 애굽의 전제정권이 어떤 결과를 만들어 내는지를 보았기에 그의 눈에 이것은 절대적으로 뿌리째 뽑아버려야 할 죄악으로 비쳤을 것임에 틀림없다.[147]

## 어거스틴, 시오노 나나미, 탈무드

인간이 우상을 만드는 이유는 무엇인가? 우상은 컨트롤이 가능하고, 통제와 이해가 가능하다. 우상은 사람의 필요에 의해서 만든 것이기 때문에 우상은 대개 사람 속에 있는 욕망의 분출이 된다. 그리스-로마 신화를 보면 그 다양한 신들이 모두 인간의 특성을 그대로 다 소유하고 있음을 살펴볼 수 있다. 질투하고, 분노하고, 미워하며, 전쟁하고, 음욕에 불타서 행동하고, 또한 서로 죽이기도 한다. 그 이유는 인간들 또한 같은 상황에서 똑같은 행동을 하기 때문이다. 최고의 신인 제우스가 그렇다. 자신의 욕정만 채워진다면 무슨 짓이든 한다. 그러나 적수가 있을 때는 인간처럼 두려워하며 뒤로 물러서기도 한다. 인간과 너무나 유사하다. 음욕을 채우기 원하면 비너스를 따라가면 되고, 술에 잔뜩 취하고 싶으면 바쿠스를 따라가면 된다. 이처럼 모든 우상이 인간의 마음과 일치하는 이유는 인간이 만든 것이기 때문이며, 이런 편의 때문에 인간은 우상을 만드는 것이다.[148] 어거스틴은 그리스-로마 신화를 호메로스가 꾸민 이야기들로 본다. 그리고 신의 속성을 죄 지은 인간들의 속성처럼 보이게 한 것은 인간이 범한 범행들이 신들의 행동을 모방한 것처럼 보이게 함으로 범죄를 범죄로 간주하지 않게 하고 사람들로 하여금 아주 절망하지 않게 하려는 것이라고 본다.[149)]

이점에 대해『로마인 이야기』의 저자 시오노 나나미는 다른 의견을 가지고 있다. 그녀는 그리스와 로마로 대표되는 다신교와 유대교 및 기독교를 전형으로 하는 일신교의 차이는 다음 한 가지뿐이라고 생각한다. 다신교에서는 인간의 행위나 윤리 도덕을 바로잡는 역할을 신에게 요구하지 않는 반면 일신교에서는 그것이 신의 전매특허로 나타난다는 점이라고 한다. 그래서 그리스-로마 신화에서 볼 수 있듯이 다신교의 신들은 똑같은 결점을 지니고 있다 할지라도 윤리 도덕을 바로 잡는 역할을 맡지 않기 때문에 결점을 지니고 있어도 전혀 지장이 없다고 한다. 하지만 일신교의 신은 완전무결하지 않으면 안 된다. 그 이유는 내버려 두면 감당할 수 없게 되는 인간을 바로잡는 것이 신의 역할이기 때문이라고 한다. 그래서 유대교는 인간을 바로잡는 역할을 종교에 맡기고**여호와 하나님**, 그리스인은 철학에 맡기고, 로마인은 법률에 맡긴다고 주장한다.[150)]

그러나 섬기는 신들의 행동이 정말 인간의 삶을 지배할 수 없을까? 철학과 법률이 다룰 수 없는 부분이 있다면 어찌할 것인가? 예를 들어 탈무드에 나오는 '정당함**정의**의 차이'라는 다음의 이야기를 보자.

알렉산더 대왕이 이스라엘에 왔을 때의 일이다. 유태인이 대왕에게,"대왕께서는 우리들이 갖고 있는 금과 은을 갖고 싶으신가요?"라고 물었다. 대왕은"나는 금과 은은 많이 갖고 있으므로 조금도 원하지 않는다. 단지 당신들의 습관과 당신들에게 있어서 정당함(정의)이란 무엇인가를 가르쳐 달라"

고 말했다. 대왕이 머물고 있는 동안에, 두 사나이가 상담 차 랍비에게 찾아 왔다. 내용은 그 중의 한 사나이가 또 한 사나이에게서 쓰레기 더미를 샀는데 그것을 산 사나이가 쓰레기 속에 아주 값비싼 금화가 섞인 것을 발견했다. 그래서,"나는 이 쓰레기만을 샀을 뿐 금화의 값까지 지불하지 않았다"고 판 사람에게 말했다. 판 사나이는"내가 당신에게 판 것은 쓰레기 더미 전부이므로 그 속에 무엇이 들어 있건 모두 당신의 것이요"라고 말했다. 그래서 랍비는,"당신에게는 딸이 있고 또 당신에게는 아들이 있으니 그렇다면 두 사람을 결혼시켜서 두 사람에게 그 금화를 주는 것이 올바른 일이다"라고 판정을 내렸다. 그 뒤 랍비는 알렉산더 대왕에게 물었다."대왕님! 당신 나라에서는 이럴 때에는 어떻게 판결을 내립니까?" 대왕은 의외로 아주 간단하게 답했다."우리나라에서는 사람을 죽이고 내가 금화를 갖는다. 이것이 나에게 있어서 정당함(정의)이다."151)

유대인들은 같은 것을 가지고 한 가정을 세운다. 그러나 그리스의 알렉산더는 그것을 갖기 위해 살인도 불사한다. 이 정의의 개념에 대한 차이는 그리스-로마 신화를 알면 쉽게 이해할 수 있다.

태초에 대지의 여신 가이아가 생겨났고, 이 가이아로부터 하늘을 뜻하는 우라노스라는 남신이 태동했다. 이 우라노스와 가이아의 사이에서 신들이 탄생하기 시작했는데, 우라노스는 무시무시한 후손들이 싫었고 자신의 지위를 빼앗길까봐 태어나는 신들을 가이아의 뱃속으로 계속해서 밀어 넣어버리게 된다. 견디지 못한 가이아가 먼저 태어난 아들인 크로노스에게 복수를 요구하고 무기를 만들어 그의 손에 쥐어 준다. 그리고 크로노스는 우라노스의 남근을 잘라버리고, 귀향을 보내 버린 후 그 자리를 차지한다. 크로노스 또한 레아와 결혼해 신들을 낳지만 그는 아예 자신의 지위를 지키려고 낳는 아이마다 삼켜버린다. 이에 레아는 제우스가 태어났을 때 돌덩이를 대신 보자기에 싸서 크로노스에게 주고 삼키게 한다. 결국 제우스가 크로노스를 제거하고 신들의 왕좌를 차지하게 되는 것이다. 그리고 제우스 또한 늘 자신의 지위를 잃지 않으려 애쓴다.[152)]

이 신화 속에는 힘의 논리가 작용하고 있다. 힘이 있는 자가 부모까지도 포함해서, 그렇지 않은 자를 지배하고 그 위에 군림할 수 있다는 지배 논리가 그대로 작용하고 있는 것이다. 정복과 지배의 논리로 세계를 제패했던 그리스가 그랬고, 로마가 그랬다. 철학과 법률이 다룰 수 없는 테두리 바깥의 인간의 삶은 그들이 가지고 있던 신들의 세계와 정신이 지배하고 있다. 이것은 신들의 이야기와 그 신들을 따르는 사람들의 삶이 결코 분리될 수 없는 함수 관계를 가지고 있다는 것을 의미한다. 신에 대한 가치관은 곧 사람들의 삶의 가치관을 형성하기 때문이다.

## 우상숭배의 전형인 바알신앙

그렇다면 이스라엘에서 우상숭배의 전형으로 나타나고 있는 바알 종교는 어떠한가? 이것도 다를 바가 없다. 바알에 대한 신화를 살펴보면 그 종교의 정신을 쉽게 파악해 볼 수 있다.

> 바다와 강물의 신인 얌이 신들의 최고 실력자로 부상하게 된다. 그리고 명맥상의 주신인 엘 신에게 가서 자신의 신전을 지을 것을 요구한다. 그러나 바다와 강물의 신인 얌이 대지까지 주관하려는 것에 분노를 느낀 비를 주관하며 땅의 풍요를 책임진 바알이 얌의 권위에 도전하게 된다. 얌은 이에 심부름꾼을 보내어 바알을 내어 놓으라고 으름장을 놓는다. 이렇게 해서 바알

과 얌의 대결이 이루어진다. 바알은 전쟁터에 나서면서 얌을 물리치고 돌아오게 되면 신들의 의회에서 영원한 왕권이 부여 된다는 약속을 받는다. 그리고 결국 얌을 물리치고 "바알이 왕이라는 선포"가 이루어진다.[153)]

이곳도 역시 힘이 지배하는 세상임을 알 수 있다. 바알 신화 자체가 바로 승리한 자가 모든 것을 차지하는 것이다. 왕이 되는 것, 지배하고, 군림하며, 통치하는 것이 정의가 아닌 힘에 의해서 좌우되는 것이다. 이런 바알 신앙을 숭배하면 어떤 현상이 벌어질까?

바알 신을 숭배하던 이스라엘에서 벌어진 한 사건은 이러한 우상숭배의 문제점을 철저히 보여주고 있는데 그것이 바로 나봇의 포도원 사건이다. **왕상 21:1-16** 이 사건의 목적은 여호와 신앙과 바알 신앙의 대조를 극명하게 보여주기 위한 데에 있다. 바알 숭배가 가장 극렬하던 시대, 그 때는 바로 북이스라엘의 아합왕 시절이다. 나봇이라는 사람의 포도원이 아합 왕의 궁전에 가까웠고 아합은 이것을 갖고 싶었다. 아합이 나봇을 설득하기를 더 아름다운 포도원이든지 혹은 후한 값이든지 원하는 것은 다 해주겠다고 하나 나봇은 일언지하에 거절한다. 왜냐하면 "내 조상의 유산을 왕에게 주기를 여호와께서 금하실 것"이기 때문이라는 것이다. 땅은 여호와의 것이라는 신앙이다. 그것을 익히 잘 알고 있기에 왕일지라도 아합은 그저 몸져누울 수밖에 없다. 아합이 힘이 없거나 마음이 약하기 때문이 아니다. 그도 이스라엘의 여호와 신앙 가운데 있는 사람임을 강조하고 있는 것이다. 그러나 아합의 아내인 왕비 이세벨은 다르다. 그녀는 바알 신앙의 본고장이기도 한 시돈 땅에서 시집온 여인이며 그녀의 아버지는 의미심장하게도 '바알과 함께'라는 뜻을 가진 '엣바알' אֶתְבַּעַל이라는 이름을 가졌다. 이세벨은 몸져누운 아합왕을 찾아가서 사연을 듣고 어이없다는 듯이 "왕이 지금 이스라엘 나라를 다스리시나이까"왕상 21:7라고 반문한다. 힘으로 지배하고, 통치하며, 군림하는 바알 신앙에 물들어 있는 자신의 본국에서는 결코 일어날 수 없는 어처구니없는 일이기 때문이다. 이세벨은 결국 이스라엘 법으로 음모를 꾸며 나봇이 "하나님과 왕을 저주하였다"고 거짓 증인을 두 사람 세워 그를 돌로 쳐 죽인다. 그리고는 아합은 그 나봇의 포도원을 차지한다.

바로 이것이 우상을 숭배할 때 벌어지는 결과이다. 이러한 삶의 논리는 사람을 돌보고 위하는 은혜와 긍휼의 삶이 아니라 경쟁과 보상 그리고 탈취라는 힘의 논리가 지배하는 세상이 되고 말 것이다. 여기에는 이웃을 도울 하등의 이유가 없다. 내 힘으로 얻은 것을 다른 이에게 나눠줄 필요가 없기 때문이다. 모든 것이 다 내 것이 된다. 이에 반해 여호와 신앙은 전적으로 다르다. 신명기 8장은 여호와께서 이스라엘을 광야에서 인도하시며 만나를 통하여 우상숭배자들은 도저히 측량할 수 없는 한 가지 진리를 가르치신다.

> 네 열조도 알지 못하던 만나를 광야에서 네게 먹이셨나니 이는 다 너를 낮추시며 너를 시험하사 마침내 네게 복을 주려 하심이었느니라 또 두렵건대 네가 마음에 이르기를 내 능과 내 손의 힘으로 내가 이 재물을 얻었다 할까 하노라 네 하나님 여호와를 기억하라 그가 네게 재물 얻을 능을 주셨음이라 이같이 하심은 네 열조에게 맹세하신 언약을 오늘과 같이 이루려 하심이니라(신 8:16-18).

하나님의 백성 이스라엘에게는 그들의 생존 자체가 전적인 하나님의 은혜이다. 지금 현재 누리고 있는 것 모두가 다 하나님께서 부여해 주심으로 가능하게 되었다는 신앙고백이다. 능력과 지혜, 재능까지도 다 하나님의 선물이다. 그래서 지금 누리고 있는 모든 것이 내 것이 아니며 선물임을 고백하는 것이다. 그리고 땅도 사람의 것이 아니라 하나님의 것이다.**레 25:23** 이것을 기억하고 잊지 않으면 하나님의 백성이 서 있는 곳은 은혜와 긍휼, 돌봄이 넘칠 수 있다. 이스라엘이 하나님의 말씀을 정기적으로 낭독하는 이유가 여기에 있다. 사람이 떡으로만 사는 것이 아니라 하나님의 입으로 나오는 모든 말씀으로 사는 것이기 때문이다.**신 8:3** 하나님의 말씀의 신실함을 믿는 것은 내일의 만나를 믿기에 오늘 이웃을 향해 손을 펴는 삶이 될 수 있게 만들어 준다.

여기서 금송아지 숭배와 시내산에서 맺은 하나님과의 언약을 도표화하여 비교해 보는 것이 이해에 도움이 될 것이다. 이 도표는 우상숭배가 가져올 병폐가 무엇인지를 한 눈에 볼 수 있게 해 주는 장점이 있다.

| | 시내산 언약과 성막건축 | 금송아지 앞에서 |
|---|---|---|
| 1 | 백성들이 모여(קָהָל콰할)(출 19:7-8; 35:1)-하나님 주도 | 백성들이 모여(קָהָל콰할)(출 32:1) -인간이 주도 |
| 2 | 나는 너희를 애굽 땅 종 되었던 집에서 구원하여 낸 너의 하나님 여호와로라(출 20:2) | 나는 너희를 애굽 땅 종 되었던 집에서 구원하여 낸 너의 하나님 여호와로라(출 20:2) |
| 3 | 산 아래에 제단을 쌓고(출 24:4) | 그 앞에 제단을 쌓고(출 32:5) |
| 4 | 이른 아침에 일어나(출 24:4a) | 일찍이 일어나(출 32:6a) |

| 5 | 번제와 화목제를 드리고(출 24:5) | 번제와 화목제를 드리고(출 32:6b) |
|---|---|---|
| 6 | 먹고 마셨더라(출 24:11) | 먹고 마시며 일어나 뛰놀더라 (출 32:6c) |
| 7 | 금고리를 빼내어(출 35:22) –자원예물 | 금 고리를 빼내어(출32:2–3) –강제적인 것 |
| 8 | 두 돌판을 주심(출 24:12; 31:18) | 두 돌판이 깨짐(출 32:15–19) |

모든 과정이 일사불란하게 동일한 과정으로 전개 된다는 것에 위험성이 있다. 예배의 흐름에 있어서 하나님 예배나 우상숭배나 전혀 차이가 없다. 단지 그 결과에서 모든 것이 달라질 뿐이다. 하나님 예배는 하나님의 법을 기록한 두 돌판을 주시는 것으로 그 결론에 이른다면, 우상숭배는 그 두 돌판이 깨져서 산산조각이 나는 것으로 결론에 이른다는 것이다.

우리가 살아가는 삶이 마침내 하나님의 말씀이 실현 되는 곳으로 나아가고 있느냐, 아니면 하나님의 말씀이 파기되는 쪽으로 나아가고 있느냐에 따라 우리가 하나님을 예배하는가 아니면 우상을 숭배하는가를 판단할 수 있는 시금석이 된다. 진실로 그것 외에는 교묘하게 위장하고 있는 우상숭배를 찾아낼 수 있는 길이 없다. 하나님의 구원이라는 은혜에 뿌리내리고 있는 예배는 하나님의 말씀과 뜻을 이룰 것이며, 우상이라는 욕망에 뿌리내리고 있는 예배라면 자신의 욕망 실현이라는 사탄의 길을 걸어갈 것이기 때문이다.

이스라엘이 시내산 자락에서 만든 금송아지 안에는 하나님의 말씀도 없고 약속도 없다. 그 안에는 인간의 욕심과 의지만이 꿈틀거리고 있기 때문에 그 결과는 자명하다. 스스로 만들어 내는 파멸이 바로 그 끝이 될 것이다. 왜냐하면 인간이 자기 마음대로 모든 것을 해석하고 정의 내리며 행동할 것이기 때문이다.[154] 모세라는 지도자는 바로 이러한 인간의 의도를 정확하게 간파하고, 하나님의 백성 이스라엘을 파멸시킬 우상숭배를 그 흔적도 남지 않게 완전히 가루로 만들어 버린다.[출 32:20] 그리고 그는 하나님의 말씀을 따라 법궤를 만들고 그 안에 새롭게 부여 받은 십계명 두 돌판인 하나님의 말씀을 넣어둔다.[출 25:16; 34:27-28] 이제 이 법궤를 앞세우고 나아가는 그 리더가 서 있는 곳은 희망이 있다. 그를 통해 하나님의 말씀이 그대로 실현될 것이기 때문이다.

## 3. 온전한 예배

### 예배의 본질

목표이신 하나님에 관해 흔들릴 때, 하나님이 아닌 다른 대체물을 세우려 할 때, 리더는 단호해야 한다. 철저히 그 대체물이 보장이 될 수 없음을 전해야 하고 보여 주어야만 한다. 모세는 그것을 가루로 만들어 마시게 했다. 그리고 그는 더욱 철저히 헌신하는 동역자들과 함께 일하기를 선택한다.

고대 근동의 제의 문화를 살펴보면 대부분 신의 환심을 사기 위한 것이다. 많은 제물과 피의 제사 그리고 자신의 살을 베면서까지 신에게 환심을 이끌어 낸다. 이는 인간의 뜻대로 신들을 이끌고 조종하는 것이다. 영들을 자기 명령에 굴복시키려는 무당들의 주문이나 마법사들의 마술, 신접한 자들의 영매술 등이 모두 이러한 유에 속한다.[155] 하지만 이스라엘의 제의는 결코 신의 환심을 끌고, 하나님의 뜻을 돌이키기 위함이 아니다. 그것은 오직 하나님 앞에서 인간의 죄를 가리기 위한 도구의 역할이다. 시편 50편은 하나님께서 사람들이 드리는 제물로는 결코 책망할 것이 없다 하신다. 그러나 하나님은 어떠한 동물도 사람에게서 취하지 않으신다고 말씀하신다. 왜냐하면 모든 산의 들짐승과 새들이 다 하나님의 것이기 때문이다. 오직 원하시는 것은 "감사로 하나님께 제사를 드리며 그 행위를 옳게 하는 자에게 하나님의 구원을 보이시겠다"시 50:23고 말씀하신다. 그리고 시편 69편 30-31절은 시편 기자가 "노래로 하나님의 이름을 찬송하며 감사함으로 하나님을 광대하시다 하리니 이것은 소 곧 뿔과 굽이 있는 황소를 드림보다 여호와를 더욱 기쁘시게 함이 될 것이라"고 단언하고 있다.

결국 예배의 본질은 감사이다. 그러므로 예배는 하나님의 은혜에서 시작된다. 은혜와 예배는 떨어질 수 없는 함수관계에 있기 때문이다. 비록 죄악 가운데 거해서, 하나님께서 주신 언약의 두 돌판마저 다 깨어져 버렸을지라도 하나님 앞에 바로 선 모세 같은 리더가 있다면 희망이 있다. 왜냐하면 리더인 모세는 하나님의 용서와 더불어 인도하심의 약속을 얻기 위해 자신의 모든 것을 다 희생할 준비가 되어 있기 때문이다. 죄악에 빠진 이스라엘을 용서해 주시기를 간구하며 그렇지 않으면 자신의 이름도 하나님의 책에서 지워버려 주실 것을 간청한다.출 32:32 이미 리더는 자신과 자신을 따르는 사람들과 생명의 일체감을 느끼고 있는 것이다. 하나님께서 용서는 하셨으나 이 백성들과 함께 올라가지는 않으시고 여호와의 사자를 앞서 보내시겠다고 말씀하신다. 왜냐하면 이들의 죄악으로 인해 여정 중에 다 진멸할까 염려스러우신 것이다.출 33:3 그러나 모세는 여기에 만족하지 않는다. 여호와께서 함께 가시지 않으시면 우리를 이곳에서 올리지 마시라고 간구한다. 그 이유는 자명하다. 하나님께서 함께 가지 않으시면, 성막건축이 없을 것이며, 성막이 없다면, 하나님의 말씀을 담은 법궤 또한 없을 것이다.

말씀이 없다면 이스라엘은 결국 아무것도 아니다. 모세는 땅은 있으되, 민족의 정체성이 존재하지 않는 백성은 상상조차 할 수 없다. 하나님이 가시지 않는다면, 이스라엘도 존재할 수 없기에 모세는 하나님의 동행을 끈질기게 간청한다. 하나님께서 모세의 청을 수락하여 전에 그에게 약속하셨듯이 함께하실 것과 친히 같이 가실 것을 다시 약속하신다. **출 33:14-15** 그리고 여호와께서는 구름 가운데 강림하사 모세 앞에서 대대로 울려 퍼질 자신의 이름의 뜻을 반포하신다.

> 여호와로라 여호와로라 자비롭고 은혜롭고 노하기를 더디하고 인자와 진실이 많은 하나님이로다 인자를 천대까지 베풀며 악과 과실과 죄를 용서하나 형벌 받을 자는 결단코 면죄하지 않고 아비의 악을 자여손 삼사대까지 보응하리라(출 34:6-7).

하나님의 이 성품은 구약성경 전체를 통하여 면면히 기억되고 되살아나며 하나님의 백성에게 늘 희망을 제공해 주고 있다. **민 14:18; 시 86:15; 145:8; 나 1:3; 욜 2:13; 욘 4:2** 이 모든 구절들은 늘 죄악이나 극심한 고난 속에 사로잡혀 있는 사람들의 입에서 쏟아져 나오는 하나님의 성품에 대한 기억이다. 이 속에는 용서의 은혜가 물결치고 있다. 설사 죄악 가운데 거할지라도 길어야 삼사 대 만에 또다시 '자비롭고, 은혜로우신 성품'으로 자신의 백성을 위로하실 것을 기대할 수 있기 때문이다. 그리고 아무리 극렬한 풀무불 같은 고난이 엄습해 올지라도 그것이 결코 끝이 아님을 확신할 수 있기 때문이다.

## 예언자 모세

유대인 사상가요 신학자인 아브라함 요수아 헤셸은 예언자를 '하나님 앞에서는 사람 편이 되고, 사람들 앞에서는 하나님 편이 되는 존재'라고 정의한다.[156] 모세라는 인물을 예언자의 전형적인 효시로 바라본다면 헤셸의 선언은 모세에게 딱 들어맞는 특징이 있다. 헤셸의 주장 속에 나타나는 예언자의 모습처럼 모세는 신의 파토스**정념 情念: Divine Pathos**를 소유한 자였고, 그는 그 시대의 상황을 깊이 있게 통찰하는 안목을 지녔으며 동족에 대한 깊은 애정과 이들을 희생시키는 사회적, 구조적인 부패에 대해 그 나름대로의 문제의식과 저항의식을 가졌다. 인간에 대한 동정과 하나님께 대한 공감. 이것이 모세라는 이스라엘 최고의 리더이며, 예언자인 그의 등을 짓누르는 무거운 짐인 것이다.[157] 모세는 결국 우상숭배의 벽을 깨고 하나님을 이스라엘 삶의 중심으로 모셔들이는 대 과업을 완수하고야 만다.

엘리야אֵלִיָּהוּ의 사명도 모세와 비교하여 결코 다르지 않다. 엘리야가 모든 백성들을 향해서 선포한다: "너희가 어느 때까지 둘 사이에서 머뭇머뭇 하려느냐 여호와가 만일 하나님이면 그를 좇고 바알이 만일 하나님이면 그를 좇을지니라 하니 백성이 한 말도 대답지 아니하는지라."**왕상 18:21** 그러나 종국에 부름 받은 지도자는 하나님의 승리를 보이고 제국주의적으로 백성의 삶을 지배하는 우상숭배로부터 이끌어 여호와 신앙에 이른다.

모든 백성이 보고 엎드려 말하되 여호와 그는 하나님이시로다 여호와 그는 하나님이시로다(יְהוָה הוּא הָאֱלֹהִים יְהוָה הוּא הָאֱלֹהִים 야웨 후 하엘로힘 야웨 후 하엘로힘)(왕상 18:39).

"너희가 이 산에서 하나님을 섬기리니 이것이 내가 너를 보낸 증거니라"(출 3:12).

리더는 주어진 비전을 향해 달려간다. 하나님께서는 모세를 통해 이스라엘 민족 전체가 예배하는 공동체가 되기를 바라신다. 리더는 이것을 알고 있는 사람이며 그 예배를 향해 자신의 생명까지도 다 바쳐 나아간다. 예배의 회복을 가진 공동체만이 그 다음 단계로 나아가는 삶을 살아갈 수 있기 때문이다.

**Thinking Tip !**

"예언자는 자기의 말로써 보이지 않는 하나님을 보이게 한다."(아브라함 요수아 헤셸)[158)]

## 제 6 장 | 기도의 의미를 깨닫는 리더

1. 주님의 뜻이 이루어지이다
2. 주님의 뜻을 돌이키소서
3. 결국, 주님의 뜻이 이루어지이다

## 제 7 장 | 대안을 제시하는 리더

1. 일시적 대안
2. 영원한 대안
3. 영원한 대안의 실행

## 제 8 장 | 본질을 직시하는 리더

1. 삶의 본질을 깨닫는 리더
2. 광야에서 배우는 삶의 본질
3. 신세대(우리)를 향한 음성

# 3부

# 본질과 비본질 사이에서

# 제 6 장

# 기도의 의미를 깨닫는 리더

여호와께서 또 모세에게 이르시되 내가 이 백성을 보니 목이 곧은 백성이로다 그런즉 나대로 하게 하라 내가 그들에게 진노하여 그들을 진멸하고 너를 큰 나라가 되게 하리라 모세가 그 하나님 여호와께 구하여 이르되 여호와여 어찌하여 그 큰 권능과 강한 손으로 애굽 땅에서 인도하여 내신 주의 백성에게 진노하시나이까 어찌하여 애굽 사람으로 이르기를 여호와가 화를 내려 그 백성을 산에서 죽이고 지면에서 진멸하려고 인도하여 내었다 하게 하려하시나이까 주의 맹렬한 노를 그치시고 뜻을 돌이키사 주의 백성에게 이 화를 내리지 마옵소서 주의 종 아브라함과 이삭과 이스라엘을 기억하소서 주께서 주를 가리켜 그들에게 맹세하여 이르시기를 내가 너희 자손을 하늘의 별처럼 많게 하고 나의 허락한 이 온 땅을 너희의 자손에게 주어 영영한 기업이 되게 하리라 하셨나이다 여호와께서 뜻을 돌이키사 말씀하신 화를 그 백성에게 내리지 아니하시니라(출 32:9-14).

크리스천 리더십과 세상 리더십의 비교에서 결코 같은 선상에 있을 수 없는 요소가 하나 있다. 바로 기도에 관한 것이다. 기도는 인간이 결코 독립적인 존재가 아니며, 절대자에게 의존해야 할 존재임을 알려주는 가장 명확한 요소 중 하나이다. 그러나 세상은 결코 신의 존재를 인정하지 않는다. 또한 신적인 존재에 의존하는 리더십을 주창하지도 않는다. 설사 타종교가 신적인 절대자를 인정한다 할지라도 그것은 이미 기독교와는 본질적으로 다른 방향을 향하고 있다는 점에서 극심한 차이점을 논할 수 있다. 이러한 차이는 이미 우상숭배와 여호와 신앙의 비교를 통해 밝혔다. 유진 피터슨은 우상숭배와 여호와 신앙의 차이를 다음과 같이 날카롭게 비교, 대조하고 있다.

> 우상 만들기와 성전 짓기에 열중했던 고대의 타종교와는 대조적으로, 성경적 신앙은 진리를 말하는 입술을 귀하게 여겼다. 다른 종교들은 신들을 조정하기 위해 종교 의식을 사용했으며, 입술의 말은 어떤 내용을 전달하기보다는 신의 의지를 움직이기 위해 주문이나 마법을 외우는데 사용되었다. 성경적 신앙은 이와 정반대로 하나님이 말씀하셨고, 우리가 그것을 귀담아 듣고 응답해야 한다고 주장한다.[159]

이처럼 우상종교와 여호와 신앙은 동일하게 인간의 입술을 통해 나온 말일지라도 본질에서 건널 수 없는 강을 사이에 두고 있다. 세상 리더십에도 기도와 유사한 것이 존재한다. 하지만 그 형태에 있어서는 유사점이 존재할지라도 그 본질에 있어서는 우상종교의 주문이나 마법과 동일하다는 점에서 화해할 수 없는 차이점이 있다. 자신의 마음과 잠재된 힘을 믿는 '마인드 컨트롤'mind-control이 바로 그것이다. 마인드 컨트롤은 심리학에서 발전된 용어로 인간의 정신을 통제하거나, 최면이나 자기암시 등을 통해 마음을 조종하거나 통제하는 방식을 말한다. 이 방식은 이제 대중화되어서 주로 감정통제emotion-control의 도구로 활용되어 집중력 강화가 절실히 필요한 학생, 직장인 그리고 운동선수들에게 각광을 받고 있다. 그리고 이러한 마인드 컨트롤이 기초하고 있는 "믿은 대로 된다." "생각한 대로 된다." "말한 대로 된다."라는 슬로건은 이미 일반적인 현상이 되어버렸다.[160]

이러한 예는 비단 세상 속에서만 통용되는 원리는 아니다. 이미 교회 안에도 은연중에 침투해 있는 방식이기도 하다. 여러 목사들이 이러한 형태의 책을 저술하여 보급하고 있다는 것만 보아도 쉽게 알 수 있다. 그 예로 『성공적 유학생활을 위한 마인드 컨트롤』이란 책이 있다. 이 책은 공부를 잘하든 못하든 조기유학을 장려하는 세태에 청소년들이 낯선 외국 땅에서 외로움, 소외감, 학업에 대한 압박감 그리고 경제적인 궁핍이라는 절박감들을 극복하는 방법을 제시하려는 목적으로 쓰였다고 한다. 목사인 저자는 청소년들이 마인드 컨트롤을 통해 세상의 유혹을 이겨내고 하나님의 섭리로 성공적인 유학생활을 할 수 있을 것이라는 확신이 있다.[161] 그러나 여기서 '마인드 컨트롤'과 '하나님의 섭리'는 결코 동행할 수 없는 용어들임을 기억할 필요가 있다. 마인드 컨트롤은 인간의 두뇌를 과학적이고, 실용적으로 활용하여 인간 내면에 잠재된 능력을 도출하여 당면한 어려움들을 스스로 해결해 나가는 정신활용법이다. 거기에 비하면 '하나님의 섭리'는 결코 인간이 스스로의 힘으로 살아갈 수 없으며, 하나님의 계획과 뜻을 철저하게 신뢰하는 것에 진정한 삶의 길이 있음을 인정하는 것이다.

기도의 의미와 마인드 컨트롤을 혼동하는 전형적인 또 다른 예가 『당신의 말이 기적을 만든다』라는 책이다.[162] 이 책도 역시 저자가 목사이고, 2003년에 초판이 발행되어 2006년까지 무려 47쇄를 거듭했다. 그 정도로 잘 팔리는 책이라는 것이다. 그는 성경 속 기적의 이야기들에 나온 표현들을 거듭 반복하여 되뇌이면 그것이 그대로 이루어진다는 신념을 가지고 있다. 예를 들어 예수님이 물 위를 걸으셨다면, 자신도 "나도 물위를 걸을 수 있다"고 반복하면 하나님이 그 말을 통해 기적을 베풀어 주신다는 것이다. 그 이유인 즉은 "여호와의 말씀에 나의 삶을 가리켜 맹세하노라 너희 말이 내 귀에 들린 대로 내가 너희에게 행하리니"**민 14:28**라는 말씀에 하나님이 자신의 모든 것을 걸고 책임을 지시겠다고 각서를 쓰셨기 때문이라는 것이다.[163] 그리고 "기적은 하나님의 손에 의해서 이루어지며 나의 말은 곧 그 하나님의 기적을 부르는 것이다"라고 말한다. 이것은 "말의 마술적 힘을 이야기하는 것이 아니라 말의 본질과 말이 가진 권세를 말하는 것이다"라고 강조한다. 그에게 있어 인간의 말이 이렇게 강력한 영향력을 가진 이유는 말이 하나님께로부터 나왔기 때문이라는 것이다.[164] 그러나 이 속에는 결코 하나님의 선택이나 주권은 없다. 오직 인간이 반복적으로 되뇌는 주문에 따라 움직이는 종속적인 신은 존재하지만, 천지를 주관하시며, 영원하신 계획과 섭리를 하늘에서 이루신 것처럼 땅에서도 이루어 가시는 하나님의 절대주권은 찾아볼 수 없다. 이것은 컨트롤 할 것인가, 컨트롤 될 것인가의 질문에서 인간이 자신의 제한된 시각으로 영원한 절대자이신 하나님을 컨트롤하려는 음모이다. 이런 곳에는 마인드 컨트롤은 있지만 하나님의 섭리는 사라진다. 그리고 이런 삶 속에는 기도의 진정한 의미 또한 사라진다.

또한 분명히 알아야 할 것은 이 세상에는 두 가지의 근원을 가진 말이 존재한다는 사실이다. 모든 말이 다 하나님의 입에서 나온 것이 아니라는 사실이다. 에덴동산에서 인간은 두 근원에서 나온 말 중에 선택해야 하는 기로에 섰었다. 첫째는 하나님의 것인 "네가 먹는 날에는 반드시 죽으리라"**창 2:17**와 그 다음은 뱀의 것인 "너희가 결코 죽지 아니하리라 너희가 그것을 먹는 날에는 너희 눈이 밝아져 하나님과 같이 되어 선악을 알 것이"**창 3:4-5**가 바로 그것이다. 말이라고 다 똑같은 말이 아닌 것이다. 그러므로 우리 입술의 기도가 어느 편을 따라가고 있는지는 매우 중요한 질문이 된다.

# 1. 주님의 뜻이 이루어지이다

## 프레드릭 뷰크너와 리처드 도킨스의 대결

신학과 신앙의 실천에서 기도만큼 어려운 것이 또 있을까? 이론만으로 되지 않고 반드시 실천을 통한 적용이 있어야만 그 의미를 분명하게 깨달을 수 있는 것이 바로 기도이기 때문이다. 기도에 대한 정의를 내리기 힘든 까닭은 기도를 시작할 때는 '감사와 찬양'으로 시작했는데 어느덧 기도를 마감할 때 쯤 되짚어보면 내용의 거의 대부분이 '주십시오'라는 단어로 구성되어 있다는 사실이다. '간구', 도대체 어디까지 가능한 것인가?

하나님의 사람들이 하는 기도에 대해서 같은 신앙인들은 물론이요 무신론자들도 의문을 제기하는 부분이 있다. 물론 이 두 그룹의 사람들에게 그 의문의 내용은 서로 건널 수 없는 현격한 차이를 보인다. 첫 번째 그룹인 신앙인의 예로 필립 얀시의 영적 멘토인 프레드릭 뷰크너의 기도에 관한 이해를 들 수 있다.

> 간청한다. 흐느껴 울기도 한다. 하찮은 찬송으로 하나님을 부담스럽게 한다. 벌써부터 잘 알고 계신 죄를 새삼스럽게 털어놓는다. 창조주의 한결같으신 뜻을 바꿔보려고 안달을 한다. 그런데 때로는 하나님의 너그러우신 은혜에 힘입어 그 기도가 용납된다.[165]

그렇다. 기도에는 부르짖는 기도자의 요청에 단순하게 응답하는 차원을 넘어서는, 전 우주가 한꺼번에 뒤바뀌는 변화가 있다. 신앙인에게 이것은 신비이며 또한 하나님의 긍휼하심과 은혜로 이해된다. 그러나 이것을 못

견뎌하는 부류의 사람들이 있다. 바로 두 번째 그룹의 사람들이다. 이들은 자신을 무신론자의 사도로 자칭할 만큼 강력하게 종교의 비합리성과 그 해악을 역설한다. 신의 무가치성을 선언하고 나선 진화론의 주창자인 리처드 도킨스 같은 사람들이 이에 해당된다. 도킨스는 앰브로즈 비어스의 '기도하다'라는 동사에 대한 정의를 예로 들며 '기도'에 대한 불합리성을 공격했다.

> "지극히 부당하게 한 명의 청원자를 위해서 우주의 법칙들을 무효화하라고 요구하는 것."(비어스) 자신이 이기도록 신이 돕는다고 믿는 운동선수가 있다. 아마 그의 모습은 다른 선수들에게는 자신을 편애해 달라고 신에게 떼를 쓰는 것으로 비칠 것이다. 신이 자신을 위해 주차공간을 비워둘 것이라고 믿는 운전자들이 있다. 그렇다면 누군가가 그 공간을 빼앗기는 셈이다. 이런 형태의 유신론은 당혹스러울 정도로 널리 퍼져있으며…합리적인 것에 감화될 성 싶지 않다.[166)]

위의 두 가지 견해를 살펴보면 기도는 이루어져도, 혹은 이루어지지 않아도 문제일 듯싶다. 기도에 대한 이 두 가지의 극적인 견해차는 다른 출발점에 그 원인이 있다. 바로 '기도의 주체를 어디에 둘 것인가'이다. 뷰크너는 응답하시는 하나님께 그 초점을 맞추고 있고, 도킨스는 간구하는 사람을 그 주체로 삼고 있다. 우리는 기도를 생각할 때 먼저 사람을 우선에 두는 경우가 많다. 그렇다면 우리는 도킨스와 같은 무신론자들의 비평을 받아 마땅하다. 그러나 이와 달리 기도가 사람으로부터가 아니라 너그러우신 은혜의 하나님으로부터 시작되는 것이란 사실을 깨닫는다면 이야기는 달라진다. 사람의 욕심에 따라 이 세상이 뒤바뀌는 것이 아니라 하나님의 계획하심과 질서 안에서 새로운 세계가 이루어진다는 것이다. 기도를 통해 우리가 배워야 할 것이 바로 이것이다. 사람의 간구와 부르짖음을 통해 이 우주의 법칙이 뒤흔들림에도 불구하고 결국에는 가장 아름다운 질서가 세워지는 그 신비한 이유를 깨닫는 것이다.

기도는 결코 하나님을 조종하기 위한 주문이 되어서도 안 된다. 이것은, 부연 설명하자면 우리의 입술에서 나오는 어떠한 간구의 기도도 결코 우리의 필요에만 머물러서는 안 된다는 것이다. 만약 우리의 필요만이 응답되는 것이 기도라면 이 세상은 어떤 모습이 될 것인가? 모든 사람들이 욕심껏 자신의 욕망을 입술의 말로 뿜어내는 것이 기도가 될 것이며, 이 세상은 혼돈과 무질서로 가득 차고 말 것이다. 인간의 욕망이 모두 다 이루어지는 세상은 천국이 아닌 저주스런 지옥이 될 것이기 때문이다. 그러므로 기도는 결코 응답 받는 것에 머물러서는 안 되며, 반드시 응답하는 것으로 나아가야 한다. 유진 피터슨의 정의대로 "기도는 하나님을 찾는 것이 아니라 우리를 찾는 하나님께 반응하는 것이다"라는 것이 기도의 올바른 방향이다.[167] 즉, 응답받는 기도에서 응답하는 기도로의 전향이다. 이제 모세의 삶을 통하여 이러한 기도의 길이 어떻게 열리고 있는 지를 살펴볼 필요가 있다. 그가 이제까지 하나님 백성의 삶 속에 등장했던 최고의 리더들 중 한 명이었다는 점에서 의심의 여지가 없는 바, 그와 기도가 어떤 연관이 있는지를 살피는 것은 우리의 미래를 위해 좋은 신앙의 지표를 열어줄 것이다.

## 기도인가 불평인가?

모세의 삶은 극심한 굴곡이 있는 세월이었다. 탄생부터 생명의 위협을 받았던 삶이, 그의 성년기에 다다라서도 별반 다를 바가 없었다. 40세가 되었을 때 애굽인을 치고 동족을 구했음에도 불구하고 한 사람도 그를 받아들이려 하지 않는다. 모세는 애굽인들 편에도, 동족인 히브리인들 편에도 속할 수 없는 정체성을 상실한 존재가 되어버린다.

광야 40년의 여정을 통과하며, 하나님을 만나고 두려워 머뭇거리던 그가 드디어 소명을 수락하고 대장정에 발을 떼었다. 그리고 하나님의 말씀처럼 바로 앞에 서서 "이스라엘의 하나님 여호와께서 이렇게 말씀하시기를 내 백성을 보내라 그러면 그들이 광야에서 내 앞에 절기를 지킬 것이니라" **출 5:1**고 당당하게 외쳤다. 그러나 그 결과는 비참했다. 40년 전의 그 암울했던 시절이 그대로 반복되고 있다. 바로는 바로대로 모세가 전한 하나님의 말씀을 거짓말로 치부해 버리고**출 5:9**, 히브리인들의 노동을 더욱 가중시켰으며, 이스라엘은 이스라엘대로 모세를 향해 바로의 손에 칼을 주어 자신들을 죽이게 한다고 몰아붙인다. 그리고 심지어 동족인 그들은 여호와께서 모세를 살피시고 재판하시기를 원한다고 쏘아붙이기까지 했다.**출 5:21** 이처럼 모세는 또다시 어느 쪽에도 속하지 못하고, 어느 쪽도 그를 받으려 하지 않는 이방인이 되어 버렸다. 여기가 모세의 원망과 탄식이 쏟아지는 시점이다. 이 탄식과 원망은 단순히 불평의 차원에 머무는 것이 아니라 더욱 강력한 간구와 부르짖음이 된다는 점에서 깊이 숙고할 필요가 있다.

> 모세가 여호와께 돌아와서 고하되 주여 어찌하여 이 백성으로 학대를 당케 하셨나이까 어찌하여 나를 보내셨나이까 내가 바로에게 와서 주의 이름으로 말함으로부터 그가 이 백성을 더 학대하며 주께서도 주의 백성을 구원치 아니하시나이다 (출 5:22-23).

모세는 이스라엘을 구원하는데 앞장 설 리더로 보냄을 받았다. 그러나 그의 사명은 처음부터 벽에 부딪친다. 하나님은 그를 보냈지만 함께하시겠다는 약속을 무효화 시키신 듯이 행동하신다. 여기서 모세의 원망은 정당해 보인다. 하지만 정말 모세의 탄식과 원망이 응답되어서 하나님께서 그 순간에 이스라엘을 바로의 손에서 구출한다면 어떤 일이 벌어질 것인가를 생각해 보면 그의 탄식이 모세의 인간적인 간구였음을 살펴볼 수 있다.

## 응답받는 기도

하나님께서는 모세를 바로에게 보내실 때 이미 이러한 상황에 관해서 말씀해 주셨다. 하지만 인간은 그러한 하나님의 뜻과는 상관없이 자신의 생각과 계획대로 일이 진행되기를 바라며 근시안적일 때가 많다. 비록 모세는 리더로서 하나님에 의해 보냄을 받았지만 아직 하나님의 뜻이 무엇인지 깨닫지 못하고 있다. 우리가 하나님의 뜻에 관심조차 없이 부르짖는 기도가 응답된다면 세상은 더욱 어지러워지고 말 것이다. 하나님께서는 모세에게 소명을 주실 때 이미 이러한 상황에 관해 말씀해 주셨다. 모세가 듣지 않았을 뿐이다.

> 너는 그들의 장로들과 함께 애굽 왕에게 이르기를 히브리 사람의 하나님 여호와께서 우리에게 임하셨은즉 우리가 우리 하나님 여호와께 희생을 드리려 하오니 사흘길쯤 광야로 가도록 허락하소서 하라 내가 아노니 강한 손으로 치기 전에는 애굽 왕이 너희가 가기를 허락하지 아니하다가 내가 내 손을 들어 애굽 중에 여러 가지 이적으로 그 나라를 친 후에야 그가 너희를 보내리라(출 3:18-20).

> 여호와께서 모세에게 이르시되 네가 애굽으로 돌아가거든 내가 네 손에 준 이적을

바로 앞에서 다 행하라 그러나 내가 그의 마음을 강퍅케 한즉 그가 백성을 놓지 아니하리니(출 4:21).

모세의 원망과 탄식의 간구처럼, 이스라엘이 그 순간에 학대를 벗어나 구원을 받고, 모세를 통해 구원의 대역사가 펼쳐졌다면, 모세의 위대함은 드러날지 모르겠지만, 이스라엘이 하나님이 누구이신지, 그리고 애굽의 바로나 그의 백성들은 여호와의 능력을 볼 수 없게 된다. 단순히 하나님의 영광을 드러내기 위해서 이렇게 인간의 부르짖음이 무시되는 것인가를 따져 묻는다면 원론적으로 그렇다고 대답할 수밖에 없다. 그래야만 인간의 제국이 아니라 하나님의 나라가 설 수 있기 때문이다. 인간의 간구가 즉각 응답되고, 실현된다면 순간적으로는 만족스런 삶을 살겠지만, 그 결국은 인간의 욕망만이 주가 되는 세상이 될 것이다. 하지만 하나님의 시간에 그의 뜻이 이루어진다면 영원한 하나님의 나라가 세워지는 것이다. 그럴 때만이 인간은 최고의 평화와 안녕을 누릴 수 있게 된다. 모세가 깨달아야 할 것이 바로 이것이다. 하나님께서는 자신의 이적과 기적을 바로 앞에 나열하시기로 이미 작정하셨다. 그리고 이를 위해 바로의 완악한 마음까지도 적극적으로 활용할 준비를 하셨다. 그러나 정작 하나님의 보냄을 받은 모세는 하나님의 구원역사가 한 순간에 이루어질 손쉬운 것으로 착각하고 있다. 이처럼 하나님의 말씀에 그 뿌리를 두지 않는 인간의 기도는 수시로 흔들릴 수 있다.

그럼에도 하나님께서는 계속해서 모세에게 애굽 왕 바로 앞에 서서 말할 것을 종용하신다. 그러나 하나님의 뜻을 망각한 모세는 계속 하나님께 불평한다.

모세가 여호와 앞에 고하여 가로되 이스라엘 자손도 나를 듣지 아니하였거든 바로가 어찌 들으리이까 나는 입이 둔한 자니이다(출 6:12, 30).

기도의 궁극적인 목적이 바르게 응답하는 것에 있다면 모세는 하나님의 말씀에 바르게 응답하는 것에 실패하고 있다. 자신의 생각으로 가득 찬 기도로 하나님의 계획을 수정하려한다. 자신의 때에 자신의 방식대로 자신이 원하는 결과를 보여 달라는 전형적인 응답받기 위한 기도를 하고 있다. 모세의 이러한 무지와 하나님께서 그럼에도 그를 리더로 다시 세우시려는 뜻이 다음의 구조를 통해서 분명하게 나타나고 있다.

A. 6:6-7 편 팔과 여러 큰 심판으로 너희를 속량함으로
(이스라엘이 나를 여호와인줄 알리라)

B. 6:10-12 애굽 왕 바로에게 말하여 내 백성을 그 땅에서
내보내게 하라
(모세) 나는 입이 둔한 자니이다

C. 6:14-25 레위지파가 중심이 된 족보
* 레위→고핫→아므람→아론, 모세

B'. 6:28-30 너는 애굽 왕 바로에게 내가 명한 것을 다 말하라
(모세) 나는 입이 둔한 자니이다

A. 7:3, 5 바로의 마음을 완악하게 하고 표징과 이적을 애굽 땅에
많이 행할 것(애굽 사람이 나를 여호와인 줄 알리라)

이러한 구조 속에 보이듯이 바깥 테두리는 여호와께서 편 팔, 큰 심판, 표징과 이적을 펼치심으로 이스라엘과 애굽이 동일하게 여호와가 누구이신가를 배우게 될 것임을 천명하고 있다. 하나님께서 모세를 보내시는 이유가 바로 여기에 있다. 이스라엘도 애굽 사람들도 여호와가 누구신줄 알게 하기 위함이다. 모세의 입지나 뜻이 아닌 하나님께 초점이 맞추어지는 것이다. 결국 구원은 인간이 원하는 단기적인 계획이 아닌 하나님의 뜻이 이루어지는 장기적인 것이란 사실을 모세는 깨달아야 한다.

그리고 궁극적으로는 모세의 입이 둔하고, 미련하기 때문에 구원역사가 지연되는 것이 아니란 사실을 리더인 모세는 알아야 한다. 하나님의 계획 속에는 우리의 최선의 노력도 무효화될 가능성이 있다. 하지만 그것이 꼭 하나님의 계획이 실패했다는 의미는 아니란 사실이 중요하다. 물론 인간적인 명성과 체면은 바닥에 떨어질지라도 우리가 주님의 뜻 안에서 최선을 다한다면 실패까지도 하나님의 영광을 위한 도구가 될 수 있다.

## 응답하는 기도

이 구조 속에서 중심에 위치하고 있는 족보는 분명 하고자 하는 말이 있다. 모세에게 소명을 재인식 시켜주고, 하나님께서 하시고자 하는 것을 분명하게 주지시켜야 하는 시점에서 이 족보가 등장한 것은 하나님의 긴 세월의 계획이 묻어 있을 것을 짐작해 볼 수 있다. 르우벤, 시므온, 레위라는 조상의 이름이 순서적으로 나타나는 것으로 보아, 분명 유다 이후의 족보도 연결되어 있었을 것이라 추측해 볼 수 있다. 그러나 의도적으로 레위에서 끝나버린다. 이 족보가 가장 끝에 나타난 인물을 강조하기 위한 의도가 있음을 알 수 있다. 르우벤, 시므온, 레위는 모두 야곱과 함께 애굽으로 들어갔던 1세대 조상들이다. 그렇다면 이 족보에는 애굽에 처음 들어간 사람들로부터 시작된다. 특이한 것은 레위에 와서는 족보가 확장되며 그 이후로 당시의 현재인 모세와 아론까지의 4대를 기록하고 있는 것이다. 물론 광야세대인 아론의 아들과 손자인 엘르아살과 비느하스까지 기록되어 있으나, 실제적인 출애굽의 주인공들인 아론과 모세까지는 분명 4대이다.[168)]

레위(137세) ⇒ 고핫(133세) ⇒ 아므람(137세) ⇒
아론(83세), 모세(80세)

**Thinking Tip !**

대부분의 학자들은 이 부분의 족보를 단순히 아론의 정통성을 입증하기 위한 것으로 그가 모세와 친형제라는 사실을 밝히는 것에 있다고 본다. 그러나 여기에는 모세의 소명 또한 재강조 되고 있다는 점도 부각될 필요가 있다.

독특한 점은 레위 직계 4대의 흐름에서만 나이를 기록하고 있다는 사실이다. 레위, 고핫, 아므람의 나이를 합산하면 407년이다. 즉, 모세와 아론의 시대까지 약 400년의 시대와 4대가 흘러갔다는 것이다. 이러한 족보의 서술은 무엇을 말하기 위함인가? 그것은 창세기 15장의 아브라함과 하나님의 언약을 살펴보면 쉽게 이해가 된다.

여호와께서 아브람에게 이르시되 너는 정녕히 알라 네 자손이 이방에서 객이 되어 그들을 섬기겠고 그들은 사백 년 동안 네 자손을 괴롭게 하리니 그 섬기는 나라를 내가 징치할지며 그 후에 네 자손이 큰 재물을 이끌고 나오리라 너는 장수하다가 평안히 조상에게로 돌아가 장사될 것이요 네 자손은 사대 만에 이 땅으로 돌아오리니 이는 아모리 족속의 죄악이 아직 관영치 아니함이니라 하시더니(창 15:13-16).

아브라함에게 약속하시고, 예고하신 하나님의 계획이 이방 땅에서 400년 동안이며, 사대 만에 약속의 땅으로 돌아온다는 것이다. 하나님의 계획은 이미 세워진 것이고, 그 계획이 무려 400년 동안 하나님에 의해서 준비된 것이다. 그 결정체로 이제 사대 만에 모세가 탄생되었고 400년의 세월이 족히 흘러간 것이다. 그러므로 이 족보는 모세와 그의 대언자 아론이 결코 우연히 탄생된 존재가 아니라는 것을 강조한다. 수백 년의 세월을 통과하며 완성된 하나님의 계획의 실현이라는 것이다. 이것이 모세에게는 더할 수 없는 소명의식이 될 수 있다. 그가 순종하지 않으면 하나님의 계획이 수포로 돌아간다. 이처럼 이 족보는 모세에게 다시 한번 소명을 일깨우는 중요한 요소가 된다. 하나님의 계획 가운데 탄생되었으니, 오직 하나님의 계획을 성취시키는 길을 걸어야 하는 것이다. 이러한 하나님의 말씀을 바르게 이해한 자는 이제 흔들림을 뒤로하고, 오직 하나님의 일을 위하여 전진할 수 있다. 그리고 자신의 입술에서 나오는 기도가 어떠해야 하는가를 돌아볼 것이다.

이러한 깨달음은 하나님의 표징과 이적이 펼쳐지는 현장인 열 가지 재앙 사건에서 그 빛을 발한다. 기나긴 순환의 고리인 재앙의 연속은 장엄함에도 불구하고 실행하는 자나 당하는 자나 언제 끝이 날 것인가를 놓고 지루한 반복으로 질릴 수 있다. 하지만 일곱 번째 재앙이 내리고, 바로의 간청으로 그 재앙이 거두어지는 연속 속에서도 모세는 바로의 변덕에 더 이상 흔들리지 않는다. 모세의 변화된 모습이 눈에 띈다. 모세는 지루한 반복에 잠식되지 않고, 여호와를 향하여 확신의 손을 펼칠 뿐이다.

모세가 그에게 이르되 내가 성에서 나가자 곧 내 손을 여호와를 향하여 펴리니 그리하면 뇌성이 그치고 우박이 다시 있지 아니할지라 세상이 여호와께 속한 줄을 왕이 알리이다 그러나 왕과 왕의 신하들이 여호와 하나님을 아직도 두려워하지 아니할 줄을 내가 아나이다(출 9:29-30).

모세가 바로 앞에 이미 여섯 번을 섰고, 그는 바로를 설득하는데 여섯 번 실패했다. 그리고 이제 일곱 번째의 시도인 이것도 실패로 끝날 줄 알고 있다. 그러나 모세는 이 연속적인 바로의 변덕스러움과 저항 속에서도 흔들림이 없다. 심지어 하나님을 향하여 단 한 마디의 불평이나 탄식의 부르짖음을 쏟아 붓지 않는다. 그 이유는 분명하다. 이제 모세는 하나님의 뜻을 분명하게 깨달았고, 그로 인해 그의 태도는 달라진다. 왜냐하면 자신의 실패를 통하여 하나님의 뜻이 이루어지고 있으며, 하나님의 영광이 온 세계에 가득할 것을 알기 때문이다. 하나님의 뜻대로 행하여 겪는 실패는 더 이상 실패가 아닌 것이다. 이처럼 우리의 기도가 나아가야 할 방향은 마침내 "주님의 뜻이 이루어지이다"이다. 이러한 확신 가운데 기도하기 위하여 우리에게 필요한 것이 있다면 하나님의 뜻하심을 분명하게 깨닫는 것이다.

## 2. 주님의 뜻을 돌이키소서

### 두 부류의 인간상

우리는 이 땅에 인간의 뜻이 아니라 하나님의 뜻이 이루어져야 할 충분한 이유를 가지고 있다. 이미 위에서 본 것처럼 우리 인간은 지극히 제한된 시야를 가지고 있다. 전도서 기자의 말처럼 인생은 '한 순간, 한 호흡, 한 경점'인 '안개,' 즉 '헛됨'을 뜻하는 '헤벨'הֶבֶל일 뿐이라는 점에서 영원을 바라보시는 하나님의 뜻이 결국 옳다는 것을 배우게 된다. 이것을 깨달은 사람은 자신의 고집을 내세우지 않고, 하나님의 뜻에 맞추는 순종의 삶을 살아갈 수 있다. 하지만 이것을 깨닫고 있느냐, 아니냐는 현저한 차이를 만들어낸다. 많은 사람들이 이 세상에는 두 부류의 인간밖에 존재하지 않는다고 주장하는 것도 바로 이런 이유에서일 것이다.

필립 얀시는 사람들의 분류를 그리스도인들이 통상적으로 나누는 방식인 '죄인'과 '의인'으로 나누지 않는다. 그는 모든 사람은 두 종류의 죄인으로 나뉜다고 한다. 첫째는 자기 잘못을 인정하는 죄인과 그 다음은 인정하지 않는 죄인이라는 것이다. 요한복은 8장의 간음하다 붙잡혀온 여인의 이야기 속에 이 두 부류의 사람들이 분명하게 등장하고 있다고 본다.[169] 살레의 프랜시스Francis de Sales 또한 인류를 두 부류로 나누고 있는데, 소유하지 못한 것들 때문에 만족하지 못하는 미성숙한 이들과 소유한 것들에 대해 행복해 하는 성숙한 이들이라는 것이다.[170] 이재철 목사가 인간을 두 부류로 나누는 방식은 사무엘상 2장 30절의 말씀에 기초를 두고 있다: "나를 존중히 여기는 자를 내가 존중히 여기고 나를 멸시하는 자를 내가 경멸하리라." 그에게 있어 사람은 하나님을 존경하는 자와 멸시하는 자라는 두 종류가 존재하는 것이다.[171] 이러한 분류를 기도라는 주제로 종합한다면 루이스C. S. Lewis가 나눈 두 종류의 인간부류와 일치할 것이라 여겨진다. 그는 세상에는 딱 두 종류의 인간밖에는 없는데, 하나님께 "당신의 뜻이 이루어지이다"라고 말하는 인간들과 하나님의 입에서 끝내 "그래, 네 뜻대로 되게 해 주마"라는 말을 듣고야 마는 인간들이 있다고 그의 책에 이야기 형태로 쓰고 있다.[172]

이 두 부류의 사람들 중에 어디에 서야 할 것인가는 선택의 여지가 없는 질문임에 틀림없다. 그러나 사람들은 늘 이 둘 사이에서 갈등을 느끼며, 선택에 혼선을 빚고는 한다. 결국 우리의 선택은 궁극적으로 기도와 직결되어 있는 것임을 이해할 때 기도의 중요성은 분명하게 살아난다. 이 땅에서 리더로서의 역할을 감당하고 있는 사람들에게는 종국적으로 주님의 뜻이 이루어지는 기도는 그들이 이끄는 사람들을 위해서도 중요한 모범이다. 그런데 모세의 이야기를 살펴보면 놀랍게도 때로 하나님의 뜻을 바꾸려는 저항의 간구를 발견할 수 있다. 모세라는 리더가 하나님의 뜻에 반기를 드는 것을 통해서도 우리는 기도의 또 다른 의미를 발견할 수 있는 기회를 가질 수 있다.

## 하나님의 진의 깨닫기

성막건축 사이에 이물질처럼 끼어서 예배를 망치는 주범이 되는 금송아지 사건은 많은 것을 비극으로 몰고간다. 그 중에서도 가장 섬뜩한 것은 하나님께서 이스라엘을 진멸하시겠다는 선언이다.출 32:10 이 금송아지 숭배 사건의 수습을 위해 모세는 하나님의 뜻을 돌이키려고 애쓴다. 모세의 이러한 노력은 기도의 본질인 "주님의 뜻이 이루어지이다"에 어긋나는 것이 아닌가를 질문해 볼 필요가 있다. 하지만 그의 시도는 하나님의 뜻이 무엇인지를 정확하게 알고 있었기에 오히려 가능한 것이라는 점에서 정당성이 있다. 모세는 하나님께서 분노에 차서 선언하시는 이 말씀 속의 진의를 파악하고 있는 사람이다.

> 그런즉 나대로 하게 하라(내가 하는 대로 두라) 내가 그들에게 진노하여 그들을 진멸하고 너로 큰 나라가 되게 하리라(출 32:10).

하나님께는 분명히 이렇게 하실 수 있는 권한이 있으시다. 절대자로서의 권한뿐만 아니라 하나님께는 그렇게 하실 수 있는 정당성 또한 갖고 있다. 시내산에서 하나님의 모든 말씀을 다 듣고 그것을 다 준행하겠다는 맹세를 통해 이스라엘은 하나님의 백성이 되고, 하나님은 이스라엘의 하나님이 되시는 엄숙한 계약이 이루어졌다. **출 24:1-11** 그리고 그 계약은 하나님의 제단과 이스라엘에게 동일한 양만큼의 피가 뿌려짐으로 목숨을 담보한 신성한 것이었다. **출 24:6-8** 이제 어느 쪽이든지 계약을 어기게 된다면 생명을 내놓아야만 하는 것이다. 이런 점에서 하나님의 진멸 선언은 어느 누구도 이의를 제기할 수 없는 정당한 분노의 표출이다. 이스라엘에게는 비극이지만, 리더인 모세에게는 절호의 기회가 될 수도 있다. 왜냐하면 그를 통해 하나님께서 큰 나라를 세우는 과업을 이루시겠다는 축복의 말을 들었기 때문이다. 자신이 한 나라의 시조가 되는 영광스러운 제안인 것이다. 그러나 모세는 자신의 유익 뒤에 감추어져 있는 하나님의 진의를 깨닫는 눈이 있다. 하나님 앞에 서 있는 리더에게는 그러한 통찰력이 반드시 필요하다.

모세가 보기에 하나님께서 아브라함을 부르시고 큰 민족을 이루시겠다고 하셨던 그 뜻이 지금 한 순간에 부서지려고 한다. **창 12:2** 큰 나라를 만드시겠다는 하나님의 계획은 이미 모세보다 수백 년이나 앞서는 선조인 아브라함을 부르실 때 품으셨던 하나님이 뜻이었다. 이 기나긴 세월 동안 하나님께서 공들여온 과업이 무너지려는 순간이다. 모세는 자신의 유익보다도 하나님의 영원하신 계획이 수포로 돌아가는 상황을 직시하고 있다. 모세는 하나님의 심중에 있는 그 뜻을 간파하고 하나님께서 순간적으로 내비치신 그 멸망 선언을 돌이키려 한다. 하나님께서 "그런즉 내가 하는 대로 두라"라고 모세에게 말씀하신 것은 어쩌면 불필요한 말이다. 왜냐하면 하나님께서 그 자리에서 죄된 인생들에게 자신의 분노를 표출하시고 과감한 심판을 단행하시면 되는 것이다. 그것은 하나님의 정의와 공의의 실현이라는 점에서 어느 누구도 비난할 수 없는 소지의 것이다. 그러나 모세에게 자신의 의중을 알리신다는 것은 그 반대를 기대하고 있으시다는 것을 직감해 볼 수 있다. 즉, 하나님께서 망설이시고 계시다는 것이다. 호 11:8 "내가 하는 대로 두라"는 것은 오히려 "제발 나를 좀 말려보라"는 말씀과 다름이 없는 것이다.[173] 이 순간에 하나님께서 멈추셔야 할 이유를 제시해 줄 중보자가 있다면 하나님 편에서나 인간 편에서나 축복이다. 하나님께서 인간을 자신의 형상인 대리자로 이 땅에 세우셨을 때부터 이러한 이상을 가지고 계셨다. 하나님의 이러한 마음은 믿음의 조상 아브라함을 세우셨을 때 그대로 드러난다.

> 그 사람들이 거기서 일어나서 소돔으로 향하고 아브라함은 그들을 전송하러 함께 나가니라 여호와께서 가라사되 내가 하려는 것을 아브라함에게 숨기겠느냐 아브라함은 강대한 나라가 되고 천하 만민은 그로 인하여 복을 받게 될 것이 아니냐 내가 그로 그 자식과 권속에게 명하여 여호와의 도를 지켜 의와 공도를 행하게 하려고 그를 택하였나니 이는 나 여호와가 아브라함에게 대하여 말한 일을 이루려 함이니라(창 18:16-19).

그리고는 하나님께서 아브라함에게 소돔과 고모라를 멸망시키실 계획을 드러내신다. 아브라함 또한 소돔과 고모라를 구하기 위하여 하나님 앞에서 중보한다. 그리고 하나님은 아브라함의 중보를 받아들이시고 의인 열 명을 찾으시면 그 성을 멸망시키지 않겠다고 하신다. 이스라엘의 선지자 아모스 또한 이러한 중보자의 사명을 가슴 깊이 깨달았던 사람이다: "주 여호와께서는 자기의 비밀을 그 종 선지자들에게 보이지 아니하시고는 결코 행하심이 없으시리라."암 3:7 하나님께서 미리 중보자들에게 알리시는 것은 무너뜨리기 위함이 아니라 이들의 사역을 통하여 살리시고자 하시는 마음이 크신 것이다. 이러한 뜻을 받들어 아모스는 두 번이나 하나님께서 이스라엘을 대대적으로 치시려는 뜻을 돌이킨다. 중보자로서의 그의 호소는 "주 여호와여 청하건대 사하소서 야곱이 미약하오니 어떻게 서리이까."암 7:1-6에서 드러난 것처럼 하나님의 긍휼에 의지하는 것이었다. 백성을 대표하는 리더는 바로 이러한 하나님의 마음을 움직일 수 있는 틈을 간파하는 통찰력이 필요하다.

하나님의 뜻을 돌이키기 위한 모세의 탄원은 세 가지의 이유와 함께 강화된다. 첫째는 하나님께서 이루신 구속의 대 역사를 물거품으로 만들지 마시라는 것이다. 하나님께서 큰 권능과 강한 손으로 애굽 땅에서 인도하여 낸 주의 백성이 아니냐는 진언을 올리며, 이스라엘과 하나님의 끈끈한 관계를 상기시킨다.출 32:11 둘째는 세상에 널리 알려진 하나님의 명성에 금이 가지 않게 해달라는 요청이다. 하나님께서 광야에서 이스라엘을 멸망시키시면 애굽 사람들이 하나님을 비방하고 조롱할 것이 아니냐는 진술이다.출 32:12 셋째는 하나님께서 아브라함과 이삭과 야곱에게 맹세하신 언약 관계를 파괴하지 마시라는 것이다. 이 세 명의 선조들에게 하나님께서는 분명히 "너희의 자손을 하늘의 별처럼 많게 하고 내가 허락한 이 온 땅을 너희의 자손에게 주어 영원한 기업이 되게 하리라"하셨다는 것을 상기시켜드린다.출 32:13 하나님께서 이 소리를 들으시고 결국 말씀하신 화를 내리지 않기로 하신다.출 32:14

우리는 모세의 이러한 저항 속에서 하나님의 숭고하고 지고한 뜻을 돌이키려는 것이 아니라, 오히려 그러한 주님의 뜻을 이루기 위해 때로 하나님께 저항해야 할 때도 필요하다는 것을 깨닫게 된다. 이처럼 리더에게는 하나님의 뜻을 깨닫는 통찰이 필요하고, 그 마음을 이해하는 눈이 필요하다. 리더는 하나님의 모든 명령에 무조건적으로 순종하는 것이 원칙이지만 때로는 하나님의 말씀에 반기를 드는 것이 진정으로 하나님께 충성하는 것일 수도 있다는 것을 알아야만 한다.[174] 모세가 주님의 뜻을 돌이키소서라고 기도하는 것은 오히려 하나님의 영원하신 뜻이 이루어지도록 돕는 기도라는 것이다. 그리고 끝내 하나님께서는 모세의 이 끈질긴 기도를 통해 뜻을 돌이키시고 말씀하신 화를 이스라엘에 내리지 않기로 하셨다.**출 32:14** 이처럼 리더의 올바른 기도는 하나님의 영원하신 계획을 세우고, 백성을 살리는 길을 열어간다.

## 3. 다시, 주님의 뜻이 이루어지이다

### 용서와 정의와 공의

비록 모세가 하나님의 영원하신 뜻을 간파하고 하나님의 공의로운 분노까지도 자신의 중보기도로 누그러뜨렸다 할지라도 거기에서 모든 것이 끝난 것이 아니다. 중보기도는 결국 나아가야 할 종착점이 있다. 그 올바른 결론을 바르게 파악할 때 모세의 기도도 결코 하나님의 뜻을 마음대로 좌지우지하고자 하는 것이 아님을 알 수 있다. 모세는 이스라엘을 위하여 중보의 기도를 함에도 그는 결코 하나님의 뜻을 꺾는 것에 그 목표를 두지 않는다. 하나님께서 모세의 기도를 사용하시지만 그럼에도 하나님은 당신의 공의와 정의의 기준 안에서 움직이고 있음을 리더인 모세는 깨닫고 있는 것이다.

하나님께서 금송아지 사건으로 인해 내리기로 하셨던 화를 돌이키시고 내리지 않기로 하셨다. 그러나 그것으로 모든 것이 다 끝난 것은 아니다. 하나님의 정의와 공의는 결코 무너져서는 안 되는 선이다. 만약 이렇게 허술하게 모든 것이 사해져 버린다면, 하나님께서 십자가에 달리시는 사건은 의미가 없어진다. 왜냐하면 하나님의 용서가 피해자인 하나님의 말씀만으로 다 이루어지는 셈이기 때문이다. 그렇다면 가해자는 어디에 있는가? 용서가 이루어짐에 있어서 가해자가 사라지고 있는 것이다. 그러나 기독교의 진정한 용서는 십자가의 형벌로 그 완성에 다다른다. 용서의 말씀은 하나님의 자비와 긍휼은 담고 있으나, 긍휼과 자비만으로는 이 세상을 바르게 이끌 수 없다. 그 반대 방향인 정의와 공의 또한 만족되어야 한다. 그것이 바로 가해자가 포함된 십자가의 형벌이다. 가해자의 죄로 인한 죽음의 형벌은 용서의 마지막 단계이다.[175] 그러므로 하나님의 용서의 긍휼하심은, 십자가를 통하여 온전하게 완성되는 것이다.

모세는 화를 돌이키시고 용서하시기로 마음먹으신 하나님의 긍휼을 본다. 그러나 그는 그것이 끝이 아님을 또한 알고 있다. 진정한 용서는 한 단계 더 전진해야한다는 것을 깨닫고 있는 것이다. 그러므로 그의 기도는 중보의 기도에서 속죄의 기도로 나아간다. 이러한 과정은 하나님께서 분명히 화를 내리지 않기로 하셨다는 사실이 선포되었음에도**출 32:14** 모세가 속죄의 기도를 드리기 위해 시내산으로 올라가며 "혹시 너희를 위하여 속죄가 될까 하노라"**출 32:30**고 말하는 것을 통해 드러난다. '혹,' '혹시'라는 말은 히브리어 '울라이'"אוּלַי로 불신앙적인 요소를 담고 있는 의문이 아닌 오직 모든 주

**Thinking Tip !**

동일한 단어인 '울라이'(אוּלַי)가 구약 성경의 여러 곳에서 나타나며, 하나님의 절대적 주권에 대한 인정을 의미한다는 점에서 동일하다(수 14:12; 왕하 19:4; 습 2:3).

권을 하나님께 드리고 있다는 순종의 표시이다.

즉, 온전한 용서가 이루어질 것인가, 아닌가는 사람의 중보나 회개의 기도에 달려있는 것이 아니라 오직 하나님의 뜻에 달려있다는 것이다. 그리고 하나님의 용서는 곧바로 하나님의 공의와 정의의 잣대를 만족시킬 수 있어야만 한다. 이러한 기준을 통과하기 위해 '여호와께서 화를 돌이키셨다는 것'과 '모세의 속죄의 기도' 사이에 용서를 위한 중요한 사건들이 기록되어 있다. 이 구조를 살피면 다음과 같다.

A. 32:7-14 말씀하신 화를 내리지 않기로 하심

B. 32:15-29 용서를 위한 사건들

A'. 32:30-35 모세가 속죄를 위한 기도를 올림

'용서를 위한 사건들'은 몇 가지를 들 수가 있는데 첫째는 하나님과의 언약관계가 철저하게 파괴되는 경험이다. 십계명 두 돌판이 산산조각이 나는 경험을 통해 죄의 결과를 실감해야만 한다.**출 32:15-19** 이는 하나님과의 관계 단절을 상징하는 것으로 광야를 유랑하는 정처 없는 떠돌이들에게는 삶의 지반이 송두리째 뽑히는 경험이다. 하지만 이러한 처절한 경험 없이 어떻게 회복의 소중함을 인식할 수 있을 것인가?

다음 단계로 모세는 금송아지를 불살라 부수어 가루를 만든다. 그리고 그것으로 끝나지 않고, 그 가루를 물에 타서 이스라엘 백성들이 마시게 한다.**출 32:20** 죄의 흔적조차도 남기지 않으려는 몸짓일 것이다. 그 다음은 죄의 근원을 명확하게 밝히는 것이다. 그 원인은 백성들의 악함에서 비롯하여, 아론의 나약하고 무능한 리더십이 백성들의 죄를 방조했다는 것에 있

다.출 32:21-24 마지막 단계는 공의와 정의의 실현인 죄에 대한 죽음의 형벌이다. 모세가 여호와의 편에 선 자를 불러내고, 레위 지파가 허리에 칼을 차고 진을 오가며 죄에 빠진 자들을 죽음으로 처단하였다. 속죄는 결코 말만으로 이루어지는 것이 아니다.[176] 로마서 6장 23절의 말씀처럼 '죄의 삯은 사망인 것'이다. 언약 파기부터 죽음까지 비록 하나님께서 화를 돌이키기로 하셨으나, 모세는 진정한 속죄를 위한 과정을 차분히 진행시킨다. 그리고 죄의 삯은 사망인 것처럼, 대대적인 죽음의 형벌이 있고 난 다음에야 모세는 하나님의 산에 다시 오를 용기를 가진다.

## 온전한 용서를 향하여

모세는 백성들에게 "혹 너희를 위하여 속죄가 될까 하노라"출 32:30는 말을 남기고 시내산으로 다시 오른다. 인간의 죄는 모든 것을 끝낸다. 하나님의 백성이 되는 길도, 하나님의 임재도, 약속도, 뜻도 다 무효화시켜 버리는 치명적인 것이다. 하나님의 돌이키심이 속죄로까지 연결될 때 이 모든 것은 다시 살아날 수 있다. 모세는 절박한 심정을 안고 하나님께 나아간다. 그리고 간구한다.

> 슬프도소이다 이 백성이 자기들을 위하여 금신을 만들었사오니 큰 죄를 범하였나이다 그러나 합의하시면 이제 그들의 죄를 사하시옵소서(출 32:31-32a).

하나님의 용서는 결코 인간의 회개에 달려 있는 것이 아니라, 전적으로 하나님의 뜻에만 달려있는 것이다. 회개는 필수요건이지 용서의 보증서가 아니다. 인간이 회개의 모든 요건을 다 갖추었다 할지라도 용서는 하나님의 절대주권 가운데 있는 것이다. 모세는 하나님의 절대주권이 그분의 긍휼에 휩싸여 있다는 것을 간파했기에, 그 긍휼을 자극하는 또 하나의 거대한 것을 하나님 앞에 기꺼이 내놓는다.

> 그렇지 않사오면 원컨대 주의 기록하신 책에서 내 이름을 지워 버려 주옵소서(출 32:32b).

자신의 생명을 내놓은 것이다. 리더로서, 백성을 위한 중보자로서 속죄를 받을 수 있다면 모세는 최고의 것을 희생할 각오가 되어 있다. 그러나 하나님의 뜻은 단호하다. "누구든지 내게 범죄하면 내가 내 책에서 그를 지워 버리리라"고 말씀하시며 "자신이 보응하실 날에 그들의 죄를 보응할 것"이라고 하신다.**출 32:33-34** 그리고는 여호와께서 직접 백성들을 치신다.**출 32:35** 긍휼과 공의의 완성을 통하여 속죄를 이루어 가시는 하나님의 뜻을 보이시는 것이다. 결국 인간이 중보의 기도로 하나님의 뜻을 돌이킬지라도 그 마지막은 하나님의 뜻이 다시 서는 결론으로 마감된다는 것을 살펴볼 수 있다. 이렇게 모세의 기도가 보여주는 것은 오직 하나님의 뜻이 이루어지는 것이며, 그러할 때 모세의 나라나, 사람의 나라가 아니라, 하나님의 나라가 이 땅 위에 이루어진다는 것이다.

아브라함의 중보도, 아모스의 중보도 하나님의 뜻을 무효화시키는 것에 있는 것이 아니라, 하나님의 공의로우심과 긍휼하심에 호소하는 것일 뿐이란 점에서 이 결론은 동일하다. 소돔과 고모라는 의인 열 명이 없어서 망했고**창 19:23-28**, 북이스라엘은 아모스의 중보에도 불구하고 결국 멸망의 길을 걸었다.**암 7:7-17** 금송아지 사건 또한 그 우상숭배에 가담한 사람들의 죽음을 막을 수 없었고, 가나안 땅 정탐꾼 사건에서도 열 명의 정탐꾼들과 그들의 악평에 가담한 출애굽의 구세대들은 비록 사함은 받았을지라도 단 한 명도 약속의 땅을 밟을 수 없었고, 광야에서 멸망하고 말았다. **민 14:20-23** 이러한 모든 상황들을 살펴볼 때, 하나님의 마음을 돌이키는 것은 하나님의 뜻 안에서 일어나는 일이지 중보자의 말에 의해 하나님이 조종되는 것이 아님을 알 수 있다. 기도의 과정 속에 하나님께서 인간의 기도에 응답하시며 때로 그 뜻을 굽히기도 하시지만 그 결국은 하나님의 뜻이 이루어지는 것이어야 한다는 것은 불변처럼 남아있다.

위에서 밝히 볼 수 있듯이 기도는 결코 사람의 욕심이나, 사람의 뜻을 이루는 것으로 그 결론에 이르지 않는다. 모두 다 하나님의 뜻을 이루고 그 결국은 하나님의 계획을 이루는 것으로 그 끝에 이른다. 지금 현재를 살아가는 우리가 배워야 할 것이 바로 이것이며, 우리가 보아야 할 부분이 바로 이것이다. 사람의 욕망과 하나님의 뜻이 이미 어떻게 조화를 이루며 그 마지막에는 '사람의 나라'가 아니라 '하나님의 나라'가 풍성해지는 그림을 보았다면 우리의 기도 또한 그 목적지를 보는 눈이 필요하다. 왜냐하면 주님께서 가르치신 기도의 모형인 주기도문 또한 인간의 간구로 그 끝에 이르는 것이 아니라, '나라와 권세와 영광이 아버지께 영원히 있사옵나이다'**마 6:13**로 마감하고 있기 때문이다. 그렇다고 기도가 이미 계획된 창조자의 틀에 짜맞춰져야한다는 것을 의미하는 것은 아니다. 그보다는 올바른 기도는 하나님의 목적에 일치하면서 하나님께나 사람에게나 새로운 가능성을 여는 역동적이면서도 조화로운 믿음의 행위를 의미한다.[177)]

## 기도, 하나님과 인간의 협력의 장

이러한 사실을 살펴 볼 때 모세를 비롯하여 중보자의 사명을 맡은 사람들은 자신이 간구하는 대상이 누구인지를 분명히 알아야만 한다는 사실이 중요하다. 그들의 하나님 인식은 그들의 간구의 내용과 밀접하게 연결되어 있고, 그것이 그들의 기도를 확신 있게 만들었다. 그리고 그들 모두는 하나님의 뜻이라는 테두리를 벗어나지 않는다. 하나님의 뜻과의 조화를 이루며, 자신들의 간구를 세워나간다. 그 결과는 어느 누구도 자신의 왕국을 세우지 않고 하나님의 나라를 세워갔다는 것이다.[178] 모세는 자신을 통하여 큰 나라를 세우시겠다는 하나님의 뜻을 돌이켜 하나님께서 약속하신 대로 이스라엘을 통하여 이루어 주시기를 간구한다. 자칫 자신의 왕국이 될 수도 있는 것을 포기하고, 하나님의 뜻이 이루어지는 나라를 세우기를 갈망하는 것이다. 기도 속에 이런 공동체적인 비전이 담겨 있는지를 살펴 보는 것은 기도하는 사람이나 듣는 사람에게 올바른 방향을 설정해 줄 수 있다.

인간의 기도가 있다는 것은 하나님이 창조하신 이 땅에 회복해야 할 것이 있다는 것을 의미한다. 이것은 인간의 결핍은 동시에 하나님 나라의 결핍을 뜻하는 것이 되기 때문이다. 위르겐 몰트만은 예수님의 치유의 이적을 설명하며 치유는 자연세계 안에 나타난 초자연적인 기적이 아니라, 오히려 부자연스럽고, 상처받고, 악마적으로 뒤틀려버린 세계 안에서 발생한 진정한 의미의 '자연적 사건'들이라고 정의한다. 필립 얀시는 이러한 몰트만의 견해를 부연 설명하며 예수님의 치유사건은 사람이 병들지도, 소경이 되지도, 다리를 절지도 않고, 십이 년 동안 하혈을 하지 않아도 되는 원래의 에덴동산을 회복하는 것이라고 단언한다. 그리고 그 태초의 상태가 바

로 하나님께서 계획하신 세상의 바른 모습이라는 것을 상기할 필요가 있음을 지적한다.[179)]

기도는 뒤틀린 세상을 하나님께서 원래 뜻하셨던 세상으로 만들어 가는 하나의 길을 가지고 있다. 왜냐하면 기도는 인간의 호소**잘못된 현실**와 하나님의 능력**뜻하신 세계**이 만나는 장이기 때문이다. 하나님께서는 단순히 미래를 당신의 손에만 두는 것을 원하지 않으신다. 또한 단순히 미래를 사람들의 손에만 맡기는 것도 원하지 않으신다.[180)] 이 양자, 하나님과 인간이 조화를 이룰 수 있는 길이 기도에 있다. 기도는 하늘과 땅을 연결하며, 현재와 미래를 이어가는 도구가 되기 때문이다. 그러므로 기도는 인간의 필요와 하나님의 뜻이 만나 이루어 내는, 이 우주 질서의 회복인 하나님 나라를 그 목표로 한다. 곧 기도는 '하나님과 인간의 협력의 장'Synergism이다. 하나님께서 택하신 리더들은 이 일을 위해 부름 받았으며, 하나님의 종 모세는 자신에게 주어진 중보자로서의 사명을 하나님의 뜻 안에서 가장 온전하게 이루어 나가는 모범적인 리더의 모습을 보이고 있다.

# 제 7 장

# 대안을 제시하는 리더

네가 들어가 얻으려 하는 땅은 네가 나온 애굽 땅과 같지 아니하니 거기서는 너희가 파종한 후에 발로 물대기를 채소밭에 댐과 같이 하였거니와 너희가 건너가서 얻을 땅은 산과 골짜기가 있어서 하늘에서 내리는 비를 흡수하는 땅이요 네 하나님 여호와께서 권고(돌보)하시는 땅이라 세초부터 세말까지 네 하나님 여호와의 눈이 항상 그 위에 있느니라(신 11:10-12).

## 트레이시의 『절대 변하지 않는 8가지 성공원칙』

리더십이라는 주제를 다루는 대부분의 책들이 필수적으로 제시하는 것이 있다. 그것은 바로 '대안'代案, alternative이다. '대안'이라는 것은 지금까지 해왔던 것을 대신하는 것을 의미한다. 즉, 바꾸는 것이다. 브라이언 트레이시는 그의 책 『절대 변하지 않는 8가지 성공원칙』에서 여덟 가지 종류의 원칙들을 제시하고 있는데 그 중에 '리더십의 원칙들'이라는 부분이 있다. 그가 제시하는 리더십의 열두 가지 원칙들을 나열해 보면 다음과 같다.[181)]

① 어떠한 경우에도 항상 정직해야 한다.

② 어떠한 좌절과 역경에도 두려워 말고 대담해져라.

③ 있는 그대로의 세계를 솔직하게 상대하라.

④ 권력은 성과를 얻는 사람에게 주어진다.

⑤ 명확한 비전을 가지고 올바르게 실천하라.

⑥ 어떤 어려움 앞에서도 자신감을 잃지 말라.

⑦ 자신을 따르는 사람을 항상 주시하라.

⑧ 리더는 일시적인 실패를 딛고 다시 튀어 오른다.

⑨ 리더는 홀로 생각하고 홀로 행동한다.

⑩ 차분하고 냉정하게 자신의 감정을 자제하라.

⑪ 업무 수행 능력을 향상시켜라.

⑫ 미래를 예측하고 대비하는 능력을 키워라.

그리고 결론으로 트레이시는 "리더는 태어나는 것이 아니라 만들어지는 것이다. 보통 오랫동안의 힘든 노력의 결과로 리더는 스스로 리더가 된다"라고 주장한다.[182)]

여기서 눈여겨 볼 것은 '스스로 되라,' 즉 '스스로 이루라'는 부추김이다. 그리고 수많은 대안, 즉 바꿔야 할 것들을 제시한다. 그렇지만 이중에 어떤 것도 세상을 바꾸는 대안은 못 된다. 이 세상에는 이 대안을 이해조차 못해서 경쟁 대열에 끼지도 못하는 사람들이 존재할 것이다. 그리고 어떤 것도 이루지 못한 사람들 또한 많을 것이다. "권력은 성과를 얻는 사람에게 주어진다"는 말은 달콤하지만 그 자리는 항상 소수만이 차지할 수 있는 자리이다. 이는 곧 이루어 낸 사람과 이루지 못한 사람의 건널 수 없는 격차를 형성하고 상, 하 수직의 계급사회를 만들게 되어, 지배와 통제, 군림이 정당화된 사회를 조장하게 되고 말 것이다. 이 중에 아주 나은 사람들이 드물게 다른 사람을 배려하는 성품을 가질 수 있다. 그러나 반드시 그런 것만은 아니다. 『배려』라는 제목의 책이 한 때 유행한 것을 보면 그렇다.[183] 이제 배려도 경쟁 가득한 세상 속에서 성공하기 위해 배워야 할 리더십의 한 자질이 되어버린 듯하다. 결국 대안이라고 내세운 것들이 결코 세상을 근본적으로 바꾸는 대안은 되지 못하고 성공한 사람 그 자신에게만 이루어지는 대안 사회를 제시하고 있는 것이다. 그리고 성공한 그 사람의 선의에 기댈 수밖에 없는 인간 중심의 세상은 그대로인 것이다.

## 스티븐 코비의 『성공하는 사람들의 7가지 습관』

대안으로서의 '습관의 변화'를 설득력 있게 제시하여 베스트셀러가 되었던 스티븐 코비의 『성공하는 사람들의 7가지 습관』에는 이보다 더 강력한 인간 중심의 사고방식이 있다.

| (1) 개인에 대한 (개인의 승리) | ① 주도적이 되라<br>② 목표를 명확히 하고 행동하라<br>③ 소중한 것부터 먼저 하라 |
|---|---|
| (2) 타인과의 관계 (대인 관계의 승리) | ④ 상호 이익을 추구하라<br>⑤ 먼저 경청한 후에 이해시켜라<br>⑥ 시너지를 활용하라 |
| (3) 심신을 단련하라 | ⑦ 심신을 단련하라 |

첫 번째 세 가지는 개인적인 요소의 변화이며, 두 번째 세 가지는 타인과의 관계 속에서의 변화를 지칭하며, 마지막 한 가지는 이 양쪽을 강화시키

는 단련이 된다. 코비의 주장에 의하면 올바로 선 개인만이 타인과의 관계를 올바로 이끌 수 있다는 지론이다. 이것은 흡사 성경이 말하는 "네 이웃을 네 몸과 같이 사랑하라"**레 19:18; 마 22:39**는 정신과 유사하다. 하지만 성경은 하나님의 전폭적인 은혜와 사랑을 입은 사람으로서의 개인을 의미한다. 코비 자신도 성경을 읽는 그리스도인이라고 자처함에도 그것에 대한 선이해는 전혀 없는 듯 보인다. 이것은 그가 말하는 일곱 가지 원칙의 출발점인 '주도적이 되라'는 것만 분석해 보아도 충분히 알 수 있다.

코비는 이 주도적 모델을 설명하기 위하여 빅터 프랭클의 원리를 끌어들인다. 플랭클은 신경정신과 교수로 나치의 강제수용소를 경험하고 난후 '로고 쎄라피'**logotherapy; 실존 분석적 정신요법**라는 분야를 개척한 사람이다. 그는 수용소의 체험을 통해 삶과 죽음이 오가는 처절한 상황 속에서도 사람이 자기 행동의 선택권을 가질 수 있다는 것을 깨달았다. 그는 자신이 겪은 경험을 통해 인간을 두 가지 부류의 사람으로 나누는데 고매한 인격을 가진 부류와 미천한 인격을 가진 부류이다. 그는 이것을 수용소의 극한 상황 속에서 다른 이를 잔혹하게 이용하는 사람과 자신의 빵을 남겨서 다른 이에게 나누어 주는 사람을 통해 느꼈다. 이것은 인간이 다른 사람에게서 모든 것을 강제로 빼앗아 갈 수는 있어도 단 한 가지 마지막 남은 자유, 즉 주어진 환경에서 자신의 태도를 결정하고, 자기 자신의 길을 선택할 수 있는 자유만은 결코 빼앗아 갈 수 없다는 것을 증명하는 것이라고 본다.[184] 그는 단순하게 자극이 오면 반응하는 그런 '환경 대응적 모델'이 아니라 "자극과 반응 사이에서는 선택할 수 있는 자유가 있다"는 사실을 발견한 것이다.

코비의 주도성 이론은 여기에서부터 출발한다. 코비는 자극이 오면 선택의 자유를 통해 반응을 하게 되는데 그 선택에 관여하는 요소들로 '자아의

식, 상상력, 양심, 그리고 독립의지'를 지적한다. 이렇게 각 개인의 선택은 이 네 가지 요소들에 의해 이루어지는 것이 주도적이라고 본다.[185)]

| 자극 ▶ ▶ | 선택의 자유<br>(자아의식 . 상상력 . 양심 . 독립의지) | ▶ ▶ 반응 |
|---|---|---|

이 네 가지 요소 중에서 '양심'이라는 것에 그리스도인다운 기대를 걸어 볼 수 있다. 왜냐하면 그의 고백에 의하면 "나는 성서가 나의 가치체계를 대표하고 있기 때문에, 성서를 읽고 묵상하면서 매일을 신앙생활을 통해 쇄신한다. 성서를 읽고 묵상할 때 재충전되고, 강하게 되고, 중심이 잡히고, 봉사를 서약하게 된다"라고 고백하고 있기 때문이다.[186)] 그러나 그가 생각하는 양심은 상상력과 더불어 인간만이 갖는 독특한 능력으로 오른쪽 뇌가 갖는 기본적 기능이라고 본다. 그에게 있어 왼쪽 뇌는 논리적 및 언어적 기능을 맡고, 오른쪽 뇌는 보다 직관적이고 창의적인 기능을 맡는다. 그래서 코비에게 있어 양심적 기능을 강화하기 위해서는 오른쪽 뇌를 개발하는 것이다. 그 방법으로는 '시각을 넓히는 것'과 '상상하고 다짐하는 것' 이 두 가지를 제시하고 있다.[187)]

이렇게 대안적인 삶을 제시하는 리더십에 관한 책들을 통해 주도적인 삶으로 변화되어서 리더로서 성공을 거두어 낸다면 그 때 그 성공은 누구의 것이 될 것인가? 분명 주도적으로 모든 것을 이루어 나간 자신의 영광이 될 것이다. 이와 같이 수많은 책들이 대안을 제시한다. 그러나 그 책들은 모두 지금 성공한 사람들이 누리고 있는 그들의 자리가 당신의 것이 될 수 있다고 부추긴다. 그 자리를 당신이 차지할 수 있다고 선동하고 있는 것이다. 그러나 정작 악착같은 대안적 삶을 통해 그 자리로 올라가면 사람의 위치만 뒤바뀔 뿐이지 세상이 바뀌는 일은 없다. 똑같은 두려움이 엄습할 것이다. 경쟁의 상위 선에서 두려워하며 쌓은 탑을 무너뜨리지 않으려 안간힘을 쓰며 끊임없이 밀고 올라오는 사람들과 경쟁의 고삐를 늦추지 못한다. 삶은 쉴 틈이 없고 경쟁은 점점 치열해 간다. 오죽하면 내로라하는 학벌을 가진 사람이 『당신의 경쟁자를 미치게 하는 초심리 전략』이라는 책까지 내놓게 되었을까![188] 총과 칼을 들고 전쟁을 하지 않는다 뿐이지 기업들은 실적과 경쟁이라는 전쟁터에서 상대 기업을 적으로 간주하고 상대의 파멸은 곧 자신의 승리로 인식한다. 이런 악순환을 벗어날 수도 없는 안타까운 현실이 요즘의 세상이다. 그리고 사람들은 이것을 삶이라고 한다.

## 그리스도인 성공 모델

그러나 그리스도인이라면 분명히 대안적인 삶을 살되 반드시 놓치지 말아야만 될 한 가지가 더 있다. 그것은 인간 편에서 이루어지는 것이 아니다. 세상의 리더십 모델은 선택의 자유란 부분에서 한 가지의 수정이 요구된다. 그것은 바로 인간의 선택을 올바르게 하는 요소가 될 하나님의 뜻이다. 즉, 부르심의 소명을 재확인하며 매일매일의 삶의 선택이 이루어져야만 한다는 것이다. 세상적 성공 논리와는 다르게 그리스도인의 삶의 원리 속에는 선택에 항상 하나님의 은혜라는 값으로 계산되지 않는 판단기준이 존재한다. 하나님의 은혜로 되었다는 것은 하나님의 계획에 대한 존중심을 일으킨다.

| 자극 ▶ ▶ | 하나님의 뜻 (은혜, 사랑, 계획)<br>▼ | ▶ ▶ 반응 |
|---|---|---|
| | 선택의 자유<br>(자아의식 . 상상력 . 양심 . 독립의지) | |

이러할 때 선택에 참여하는 요소들 또한 모두 하나님의 의지에 복속되며, 나의 성공이 아니라 하나님의 성공을 만들어 갈 수 있다. 이것은 세상이 제시하는 대안들은 늘 반복되는 악순환을 끊을 수 없지만, 그리스도인의 대안은 그 일을 마무리 짓는 것이다. 왜냐하면 오스왈드 샌더스의 말처럼 그리스도인 리더십의 성공에는 '자수성가'라는 말은 있을 수 없기 때문이다.[189] 모든 것이 은혜이기에 나눔 또한 자연스러운 일이 되며, 결국은 다른 세상을 만들어 갈 수 있다.

이미 그 옛날에 모세라는 지도자는 과감하게 인간의 논리만이 남아있는 이러한 세상을 완전히 뒤로한, 또다른 세상을 제시한다. 애굽이 아닌 가나안을 제시한 것이다. 경쟁이 주류가 된 곳, 다른 이를 억눌러야 내가 사는 세상이 아닌 하나님께서 돌보시는 새로운 세상, 전인격적인 샬롬이 이루어지는 세상을 만들기를 원했다. 이것은 고치고 수정하는 정도가 아니라 완전히 뒤바꾸는 새로운 세상이다. 하지만 거기까지 가기 위해서 겪어야 할 고통과 포기해야 할 것들 또한 만만치 않다. 모세의 대안 공동체는 바로 그런 모험이 가득한 결단을 촉구한다.

## 1. 일시적 대안

### 에덴의 착각인 애굽 땅

구약성경의 곳곳에는 한 장소에 대한 그리움이 묻어나는 표현들이 나타난다. 그 예들은 '에덴동산'**창 2-3장; 겔 36:35; 욜 2:3**, '여호와의 동산'**창 13:10; 사 51:3**, 혹은 '하나님의 동산'**겔 28:13; 31:8, 9**이라는 표현들이다. 에덴동산과 연관되는 표현이 나타날 때마다 그곳은 아름답고, 풍성하며, 기름지고, 물이 가득한 장소를 상징한다.[190] 이것은 에덴동산이라는 이미지가 거칠고 황량한 불모지에 살고 있는 사람들에게는 언제나 그리운 이상향으로 그려지고 있음을 느껴볼 수 있다. 특히 이스라엘에게는 그 잃어버린 낙원은 반드시 회복해야만 될 가장 이상적인 삶의 장소로 비쳐지기도 한다.사 51:3; 욜 2:3

야곱과 그의 가족이 몸 붙여 살았던 애굽 땅은 고대 근동지역에서 삶의 터전이라는 면에서 가장 안정되고 신뢰할 만한 장소였다. 그도 그럴 것이 결코 그 흐름을 멈춰본 적이 없는 나일강이 애굽의 중심을 관통하며 물을 공급하고 있기에 사람들의 신뢰는 더했을 것이다. 이미 창세기의 족장들 또한 그것을 너무나 잘 알고 있었다. 아브라함이 가나안에 기근이 들었을 때 애굽으로 내려간 적이 있고창 12:10-20, 이삭도 동일한 상황에서 심각하게 이러한 이민을 생각했었다.26:1-5 그리고 야곱은 가나안 땅에 살인적인 기근이 들었을 때 하나님의 인도하심을 따라 애굽으로의 부족적인 대이민을 감행한다. 즉, 다른 곳은 기근이 사람을 죽여도 애굽 땅은 풍성하다는 것이 이미 잘 알려져 있었다는 것을 알 수 있다. 애굽 땅의 가치는 한걸음 더 나가는데 그것은 아브라함과 롯이 분리 될 때의 사건 속에 잘 나타나 있다. 두 사람이 가진 가축 떼와 재산이 많았으므로 같이 동거하기에는 땅이 비좁아 서로의 목자들이 싸웠기 때문에 어쩔 수 없이 분리의 길을 결정하게 된다. 아브라함이 선택권을 롯에게 양보하였기에 롯이 먼저 눈을 들어 주변의 땅을 돌아본다. 그가 요단 지역을 소알까지 바라보니 온 땅에 물이 넉넉하여 여호와의 동산 같고, 애굽 땅과 같이 풍성해 보였다.창 13:10 소돔과 고모라 땅이 그렇게 타락했던 것도 결국은 이러한 풍성함을 바탕으로 하고 있었음을 살펴볼 수 있다. 그런데 여기서 눈여겨보아야 할 것이 '여호와의 동산'이라는 표현이 '애굽 땅'과 동격으로 서술되고 있다는 사실이다. '여

**Thinking Tip !**

나일 강은 길이가 6,690킬로미터에 달하고, 유역면적은 300만 7,000제곱킬로미터로 아프리카 대륙 전체의 1/10에 해당하는 규모이다. 나일 강이 범람하면 인근 마을은 물론, 주변의 토지까지 다 삼켜버려서 그야 말로 아수라장이 된다. 그러나 그 범람이 일정한 주기를 가지고 있어 충분히 대처할 수 있기에 재난이라기보다는 오히려 유익이 더 크다. 특히 나일 강의 범람은 상류에서 비옥한 진흙을 가져와 하류에 쌓기 때문에 하류에 위치한 이집트는 토양이 비옥해진다. 그리고 범람의 깊이에 따라 풍년과 흉년을 미리 예측할 수 있는데, 범람 깊이가 12엘 이하면 흉년이, 14-15엘까지면 가장 바람직한 깊이라고 한다(1엘은 약 1.5미터). 범람이 가져다주는 유익은 여기서 그치지 않고, 범람 전에 파놓은 거대한 웅덩이에 물을 저장하여 계속적으로 농사에 활용하기도 한다.

호와의 동산'이라는 표현은 분명 인류가 잃어버린 '에덴동산'을 암시하고 있는 것이라 여겨진다. 창 2:8-14; 사 51:3 191) 그리고 '여호와의 동산'이 '애굽 땅'과 같이 나열되는 이유는 분명 애굽 땅이 약속하는 것이 바로 에덴동산이 약속했던 물과 양식의 충분한 공급이라는 점에 서였을 것이다. 그것은 위에서 족장들이 양식과 물이 바닥난 상태에서 애굽에 의존했던 것을 통해서도 증명된다. 그러나 겉으로 드러나는 환경적인 요인들을 통하여 삶의 안정과 평화를 얻으려고 하는 것은 에덴동산의 회복이 아니다. 에덴의 진정한 회복은 오직 하나님께 자신을 다 내어 놓는 섬김을 통하여 가능해진다는 것을 배워야한다.[192]

인류가 귀담아 들어야 할 사건인 아담과 하와 이야기의 결론은 에덴동산으로부터 쫓겨나서 생명나무로 나아가는 길이 막혀버린다는 사실이다. 창 3:22-24 그러나 창세기의 결론에서 애굽 땅은 그 막혔던 생명의 길이 열리는 장소가 되기도 한다. 요셉이 형제들에게 자신의 정체를 밝히고는 "하나님이 '생명'을 구원하시려고 나를 당신들보다 먼저 애굽 땅에 보내셨고, '생명'을 보존하고 후손들을 세상에 두시려고 이 땅에 보내셨다"라고 강조한다. 창 45:5-8 에덴에서 쫓겨난 후 '생명'이 아닌 '죽음'의 위협이 가득했지만 이제 애굽이 그 생명을 보존하는 역할을 한다는 것이다.[193] 이 사실은 삶의 반전현상이 창세기의 전반부와 후반부에서 극적으로 대조되어 있는 것을 통해 잘 살펴볼 수 있다. 가장 살기 좋은 땅 에덴을 잃은 사건창 3:22-24과 야곱의 가족이 애굽의 좋은 땅에 정착하는 보고창 47:11가 서로 대조되고 있다. 흡사 애굽 땅에서의 정착이 에덴동산의 회복을 뜻하는 듯하다.[194] 그 땅에 가면 사람도 풍성함을 누리고, 동물들도 그 생명을 영위할 수 있는 장소로 비쳐졌기 때문일 것이다.

이를 통해 볼 때 애굽 땅은 흡사 에덴동산의 대체라는 착각이 들게 한다. 그러나 그 땅은 잠시 머물 땅이지 결코 에덴동산의 대안이 아니다. 왜냐하면 지금은 그 땅이 넘치는 풍성함에 있어서 거의 낙원을 회복한 듯한 착각을 일으키지만 이제 곧 그 땅은 극심한 시련의 땅으로 바뀔 것이기 때문이다.[195] 하나님을 거부하며여호와를 모른다 형제를 억압하는노동착취 왕이 다스리는 한 그 땅은 또다시 죽음의 땅이 될 것이다. 인간이 왕이 되어 군림하는 곳에서는 잃어버린 것을 회복할 가망이 전혀 없으며 종국에는 탄식의 부르짖음만 넘쳐날 것이다. 즉, 에덴עֵדֶן, '기쁨의 땅'이라는 뜻이 '고통의 땅'으로 바뀌는 것이다. 애굽은 구약성경에서 자주 악의 상징이요 혼돈의 상징인 바다 괴물, 용타닌님이나 악어리워야단로 나타난다. 시 74:13-14; 사 51:9 심지어 애굽의 바로가 바로 그런 혼돈의 괴물로 상징화 되어서 나타나기도 한다. 겔 29:3-5; 32:2 애굽인들은 번영과 권력을 휘어잡고 사람들을 혹사하는데 이를 제지할 어떤 사람도 없다. 이것을 막으려 한다면 오히려 더 가중된 고역에 시달릴 뿐이다. 출 5:9 이제 "진정한 대안우리에게는 이런 소명이 맡겨져 있다은 어떤 사회 이론이나 의분이나 이타주의에 근거한 것이 아니라, 여호와 하나님께서 살아 계시다는 진정한 대안에 뿌리박고 있다."[196] 이것은 야곱이 애굽으로 내려갈 때 이미 하나님께서 그에게 약속하신 것이다.

> 밤에 하나님이 이상 중에 이스라엘에게 나타나시고 불러 가라사대 야곱아 야곱아 하시는지라 야곱이 가로되 내가 여기 있나이다 하매 하나님이 가라사되 나는 하나님이라 네 아비의 하나님이니 애굽으로 내려가기를 두려워하지 말라 내가 거기서 너로 큰 민족을 이루게 하리라 내가 너와 함께 애굽으로 내려가겠고 정녕 너를 인도하여 다시 올라올 것이며 요셉이 그 손으로 네 눈을 감기리라 하셨더라(창 46:2-4).

하나님께서 어디든지 함께 하시겠다는 벧엘에서의 약속**창 28:15**이 아직도 살아있으며 하나님께서 최종적으로 야곱을 인도하는 그 땅이 바로 진정한 대안임을 강조하고 있다. 비록 야곱에게 하나님의 이 약속이 죽음 이후의 장례 행렬에서 그대로 성취되지만 이것은 그 대안의 땅은 죽어서라도 돌아와야 할 곳이라는 선언이 포함되어 있다. 야곱은 그의 생전에 이것을 계속해서 그의 자식들에게 되뇌이고 있었다: "하나님이 내게 나타나 복을 주시며 내게 이르시되 내가 너로 생육하고 번성하게 하여 네게서 많은 백성이 나게 하고 내가 이 땅을 네 후손에게 주어 영원한 소유가 되게 하리라 하셨느니라."**창 48:3-4**

하나님의 이 약속들은 애굽 땅은 잠시 머물 곳이며, 영원한 소유는 약속의 땅 가나안이라는 사실을 계속해서 상기시킨다. 바로 왕은 순간적인 것을 약속하지만, 하나님은 영원한 것을 약속하신다.[197] 이것이 세상과 하나님의 차이점이다. 리더는 이것을 정확하게 간파하고 있는 사람이다. 그리고 대안적 세계가 어떤 것을 약속하고 있는지도 명확하게 파악하고 있다. 모세는 이제 잠시 착각을 가져다주는 애굽이라는 대안이 아니라 영원한 대안인 가나안을 향하여 이스라엘의 눈을 돌리게 한다.

## 2. 영원한 대안

### 에덴의 회복

모세는 그의 유언과도 같은 고별 설교인 신명기에서 이 약속의 땅이 어떤 곳인지를 더욱 선명하게 설명하려고 애를 쓴다. 신명기 안에는 에덴동산이나 혹은 그 유사한 표현이 전혀 나타나지 않는다. 그럼에도 신명기 속에서 모세는 에덴동산의 이미지를 모두 빌려와서 하나님께서 약속하신 그 땅의 이상적인 모습을 극대화 시킨다. 모세의 신념 속에 가나안 땅은 단순한 땅이 아니라 그 옛날 태초의 인류가 잃어버린 그 땅을 회복한다는 확신에 가득 차 있는 것이다. 리더에게는 이런 신념이 필요하다. 앞을 향해 전진하지만 허공을 향한 전진이 아니라 과거를 통찰하시는 하나님의 마음에 깊이 뿌리박은 전진이요 성취인 것이다. 이것을 같이 바라볼 수 있는 사람은 그 에덴동산을 지금 이곳에서도 만들어 갈 수 있다. 이제 가나안 땅이 어떤 점에서 에덴의 회복을 의미하는 지를 리더인 모세의 눈을 통해 살펴볼 필요가 있겠다.

첫째로, 에덴동산은 결코 인간의 입김이 섞이지 않은 순수한 하나님의 선물이다. 하나님께서 조성하시고, 심으시고, 물을 대시고, 진흙으로 만드셔서, 아무것도 한 것이 없는 인류에게 선물로 주신 것이다. 가나안 땅도 역시 마찬가지이다. 여호와께서 그 열조들을 사랑하셔서 그 후손을 큰 권능으로 친히 애굽에서 인도해 내시고 그들보다 강대한 열국을 그 앞에서 쫓아내시고 그들을 그 땅으로 인도하셔서 그것을 기업으로 주시려고 하신다. **신 4:37-38** 그리고 그 곳에는 그들이 건축하지 아니한 크고 아름다운 성읍이 있고, 그들이 채우지 아니한 아름다운 물건이 가득한 집이 있고, 그들이 파지 아니한 우물이 있으며, 그들이 심지 아니한 포도원과 감람나무가 가득할 것이다. 신 6:10-11 에덴동산이나 가나안이나 하나님께서 모든 것을 다 준비하셔서 사람들에게 제공해 주신다는 점에서는 다를 바가 없다. 모든 것이 은혜인 것이다. 아무것도 한 것이 없음에도 모든 것을 선물로 받은 사람은 그 삶 자체가 기쁨이며, 감사이다. 그리고 모든 사람들이 상하의 수직이 아니라 형제, 자매라는 수평의 관계로 서로를 이해하게 된다.

둘째로, 에덴동산을 풍성하게 만드는 요인으로 물의 공급을 이야기하고 있다. 강이 에덴에서 흘러나와 동산을 적시고 거기서부터 갈라져 네 근원이 되어 온 세상을 적시는 풍요의 상징이 되는 것이다. 창 2:10-14 역시 가나안 땅도 이러한 풍요로운 물 공급이 있을 것임을 강조하고 있다. 여호와 하나님께서 이스라엘을 아름다운 땅에 이르게 하실 터인데 그 곳은 골짜기든지 산지든지 시내와 분천과 샘이 흐르는 곳이다. 신 8:7

셋째로, 에덴동산, 그 곳에는 보기에 아름답고 먹기에 좋은 나무들이 가득하다. 인간의 삶을 풍요롭게 하고, 생존을 가능케 하는 모든 요소들이 충만하다는 것을 보이고 있다. 창 2:9 이와 마찬가지로 약속의 땅 가나안도 인간의 삶을 풍성하게 하는 밀과 보리의 소산지이며, 포도와 무화과와 석류와 감람나무와 꿀의 소산지여서 이스라엘이 먹을 것에 모자람이 없고 아무 부족함이 없는 땅이다. 오직 이 땅에서 이스라엘이 자연스레 하는 일은 먹어서 배부르고 하나님께서 옥토를 주셨음으로 인해 하나님을 찬양하는 것이다. 신 8:8-10 이러한 약속의 땅의 특징을 표현하는 전형적인 어구가 바로 '젖과 꿀이 흐르는 땅'이다. 신 6:3; 11:9; 26:9; 26:15; 27:3; 31:20

넷째로, 에덴동산은 이 모든 것이 풍성하게 넘쳐나지만 결코 저절로 이렇게 되는 것은 아니다. 동산을 만드시고, 음식을 위한 나무가 나게 하시고, 물을 흐르게 하시는 것, 이 모든 것을 사람을 위해서 행하시는 분이 계신다. 하나님의 눈이 돌보시지 않으시면 이 동산은 언제 파괴될지 모르는 가운데 처하고 있는 것이다. 즉, 에덴동산은 다 만들어졌다고 해서 기계적으로 저절로 돌아가는 시계 같은 것이 아니다. 끊임없는 하나님의 돌보심이 필요하다. 약속의 땅도 마찬가지이다. 이스라엘이 들어가서 차지할 땅은 애굽 땅과 같지 않다. 애굽에서는 파종한 후에 나일 강의 물을 끌어올려 물을 대고 채소를 키우는 인위적인 고역의 노동을 통한 것이지만, 약속의 땅은 산과 골짜기가 있어서 하늘에서 내리는 비를 흡수하는 땅이며, 여호와께서 돌보아 주시는 땅이라 연초부터 연말까지 여호와의 눈이 항상 그 위에 있는 땅이다.**신 11:12** 여호와의 돌보심으로 유지되는 땅인 것이다. 일면 '시내와 분천과 샘'**신 8:7**이 있어서 풍성한 땅이라는 표현과 모순 될 수도 있지만 이것은 하나님의 섭리를 강조한다는 점에서 별반 차이가 없다. 인간의 불순종으로 물로 가득 찬 장소가 황폐한 사막이 될 수 있고**욜 2:3**, 또한 하나님의 돌보심으로 사막에 샘이 넘쳐흐르기도 하기 때문이다.**사 43:19-20** 심지어 하나님께서는 한순간에 물의 소산지인 애굽을 사막과 황무지가 되게 만드실 수도 있다.**겔 29:9** 결국은 눈에 보이는 요소가 삶을 풍요롭게 하는 것이 아니라 그것을 있게 하신 하나님의 함께하심이 삶을 이끈다는 것이다. 이 사실은 사람들로 하여금 하나님의 은혜에 의지하는 삶을 살아가게 한다.

다섯째로, 에덴동산의 위치가 강들이 흘러가는 방향으로 측정해 본 결과 약속의 땅의 위치와 밀접하게 연관이 된다. 첫째는 비손이며 하윌라 온 땅에 둘렸다라고 한다. 이곳은 동쪽지역으로 아라비아를 상징하며, 아라바에 위치한 헤스본 왕 시혼과 바산 왕 옥의 영토와 연관이 있을 것이다.**창**

10:7, 29; 25:18; 삼상 15:7; 대상 1:9, 23 둘째는 기혼이며 구스 온 땅에 둘렀다는 것으로 보아 최남단의 애굽 강이 흐르는 지점을 의미한다. 창 15:18; 신 1:7; 왕상 4:21 [198] 셋째는 앗수르의 힛데겔이다. 이 명칭은 티그리스 강에 대한 히브리어 명칭이다. 창 15:18; 신 1:7; 왕상 4:21 넷째는 유브라데, 즉 유프라테스를 의미한다. 이 두 강은 최북단을 의미한다. 이런 지리적인 정황을 살펴볼 때 모세가 "아라바 산지와 평지와 남방과 해변과 가나안 족속의 땅과 레바논과 큰 강 유브라데까지 가라" 신 1:7는 그 약속의 땅의 지리와 흡사하다. 이것은 더욱 분명하게 하나님께서 아브라함에게 주신 약속에서도 드러난다: "내가 이 땅을 애굽 강에서부터 그 큰 강 유브라데까지 네 자손에게 주노니." 창 15:18 이 지명들은 에덴동산을 하나님께서 선조들에게 약속한 그 땅과 일치시키려는 의도가 있음을 살펴볼 수 있다.[199] 이와 같이 지리적으로도 애굽 땅은 에덴의 모방은 될 수 있을지 모르지만 에덴의 회복은 결코 될 수 없다. 가나안이 바로 그 땅이다. 그리고 어느 곳에 흩어져 있든지 하나님의 백성은 바로 이 에덴의 테두리 안으로 돌아와야 함을 강조하고 있는 것이다.

여섯째로 에덴동산에서 아담과 하와가 하던 일이 약속의 땅에서 이스라엘이 하는 일과 동일하다. "여호와 하나님이 그 사람을 이끌어 에덴동산에 두어 그것을 경작하며 지키게 하셨다" 창 2:15라고 하신다. '경작하며 지키다'라는 표현은 두 히브리어 동사를 나열하는 것인데, 첫째 것이 '아바드'עָבַד로 '일하다, 노동하다, 섬기다, 예배하다'라는 의미를 가지고 있고, 둘째 것은 '샤마르'שָׁמַר로 '지키다, 준수하다, 돌보다'라는 의미까지 내포하고 있다. '아바드'는 이미 출애굽기에서 바로 왕에게 적용되면 고역의 노동을 의미하고, 하나님께 적용되면 섬김의 예배로 번역되는 특징이 있음을 살펴보았다. 그런데 이 두 동사가 동시에 한 문맥에서 사용된 예는 모세오경에서 세 번 더 나타나고 있는데민 3:7-8; 8:26; 18:5-6, 모두 다 아론과 그 아들들 그리고 레위인들에 대한 성막에서의 직무수행을 설명하는데 사용되고 있다. 이것은 에덴동산에서의 아담의 일이 제사장들이 희생제물을 준비하고 바치는 직무와 동일함을 설명하고 있다.[200] 비록 두 단어가 따로 떨어져서 사용되지만 가나안 땅에서 이스라엘이 해야 할 일이 바로 하나님을 예배하는עָבַד 아바드 것이며신 6:13; 10:12, 20; 11:13; 13:4, 하나님께서 주신 율법의 조항들을 주의 깊게 지키는שָׁמַר ; 신명기에 68번이나 나타난다 것이다. 여기서 약속의 땅에서의 일은 다시 인류의 타락 전에 했던 그 기쁨의 일로 돌아가는 것을 의미한다.[201] 이것은 애굽 땅에서는 누려보지 못했던 것으로 고역의 노동이 아닌 섬김의 예배로의 대안은 바로 하나님의 전적인 은혜에 기인한 선물임을 다시 한번 실감하게 된다.

마지막으로 에덴동산과 하나님의 약속의 땅은 하나님의 명령이 살아서 움직이는 장소이다. 두 장소를 영구히 지킬 수 있는 길이 바로 여기에 달려 있다. 에덴동산에서는 하나님께서 "그 사람에게 명하여צִוָּה 짜바 이르시되 동산 각종 나무의 열매는 네가 임의로 먹되 선악을 알게 하는 나무의 열매는 먹지 말라"창 2:16고 하신다. 선악을 알게 하는 나무의 실과가 어떤 특정한 나무의 형태로 나타남으로 그 강조점이 열매가 있는 어떤 나무의 시각적인 요소에 무게가 실릴 수 있다. 하지만 그 보다는 그 열매를 따 먹고 난 다음의 하나님의 반응에서 그 강조점이 결코 나무에 있지 않음을 알 수 있다. 아담과 하와가 선악과를 따 먹은 후 그 특별한 나무의 특성은 사라지고 단지 "내가 너더러 먹지 말라 명한 나무의 실과"창 3:11, 17라는 표현법으로 나타나고 있기 때문이다. 여기에서의 초점은 '하나님의 명령'에 맞추어지고 있다. 가나안 땅에 부여된 하나님의 명령도 역시 마찬가지로 동일하게 보여진다. 신명기에 약 100여 번에 걸쳐서 '명령하다'צוה짜바라는 동사가 사용되는데 그 대표적인 예는 다음과 같다: "오늘 내가 네게 명령하는צוה짜바 여호와의 규례와 명령צוה짜바을 지키라 너와 네 후손이 복을 받아 네 하나님 여호와께서 네게 주시는 땅에서 한 없이 오래 살리라."신 4:40 에덴동산의 단순한 명령은 가나안 땅에서 명령, 규례, 법도, 계명 등의 율법 조항으로 세분화 되어서 나타날 뿐이다. 하지만 그 본질은 다름이 없다.

신명기에 결단을 요구하는 다음 구절은 에덴동산과 선악과에 얽힌 모든 핵심 주제가 가 다 들어가 있다.

> 보라 내가 오늘날 생명과 복(선)과 사망과 화(악)를 네 앞에 두었나니 곧 내가 오늘날 너를 명하여 네 하나님 여호와를 사랑하고 그 모든 길로 행하며 그 명령과 규례와 법도를 지키라 그리하면 네가 생존하며 번성할 것이요 또 네 하나님 여호와께서 네가 가서 얻을 땅에서 네게 복을 주실 것임이니라(신 30:15-16).

여기서 '복'과 '화'로 번역된 히브리어 단어는 에덴동산에서 선악과를 지칭할 때 쓰이는 그 '선, 악'과 동일한 단어를 사용하고 있다. 그리고 '선, 악'과 연루되어 생명과 죽음이 나타나고 있다. 에덴동산의 선악과가 신명기에서 율법에 대한 순종과 불순종과 밀접하게 연결되어 있는 것이다. 그리고 '기쁨의 장소'를 뜻하는 '에덴'이라는 단어는 사용하지 않지만, 신명기는 계속해서 율법을 지키는 삶이 제공해 주는 '기쁨과 즐거움'을 강조하고 있다. 신 12:7, 12, 18; 14:26; 16:5, 11; 24:5; 26:11; 27:7; 28:47; 33:18

## 에덴을 가꾸기 위해

이러한 사실은 선악과의 본질과 율법의 본질을 비교하는 것에서 더욱 분명해질 수 있다. 창세기 3장 6절에는 선악과에 대하여 구체적으로 설명하는 표현이 나타나고 있다: "여자가 그 나무를 본즉 먹음직도 하고, 보암직도 하고, 지혜롭게 할 만큼 탐스럽기도 한 나무인지라." 시편 19편에는 이 선악과가 이스라엘에서는 하나님의 율법으로 탈바꿈하여 언제나 이스라엘의 순종을 평가하는 시금석으로 쓰이고 있음을 살펴 볼 수 있다. 이 시편의 후반부에는 "여호와의 율법은 완전하여 영혼을 소성시키며, 우둔한 자로 지혜롭게 하고,마음을 기쁘게 하고 그리고 눈을 밝게 한다"**시 19:7-8**라고 율법을 평가하고 있다.[202)]

이와 같이 율법과 선악을 알게 하는 나무는 동일하게 하나님의 뜻을 보이는 구실을 하고 있다. 율법에 순종하느냐 아니냐에 따라 약속의 땅에 하나님과 함께 거할 것인가, 아니면 또 다시 표류하는 삶을 살아갈 것인가가 결정되며, 이는 언제 어느 세대에나 신앙의 결단으로 남아 있을 것이다. 심지어 그 표류의 결국은 하나님의 전적인 은혜로 빠져나왔던 애굽으로 돌아가 종עֶבֶד**에베드; 아바드와 같은 어원**으로 팔려고 하나 살 자가 없는 운명에 빠지는 것이다.**신 28:68.** [204)] 대안으로 얻은 것을 지키지 못하면 그 보다 더한 고통을 겪게 된다는 것이다.

Thinking Tip !

크래이기는 한걸음 더 나아가 시편 19편의 구조인 창조(1-6절)와 율법(7-14절)을 창세기 1-3장과 비교하고 있다. 천지 창조에 대한 영광의 찬양이 에덴에서의 말씀에 순종하는 삶으로 연결되듯이, 창조와 찬양으로 시작하여, 좀더 구체적인 율법, 즉 토라로 옮겨가고, 결국에는 토라의 영향력을 인간 삶의 전반에 미치게 한다고 본다.[203)]

이와 같이 하나님께서 모세를 통해 이스라엘에게 주기를 원하셨던 것은 바로 에덴의 회복이었다. 그런데 이스라엘은 사막 땅 광야 한가운데서 모세에게 그러한 땅을 내놓으라고 항변한다.

> 모세가 엘리압의 아들 다단과 아비람을 부르러 보내었더니 그들이 가로되 우리는 올라가지 않겠노라 네가 우리를 젖과 꿀이 흐르는 땅에서 이끌어 내어 광야에서 죽이려 함이 어찌 작은 일이기에 오히려 스스로 우리 위에 왕이 되려 하느냐 이뿐 아니라 네가 우리를 젖과 꿀이 흐르는 땅으로 인도하여 들이지도 아니하고 밭도 포도원도 우리에게 기업으로 주지 아니하니 네가 이 사람들의 눈을 빼려느냐 우리는 올라가지 아니하겠노라(민 16:12-14).

> 너희가 어찌하여 여호와의 총회를 이 광야로 인도하여 올려서 우리와 우리 짐승으로 다 여기서 죽게 하느냐 너희가 어찌하여 우리를 애굽에서 나오게 하여 이 악한 곳으로 인도하였느냐 이곳에는 파종할 곳이 없고 무화과도 없고 포도도 없고 석류도 없고 마실 물도 없도다(민 20:4-5).

그리고 끊임없이 이스라엘은 대안을 향한 여정 중에도 애굽을 그리워한다. **출 14:12; 16:3; 민 11:18; 14:2-3** 그곳에서 착취와 억압의 극한 노동 가운데 누리던 그것을 그리워하며 심지어는 그 곳이 바로 '젖과 꿀이 흐르는 땅'이라고 부르기를 주저하지 않는다. 그러나 눈앞에 손쉬워 보이는 안전을 거머쥐기 위해서 치러야 할 대가는 너무나 크다.

이스라엘이 하나님의 길을 배우지 않고, 그 땅을 받게 된다면 그 땅은 결코 에덴화 될 수 없다는 사실을 먼저 깨달아야 했다. 그 곳은 다시 인간의 욕심이 난무하는 애굽의 또다른 이름이 될 수밖에 없을 것이기 때문이다. 왜냐하면 솔로몬이 여호와의 말씀을 버렸을 때 하나님께서 주신 약속의 땅마저 애굽화 시켜버렸던 것을 본다면 미래의 낙원은 땅의 어떠함에 달려있

는 것이 아니라, 그 곳에 거주하는 사람들의 어떠함에 달려 있음을 보게 된다.[205)]

하나님께서 이스라엘에게 그 땅을 주시는 것은 이미 그 땅을 부여 받았음에도 그 기회를 활용치 못한 아모리 족속의 죄악 때문이다. 창 15:16; 신 9:4-5 새롭게 기회가 부여된 백성에게 에덴을 만드는 책임이 주어졌다. 가나안 땅을 애굽 땅으로 만들지 않고 에덴으로 만드는 길은 어디에 있는가? 그것을 모세는 자신의 마지막 힘을 다해 호소하고 있는 것이다. 그것은 하나님께서 주신 율법을 마음에 새기고, 힘써 지키며, 부지런히 가르치는 삶을 사는 것이다. 하나님의 법을 지키며 서로 나누고 도울 때 그 땅은 하나님께서 돌보시는 그 땅이 되는 것이다. 그렇다면 약속의 땅을 에덴동산으로 가꾸어 가는데 필수불가결한 요소인 율법을 지키는 것은 무엇을 내포하고 있기에 이것이 가능한 것인가?

## 3. 영원한 대안의 실행

### 잃어버린 에덴

율법의 가치를 따지기 위해서는 인류가 잃어버린 것이 무엇인지를 살펴보아야만 한다. 에덴동산을 회복하는데 율법이 필요했다면 분명 그 법 안에 들어있는 요소가 인간이 잃어버린 것을 되찾을 수 있는 회복력을 갖게 할 수 있기 때문일 것이다. 창세기에 기록된 시조들의 이야기와 그 자손들의 이야기는 동전의 양면과 같이 분리되어서는 안 되는 주제의 연결고리를 갖고 있다. 가인과 아벨 이야기는 흡사 아담과 하와 이야기에 비교해서 부록처럼 취급되기도 하지만 그 실체에 있어서는 동일한 중요성을 가지고 있다.[206] 한 치의 틈도 없이 연이어서 나타나는 두 이야기는 아래의 도표에서 살펴보면 여러 가지 면에서 공통점을 가지고 있음을 알 수 있다.

언어의 표현에서나 문체의 구조, 그리고 이야기의 전개 방식에서 이 두 이야기는 서로가 서로에게 영향을 주고 있음을 알 수 있다.[207] 이러한 공통점을 기초로 두 이야기 속에는 뭔가 발전되어 가는 현상이 눈에 띈다. 첫째로, 아담과 하와 이야기에서는 하나님과 인간 사이에 어떤 소원한 관계도 읽을 수 없었고, 어떤 제사제도의 필요성도 느낄 수 없었다. 그러나 가인과 아벨 이야기에서는 하나님과 인간 사이에 만남을 위한 특별한 도구가 필요한 것으로 보인다. **제사제도** 둘째로, 하와가 하나님의 명령에 거역하라는 유혹에 넘어갔다면, 가인은 하나님께서 직접 나타나셔서 "선을 행치 아니하면 죄가 문에 엎드리니"**창 4:7** 주의하라는 강권하심에도 불구하고 죄 속으로 빠져 들어가는 현상을 보인다. **죄의 심각성** 흡사 아담과 하와의 관계에서 여인이 남편을 향하여 간절히 열망하듯이 죄가 사람에게 강렬한 흡착력을 가지고 열망을 뿜어낸다.

| | **아담과 하와 이야기**(창 3장) | **가인과 아벨 이야기**(창 4장) |
|---|---|---|
| 1 | 네가 어디 있느냐?(3:9) | 네 아우 아벨이 어디있느냐?(4:9a) |
| 2 | 하나님의 소리를 듣고 내가 벗었으므로 두려워하여 숨었나이다(3:10) | – 내가 알지 못하나이다 내가 내 아우를 지키는 자니이까?(4:9b)<br>네 아우의 핏소리가 땅에서부터 내게 호소하느니라(4:10) |
| 3 | 네가 어찌하여 이것을 하였느냐?(3:13) | 네가 무엇을 하였느냐(4:10) |

| 4 | 너는 남편을 원하고(תְּשׁוּקָה 테슈꽈/동경,갈망,사모함, 열망) 남편은 너를 다스릴 것이니라(מָשַׁל 마샬/다스리다) (3:16) | 죄가 너를 원하나(תְּשׁוּקָה 테슈꽈/동경,갈망,사모함, 열망) 너는 죄를 다스릴지니라(מָשַׁל 마샬/다스리다) (4:7) |
|---|---|---|
| 5 | 땅은 너로 인하여 저주를 받고(3:17) | 네가 땅에서 저주를 받으리니(4:11) |
| 6 | 너는 종신토록 수고 하여야 그 소산을 먹을 것이요 땅이 네게 가시덤불과 엉겅퀴를 낼 것이라(3:17-18) | 네가 밭 갈아도 땅이 다시는 그 효력을 네게 주지 아니할 것이요 너는 땅에서 피하며 유리하는 자가 되리라(4:12) |
| 7 | 아담과 하와의 가죽옷(3:21)<br>- 돌봄과 보호의 상징 | 가인의 표(אוֹת 오트) (4:15)<br>- 구원상징 |
| 8 | 하나님이 그 사람을 쫓아 내시고(גָּרַשׁ 가라쉬) (3:24) | 주께서 오늘 이 지면에서 나를 쫓아 내시온즉(גָּרַשׁ 가라쉬) (4:14,16) |
| 9 | 이같이 하나님이 그 사람을 쫓아내시고 에덴 동산 동쪽에 그룹들과 두루 도는 불 칼을 두어 생명나무의 길을 지키게 하시니라(3:24) | 가인이 여호와 앞을 떠나서 에덴 동쪽 놋 땅에 거주하더니(4:16) |
| 10 | 아담과 하와는 죄를 저지른 후 무화과로 옷을 해 입음 자신을 보호하려 함 (3:7) | 가인은 죄에 대한 심판을 받은 후에 성을 쌓음으로 자신을 보호하려 함(4:17) |

남편이 아내를 다스리듯이 그렇게 죄를 다스려야 할 책임이 남아있는 것이다. 셋째로, 아담과 하와 그리고 뱀 모두 하나님의 심판을 이의 없이 받아들이나 가인은 자신의 죄벌이 너무 중하다고 이의를 제기하고 있다. 넷째로, 아담과 하와가 에덴의 동쪽으로 쫓겨났다면, 가인은 그 동쪽 편으로 더 멀리 추방된다. 결국 인간은 스스로의 죄악으로 인해 하나님께서 허락하신 가장 살기 좋은 그 동산으로부터 점점 더 멀어지는 불행을 겪게 되는 것이다.[208]

이상의 경우로 볼 때 가인과 아벨의 이야기는 단순히 인간 타락을 아담과 하와의 사건에 이어서 반복해서 설명하려는데 목적이 있는 것이 아님을 알 수 있다. 이는 죄의 성장과 그로 인한 인간의 부패성의 심각성을 명확하게 보여주기 위한 도구이며, 하나님과 인간 사이가 더욱더 멀어지고, 나아가 인간과 인간 사이의 관계마저도 산산이 부서져 버린 현실을 날카롭게 지적하기 위함도 있다. 이것은 인간이 하나님을 거역한 것에서 출발한다. 인간의 두 번의 심각한 죄상을 통해 파괴되어 버린 하나님과 사람의 관계, 그리고 사람과 사람의 관계는 하나님의 두 번의 질문과 인간의 응답을 통해 분명히 드러나고 있다.

돌이킬 수 없는 죄를 저지른 태초의 사람, 아담에게 하나님께서는 날카로운 삶의 실존적 질문으로 다가오신다. 하나님의 음성을 듣고 두려워 자신의 몸을 숨기고 있는 아담이라는 인간을 향해 하나님께서는 질문하신다. 그리고 인간은 떨리는 음성으로 응답한다.

| 하나님 | "아담아 네가 어디 있느냐?"(3:9) |
|---|---|
| 아 담 | "내가 동산에서 하나님의 소리를 듣고 내가 벗었으므로 두려워하여(**יָרֵא** 야레) 숨었나이다"(3:10) |

두려움이라고는 알지도 못했던 인간이 하나님의 음성 듣기를 거부한 불순종의 죄악을 저지른 이래 하나님께 대한 두려움으로**똑같은 단어인 '야레'는 '경외하다'라는 뜻으로도 사용됨** 가득 차 버리고 그 아름답던 관계가 파괴되어 버린 것이다. 이제 이 '두려움'**יָרֵא야레**을 '경외'**יָרֵא야레**로 바뀌게 하는 삶의 길이 필요하다. 신명기의 율법은 바로 이러한 길을 걷게 하기 위해서 하나님께서

이스라엘에게 주신 법이다.

> 이스라엘아 네 하나님 여호와께서 네게 요구하시는 것이 무엇이냐 곧 네 하나님 여호와를 경외하여(יָרֵא 야레) 그 모든 도를 행하고 그를 사랑하며 마음을 다하고 성품(뜻)을 다하여 네 하나님 여호와를 섬기고 내가 오늘날 네 행복을 위하여 네게 명하는 여호와의 명령과 규례를 지킬 것이 아니냐(신 10:12-13).

그리고 "여호와를 경외하라"는 명령은 신명기 전체를 통하여 계속해서 나타나고 있다. 4:10; 5:29; 6:2, 13, 24; 8:6; 10:12, 20; 13:4; 14:23; 17:19; 28:58; 31:25 결국 '여호와 경외'가 하나님과의 관계회복의 길인데 그것은 바로 여호와의 명령과 규례를 지키는 것이다.

그 다음으로 하나님과의 관계 상실로 인해 방황하는 인간이 저지른 죄악이 바로 형제 살해이다. 사람이 사람을 해롭게 하는 것이다. 전 4:1; 8:9 가인은 단 하나밖에 없는 형제를 죽이고도 하나님의 질문에 무심한 대답을 보낸다.

| | |
|---|---|
| **하나님** | "네 아우 아벨이 어디있느냐?"(4:9) |
| **가 인** | "내가 알지 못하나이다 내가 내 아우를 지키는(שָׁמַר 샤마르) 자 입니까?"(4:9) |

가인은 회개하기보다 오히려 하나님 앞에 반기를 들고 일어서는 악행을 저지르고 있다. 이제 죄악은 더욱더 확장되어서 사람과 사람 사이마저 끊어지게 하는 결과를 초래한 것이다. 여기서 '아우'라고 번역된 히브리어는 일반적으로 사람끼리의 관계를 나타내는 '형제'를 가리키는 표현이다. 이제 그 해결점이 있다면 형제를 외면하는 삶이 아닌 어떤 여건 속에서도 형

제를 지키는 삶의 길이 절실히 요구된다. 여기서 가인이 외면한 형제를 '지켜야 할' שָׁמַר샤마르 책임은 신명기에서 끊임없이 율법의 조항과 함께 강조되고 있는데 70회 이상 나타나고 있다. 그리고 이 단어는 같은 형제들에게 행해야 할 법조항에도 사용되고 있다. 신 15:5, 9; 16:12; 17:19-20; 19:9; 25:5

> 네 하나님 여호와 앞에 칠칠절을 지키되 네 하나님 여호와께서 네게 복을 주신대로 네 힘을 헤아려 자원하는 예물을 드리고 너와 네 자녀와 노비와 네 성중에 거하는 레위인과 및 너희 중에 있는 객과 고아와 과부가 함께 네 하나님 여호와께서 그 이름을 두시려고 택하신 곳에서 네 하나님 여호와 앞에서 즐거워할지니라 너는 애굽에서 종 되었던 것을 기억하고 이 규례를 지켜(שָׁמַר 샤마르) 행할지니라 (신 16:10-12).

그리고 이 대안의 땅에서는 왕 또한 결코 절대 권력을 휘두를 수 없다. 율법서의 등사본을 기록하여 평생에 옆에 두고 읽어서 여호와 경외하기יָרֵא야레를 배워야 하며, 또한 이 율법의 모든 말과 규례를 지켜שָׁמַר샤마르 행해야 한다. 그리하여야만 그의 마음이 그의 형제 위에 교만하지 아니하고 이 명령에서 떠나 좌로나 우로나 치우치지 않을 수 있다. 그리고 이러할 때 이스라엘 중에서 그와 그의 자손이 왕위에 있는 날이 장구할 것이다. 신 17:18-20 하나님께서 주신 이 율법을 따라 살 때 이스라엘은 결단코 사람이 사람을 해롭게 하는 애굽화가 이루어질 수 없다는 것이다.

## 에덴의 현재화

태초의 선조들로 인해 야기된 이 두 사건을 통해서 모세를 그 선두로 이스라엘의 예언자들이 그렇게도 애타게 부르짖는 하나님 앞에서의 의로움,

하나님과의 관계 그리고 사람을 향한 사회 정의, 평등, 평화형제 사랑의 법 등이 왜 그렇게도 중요한 것인지 이해할 수 있으리라 본다. 바로 그것은 하나님께서 이루어 놓으신 원래의 창조의 세계로 돌아가는 것이며, 이것은 바로 인간이 저질러 놓은 죄악 된 세상을 다시 하나님께서 계획하시고 꿈꾸는 세계로 되돌려 놓는 것이기 때문이다. 즉, 에덴을 다시 회복하는 것이다. 그러므로 이스라엘 백성들에게 율법의 실천은 바로 태초에 하나님께서 바라셨던 이상을 실현하는 지름길이 되는 것이다.

율법의 대표격인 십계명을 볼 때 그 이상이 그대로 드러나 있음을 볼 수 있다. 하나님 사랑과 이웃사랑의 결정체, 바로 그것이 율법의 정신인 것이다. 아담과 하와의 불순종으로 인해 하나님과 인간의 관계가 상실되었다면 그 회복의 길로 십계명의 제1계명으로부터 제4계명까지가 제시되며 또한 그 구체적인 예들이 신명기 12-14장까지에 세세하게 나열되어 있다. 그리고 가인이 형제 살해를 통해 인간과 인간 사이의 관계 상실을 가져왔다면, 십계명의 제5계명네 부모를 공경하라을 필두로 제6계명으로부터 제10계명까지가 그 관계 회복으로의 방향을 제시하고 있고, 그 구체적인 예들은 신명기 15-26장까지에 낱낱이 제시되어 있다.[209] 그러므로 창세기의 이 두 사건들은 하나님의 선택된 백성들의 삶의 길을 제시하고 있으며, 그 공동체의 목표와 방향을 뚜렷하게 보여주고 있다고 하겠다.

이제 우리 그리스도교 공동체가 완수해야 할 과제 또한 결코 이것과 동떨어진 것이라 생각되지 않는다. 예수 그리스도께서 율법의 정신을 단 두 마디로 요약하신 것은 이스라엘의 율법의 정신과 다르지 않기 때문이다: "네 마음을 다하고 목숨을 다하고 뜻을 다하여 주 너의 하나님을 사랑하라 하셨으니 이것이 크고 첫째 되는 계명이요 둘째는 그와 같으니 네 이웃을 네 몸과 같이 사랑하라 하셨으니 이 두 계명이 온 율법과 선지자의 강령이니라."마 22:34-40 예수 그리스도께서 이 땅에 오신 것이 바로 이 두 가지, 즉 인간이 잃어버렸고, 인간 스스로의 힘으로는 되찾을 수 없는 이것을 회복하기 위함이시다. 하나님은 대안, 즉, '사람의 나라'가 아닌 '하나님의 나라'를 실현하기 원하신다. 이제 우리 모두에게 주어진 책임이 바로 주님의 뒤를 이어서 그 일을 완수해 가는 것이라는 사실을 다시금 깨달아야 할 것이다. 그 옛날 이스라엘이 하나님의 선택된 백성으로서 느꼈던 그들의 책임, 바로 그 책임이 우리 그리스도인들의 어깨에 고스란히 놓여져 있는 것이다.

모세, 그는 그 옛날에 이것을 볼 수 있는 눈이 있었다. 이 모든 것을 볼 수 있는 사람은 소외된 것, 멀어진 것을 다시 회복하고자 모든 것을 다 바쳐 애쓰는 것이다. 리더는 무엇이 잘못되었는지를 분별하여 그것을 바로잡고 나아가야 할 방향을 제시하는 사람이다. 인간의 죄악으로 인해 에덴으로부터 점점 멀어졌던 삶을 하나님의 율법을 지킴으로 에덴으로 점점 가까이 가는 길을 열어가는 것이다. 하나님과의 관계, 사람과의 관계를 회복하는 것이 바로 그 지름길이다.

하나님의 말씀이 돌 판이 되어서 법궤 안에 놓여졌다.출 25:16 그리고 그 법궤가 하나님의 백성 이스라엘의 길을 인도한다.민 10:33-36 법궤 안에 주어진 하나님의 말씀을 따라서 그 뒤를 올바르게 따라가는 자만이 그 곳으로 갈 수 있다. 사람을 죽이는 광야를 통과하며 이스라엘이 배워야 할 것은 법궤를 앞세우고 전진하며, 하나님의 말씀만 믿는 것이다: "사람이 떡으로만 사는 것이 아니요 여호와의 입에서 나오는 모든 말씀으로 사는 줄을 네가 알게 하려 하심이니라."신 8:3 법궤 속에 율법의 말씀이 들어 있다. 그 법궤가 인도하는 데로 걸어갈 수 있는 사람이 바로 그 땅에 들어갈 수 있는 사람이며, 하나님께서 주시는 약속의 땅, 그 땅을 에덴으로 만들 수 있는 사람이 될 것이다. 그렇지 않으면 사람들은 그 에덴을 또 다시 죄악과 고통의 땅, 거짓 대안인 애굽 땅, 노동과 탄식, 경쟁으로 서로를 해치고야 마는 땅으로 만들 것이기 때문이다. 이 조건은 리더에게도, 따르는 자에게도 다 동일하다. 가장 위대한 지도자 모세도 예외가 될 수 없다.

# 제 8 장

# 본질을 직시하는 리더

내가 오늘(날) 명하는 모든 명령을 너희는 지켜 행하라 그리하면 너희가 살고 번성하고 여호와께서 너희의 열조에게 맹세하신 땅에 들어가서 그것을 차지하리라 네 하나님 여호와께서 이 사십 년 동안에 네게 광야 길을 걷게 하신 것을 기억하라 이는 너를 낮추시며 너를 시험하사 네 마음이 어떠한지 그 명령을 지키는지 지키지 않는지 알려 하심이라 너를 낮추시며 너를 주리게 하시며 또 너도 알지 못하며 네 열조들도 알지 못하던 만나를 네게 먹이신 것은 사람이 떡으로만 사는 것이 아니요 여호와의 입에서 나오는 모든 말씀으로 사는 줄을 너로 알게 하려 하심이니라(신 8:1-3).

21세기가 거대한 희망을 가득 품고 그 역동적인 움직임을 시작한지가 벌써 10년이 넘는 세월이 지났다. 20세기가 전쟁과 냉전, 제국주의 그리고 개발과 발전, 진보라는 슬로건을 내걸고 거침없이 그 질주를 계속했고 인간의 삶은 몰라보게 달라졌다. 하지만 그 대부분은 '물질문명'이라는 축을 중심으로 돌아가는 일방적이고 편향적인 발전이었다. 그로 인해 파생된 경제적 제국주의, 부의 편향, 환경오염, 생태계 파괴, 신종 질병의 위험, 이상기후 현상 등 수많은 문제를 안고 21세기는 시작한 것이다. 이러한 상황 속에서 리더가 추구해야하는 길은 무엇인가? 대부분의 리더십 책들이 이러한 위기를 극복하기 위해 끊임없는 혁신을 주장한다. 혁신은 분명 필요하다. 그러나 무엇을 위한 혁신인가가 질문되어야만 한다. 피터 드러커P. F.

Drucker의 『위대한 혁신 *Peter F. Drucker on Innovation*』이란 책을 보면 혁신이란 단어에 깃들어 있는 현대의 정신을 쉽게 발견해 볼 수 있다. 그에게 혁신이란 공급과 수요의 양방향에서 살펴볼 수 있는데, 공급자의 측면에서는 "똑같은 자원을 투입하고도 더 많은 양을 산출하는 활동"이며, 수요자의 측면에서는 "이제까지 느껴온 가치와 만족에 변화를 일으키는 활동"이다.[210] 이 모든 활동을 일상생활화 하는 것이 그에게 있어 혁신의 최고의 목표가 되는 것이다. 이러한 혁신에 대한 그의 신념은 다음과 같은 발언에서 분명하게 드러난다.

> 우리는 혁신과 기업가 정신이 정상적으로 확고하게, 그리고 지속적으로 유지되는 '기업가 사회'를 만들어야 한다. 혁신과 기업가 정신은 우리의 조직, 경제 그리고 사회가 살아남도록 하는 필수적인 생명유지 활동이기 때문이다. 그렇기 때문에 기업이나 정부, 공공기관, 비영리단체 등 모든 조직의 관리자들은 구성원 개인의 업무는 물론 조직의 직무를 수행하는데 있어서 혁신과 기업가 정신을 정상적이고 지속적이며 일상적인 활동으로 그리고 반드시 실천해야 할 항목으로 만들어야 한다.[211]

드러커에게 있어서 이 시대는 새로운 것을 위해 조직을 창출하고, 지휘하는 능력을 요구하는 '기업가 시대'로 정의된다. 그리고 그 핵심 원리로 '혁신'을 내세우는 것이다. 아마도 이러한 혁신과 연루된 '기업가 사회, 기업가 정신'이라는 말은 20세기 후반은 물론이고 21세기 현재까지도 그 영향력을 잃지 않고 있는 것이 사실이다.

혁신이 기업이나 정부, 공공기관은 물론이요 비영리단체**교회도 포함**까지도 포괄한다는 점에서 이 그물망을 피해갈 조직은 없을 것이다. 이것은 크리스천 리더십을 표방하는 수많은 책들 또한 혁신과 일맥상통하는 변화의 원리들을 그 주요 내용으로 제시하고 있다는 점에서 그렇다. 교회의 변화를 추구하는 최근의 책 중에 2007년에 출판되어 2009년까지 무려 여덟 번을 거듭 인쇄하며 인기리에 발매된 책인 『우리 교회 이보다 더 좋을 수 있다』에는 교회가 바꾸어 가야 할 변화, 즉 혁신을 다방면에서 다루고 있다. 이 책은 "과연 변화란 무엇인가?"라는 중요한 질문을 제기하며 그 답을 주려고 애쓰고 있다.

> 세상이 변하니까 나도 따라서 변하는, 세상 흐름에 빨려 들어가는 변화는 변화가 아니다. 변화는 본질로 돌아가는 것이다. 변질된 것을 본질로 돌이키는 것, 바로 본질을 회복하는 것이다. 본질이 변하지 않도록 변하는 것이다. 변할 수 없는 것은 복음이요, 이 복음을 전하기 위해서 변해 가는 것이 성숙이다. 변할 수 없는 본질을 지키기 위해 끊임없이 변해 가는 것이 부흥이다.[212)]

이 말의 핵심은 본질은 지키고, 그 본질을 바르게 전하기 위해 변화가 필요하면 과감하게 변화라는 성숙의 과정을 통해 부흥의 길로 나가자는 것이다. '변화와 본질'의 관계를 잘 정의하고 있다고 본다. 그러나 안타까운 사실은 본질이 복음이라고 분명하게 명시했지만, 정작 그 본질이 되는 복음이 무엇인지에 대해 구체적인 정의와 논증은 찾아볼 수 없다. 계속적인 교회 변혁의 예들에 관한 내용만 두꺼운 책을 가득 메우고 있다. 어쩌면 그 변해야 하는 것 속에 변하지 않는 것을 스스로 깨달아 가라는 연역적인 교육방식일 수도 있고, 아니면 최소한 복음이 무엇인지는 모두 다 알고 있을 것이라는 전제 하에 변화의 예들을 제시하고 있는 것인지도 모른다. 그러나 그 본질이라고 하는 복음의 소리가 들리지 않음으로 인해 이 책을 읽어 내려 갈수록 답답함이 더욱 가중되고 있음은 숨길 수 없는 사실이다.

우리의 문제는 결코 새로운 것을 깨닫지 못해서 발생하기 보다는 본질을 망각하기 때문에, 혹은 아예 그 본질이 무엇인지조차 모르고 있기 때문에 일어나는 일이 허다하다. 그리스도인으로서 알아야 할 본질은 무엇인가? 변화와 혁신을 말하기 전에 이 질문에 답하는 것이 선행되어야 할 것이다. 특히, 하나님의 교회에서 리더로서 섬기고 있고, 미래의 리더로 하나님의 교회를 이끌 사람들에게는 더욱더 절실히 이 부분을 명확히 하는 것이 요구된다. 하나님 없이 복음이 있을 수 없고, 사람이 없이 복음의 가치가 빛날 수 없으니 분명 복음은 하나님과 인간이 만나는 지점에서 발생되는 '사건'일 것이다. '사건'이라 함은 '죽어있는 문자'가 아니라 '하나님의 역동적인 능력'을 의미하기 위한 궁색한 표현이다.

하나님과 인간이 만나서 이루는 이 복음의 역동적인 사건은 이미 그 옛날 이스라엘이 태동하던 당시에도 존재했다. 이스라엘을 이끈 모세는 계속해서 복음이라는 본질을 망각하고 부수적인 것에 매달리며 목표를 향한 걸음을 흔들어 놓는 백성들로 인해 수많은 고통과 좌절을 경험했다. 그가 파란 많은 그의 여정 마지막 즈음에 이스라엘의 신세대를 향하여 전하는 유언과도 같은 신명기는 복음의 본질을 명쾌하게 전하는 노장의 혜안이 번득인다. 그런데 그가 전하고자 했던 그 본질이라는 것이 예수님께서 가장 처음으로 우리에게 보여주시고자 하는 삶의 모습**마 4:1-11**과 동일하다는 점에서 그는 진정 하나님의 사람이었으며, 이스라엘의 위대한 지도자였다는 점을 인정하게 한다.[213] 여기서는 역으로 되짚어 가는 길을 택할 것이다. 즉, 예수님으로부터 모세에게로 건너가는 방식으로 하나님의 말씀이 늘 동일한 선상에 있다는 점을 강조하며, 이 시대의 리더로서 취해야 할 바른 길을 살펴보기로 한다.

# 1. 삶의 본질을 깨닫는 리더

## 어미 칠면조와 박제된 족제비 실험

로버트 치알디니의 베스트셀러인 『설득의 심리학』을 살펴보면 동물 생태학**자연 상황에서 동물들의 행동에 관한 연구 분야**에 관한 흥미로운 보고들을 몇 가지 전해주고 있다. 그 중에 특히 '어미 칠면조와 박제된 족제비에 관한 실험'과 '검치 베도라치와 큰 물고기의 생태에 관한 보고'는 그리스도인으로서 본질에 관해 생각해 볼 수 있는 좋은 자료를 제공해 주고 있다.[214)]

어미 칠면조는 사랑이 많고 사려 깊으며, 또한 자식을 정성으로 보호하는 좋은 어미 노릇을 하는 것으로 알려져 있다. 실제로도 그들은 새끼들을 따뜻하고 깨끗하게 하고, 또 품에 안아 보호하는데 많은 시간을 보낸다. 그러나 어미 칠면조의 이러한 새끼 사랑에는 매우 특이한 면이 하나 있다. 그것은 새끼 칠면조가 내는 '칩칩'이라는 소리에 의해서만 그러한 애정이 시작된다는 사실이다. 새끼 칠면조의 냄새나 신체 접촉, 그리고 생김새는 어미 칠면조에게 아무런 자극을 주지 않는다. 오직 새끼 칠면조가 내는 '칩칩' 소리가 있어야만 어미 칠면조는 자기의 새끼를 돌보기 시작하며, 소리가 들리지 않으면 언제 그랬냐는 듯이 새끼 칠면조를 철저하게 외면하고 심지어는 자기 새끼를 죽이기도 한다.

이러한 현상은 동물 생태학자인 폭스M. W. Fox의 '어미 칠면조와 박제된 족제비' 실험을 통하여 분명히 밝혀졌다. 동물의 세계에서 칠면조와 족제비는 천적 관계이다. 족제비를 보기만 해도 어미 칠면조는 꽥꽥 소리를 지르고 부리로 쪼고 발톱으로 할퀴는 등 살기등등하게 공격을 가한다. 폭스는 실험에서 박제된 족제비를 실에 매달아서 어미 칠면조에게 접근시켰다. 어미 칠면조는 여지없이 즉각적인 공격을 맹렬하게 가하였다. 그러나 똑같은 박제 족제비에 녹음기를 내장하여 새끼 칠면조의 '칩칩' 소리를 내게 하자 어미 칠면조는 놀랍게도 박제 족제비를 우호적으로 대할 뿐만 아니라 품에 안기까지 하는 것이었다. 그러나 녹음기를 끄자마자 언제 그랬냐는 듯이 어미 칠면조는 박제 족제비를 다시 공격하기 시작하였다.[215)]

이와 유사한 예로 바다 속 생태계에 농어류의 작은 고기와 큰 고기의 공생 관계가 있다. 작은 고기는 큰 고기의 청소부 역할을 담당하고 있는데, 이 작은 고기가 접근하면 큰 고기는 입을 크게 벌려서 작은 고기가 자기의 입 속으로 들어오게 한다. 큰 고기는 청소를 통해서 유해물을 제거하고, 작은 고기는 힘들이지 않고 손쉽게 먹이를 얻는 '누이 좋고 매부 좋은' 관계인 것이다. 원래 생리적으로 큰 고기는 자기에게 접근하는 모든 고기를 용서없이 삼켜 버리지만 이 작은 고기가 접근하여 '물결이 파도치듯 춤을 추면' 갑자기 모든 동작을 멈추고 입을 크게 벌린 채 부동자세를 취한다고 한다. 아마도 이 작은 고기의 춤이 큰 고기의 부동자세를 발생시키는 유발기제의 역할을 하는 것 같다. '검치 베도라치'라는 물고기는 작은 물고기와 큰 물고기의 이러한 상호협조 관계를 잘 알고 있다. 이를 이용해 검치 베도라치는 작은 고기의 파도치는 춤을 모방하여 큰 고기를 부동자세로 만든 후에 날카로운 이빨로 순식간에 큰 고기의 살점을 뜯어 먹고는 큰 고기가 최면 상태에서 깨어나기 전에 유유히 사라진다.

## 신앙마비제

지금 신앙의 본질을 말해야만 하는 이 시점에서 이러한 동물의 생태를 예로 드는 이유가 있다. 각각의 동물들은 본능적으로 자신들을 꼼짝 못하게 만드는 어떠한 것이 있다. 어미 칠면조가 새끼들의 '칩칩' 소리에 모든 지각능력이 마비되고, 큰 물고기가 작은 물고기가 추는 '물결이 파도치는 듯한 춤'에 몸이 일시에 굳어지고 입을 크게 벌린다. 여기서 우리의 삶의 예를 살펴볼 필요가 있다. 우리 인간에게도 우리의 이성을 마비시켜버리는 말들이 있다. 우리를 꼼짝 못하게 만들어 우리의 올바른 선택 능력에 장애를 주는 말들이다. 그 말들은 흡사 동물들이 프로그램 된 듯이 행동하게 만드는 것처럼 우리 인간을 마약에 취한 것같이 만드는 능력이 있다. 하나님께서 이 말들을 사용하시면 우리 삶의 본질적인 부분을 바르게 세워갈 수 있다. 하지만 만약 이것을 사탄이 활용한다면 우리는 생명에 위협을 받을 수도 있다. 즉, 이 말들은 우리의 강점이 될 수도, 약점이 될 수도 있는 성질의 것이다. 그러나 누구의 손에 쥐어지느냐에 촉각을 곤두세우기보다는 우리가 깨달아야 할 본질을 깨닫고 나면 그것이 누구의 손에 있건 두려울 것이 없을 것이다.

이제 본론으로 돌아가서, 본 장의 시작부분에서 남겨놓은 질문인 그리스도인으로서 지켜야 할 본질은 무엇인가에 대해 알아보아야 한다. 이 질문은 또한 복음의 본질이 무엇인가라는 질문과 다를 바가 없는 상호 교환이 가능한 질문이 될 것이다. 그리고 그 대답은 이 땅 위에서 다른 이들을 이끌고 있

**Thinking Tip !**

요즘은 각 개인의 성향을 파악하여 개개인의 특성에 따라 사람을 이끄는 방식이 인기를 얻고 있다. 예를 들어 MBTI(Myers-Briggs Type Indicator) 성격유형검사, 에니어그램(Enneagram) 그리고 다중지능검사 등이 이에 속한다. 이와 더불어 우리는 모든 이에게 예외 없이 적용되는 본질적인 문제를 파악하는 것에 더욱 집중해야 한다.

는 그리스도인 리더라면 분명하게 인식하고 있어야만 할 사항이다. 리더가 반드시 직시해야 할 것이 있다. 바로 자신이 이끌고 있는 인간이란 존재이다. 물론 모든 개개인이 다 다르다는 것도 인식해야 하고, 각자에 맞는 방식으로 이끌어야한다는 부담도 있다.

그러나 그보다 더 중요한 것은 성격의 유형 따라 변하는 처세술이 아니라 모든 인간에게 적용될 수 있는 삶의 본질이 있다는 것이다. 복음의 본질은 결코 각 개인의 삶의 정황에 따라 달라지는 상황신학적인 것이 아니라, 불변하는 진리인 것이다. 그리고 이 진리는 어떤 유형의 사람에게라도 똑같이 필수적인 것이 된다.

20세기 후반과 21세기를 뜨겁게 달군 성공의 원리, 그리고 그 성공의 원리를 발판으로 좀더 앞서가는 삶을 살아보자는 리더십의 원리가 서로 교류하며 수많은 책들이 서점가를 뒤덮었다. 각 책들 또한 그 분량에 있어서도 읽기에 부담스러울 정도의 두께를 자랑한다. 물론 그리스도인 리더십을 표방하는 책들 또한 상황은 크게 다를 바가 없다. 그러나 여기 겉으로 보기에는 다른 책들과 분량에 있어서나 사용된 화려한 미사여구에 비하면 아주 보잘 것 없는 책 한 권이 있다. 바로 1989년에 쓰여진 헨리 나우웬H. J. M. Nouwen의 『예수님의 이름으로: 크리스천 리더십을 다시 생각한다 *In The Name of Jesus: Reflections on Christian Leadership*』라는 책이다.[216] 나우웬에 대한 여러 가지 논쟁들이 대두되고 있음에도 이 책을 거론하는 이유는 먼저, 정확하게 복음의 본질과 인간의 본질을 꿰뚫어 보고 있는 그의 분명한 안목 때문이다. 그 다음은 크리스천 리더십을 정의하는 데에 이러한 그의 통찰력을 명쾌하게 적용하고 있다는 점 때문이다. 이 책은 그가 워싱턴Washington, DC에 있는 '인간 개발 연구소'Center for Human Development의 요청으로 그 센터의 15주년 기념행사에서 '21세기 크리스천 리더십'에 대하여 강연한 내용을 편집하여 출판한 것이다. 이 책의 주 내용이 골방사색만으로 이루어진 것이 아니라 그가 하버드 교수직을 내려놓고 정신 장애인 공동체인 토론토Toronto, Canada 근교의 데이브레이크Daybreak의 원목으로 섬기며 깨달은 바를 담고 있다는 면에서 소중하다. 정신 장애인 공동체와 21세기 리더십이 별개인 것처럼 느껴지는 세상 속에서 크리스천 리더십이 나아가야 할 본질을 깨달은 것이다.

## 헨리 나우웬의 21세기 리더십

어느 누구든지 '21세기 크리스천 리더십'이란 강연을 준비해야 한다면, 그 용어만으로도 위압감을 느낄 수밖에 없을 것이다. 아무리 교회라고 해도 외양의 화려함을 추구하는 현실과 삶의 다양성들을 고려한다면 분명 쉽게 정리할 수 없는 제목임에는 틀림없다. 그러나 나우웬은 이 거대한 과제를 복음서의 두 가지 사건, 곧 마태복음의 '예수님이 광야에서 시험 받으신 사건'마 4:1-11과 요한복음의 부활하신 예수님께서 '베드로를 목자로 부르신 사건'요 21:15-19을 연결하여 풀어간다. 그런데 이 속에 우리가 서 있어야 할 복음의 본질과 우리 자신을 직시할 수 있는 인간의 본질이 그대로 드러나고 있다. 그의 논지를 간략하게 요약하여 논술하면 다음과 같다.

예수님께서 사역을 시작하시기 전에 사탄에게 먼저 세 가지의 시험을 받는 사건은 단순한 시험이라는 차원이 아니라 하나님, 인간, 세상사탄의 권세 하에 있는이 뒤얽혀 있는 복음과 신앙의 본질에 대한 시험을 의미한다. 예수님의 이 시험은 결국 주님을 따라가는 모든 사람들의 몫이며 그 화답이 베드로를 부르시는 사건에 인간의 응답으로 주어져 있다. 즉, 복음서의 시작과 끝이 만나는 것이며, 예수님과 그의 제자가 하나 되는 순간이다. 이 두 가지 상황 속에서 유사한 말들을 사탄이 사용할 때와 예수님께서 사용하실 때에 어떤 변화들이 나타나는지를 살펴볼 필요가 있다. 사탄이 주는 시험 속에 나타나는 말들의 위력은 가히 우리의 이성과 행동을 완전히 마비시켜 버릴 만큼 그렇게 강력하다. 그에 반하여 예수님께서 우리를 부르시는 말씀 또한 세상 속에서 마비된 우리의 이성을 풀어내기에 충분하고도 남음이 있는 힘이 있다. 이제 우리가 어디에 서 있으며, 궁극적으로 어디로 가야 하는지를 분명하게 살펴볼 필요가 있다.

예수님께서 받았던 첫 번째 시험은 "네가 만일 하나님의 아들이어든 이 돌들이 떡덩이가 되게 하라"는 것이다.마 4:3 이것은 분명히 현실에 충실하라는 충고이다. 스스로 문제 해결 능력을 지닌 유능한 사람이 되라는 것이다. 자신의 필요는 물론이요, 이 세상에 도움을 필요로 하는 모든 사람들에게 무엇이든 줄 수 있는 능력의 지도자가 되라는 유혹이다. 즉, 현실지향적 지도자로 무엇인가 할 수 있고, 보여줄 수 있고, 증명할 수 있으며, 일을 풀어 나갈 수 있다는 자신감을 가진 사람이 되라는 것을 의미한다. 이것은 리더에게 분명한 유혹이다. 우리는 사람들을 돕고, 배고픈 사람들을 먹이고, 헐벗은 자를 입히고, 굶주린 자를 살리고, 병든 자를 치료하며 그들의 삶에 변화를 일으키는 그런 사명으로 부름 받았다. 하지만 돌을 빵이 되게 하라는 현실지향적 행동으로 하나님의 아들로서의 능력을 인정받으라는 유혹은 "사람이 떡으로만 살 것이 아니요 하나님의 입으로 나오는 모든 말씀으로 살 것이라"마 4:4는 예수님의 선언으로 거짓임이 판명된다. 즉, 떡이 앞서는 삶이 아니라 하나님이 앞서는 그 길만이 진리의 길이라는 선포인 것이다. 미래 크리스천 리더들은 완전히 현실에 부적절하며, 자신의 연약한 자아밖에는 줄 것이 없는 그런 모습으로 이 세상에 서 있도록 부름 받았다. 이것을 자각해야 한다. 이것이 바로 예수님께서 하나님의 사랑을 나타내시기 위해 하셨던 방법이기 때문이다.

예수님은 그래서 베드로에게 목자가 될 것을 명령하시기 전에 먼저 "요한의 아들 시몬아 네가 이 사람들보다 나를 더 사랑하느냐?"요 21:15고 물으셨다. 그리고 두 번, 세 번 "네가 나를 사랑하느냐?"고 동일하게 물으셨다. 이처럼 오직 하나님의 무조건적인 사랑을 전하는 데만 관심을 가지셨던 주님이 유일하게 하셨던 질문은 "네가 나를 사랑하느냐?"였다. 예수님은 "너의 능력과 업적을 보여라. 그러면 너를 신뢰하고, 사명을 맡기겠다."라고 말씀하지 않으셨다.[217] 오히려 자신이 아버지를 사랑하듯이 모든 이들이 그를 사랑할 것을 원하셨다. 예수님을 사랑한다는 것은 곧 그분의 마음을 아는 것이며, 그분이 성육신하신 그 진심을 깨닫는 것이기에 우리에게는 사명이 된다. 즉, 하나님은 사랑이시고, 그 사랑이 우리로 현실에 대한 두려움과 소외감과 절망, 조급함 등을 이기게 하고, 어느 곳에 가든지 치유, 화해, 새로운 삶과 희망을 심어주는 사명을 감당케 하는 능력이 된다.

그러므로 크리스천 리더들이란 이 시대의 불붙는 이슈에 박식한 자들이 아니라, 성육신하신 예수님과 영속적이고 친밀한 관계 속에서 사랑의 말과 충고와 지침들을 찾는 사람들이다. 이것은 떡으로만 살 수 있다고 고함쳐대는 세상의 소리를 끊고 지속적인 기도를 통하여 하나님의 생명의 소리를 거듭해서 듣는 것이다. 즉, '현실지향에서 기도로'From Relevance to Prayer 그리고 도덕으로부터 영으로 전환하는 삶이다.[218]

예수님께서 받았던 두 번째 시험은 정확히 무언가 멋있게 보이며 굉장하고, 열렬한 환호를 안겨다 줄 그런 일을 해보라는 유혹이었다. 사탄은 "네가 만일 하나님의 아들이어든 이 성전 꼭대기에서 뛰어 내려보라. 그러면 천사들이 손으로 너를 받들어 네 발이 돌에 부딪히지 않게 할 것이다"마 4:6 라고 부추긴다. 그러나 예수님은 눈으로 보여주는 것에 동의하지 않으신다. 그분은 자신이 누구인지 증명하려 하지 않으시고, 또한 자신이 굉장하다는 것을 보여주려고 애쓰지도 않으신다. 단순히, "주 너의 하나님을 시험치 말라"마 4:7고 응답하실 뿐이다. 무언가를 보고서야 믿는 것은 끊임없이 볼거리를 요구할 것이며, 끝내 보여주기를 멈추면 믿음도 멈추어 버릴 것이란 사실을 잘 아시기 때문일 것이다. 주님의 십자가는 아무것도 보여줄 것이 없는 하나님의 무능의 상징이기에 성전 꼭대기에서 뛰어내리는 것과 십자가는 같은 선상에 존재할 수가 없는 성질의 것이다. 그러나 경쟁 사회의 분명한 한 측면인 스타 의식과 개인주의적 영웅주의는 교회에서도 전혀 낯설지 않게 발견할 수 있는 것이다. 거기에는 단연 모든 일을 혼자 할 수 있는 사람이 돋보이고, 공동체가 아닌 개인주의가 만연할 수밖에 없다.

예수님께서 베드로에게 세 번에 걸쳐 "네가 나를 사랑하느냐?"고 물으신 후에는 언제나 목자의 사명을 부여하신다: "내 어린 양을 먹이라. 내 양을 치라. 내 양을 먹이라."요 21:15, 16, 17 이것은 베드로 개인에게만 해당되는 것이 아니라 그가 제자들의 대표격이었다는 점에서 예수님의 뒤를 잇는 모든 사람들에게 해당되는 것이 분명하다. 그리고 예수님의 이상적인 목회관이 보여주듯이 목회는 결코 한 개인의 스타 의식이나 영웅주의가 아닌 목자와 양의 상호관계 속에 이루어지는 것이다: "나는 선한 목자라 나는 내 양을 알고 양도 나를 아는 것이 아버지께서 나를 아시고 내가 아버지를 아는 것 같으니 나는 양을 위하여 목숨을 버리노라."요 10:14-15 그러므로 진정한 목회는 상호보완적이어야 한다. 그렇지 않고 목자가 양을 모르고, 양들이 목자를 모르거나 사랑치 못한다면 목회 자체는 급속도로 교묘하게 힘을 행사하는 방법으로 나가거나, 혹은 권위주의와 독재가 되고, 사랑이 아닌 통제로 나가게 되기 십상이다. 따라서 미래 교회는 전적으로 새로운 형태의 리더십이 요구되는데 세상의 파워게임을 본뜬 과시적 리더십이 아니라 자신의 생명을 많은 사람들의 구원을 위해 내어주려 오셨던 섬기는 지도자, 바로 예수 그리스도의 본을 따르는 리더십이다.

그러므로 크리스천 리더십이란 개인적 영웅주의에 빠지려는 유혹을 극복하고, 고백과 용서를 통해 목자와 양들이 서로를 사랑하는 구체적인 공동체를 세워가는 것이다. 미래 크리스천 지도자는 깊은 기도에 몰두한 영성가일 뿐만 아니라 그들 자신의 부족과 연약함을 공동체 앞에서도 기꺼이 고백하고 그들이 인도하는 사람들에게 용서를 구할 줄 아는 그런 사람이어야 한다. 이러할 때 '유명세에서 목회로'From Popularity to Ministry 돌아설 수 있으며, 건전한 신앙 공동체로 바르게 서 나갈 수 있을 것이다.[219)]

예수님이 받았던 세 번째 시험은 힘에 대한 것이었다. 사탄은 천하만국의 영광을 다 보여주며 "만일 내게 엎드려 경배하면 이 모든 것을 네게 주리라"마 4:9고 유혹한다. 기독교 역사의 가장 큰 아이러니는 오직 하나님만을 따르며, 그의 종이 되겠다고 결심했던 사람들이 끊임없이 정치적, 군사적, 경제적, 도덕적, 영적인 힘의 시험에 무릎을 꿇었다는 사실이다. 그럼에도 말로는 자신의 신성한 힘에 의존치 않으시고 자신을 비워 인간이 되신 예수님의 종이라 자처하고, 그의 이름으로 선포하기를 주저하지 않는다. 힘을 복음 선포의 유용한 도구라고 착각할 정도로, 힘에 대한 유혹이 막을 수 없을 정도로 강해 보이는 이유는 무엇일까? 그것은 아마 사랑이라는 숭고하고 어려운 사명에 대한 손쉬운 대체물을 힘이 제공하기 때문일 것이라 여겨진다. 하나님을 사랑하기 보다는 하나님처럼 되는 것이 오히려 더 쉽고, 사람들을 사랑하기 보다는 사람들을 힘으로 통제하는 것이 훨씬 더 쉽다. 힘은 다른 사람에게 인도받는 것 보다, 다른 사람을 내가 원하는 곳으로 이끄는데 유용하다. 교회 역사 중 가장 고통스러운 순간은 사람들이 사랑 대신 힘을, 십자가 대신 지배력을, 인도받기보다는 인도하려는 유혹에 굴복한 때였다. "주 너의 하나님께 경배하고 다만 그를 섬기라"**마 4:10**는 선언으로 이런 유혹을 끝까지 이겨내고 이 시대에 소망을 주는 사람들이야말로 진정한 성도들이다. 즉, 섬김을 받는 것이 아니라 섬기기 위함이라는 의미는 내가 이끄는 것이 아니라 도리어 기꺼이 이끌림을 받는 삶을 결단하는 것이다.

**Thinking Tip !**

사이토 다카시는 세계사를 움직이는 다섯 가지 힘이 있다고 주장하며, 그 마지막으로 종교를 들고 있다. 특히 유대교, 기독교, 이슬람교라는 동일한 뿌리를 가지고 있는 일신교들 가운데 침략행위와 궁합이 가장 잘 맞는 것이 '사랑의 종교'라 하는 기독교라는 것에 경악을 금치 못한다. 그는 기독교는 '사랑'의 종교임에도 불구하고 제국의 야망과 하나가 되어 서양의 세계 침략에 하나의 구실이나 무기로 사용되어, 미개한 사람들에게 '신의 구원을 가져다 준다'는 정복의 명분으로 수많은 대량학살(십자군 전쟁, 마녀사냥, 남미와 북미의 원주민, 현대의 아프가니스탄, 이라크 전쟁 등)까지도 마다하지 않았다고 신랄하게 비판한다. 그리고 '그리스도의 사랑'을 악용한 이 방식을 예수님이 보았다면 통탄할 일일 것이라고 평가한다.[220)]

또다시 예수님께로 돌이키면, 우리는 베드로를 대면하고 계신 예수님을 만날 수 있다. 예수님은 "나를 더 사랑하는가?"를 세 번, "목자가 되라"는 명령을 세 번 주신 후에 베드로의 차후의 삶을 분명하게 말씀해 주신다: "내가 진실로 진실로 네게 이르노니 네가 젊어서는 스스로 띠 띠고 원하는 곳으로 다녔거니와 늙어서는 네 팔을 벌리리니 남이 네게 띠 띠우고 원하지 아니하는 곳으로 데려가리라."**요 21:18** 세상은 "네가 어렸을 때는 의존적이었지만 자라서는 네 스스로 독자적인 길을 걷고 네 운명을 지배하라"고 한다. 그러나 크리스천 리더십은 그 반대로 자신이 가고 싶지 않은 곳으로 기꺼이 이끌려 갈 수 있는 능력이다. 그리고 힘과 지배력의 리더십이 아니라 무장해제와 겸손의 리더십이다. 이는 환경의 수동적인 희생물이 되는 그런 유약한 리더십이 아닌 사랑 때문에 힘의 사용을 계속적으로 포기하는 그런 리더십이다. 미래의 기독교 지도자는 양식이나 주머니나 돈이나 여벌 옷도 가지지 않고 지팡이 하나만을 가지고 여행하는, 철저히 가난한 지도자일 필요가 있다.**막 6:8** 가난은 유익이 없다 할지라도 우리로 하여금 인도받는 자가 되게 함으로 진정한 리더십을 발휘할 수 있는 동력을 제공해 줄 수 있기 때문이다.

그러므로 크리스천 리더십은 세상의 시끄럽고 떠들썩한 힘에 대한 아우성을 뒤로하고 하나님의 부드럽고 온화하며, 사랑스러운 음성을 들을 수 있도록 도울 수 있어야한다. 크리스천 리더들은 힘에 매달리지 않고 자신을 비워 종의 형체를 가지셨던 예수님의 마음을 닮아 '인도하는 자리에서 인도받는 자리로'**From Leading to Being Led** 기꺼이 낮아질 필요가 있다.[221]

이상과 같이 나우웬이 바라본 '21세기 크리스천 리더십'은 결코 화려하지 않다. 현실적이지도, 멋있게 보이지도 또한 힘 있어 보이지도 않는 지극히 신비적이며**떡으로만 아니다**, 초라하고**과시하지 마라**, 심지어는 무능해 보이기까지**하나님만 바라라** 한다. '21세기'라는 수식어가 무색할 정도이다. 그러나 이 세 가지의 시험 속에 사람이 살아가는 세상의 지배적인 소리가 있고, 그에 대하여 과감하게 "아니다!"라고 선언하는 사람의 소리가 있다. 그런데 사람이 "아니다!"라고 선포할 수 있는 그 힘이 하나님께로부터 온다. 이처럼 이 세 가지 시험 속에는 하나님, 사람, 세상 모두가 등장하고 있으며, 우리가 살아가는 삶의 현실이 있다. 그리고 그 속에는 진정한 믿음이 무엇인지, 그리고 복음의 본질이 무엇인지를 선포하는 꺾이지 않는 힘찬 외침이 있다. 그러므로 복음과 신앙의 본질은 사람이 떡으로만 사는 것이 아니요 하나님의 입으로 나오는 모든 말씀으로 사는 것이며, 하나님을 시험치 않고 믿는 것이며, 또한 하나님만 경배하고 그만 섬기는 것이다. 이처럼 복음과 신앙의 본질은 늘 언제나 변함이 없으신 하나님 안에 뿌리 내리고 있다.

예수님께서 탄생하시기 1300여 년 전에 하나님의 사람 모세 또한 동일한 삶의 시험 앞에 부딪쳤다. 예수님께서 자신에게 닥쳐진 시험을 물리치실 때에 인용하신 선언이 모두 다 모세가 신명기를 통해 전한 선언이었다는 것은 모세의 시대 또한 전혀 다르지 않다는 것을 증명하는 것이 된다. 모세가 자신의 죽음을 눈앞에 두고 가나안 땅을 향하여 나아가는 이스라엘의 신세대들에게 마지막 힘을 모아 전했던 그의 유언과도 같은 '신명기'는 예수님께서 자신의 사역의 시작점에서 사탄의 시험을 이기는 무기가 되었다.[222] 천년이 넘는 세월의 담이 무색할 정도로 하나님의 말씀은 동일한 힘을 발휘한다. 이것은 사람이 살아가는 환경은 시대를 따라 달라질 수는 있을지 모르겠지만 인생 앞에 부딪쳐 오는 문제와 시험은 본질적으로 늘 동일하다는 것을 보여주는 단적인 예가 된다. 이는 또한 모세라는 지도자는 이미 그 옛날에 복음과 신앙, 그리고 인간의 본질이 무엇인지를 꿰뚫어보는 통찰력이 있었다는 것을 입증하는 것이다. 그렇다면 이제 그의 선포의 의미를 밝혀볼 필요가 있겠다. 이를 통해 예수님과 모세가 만나며, 하나님과 인간이 교통하는 길을 열 수 있을 것이기 때문이다.

## 2. 광야에서 배우는 삶의 본질

### 모세의 눈

이스라엘은 출애굽한 후에 광야라는 거친 땅을 통과해 왔다. 지금 40여 년의 우여곡절을 겪고 요단강을 바로 눈앞에 두고 모압 평야에 서 있는 백성들은 여호수아와 갈렙을 제외하면 모두 신세대들이다. 광야 인구조사에서 20세가 되지 못하였던 자들**민 14:29-31**, 그리고 광야에서 탄생한 자들이 지금 모세 앞에 집결해 있다. 정복해야 할 땅이 강 하나를 사이에 두고 바로 지척에 있다. 백성들의 마음속에 분명 비장함이 감돌았을 것을 직감해 볼 수 있다. 요단강을 사이에 두고 광야와 가나안 땅이 마주 대하고 있다. 광야에서 출애굽 구세대가 죽고, 그 죽음을 뒤로하고 신세대는 약속의 땅 가나안에 들어가야 한다. 그곳에서는 죽음이 아닌 생명이, 저주가 아닌 축복이 넘쳐야 한다. 모세는 이처럼 신세대를 향한 자신의 마지막 소명을 불태우고 있다. 출애굽 세대가 광야에서 완고하게 하나님을 거역하다 죽어간 것은 그들을 이끈 리더인 모세에게는 커다란 고통이었을 것이다. 선조들이 죽어간 광야의 끝자락에서 지금 가나안을 바라보고 있는 신세대만은 결코 그렇게 무가치하게 생을 끝내지 않기를 바라는 마음 또한 간절했을 것이다. 그렇다면 그의 마지막 말이 담겨 있는 신명기서는 무엇을 전해야 할 것인가? 무엇을 그 핵심으로 다루고 있을 것인가? 그 답은 사탄이 예수님을 시험한 내용과 그 시험에 맞대응한 예수님의 응답 속에 고스란히 농축되어 있다. 왜냐하면 그것은 과거, 현재, 미래라는 시간적 갭을 초월하여 믿는 자든, 믿지 않는 자든 이 땅에서 호흡하고 있는 모든 인생이 겪는 시험이요, 하나님을 믿는 사람들이라면 반드시 이겨내야 할 시험이기 때문이다.

## 예수님이 받은 시험과 신명기

예수님께서는 그 세 번의 시험에 대항하여 세 번 다 신명기의 말씀을 인용함으로 이겨내신다. 이것은 신명기가 히브리 신앙의 정수인 토라의 결론이라는 점에서 그 중요성을 아무리 강조해도 지나침이 없다는 점을 입증하고도 남는다.[223)]

| | |
|---|---|
| 첫째 | * 마 4:3 이 돌들이 떡 덩이가 되게 하라<br>* 신 8:3 사람이 떡으로만 살 것이 아니요 하나님의 입으로부터 나오는 모든 말씀으로 살 것이라 |
| 둘째 | * 마 4:6 성전 꼭대기에서 뛰어내리라<br>* 신 6:16 주 너의 하나님을 시험치 말라 |
| 셋째 | * 마 4:9 내게 엎드려 경배하면 이 모든 것(천하만국과 그 영광)을 네게주리라<br>* 신 6:13 주 너의 하나님께 경배하고 다만 그를 섬기라 |

위에 인용된 신명기 구절들은 모두 다 모세의 입을 통해 주어진 명령이 내포된 선포들이다. 그렇다면 모세는 이미 인간이 겪는 시험의 내용을 간파하고 있었다는 것을 알 수 있다. "모세가 어찌 이런 통찰력을 갖게 되었을까?"라는 질문은 "왜 하필 예수님은 신명기에서인가?"라는 의문까지도 해결할 수 있다. 그 응답은 모세 또한 동일한 난관에 부딪쳐 보았기 때문이라는 것이 정답일 것이다. 그가 이끌었던 하나님의 백성 이스라엘이 이 세 가지 시험 앞에서 맥없이 쓰러지는 것을 보았고, 그들이 하나님의 백성이라는 정체성마저 상실한 것은 물론이요 종국적인 멸망으로 모든 것을 마감한 사실 또한 역력히 보았다. 그가 신세대를 향하여 이런 엄숙한 명령을 단

호하게 선포하는 이유는 선조의 전철을 밟지 말자는 차원을 넘어서 하나님의 이상을 향한 독려가 그 속에 내포되어 있는 것이다. 그렇다면 한 마디 한 마디의 명령과 권면 속에 분명 광야세대의 실패가 제시되어 있을 것이다. 그것을 추적하며, 면밀히 살펴보노라면 예수님의 삶과 만나게 될 테고, 또한 지금 현재 우리에게도 강한 도전으로 다가올 것이다. 여기 세 가지의 본질적인 삶의 시험들을 예수님께서 신명기를 인용하셨던 순서를 따라 추적해 보기로 한다.

첫째로, 모세의 입을 통해 쏟아져 나온 "사람이 떡으로만 사는 것이 아니요 하나님의 입으로 나오는 모든 말씀으로 사는 줄을 네가 알게 하려 하심이니라"**신 8:3**는 선언은 인간 생활의 가장 기본 요소인 의식주와 관련된다. 이 세 가지 요소 중에서도 먹는 것과 관련된 것은 생존과 직결되기에 가장 민감한 문제일 수 있다. 출애굽하여 홍해를 건넌 이스라엘 백성들이 가장 먼저 부딪친 문제가 바로 광야에서 마시는 것과 먹는 것에 관한 것이었다는 것은 결코 우연이 아니다. 광야는 인간의 모든 이성을 마비시키는 것은 물론이요, 신앙의 뿌리까지도 드러내어 말려버리는 위력이 있다. 하나님은 그 광야의 위력을 자신의 말씀으로 대체하신다. 여기 백성들의 광야론**論**과 하나님의 말씀이 대조되고 있다. 이 둘을 비교해 보라.

> (이스라엘 자손이) 그들에게 이르되 우리가 애굽 땅에서 고기 가마 곁에 앉았던 때와 떡을 배불리 먹던 때에 여호와의 손에 죽었더면 좋았을 것을 너희가 이 광야로 우리를 인도해 내어 이 온 회중으로 주려 죽게 하는도다(출 16:3).

때에 여호와께서 모세에게 이르시되 보라 내가 너희를 위하여 하늘에서 양식을 비 같이 내리리니 백성이 나가서 일용할 것을 날마다 거둘 것이라 이같이 하여 그들이 나의 율법을 준행하나 아니하나 내가 시험하리라(출 16:4).

백성들은 애굽의 고기 가마와 떡이 없으면 광야에서 결코 생존할 수 없다고 확언한다. 그러나 하나님께서는 전혀 다른 것을 말씀하신다. 사람이 마련한 떡이 아니라 하나님의 명령으로 하늘에서 내리는 양식은 지금까지 어느 누구도 경험한 바가 없는 것이다. 출 16:15; 신 8:3. [224] 만나는 하나님 말씀이 갖는 신실함의 상징이다. 안식일을 제외한 모든 날에 어김없이 40년 동안, 이스라엘 백성들이 가나안 땅에서 그 땅의 소산을 먹을 때까지 내렸다. 출 16:35; 수 5:12 시편 37편 3절에는 분명 이러한 하나님의 말씀에 대한 확신에서 "땅에 머무는 동안 그의 성실을 먹을거리로 삼을지어다"라는 단언적 명령을 할 수 있는 것이라 볼 수 있다. 늘 두려워하기를 밥 먹듯 하는 우리들을 위하여[225] 하나님께서는 떡이 아닌 자신의 말씀이 생명을 유지하는 필수불가결한 것이란 점을 가르쳐 주시기 위해 법궤 안에 십계명 두 돌판과 만나를 담은 항아리를 두라고 하신다. 출 16:33-34; 25:16; 신 10:5; 히 9:4 십계명 두 돌판은 하나님의 말씀의 정수를 의미하고, 만나를 담은 항아리는 그 말씀의 진실성과 신실함을 입증하는 증거가 되는 것이다. 즉, 십계명이 하나님의 말씀이라면, 만나는 그 말씀이 육신이 된 것을 의미한다. 이는 하나님의 입에서 나오는 모든 말씀은 우리 손에 쥐어져 있지만 곧 사라질 그 어떤 물질과 비교할 수 없는 절대적 가치를 가진 것임을 입증하고도 남는다.[226] 이와 같이 하나님의 신실하신 말씀을 믿을 것인가, 아니면 눈에 보이는 떡을 믿을 것인가는 늘 우리에게 주어진 신앙의 시험이다.

> 네 하나님 여호와께서 이 사십 년 동안에 네게 광야 길을 걸게 하신 것을 기억하라 이는 너를 낮추시며 너를 시험하사(נָסָה 나싸) 네 마음이 어떠한지 그 명령을 지키는지 지키지 않는지 알려 하심이라 너를 낮추시며 너를 주리게 하시며 또 너도 알지 못하며 네 열조들도 알지 못하던 만나를 네게 먹이신 것은 사람이 떡으로만 사는 것이 아니요 여호와의 입에서 나오는 모든 말씀으로 사는 줄을 너로 알게 하려 하심이니라(신 8:1-3).

둘째로, 모세는 "너희의 하나님 여호와를 시험하지נָסָה나싸 말라"는 명령을 구체적인 역사속의 정황과 함께 제시하고 있다. 신 6:16. 227) 그 정황이란 "너희가 맛사에서 시험한 것 같이" 시험치 말라는 것이다. 맛사와 관련하여 출애굽기에 나와 있는 사건의 정황은 이렇다. 이스라엘이 신 광야에서 긴 여정을 거치고 르비딤에 도착하여 장막을 쳤으나, 마실 물이 없는지라 모세와 다투어 물을 주어 마시게 하라고 아우성을 쳐댄다. 출 17:1-2 물이 없으니 당연하지 않느냐고 반문할 수 있겠지만, 이스라엘이 이미 마시는 물에 대한 공급의 체험인 마라를 거쳤고 출 15:23, 먹는 문제를 해결한 만나의 체험을 하였다 출 16장 면 이야기는 달라진다. 이 정도의 체험이라면 이제 하나님을 향한 이들의 신념체계도 바뀌어야 하는 것이 지당한 일이다. 그러나 이들은 물이라는 똑같은 문제 앞에 또 쓰러지고 마는 것이다. 모세는 이것을 생존의 차원을 건너뛴 명백한 시험으로 간주한다. 출 17:2 시험한다는 것은 무언가에 대한 신뢰의 부재를 의미한다. 하지만 하나님에 대한 시험은 이미 애굽에서, 홍해에서, 그리고 마라, 엘림, 신 광야에서 할 만큼 했다. 그리고 이스라엘은 자신들의 생존에 필수불가결한 것은 마라의 쓴물이 단물된 것도 아니요, 떡도 아닌 오직 하나님의 함께함이라는 사실을 배웠다. 그러나 그 진리를 이들은 속히 잊어버렸다. 그리고는 여호와를 시험하여

말하기를 "여호와께서 우리 중에 계신가 안 계신가 하였다."출 17:7

이들은 보이는 신을 추구한다. 아니 엄밀하게 신이든지 무엇이든지 눈에 보이는 명백한 것을 바라고 있는 것이다. 그것이 신이라면 자신들의 필요에 언제든지 민감하게 반응하는 꼭두각시 신을 요구하는 것이다. 이것은 믿음과 신뢰의 관계 등의 담보물을 매개로 한 보증의 관계로 바꾸는 것이다. 시험이 필요치 않은 관계는 절대적인 신뢰와 믿음의 바탕에서 이루어진다. 이럴 때 눈에 보이고 아니고는 그리 중요치 않다. 그러나 이런 관계성이 아닌 조건의 관계는 화려한 외양이 필수적이다. 필요를 채우기에 충분한 양적, 질적 여력을 가지고 있는지를 겉으로 드러난 것으로 파악하기 때문이다. 얼마나 많은 것을 보여줄 수 있는지, 가지고 있는지, 그리고 할 수 있는지가 신뢰의 관건이 되는 것이다. 그러므로 여호와를 시험하는 것은 하나님의 주권이 아닌, 인간의 주권을 세우는 것이며, 그 결국은 하나님 나라가 아닌 인간의 제국으로 끝날 것이 자명하다. 왜냐하면 믿기 위하여 시험하는 것이 아니라, 손 안에 두고 통제하기 위하여 시험하는 것이기 때문이다.

이처럼 하나님을 시험한다는 것은 한걸음 더 나아가면 하나님의 능력의 말씀을 내 통제 아래 두려는 욕망으로 귀결될 수 있다. 그리하여 내가 원하는 곳 그 어디에서든지 반석에서 물이 터지고, 만나가 내리며, 병자가 일어나고, 죽은 자가 살아나게 하려는 것이다. 이 얼마나 멋지고 환상적인 세계인가! 세상의 경의를 한몸에 받을 수 있지 않겠는가! 그러나 이것은 다음 시험에 빠질 모든 준비가 되어 있는 삶의 모습이다. 가시적인 것에 현혹되면 그 다음은 뻔하지 않겠는가! 눈에 보이는 그것을 자신의 힘과 권력으로 삼고 세상을 자신의 발 아래 두려고 할 것이 분명하다. 그렇다면 경배의 대

상마저도 달라지고 예배는 공허해지고 말 것이다.[228]

셋째로, 모세는 "네 하나님 여호와를 경외하며 **오직** 그를**만** 섬기라"**신 6:13**는 명령으로 철저하게 배타적인 예배를 강조한다. 예배는 하나님께 드리는 경건의 시간만을 의미하는 것이 아니라 하나님 앞에서 살아가는 경건한 삶 또한 내포한 것이다. 섬김의 예배는 결코 강요될 수 없다. 그래서 하나님을 경외하며 섬기라는 명령은 그 앞에 반드시 하나님께서 값없이 행해주신 은혜의 체험을 동반하고 있다. 은혜의 선물이 없는 섬김은 반드시 조건을 그 전제로 하기 때문이다. 그것이 '여호와 예배'와 '우상숭배'의 현저한 차이점이란 것은 이미 명백하게 밝힌 바 있다.[229] 신명기 6장 10-15절은 "여호와만 섬기라"는 단호한 명령인 6장 13절을 경계로 좌우로 대립되는 구조를 가지고 있다. 이것은 흡사 요단강을 경계로 광야 세대와 가나안 정복 세대의 운명이 대립되는 것과 같은 구조를 연상케 한다.

네 하나님 여호와께서 네 열조 아브라함과 이삭과 야곱을 향하여 네게 주리라 맹세하신 땅으로 너로 들어가게 하시고 네가 건축하지 아니한 크고 아름다운 성읍을 얻게 하시며 네가 채우지 아니한 아름다운 물건이 가득한 집을 얻게 하시며 네가 파지 아니한 우물을 얻게 하시며 네가 심지 아니한 포도원과 감람나무를 얻게 하사 너로 배불리 먹게 하실 때에 너는 조심하여 너를 애굽 땅 종 되었던 집에서 인도하여 내신 여호와를 잊지 말고(신 6:10-12).

(중심) 네 하나님 여호와를 경외하며 그를 섬기며 그 이름으로 맹세할 것이니라(신 6:13).

> 너희는 다른 신들 곧 네 사면에 있는 백성의 신들을 좇지 말라 너희 중에 계신 너희 하나님 여호와는 질투하시는 하나님이신즉 너희 하나님 여호와께서 네게 진노하사 너를 지면에서 멸절시키실까 두려워하노라(신 6:14-15).

전반부인 10-12절은 출애굽 구세대가 기억해야 했으나 잊었던 하나님의 은혜와 약속을, 14-15절은 구세대가 하지 말아야 했으나 행했던 것을 보여주고 있다. 이제 신세대에게 주어진 책임은 구세대와는 반대로 행하는 것이다. 그것은 다름 아닌 13절의 강조처럼 하나님의 은혜는 잊지 말고, 우상들은 배격하는 삶이다.

광야에서 이스라엘은 끊임없이 하나님을 거역하는 삶을 살아갔다. 하나님의 약속을 믿는 것이 아니라 자신들의 욕망에 노예가 되어 끌려 다녔다. 이럴 때 하나님만 섬기라는 명령은 무용지물이 되며, 스스로 우상의 노예가 된다. 우상숭배는 이스라엘이 싯딤에서 모압의 신을 섬기는 실제적인 일도 포함되며,**민 25:1-5** 또한 여호와의 말씀에 대한 불순종을 총체적으로 표현하는 방식이기도 하다. 이는 사무엘이 사울의 불순종에 대해 비판하는 말을 통해 살펴볼 수 있다.

**Thinking Tip !**

> 올슨은 신명기 7-10장에서 이스라엘이 미래에 빠질 수 있는 세 가지의 우상화 현상을 볼 수 있다고 제시한다. 첫째는 가나안 족속을 무찌른 전사되신 여호와를 잊고 자신의 수적 군사적 업적이라는 우상화에 빠질 위험(신 7:1-26), 둘째는 생명의 양식 되시는 여호와를 버리고 자기만족이라는 경제적이고 물질적인 우상화에 빠질 위험(신 8:1-20), 셋째는 가나안을 차지하고 복을 누리는 것이 여호와의 은혜의 선물이 아닌 자신들의 의로움이라는 우상화에 빠질 위험이다(신 9:1-10:11). 그리고 이런 인간이 만들어낸 신들에 대한 충성은 결국 불순종과 파멸이라는 결론에 다다른다고 본다.[230]

> 사무엘이 가로되 여호와께서 번제와 다른 제사를 그 목소리 순종하는 것을 좋아하심 같이 좋아하시겠나이까 순종이 제사보다 낫고 듣는 것이 수양의 기름보다 나으니 이는 거역하는 것은 사술(점치)의 죄와 같고 완고한 것은 사신 우상에게

절하는 죄와 같음이라 왕이 여호와의 말씀을 버렸으므로 여호와께서도 왕을 버려 왕이 되지 못하게 하셨나이다(삼상 15:22-23).

여호와의 말씀을 버리는 것은, 곧 여호와를 버리는 것이며 그 어떤 다른 것을 취하는 것이다. 여호와와 우상의 중간지대라는 것은 애초에 존재하지 않는다. 여호와를 경외하는 삶은 애굽 땅 종 되었던 집에서 값없이 구원받았다는 감격과 그 구원에 덧붙여서 결코 내가 준비한 적이 없는 땅, 성, 집, 우물, 과실나무들과 같은 삶의 필요들을 덤으로 받은 것에 대한 감사의 응답인 것이다. 그 감사와 감격은 하나님의 뜻이 이 땅에 이루어질 때에 더욱 그 빛을 발하며, 주변으로 값없이 확산되어 나간다. 말 그대로 하나님의 축복이 전달되는 것이다. 이는 아브라함을 부르셨을 때의 그 목적이 이루어지는 것이다: "땅의 모든 족속이 너로 말미암아 복을 얻을 것이라."**창 12:3**

그러나 우상숭배는 하나님의 숭고한 계획과 뜻을 무너뜨리는 인간의 고집을 그 바탕으로 한다. 우상은 인간의 손에 의해 만들어진 것이기에 그것을 만든 인간을 위해 봉사해야 하며, 그렇지 못할 경우에는 버려지거나, 불에 태워질 수밖에 없다.**신 7:5; 삼하 5:21; 대상 14:12** 광야에서 죽어간 이스라엘 구세대는 계속적으로 자신들의 욕구를 충족시키는 우상숭배 쪽으로 향한다. 하나님의 계획을 믿기보다 자신들의 욕망을 앞세우는 것이다. 이것은 광야에서 취한 그들의 땅에 대한 견해에서 그대로 드러난다.

네가 우리를 젖과 꿀이 흐르는 땅에서 이끌어 내어 광야에서 죽이려 함이 어찌 작은 일이기에 오히려 스스로 우리 위에 왕이 되려 하느냐 이뿐 아니라 네가 우리를 젖과 꿀이 흐르는 땅으로 인도하여 들이지도 아니하고 밭도 포도원도 우리에게 기업으로 주지 아니하니 네가 이 사람들의 눈을 빼려느냐 우리는 올라가지 아니하겠노라(민 16:13-14).

너희가 어찌하여 여호와의 총회를 이 광야로 인도하여 올려서 우리와 우리 짐승으로 다 여기서 죽게 하느냐 너희가 어찌하여 우리를 애굽에서 나오게 하여 이 악한 곳으로 인도하였느냐 이곳에는 파종할 곳이 없고 무화과도 없고 포도도 없고 석류도 없고 마실 물도 없도다(민 20:4-5).

이들은 하나님께서 크신 팔과 능하신 손으로 구원하여 낸 애굽 땅이 젖과 꿀이 흐르는 땅이라고 선언하며, 하나님의 구원사를 무효화 시키고, 그도 모자라서 지금 당장 자신들의 눈앞인 이 광야에서 약속의 땅을 만들라고 한다. 더 이상 하나님의 뜻을 따라 걸어가는 고생의 길은 계속하고 싶지 않다는 것이다. 하나님의 모든 일은 지워버리고, 자신들이 원하는 세상을, 자신들이 원하는 곳에서 이루고 싶다는 갈망이다. 이들이 만드는 그 땅은 분명히 정의와 공의가 무너지고, 자비와 긍휼이 사라진 약육강식의 세상일 것이다. 이처럼 “주 너의 하나님께 경배하고 다만 그를 섬기라”는 명령은 궁극적으로 정의와 공의, 은혜와 긍휼, 자비가 물결치는 하나님의 나라를 이루기 위한 것이란 사실이 분명하다.

이러한 종국적인 하나님의 목표를 깨닫고 있는 자는 삶 속에서 닥쳐오는 이 세 가지 시험 앞에 당당하게 하나님의 말씀으로 맞설 수 있다. 그리고 내 뜻이 아니라 하나님의 영원하신 계획이 이 땅에 실현되는 것이 광야 같은 세상을 사랑이 넘치는 하나님 나라의 축복으로 변화시킬 수 있다는 신념으로 무장할 수 있다. 그리고 그 변화의 중심에 하나님의 마음을 깨달은 자신이 서 있음으로 하나님의 계획이 실현될 수 있다는 믿음의 확신을 가질 수 있다. 이제 21세기 현재를 살아가는 우리 또한 모세 앞에 서 있었던 모압 광야의 신세대와 동일한 사명 앞에 부름 받았다는 사실과 우리 또한 구세대가 겪었던 그 세 가지 시험 앞에 직면하고 있다는 자각으로 믿음의 경주를 달려야 할 것이다.

## 3. 신세대(우리)를 향한 음성

### 변하지 않는 동일한 시험

예수님께서 겪으셨고, 출애굽 세대가 받았던 이 세 가지 삶의 시험은 태초의 인간인 아담과 하와가 받았던 유혹과 어느 것 하나 다름이 없는 동일한 것이라는 점에서 경악스럽다. 즉, 최초의 인류가 빠져들어 갔던 죄악도 똑같은 것이었다. 선악을 알게 하는 나무는 인간의 모든 욕망을 채울 수 있을 정도로 "먹음직도 하고, 보암직도 하고, 지혜롭게 할 만큼 탐스러운 것이었다."**창 3:6** 이것은 요한일서 2장 16절이 말하는 이 세상에 있는 모든 죄가 "육신의 정욕과 안목의 정욕과 이생의 자랑"을 따라서 온다는 것과 일맥상통하는 것이다.[231] 이러한 유혹이 역사의 중요한 시점마다 인간의 삶에 어김없이 침투해 들어왔다면 지금 현재를 살아가는 우리 또한 결코 피해갈 수 없는 것임이 분명하다.

| 모든 죄 (요일2:16) | 선악과 (창 3:6) | 출애굽세대 (출-민) | 사탄의 시험 (예수님) (마 4:1-11) | 극복의 길 (신명기) |
|---|---|---|---|---|
| 육신의 정욕 | 먹음직도 하고 | 광야에서 먹을 것이 없어서 불평함 | 이 돌들이 떡덩이가 되게 하라 | 사람이 떡으로만 살 것이 아니요 하나님의 입으로부터 나오는 모든 말씀으로 살 것이라(신 8:3) |

| 안목의 정욕 | 보암직도 하고 | 맛사에서-가시적인 신을 갈망 | 성전 꼭대기에서 뛰어 내리라 | 주 너의 하나님을 시험치 말라(신 6:16) |
|---|---|---|---|---|
| 이생의 자랑 | 지혜롭게 할 만큼 탐스러움 | 우상숭배에 빠짐 | 엎드려 경배하면 이 모든 것을 주리라 | 주 너의 하나님께 경배하고 다만 그를 섬기라(신 6:13) |

이생의 자랑, 지혜롭다는 것 그리고 우상숭배는 인간이 스스로의 자치권을 취하고자 하는 왕권과 불가분의 관계에 있다. 지혜란 자신의 삶을 살아가는 자치권을 의미한다. 고대의 왕들, 예를 들어 바로와 솔로몬이 지혜를 통치의 원리로 삼았던 것을 보면 그 연관성을 쉽게 유추해 볼 수 있다.[232] 이러한 자기 충족적인 자치권을 휘두를 때 인간은 하나님과 같이 되는 희열을 만끽하였을 것이다. 그러나 그 종국은 파멸이다. 인간을 향한 사탄의 유혹은 이렇게 뿌리 깊은 유래를 가지고 있고, 모세는 이를 간파하는 통찰력이 있었다. 아담과 하와가 이 시험에 굴복함으로 하나님께서 마련하셔서 선물로 주신 그 아름다운 에덴에서 추방되었고, 이스라엘의 출애굽 세대가 하나님께서 약속하신 가나안 땅에 들어가는 것에서 제외되었다. 이러한 사실은 모세의 유언과도 같은 신명기의 말씀을 더욱더 강력하고 분명하게 전하는 동력이 되었을 것이다. 유혹과 시험이 무엇인지를 선명하게 드러내고, 이를 극복할 수 있는 길을 제시하는 것이다.

이와 같이 모세는 인간이 겪는 시험은 시대를 초월하여 본질적으로 언제나 동일하다는 것을 인식하고 그 극복의 길을 바르게 제시하는 리더상을 그 옛날에 실현하였다. 지금 우리에게도 필요한 것이 바로 이러한 본질을 직시하는 눈이다. 우리는 삶에 단지 부수적인 수많은 것들이 필수불가결한 것인 양 선전하는 세상 속에서 살고 있다. 먹고 마시는 것으로 통칭

되는 육체의 소욕을 채워주는 것, 보는 것과 보여주기를 좋아하는 명예욕과 관련된 것, 그리고 다른 사람들 위에 서서 우쭐대기를 좋아하는 권력욕과 연결된 것이 그것들이다. 하지만 결코 먹고 마시는 것이 우리의 생명을 유지시키는 필수불가결한 요소는 아니라는 사실을 직시해야 한다. 과학적이고 이성적인 사고방식은 결코 이것에 동의하지 않겠지만 이는 진실이다. 누가복음에 나타난 어리석은 부자의 비유를 보자. 풍성한 소출을 다른 이들과 나누기보다 더 많이 쌓아 자신의 평생을 준비하는 그의 어리석음에 대해 하나님께서는 "오늘 밤에 네 영혼을 도로 찾으리니 그러면 네 준비한 것이 누구의 것이 되겠느냐"**눅 12:20**고 힐문하시는 내용을 담고 있다. 그리고 삶을 지탱하는 호흡조차도 사람의 능력이나 건강으로 하는 것이 아니라, 하나님께서 주실 때 살고 거두실 때 소멸되는 것이 인생이라고 누누이 강조한다. **창 2:7; 시 104:29; 단 5:23; 행 17:25** 인간이 먹고 마시는 것은 하나님께서 호흡을 허락하실 때 그것을 유지할 수 있도록 돕는 기능일 뿐이다. 그리스도인 리더는 이러한 인간의 본질을 명확하게 인식할 필요가 있다. 그 길만이 한 세대를 하나님께로 돌릴 수 있는 길이기 때문이다. 그리고 이러한 삶의 연합만이 인간이 죄악으로 잃어버린 에덴동산을 회복하는 길이다.

## 요구하는 것과 요구받는 것의 차이

출애굽한 이스라엘은 광야에서 에덴동산을 자신들의 욕구대로 만들어 보려는 열망을 강하게 피력했으나, 결국 실패하고 말았다. 그곳을 에덴으로 만드는 길은 바로 이 세 가지의 시험에 바르게 응답하는 것에 있다. 그 길만이 그곳이 광야이든, 에덴이든, 가나안이든 환경에 상관없이 서 있는 장소를 잃어버린 아름다운 동산으로 만들어 가는 길이기 때문이다. 이제 가나안 땅은 바로 그러한 장소가 되어야 한다. 모세는 가나안 땅이 첫 사람 아담과 하와가 잃어버린 그 낙원이 되기를 소망한다. **신 6:10-12; 11:8-16** 삶의 본질을 회복하면 '에덴=광야=가나안'이라는 등식이 성립하게 될 것이다.

그리고 이것은 지금 현재를 살아가는 우리들에게도 동일하게 적용된다. 모세가 모든 시험을 이겨냄으로 하나님의 나라가 이루어지는 가나안을 꿈꾸었다면 예수님의 제자인 우리들은 그 뒤를 이음으로 온 땅 위에 하나님 나라의 실현을 고대하고 있기에 '가나안=하나님 나라'라는 등식으로 완성될 수 있다. 모세와 같이 예수님께서도 광야에서 이 모든 시험을 이기는 것이 가능하다는 사실을 우리에게 알려 주셨기 때문이다. 그리고 우리에게 약속된 땅은 가나안 정도의 규모가 아니라 온 땅이며, 우리들이 터 잡고 살아가고 있는 이 시대의 표현을 빌리자면 '지구촌'이라는 같은 마을 사람들을 향해서이다.

**Thinking Tip !**

'지구촌'(the global village)이라는 말은 캐나다가 낳은 세계적인 커뮤니케이션 이론가이며, 현대 사상가로 알려져 있는 마샬 맥루한(H. Marshall McLuhan)이 1964년에 쓴 그의 책 *Understanding Media: The Extension of Man* (New York: McGraw-Hill, 1964)에서 처음으로 사용하였다.

> 그러므로 너희는 가서 모든 족속으로 제자로 삼아 아버지와 아들과 성령의 이름으로 세례를 주고 내가 너희에게 분부한 모든 것을 가르쳐 지키게 하라 볼지어다 내가 세상 끝 날까지 너희와 항상 함께 있으리라(마 28:19-20).

이처럼 사람의 본질은 욕구의 충돌 속에서 이루어진다. 아브라함 요수아 헤셸**A. J. Heschel**은 사람의 삶에는 하나의 요구가 있고, 살아감으로 사람은 그 요구를 채운다고 한다. 그러나 계속 남는 것은 사람의 욕구가 아니라 그 요구에 대한 사람의 응답이며, 충동이 아니라 동의**同意**로 본다. 왜냐하면 사람이 요구하는 것들은 때가 되면 사라져버릴 것이지만 사람이 요구받고 있다는 사실은 영원히 계속되는 숭고한 소명이기 때문이다. 그러므로 인간은 요구되고 있으며, 하나님께서 그를 필요로 하고 계신다는 것이 그의 존재의 진정한 본질이다.[233] 21세기를 살아가는 리더는 이런 인간의 본질을 직시하여야 한다.

하지만 이러한 인식에 흔들림이 온다면 가장 위대한 지도자라 할지라도 광야에서 죽어갔던 그 불순종의 세대들과 같은 운명에 처할 수 있다는 사실 또한 잊지 말아야 한다. 하나님을 향한 믿음은 단 한번의 신뢰를 의미하는 것이 아니라 지속적인 것을 뜻한다. 만나는 단 하루를 맡기는 것이지만 그 하루하루가 연결되어 40년이라는 세월 동안 지속되듯이 오직 하나님만 바라는 삶은 우리의 평생을 필요로 한다. 특히 사람들을 이끄는 지도자일 때에는 이 신뢰의 지속성은 더욱 중요한 요소이다. 이제 우리는 이와 더불어 지도자가 빠질 수 있는 함정을 모세의 실패를 통하여 살펴보아야 한다. 왜냐하면 우리는 누구의 것이든 실패를 통해 더 큰 진리를 배울 수 있기 때문이다.

## 제 9 장 | 리더십의 실패

1. 모세의 실패 이유들
2. 두 므리바의 비교
3. 지팡이 이야기와 법궤 이야기

## 제 10 장 | 정신적 유산을 물려주는 리더

1. 리더십의 승계
2. 숭배의 대상이 아닌 영적인 이상
3. 정신이 사라지지 않는 불멸의 리더

## 제 11 장 | 새로운 모세를 기다리며

1. 사사, 왕, 예언자 그리고 모세
2. 바벨론 포로, 해방 그리고 모세
3. 모세 대 예수 그리스도

# 4부

# 승계와
# 숭배 사이에서

LEADER MOSES

# 제 9 장

# 리더십의 실패

모세와 아론이 총회를 그 반석 앞에 모으고 모세가 그들에게 이르되 패역한 너희여 들으라 우리가 너희를 위하여 이 반석에서 물을 내랴하고 (모세가) 그 손을 들어 그 지팡이로 반석을 두 번 치니 물이 많이 솟아 나오므로 회중과 그들의 짐승이 마시니라 여호와께서 모세와 아론에게 이르시되 너희가 나를 믿지 아니하고 이스라엘 자손의 목전에 나의 거룩함을 나타내지 아니한 고로 너희는 이 총회를 내가 그들에게 준 땅으로 인도하여 들이지 못하리라 하시니라(민 20:10-12).

위대한 리더도 실패할 수 있는가? 세상 속에도, 성경 속에도 수많은 실패의 이야기가 등장한다. 인간은 그렇게 불완전하며, 유한한 존재이다. 하워드 가드너는 약속의 실현이라는 과업을 앞에 두고 위대한 리더가 실패하는 이유를 몇 가지 제시하고 있는데 다음과 같다.

때로는 그 약속의 실현은 젊은 리더에게 달려 있지만, 그의 이상주의는 얼마 후 외부 압력과 권력의 유혹 앞에서 용해되어버린다. 또 어떤 때 그 약속의 실현은 청중에게 달려 있지만, 그들은 처음에는 희생의 요구에 응하다가 장기적으로는 이타적인 태도를 유지하지 못한다. 또 거창하게 제시된 어떤 야망이 실린 이야기에는 불가피한 반발을 불러일으킨다. 미국의 전 국무장관 헨리 키신저는 이런 말을 했다. "모든 정치적 혁명은 대중이 이런저런 새로운 시도에 휩쓸려 녹초가 되면 곧장 끝이 난다." 흥미로운 점은 이러한 반발이 정치적 리더십 영역에서뿐 아니라, 예술 및 과학의 창조성 영역에서도 발생한다는 사실이다.[234)]

이처럼 리더십의 실패는 리더 본인에게서도, 그리고 그가 이끄는 청중에게서도 그 원인을 찾아볼 수 있다. 그렇다면 모세라는 하나님의 종은 어떠한가? "그 후에는 이스라엘에서 모세보다 위대한 선지자가 일어난 적이 없다"**신 34:10**라는 선언은 모세의 위대함에 대한 후세의 평가였을 것이다. 이것은 민족과 나라로서의 이스라엘의 탄생이 바로 이 모세의 카리스마적 리더십에 의해서 가능케 되었다는 것을 살펴볼 때 결코 과장이 아님을 알 수 있다. 그런데 그의 삶에 있어서 한 가지 풀고 넘어가야 할 수수께끼가 남아 있다.[235)] 이렇게도 위대한 지도자가 어떻게 약속의 땅을 밟지도 못하고 역사의 뒤안길로 사라져야만 했는가라는 의문이다. 가데스 므리바 물**민 20:1-13**에서의 단 한 번의 실수가 모세를 그렇게도 가혹한 운명 속으로 몰아 갈 만큼의 무게가 있는 것이었는지에 대해 고민을 안겨준다. 수많은 사람들이 이 수수께끼를 풀기위해 펜을 들었고 나름대로의 논리들을 가지고 이 문제에 접근해왔다. 하지만 아직도 이 문제에 대해 미진한 여운이 남아 있는 것을 보면 아쉽게도 어느 누구도 만족할 만한 해답을 제시하지 못했다고 본다. 여기서는 지금까지의 논의들을 살펴보며 좀더 분명하게 그 이유에 대한 재조명을 해 보는 것에 그 목적을 두려고 한다. 가장 위대한 지도자로서의 모세의 실패를 명확하게 깨닫는 것은 지금 현재를 살아가는 우리들에게도 분명한 교훈을 줄 수 있을 것이다.

모세와 아론을 향한 여호와의 심판 선언은 결코 쉽게 그 원인을 파악할 수 없게 한다. "너희가 나를 믿지 아니하고 이스라엘 자손의 목전에 나의 거룩함을 나타내지 아니하였다"민 20:12라는 선언에서 '믿지 아니하다'는 동사 '아만'אָמַן이 쓰이고 있고, '거룩함을 나타내지 않았다'에는 동사 '콰다쉬'קָדַשׁ가 쓰인다. '믿음'이라는 '아멘'과 '거룩'이라는 '콰도쉬'는 이스라엘 신앙의 주요소이기에 더욱 궁금증을 자아내게 한다. 모세의 그 행동이 왜 믿음이 없는 행동이었으며 하나님의 거룩함을 드러내지 못한 행동이었는가를 추적해 보아야 할 것이다. 자주 주장되듯이 여호와께서 모세에게 '말'만으로 물을 내라 했는데 모세는 '반석을 지팡이로 두 번이나 치는 것'을 통해 여호와의 명령을 어겼다는 논리는 여러 가지 의문을 유발한다.

## 1. 모세의 실패 이유들

### 다양한 의견들

모세의 실패는 민수기의 핵심 주제와 맞물려 돌아가고 있다. 민수기 전체는 누가 약속의 땅을 차지할 것인가라는 주제를 계속해서 부각시키며, 그 땅을 차지할 수 있는 사람과 광야에서 생을 마감해야만 될 사람들을 구별한다. 출애굽한 구세대들은 결코 땅을 차지할 만큼 하나님 앞에서 준비되지 못했다는 것을 계속되는 불순종과 거역의 사건들을 통하여 보여주고 있다. 이 한 권의 책 안에서 놀라운 이적과 기적으로 자신들을 애굽으로부터 탈출시키시고, 메마르고 거친 광야에서 자신들의 삶을 돌보셨던 하나님께 대한 확신과 믿음을 상실한 사람들의 최후를 역력히 살펴볼 수 있다. 민수기는 행군의 시작부터 차례차례 불순종의 사건들을 나열하며 그 때마다 연루된 사람들을 제거해 나간다. 그 사건들은 다음과 같다: 다베라에서의 원망민 11:1-3, 기브롯 핫다아와에서의 만나에 대한 불평(민 11:4-35), 미리암과 아론의 거역민 12:1-16, 열 명의 정탐꾼들과 온 백성의 거역민 13-14장, 고라, 다단과 아비람의 반역민 16:1-50, 거친 길로 인한 원망민 21:4-9, 바알브올에서의 음행민 25:1-18. 그리고 모세와 아론의 가데스 므리바 물 사건도 이 거대한 구세대 제거의 틀 속에 들어가 있다.민 20장 이를 통해 볼 때 민수기에서 출애굽 세대와 광야 신세대의 인구조사민 1장과 26장는 이 책의 중심 주제인 "누가 약속의 땅에 들어 갈수 있는가?"를 보여주는 중요한 분기점임에 틀림없다.[236]

이러한 "누가 그 땅에?"라는 민수기의 주제를 이용하여 피터 미스콜은 모세가 가나안 땅에 입성하지 못한 것으로 보도하고 있는 자료들은민 20:2-14; 27:12-14; 신 32:48-52 출애굽기 3장에 기록된 모세의 소명 사건과 연결시켜야 한다고 본다. 그의 주장에 의하면 모세의 소명은 단지 바로와 대결해서 이스라엘을 애굽으로부터 이끌어 내는 것이며출 3:10, 그 후에 그들을 가나안 땅으로 이끌어 들이는 것은 바로 그 땅을 이스라엘 선조에게 부여해 주신 여호와의 일이라는 것이다.[237] 이미 1957년에 아비드 캐펄루드가 이와 유사한 견해를 피력한 바 있다. 그의 주장에 의하면 성서를 기록했던 사람들에게 가나안 땅으로의 진입이 모세와 아론의 인도에 의한 것이 아니라 여호수아에 의한 것이었다는 것은 너무도 명백했다는 것이다.[238] 그러나 그 두 인물에 대한 이야기들이 더 많이 모아지면 모아질수록 그들의 중요성은 더욱더 커졌고, 결국 그들이 왜 가나안 땅 정복을 이끌지 못했느냐에 대한 필연적인 이유가 필요했다. 그 이유는 반드시 그들의 명성을 해치지 않을 만큼의 강도를 가져야만 했다는 것이다. 그것이 바로 가데스 므리바 사건이 모세와 아론의 실패를 분명치 않고 모호한 태도로 얼버무리고 있는 이유라고 말한다.[239] 이들의 주장은 모세는 자신의 소명을 다 했기에 광야 어디에선가 죽어가야 했으며, 그 일에 대한 정당화의 일환으로 모세를 제거하는 이야기를 임의로 만들어 넣었다는 인상을 주게 만든다. 만약 모세의 실패가 정말 그의 소명이 거기까지였기 때문이라면, 오히려 애굽에서의 야곱처럼, 요셉처럼, 혹은 미리암의 경우와 같이 오점 없이 단지 그의 생의 연한이 다한 것으로 처리할 수도 있었을 것이다. 그리고 이 사건 속에 굳이 모세가 실수할지도 모를 암시가 들어있는 표현인 "여호와 앞에서 지팡이를 들고 가라"는 명령을 넣을 필요도 없었을 것이다. 죠오지 그래이는 이 지팡이에 대한 의문을 해소하기 위해서 간단히 원래 지팡이를 사용했던 분명한 이야기가 이곳에서는 실수로 소실되어missing 졌다고 주장하기도 한다.[240]

유진 아덴은 유사한 사건인 출애굽기의 르비딤에서출 17:6 하나님께서 반석을 치라 명하셨으니 가데스에서도 모세가 반석을 치는 것은 지극히 합리적인 행위였다고 보고 이러한 물을 내는 과정에 초점을 맞추기보다 신성모독blasphemy 쪽에 눈을 집중한다. 이 사건에서 하나님의 심판에 "나의 거룩함을 나타내지 않았다"민 20:12라는 표현이 그의 주장의 기초가 된다. 그의 주장에 의하면 모세는 자신이 분노하는 것처럼 하나님도 분노하실 것이라는 착각으로 "우리가 너희를 위하여 이 반석에서 물을 내랴"라고 내뱉음으로 하나님과 자신을 동일시했다는 것이다. 그는 여기서 '우리'라는 표현이 '모세와 아론'이 아니라 '모세와 하나님'을 뜻하는 것으로 해석한다.[241] 그러나 전후 문맥을 살펴볼 때 모세와 아론이 계속 등장하고 있고 민수기 20장 10절에서는 "모세와 아론이 총회를 그 반석 앞에 모으고 모세가 그들에게 이르되 패역한 너희여 들으라 우리가 너희를 위하여…"라는 문장 구조를 살펴볼 때 '우리'는 '모세와 아론'을 지시함이 분명하다.

코우츠는 르비딤 사건**출애굽기**과 가데스 사건**민수기**이 서로 다른 이야기에서 온 것이며 서로 맞상대를 이루고 있다고 본다. 옛날이야기를 가데스 사건에서 재이용하면서 아론이 첨가되는데 그 이유는 단순히 두 인물이 모두 약속의 땅에 들어가지 못한 것을 설명하기 위함이라고 단언한다. 코우츠는 한걸음 더 나아가 가데스 므리바 사건은 모세의 불운이 그 자신 때문에 기인한 것이 아니라 백성들의 죄에 기인한다고 주장한다. 이를 증명하기 위해 그는 시편 106편 33절의 "이는 그들이 그의 뜻을 거역함으로 말미암아 모세가 그 입술로 망령되이 말하였음이로다"라는 구절을 인용한다. "반역한 너희여 들으라 우리가 너희를 위하여 이 반석에서 물을 내랴"**민 20:10** 라는 모세의 '망령된 말'을 백성들이 모세가 성급히 말하도록 극도로 자극했다는 것이다.[242] 모세의 망령된 말도 물론 실패지만 그보다 더한 책임은 반역한 백성들에게 있다는 것이 요지이다. 그러나 코우츠의 주장은 민수기 20장 안에서의 숙고보다는 다른 곳에서 성급하게 해결의 실마리를 끌어들여 일을 마무리하려는 경향이 있다.

윌리암 프랍은 그의 관심을 민수기 20장에서 '말'speech과 '지팡이'를 면밀히 분석하는데 집중한다. 그는 가데스 사건과 창세기 1장에 나타난 천지창조 이야기를 동일한 저자에 의한 것으로 보고, '말의 창조적인 힘'과 연관시켜야 한다고 주장한다. 모세는 오직 이 능력 있는 '말'로만 물을 공급해야만 했음에도 지팡이를 휘둘렀다는 것이다. 이로서 모세는 믿음의 결핍을 보였고, 하나님을 거룩하게 하는데 실패했다고 본다. 그리고 모세가 휘두른 그 지팡이는 여호와 앞 즉 법궤 앞에 두었던 아론의 싹 난 지팡이인데 프랍은 이 지팡이가 '반역한 자에 대한 표징'이라는 것이다.**민 17:10** 즉, 시각효과를 주는 전시가 그 목표라는 것이다. 그의 주장에 의하면 여호와께서 모세에게 이 지팡이를 여호와 앞에서 가져가라고 했을 때 바로 이 '반역한 사람들'**민 20:10**에게 경고의 전시를 하기 위함이었는데 모세는 그것을 휘둘러 내리쳤다는 것이다. 이것이 바로 그의 실패라고 말한다.[243] '말'과 '지팡이'에 대해 집중적으로 분석한 그의 연구는 모세의 실패를 밝혀내는데 좋은 기초를 제공하고 있다. 이 부분은 아래에서 또다시 인용되며 보완될 것이다.

캐서린 사켄펠드는 가데스 므리바 사건의 관심은 모세의 개인적인 실수나 죄를 드러내기보다 하나님의 백성 이스라엘을**여기에는 포로기의 이스라엘도 포함** 이끌 올바른 리더십에 초점이 있다는 것이다. 그녀의 관점에서 택함 받은 리더에게는 불신앙으로 인해 하나님의 자비와 은혜를 신앙 공동체에게 전하는 것을 방해하는 것보다 더 심각한 죄는 없다고 본다. 사켄펠드는 그러므로 "왜 모세는 그 땅에 못 들어갔는가?"라는 질문이 아닌 "왜 모세와 아론은 백성들을 그 땅으로 이끌지 못했는가?"를 질문해야 한다고 말한다.[244] 믿음의 차원을 리더십의 차원으로 끌어올린 것이다. 이와 같이 그녀는 리더십과 불신앙의 상관관계를 놓고 해답을 찾으려고 애썼다. 물론 본문 속에 "나를 믿지 아니하고"**민 20:12**라는 하나님의 심판이 나오지만 정작 우리가 궁금해 하는 것은 무엇이 믿음이 없는 행동인지를 규명하고 싶은 것이지 그 심판의 결과를 보고자 함이 아니다.

## 해결되지 않은 의문들

위와 같이 많은 사람들이 이 난제를 해결하기 위해 노력해 왔고 다양한 의견을 제시했다. 하지만 어떤 의견도 정확하게 그 사건의 목표지점에 도달했다는 확신을 주지 못한다. 믿음의 행동이 무엇인지 그리고 거룩함을 드러내는 것은 무엇인지에 대한 의구심만 가득 키워놓고 주변의 언저리에서 맴돈다는 느낌이 든다. 가데스 므리바 사건의 중요 진행 과정을 한번 살펴보면 여호와께서 모세에게 반석을 명하여 물을 내라 했는데 모세는 반석을 지팡이로 두 번이나 치는 것을 통해 물을 공급했다. 하나님의 백성에게 있어서 믿음은 무엇인가? 하나님이 말씀하신 것을 액면 그대로 받아들이는 것이다. **창 15:6; 출 4:31; 민 14:11; 신 9:23** 그리고 명하신 그대로 행하는 것이다. 그러므로 믿음의 징표는 "여호와께서 명하신 대로 행하였더라"는 후렴으로 그 완성에 이르게 된다. 특히 출애굽기와 민수기에는 이러한 믿음의 징표로 가득 차 있다. **출 38:22; 39:5, 7, 21, 26, 29, 31, 32, 42, 43; 40:16, 19, 21, 23, 25, 27, 29, 32; 민 1:19, 54; 2:33, 34; 3:16; 4:37, 41, 45, 49; 5:4; 8:20, 22; 9:5, 23; 10:13; 15:35; 17:11; 20:27; 26:4; 27:11, 22, 23; 29:30; 31:7, 31; 33:2; 36:5** 모세가 성막의 부속물들을 살피며 모든 것이 다 여호와께서 명하신대로 이루어졌음을 확인하고 성막의 조립을 완성했을 때 여호와의 영광이 성막에 가득해 그곳에 들어갈 수가 없을 정도였다고 전하고 있다. **출 40:34-36** 이것은 믿음에 기초한 순종이 여호와의 영광의 거룩함을 드러냄을 분명히 확인할 수 있는 사건이다.

민수기 20장의 가데스에서 모세는 그 시작에서 이와 동일한 믿음의 순종을 보였다. 여호와의 명령에 덧붙임이 없이 그대로 실행한다.

> 여호와께서 모세에게 일러 가라사대 지팡이를 가지고 (7-8a절).

> 모세가 그 명대로 여호와의 앞에서 지팡이를 취하니라(9절).

그러나 여호와의 명령에 대한 실제적인 실행에 있어서는 다른 길을 걸어간다.

> 네 형 아론과 함께 회중을 모으고 그들의 목전에서 너희는 반석에게 명하여 물을

내라 하라 네가 그 반석으로 물을 내게 하여 회중과 그들의 짐승에게 마시게 할지니라 (8b절).

모세와 아론이 총회를 그 반석 앞에 모으고 모세가 그들에게 이르되 패역한 너희여 들으라 우리가 너희를 위하여 이 반석에서 물을 내랴하고 모세가 그 손을 들어 그 지팡이로 반석을 두 번 치매 물이 많이 솟아나오므로 회중과 그들의 짐승이 마시니라 (10-11절).

모세가 여호와의 명령대로 실행하지 않았다는 것은 분명하다. 그런데 여기서 분명하게 드러나는 것은 여호와께서는 지팡이는 가지고 가되 사용에 대해서는 아무런 명령도 내리시지 않았다. 그러나 모세는 지팡이를 가지고 가는 것으로 만족하지 않고 그것을 사용하고 말았다. 8절과 11절의 긴장관계를 어떻게 풀어야 할 것인가? 모세가 지팡이로 반석을 내려친 것이 이렇게도 심각한 죄의 근원이 되었다면 여호와께서는 왜 굳이 모세에게 지팡이를 가지고 가라는 언급을 하셨을까?[245] 이 수수께끼 같은 명령이 어쩌면 모세가 상실했던 '믿음'에 대한 답을 제공해 줄 수 있을지도 모른다.

## 2. 두 므리바의 비교(출 17:1-7; 민 20:1-13)

### 해결을 향한 발돋움

지금까지의 의문을 풀기 위한 노력들은 늘 민수기 20장에서 벌어지는 그 현상에만 초점이 맞추어짐으로 출애굽기 17장의 르비딤 므리바 이야기와는 서로 다른 종류의 이야기로 보는 입장이 주류를 이루었다. 그러나 정작 이 두 이야기 속에는 많은 공통점들이 존재하며 또 극적인 차이점들도 존재한다. 지금까지 이 두 사건의 대비를 통해 수수께끼의 답에 가까이 접근

할 수 있을지도 모른다는 가능성에는 주의가 집중되지 않았다. 아래에서는 바로 이 두 사건을 비교하며 그 가능성의 문을 열어갈 것이다.

마틴 노트에 의하면 이 두 물 공급 이야기는 출애굽기 17장이 원래적인 이야기이고, 민수기 20장은 주요 요소에 대한 큰 수정 없이 재사용된 이야기라고 본다.[246] 하지만 지금 현재 형태의 오경 안에 이 두 이야기는 나란히 그 자리를 차지하고 있다. 서로가 동일한 목마름과 원망/불평이라는 동기와 지팡이라는 요소가 등장하며 문제를 풀어나간다는 점에서 그리고 등장에서도 여호와와 모세물론 민수기 20장에는 아론도 등장하지만가 주 역할을 담당한다는 점에서 공통점이 있다. 이렇게 여러 가지 공통점에도 불구하고 소수의 차이점이 존재하며 오히려 이러한 차이점들이 모세의 실패에 대한 이유를 명확히 제공해 줄 수도 있다.

이 두 이야기를 비교해 볼 때 물론 양쪽에 나타나는 '반석'이라는 히브리어 단어가 서로 다르고, '생축'과 '짐승'이라는 히브리어 단어가 서로 다르다 할지라도 그 보다 더 많은 언어적인 공통점들이 발견된다는 점에서 르비딤의 므리바와 가데스의 므리바는 동일선상에 놓고 연구되어야만 한다. 사켄펠드의 주장처럼 이 두 이야기는 '물/반석 이야기 플러스 특별한 지팡이들에 관한 이야기들'a water/rock story plus the traditions about special rods의 혼합된, 복합적 이야기의 요소들을 포함하고 있다고 볼 수 있다.[247]

물론 사건이 일어난 장소는 다르다.[248] 이스라엘이 이동 중에 있었기 때문에 이것은 당연한 일이라 하겠다. 그런데 모세의 부르짖음의 장소가 바뀐다. 출애굽기에는 아직 성막이 서기 전인지라 모세는 서 있는 그 장소에서 하나님께 부르짖은 것으로 보인다. 그런데 민수기에서는 모세와 아론이 회막, 즉 성막으로 나아가 엎드린다. 이제 모든 삶의 중심은 성막이 되

(공통점)

| | 출애굽기 17:1-7 | 민수기 20:1-13 |
|---|---|---|
| 동기 | 물이 없음 | 물이 없음 |
| 과정 | 백성이 모세와 다투어 가로되 | 백성이 모세와 다투어 가로되 |
| 공박 | 어찌하여 애굽에서 인도하여 내어 우리와 생축들이 목말라 죽게 하느냐 | 어찌하여 애굽에서 인도하여 내어 우리와 짐승들이 목말라 죽게 하느냐 |
| 반응 | 모세가 여호와께 아뢰다 여호와께서 모세에게 이르심 | 모세가 여호와께 아뢰다 여호와께서 모세에게 이르시되 |
| 명령 | 지팡이를 가지고 가라 | 지팡이를 가지고 가라 |
| 행위 | 모세가 반석을 치다 (순종) | 모세가 반석을 두 번 치다(불순종) |
| 결과 | 물이 나오다 | 물이 많이 솟아 나옴 |
| 어원 | 맛사, 므리바 - 다투었다 | 므리바 - 다투었다 |

(차이점)

| | 출애굽기 17:1-7 | 민수기 20:1-13 |
|---|---|---|
| 장소 | 르비딤 | 가데스 |
| 탄원 | 모세가 여호와께 부르짖음 | 모세와 아론이 회막문에 이르러 엎드림 |
| 응답 | 여호와께서 모세에게 이르심 | 여호와의 영광이 그들에게 나타나며 여호와께서 모세에게 이르심 |
| 방법 | 지팡이를 손에 잡고 가라 | 지팡이를 가지고 가라…모세가 명령대로 여호와 앞에서 지팡이를 취함 |
| 명령 | 지팡이로 반석을 치라 그것에서 물이 나리니 | 지팡이를 가지고…너희는 반석에게 명하여 물을 내라 |
| 징계 | 없음 | 여호와께서 모세와 아론에게 믿지 아니하고 여호와의 거룩함을 드러내지 못했으므로 약속의 땅으로 이스라엘을 이끌지 못함 |

었으며, 바로 그곳에서 여호와의 음성과 명령이 주어짐을 살펴볼 수 있다. 그리고 민수기에는 여호와의 임재가 '영광'이라는 단어와 함께 쓰인다. 이것은 성막이 완성되었을 때 나타난 그 '여호와의 영광'이다.출 40:35 다음으로는 지팡이가 동시에 출현한다. 그러나 첫 번째는 지팡이로 반석을 치기 위해서 가져가나, 두 번째는 그냥 가지고 가는 것이며 물은 반석을 명하여 내는 것이다. 이 두 사건의 비교를 통해서 가장 크게 나타나는 대조는 성막의 존재 여부와 지팡이의 용도이다.

그러므로 이런 두 므리바에서의 차이가 나올 수 있는 배경은 바로 이스라엘의 신앙적 환경의 차이라 본다. 이 두 므리바 사이에는 시내산이 존재하고 그 시내산에서는 율법의 선포와 이스라엘과 하나님의 계약체결이 있다. 이 계약의 핵심은 하나님은 이스라엘의 하나님이 되시고 이스라엘은 하나님의 백성이 된다는 서약이다. 이 계약의 결과 하나님과 이스라엘의 동거가 이루어진다. 그 임재의 증거가 바로 성막이요, 임재의 자리는 은밀한 지성소 법궤 위이다. 그럼 여호와 앞에서 가져간 지팡이는 바로 이 하나님 임재의 상징인 법궤 앞일 것이라는 추측을 해 볼 수 있다. 그렇다면, 법궤와 지팡이의 관계를 면밀히 분석해 보는 것을 통해 문제의 해결점으로 나아갈 수 있을 것이란 기대를 가져볼 수 있다.

## 3. 지팡이 이야기와 법궤 이야기

### 모세의 지팡이인가, 아론의 지팡이인가?

출애굽기와 민수기의 지팡이 이야기를 세세히 추적해 보면 두 개의 지팡이가 출현하는데 하나는 모세의 것이고, 다른 하나는 아론의 것이다. 그러나 본문 속에서 누구의 지팡이를 지칭하는지 모호할 때가 자주 있다. 심지어 그 지팡이가 하나님의 것을 지칭할 때도 있다. 출애굽기에서 지팡이가 처음 등장하는 것은 모세가 기적을 행하는 능력을 부여받을 때이다.**출 4장** 이때 지팡이는 뱀으로 변하기도 하고 또다시 지팡이로 돌아오기도 한다. 그러나 정작 바로 앞에서 기적의 시범을 보일 때는 모세가 아론에게 명하여 아론이 지팡이를 던지고 그 지팡이는 뱀으로 변한다.**출 7:8-13** 즉각 연결되는 그 다음의 이야기는 모호함의 시작을 연다. 물이 피가 되게 하는 이적을 행할 때 여호와께서 모세에게 "그 뱀 되었던 지팡이를 손에 잡고" 바로를 맞으라고 하신다.**출 7:15** 그리고 여호와께서 "내가 내 손의 지팡이로 하수를 치면 그것이 피로 변하고 하수의 고기가 죽고 그 물에서 악취가 나리니"**출 7:17**고 하신다. 여기서의 일인칭 소유격인 '나'는 여호와 자신을 지칭하신다. 그 다음에는 "여호와께서 모세에게 이르시되 아론에게 명하기를 네 지팡이를 잡고 네 손을 애굽의 물들과 하수들과 운하와 못과 모든 호수 위에 펴라."**출 7:19**고 하시자 또다시 아론의 지팡이로 바뀐다. 그리고 명령의 실행이 모세에 의해서인지 아론에 의해서인지 모호해진다: "모세와 아론이 여호와의 명하신대로 행하여**복수 동사** 바로와 그 신하의 목전에서 지팡이를 들어**3인칭 남성 단수 동사: 그가 - 누구인지 명확치 않음** 하수를 치니.**단수 동사**" 3인칭 단수 동사를 쓰기에 단지 '그'가 주어인데 여기서 지팡이를 든 자가 모세인지 아론인지도 분명치 않다.

개구리 재앙을 일으킬 때도 여호와께서는 모세에게 아론이 지팡이를 잡고 손을 들어 강과 운하들과 못 위에 펼치면 개구리가 올라올 것이라고 하신다. 여기서는 아론의 지팡이가 이적의 도구가 된다.**출 8:5** 티끌이 이가 되는 이적에서도 아론의 지팡이가 도구가 된다.**출 8:16-17** 그러나 메뚜기 떼는 모세가 애굽 땅 위에 그의 지팡이를 들어올리니 나타났다고 한다. 출 10:13 홍해를 가르는 사건도 역시 모세가 지팡이를 들고 손을 바다 위로 내어 밀었을 때 가능케 되었다. 출 14:16 그리고 출애굽기 17장의 르비딤의 므리바와 아말렉 사건에서 지팡이가 나타나는데 민수기 17장의 제사장의 권위에 대한 증거로 '아론의 싹 난 지팡이' 사건이 나타날 때까지 지팡이는 무대에서 잠시 사라진다.[249]

흡사 여러 가지 이야기들이 뒤죽박죽 뒤얽혀 있는 듯이 보인다. 설사 이것이 사실일지라도 최종적인 형태의 성경은 우리에게 그 지팡이가 모세의 것인지, 아론의 것인지에 대해서 분명치 않게 하려는 의도적 모호성을 보인다.[250] 이에 대해 사켄펠드는 특별히 출애굽기 7장에 나타나는 지팡이 이야기들의 주인공이 확실치 않다고 말한다. 그는 최종적인 형태에서 모세와 아론, 두 사람의 지팡이를 다 포함하고 있는 것으로 보인다고 언급하기도 한다.[251] 그리고 거대한 이야기의 흐름 속에서 이 두 리더의 지팡이들은 두 가지의 기능을 한다고 말한다. 첫째로, 지팡이들은 신앙공동체 속에서 진정한 권위를 상징하는 역할을 하고 둘째로, 지팡이들은 하나님의 권능과 하나님께로부터 위임받은 리더들이 지위를 승인받아 이적을 일으키는 역할을 한다.[252]

## 사라져가는 지팡이의 위력

출애굽기에서 지팡이는 르비딤에서 반석을 치는 사건과 그 다음에 나오는 아말렉과의 전투에서 지팡이를 잡고 손을 들고 있으므로 승리한 사건 이후에는 더 이상 어떤 역할도 하지 않는다. 노트는 그의 출애굽기 주석에서 아말렉과의 전투에 지팡이가 등장하는 것출 17:9은 분명 의도적으로 첨

가된 부분으로 본다. 왜냐하면 그 뒤로 이 지팡이는 아무런 역할도 하고 있지 않기 때문이다.[253)]

그러나 가데스 므리바 물 사건에서 모세가 여호와 앞에서 지팡이를 가져간 것은 민수기 17장 7절에 각 종족의 두령으로부터 받은 열두 개의 지팡이와 아론의 지팡이를 "증거의 장막 안 여호와 앞에 두었다"고 하는 말과 연관이 있다. 그 위치를 달리 표현하면 증거궤, 즉 법궤 앞이다.[민 17:4] 그리고 나중에 여호와께서는 아론의 싹 난 지팡이를 증거궤 앞으로 도로 가져다 거기 간직하라고 명령하신다. 그 이유는 반역한 자에 대한 표징이 되게 하여 그들로 여호와께 대한 원망을 그치고 죽지 않게 하기 위해서이다.[민 17:10] 이를 통해 유추해 볼 때 모세가 여호와 앞에서 가져간 그 지팡이는 바로 이 아론의 지팡이일 것임이 분명하다.[254)] 그리고 프랍Propp의 주장처럼 이 지팡이는 이들 반역한 자들에 대한 경고로 전시하기 위함이었는데 모세가 그것을 휘둘러 내리침으로 결국 실패하고 말았다는 주장은 어느 정도 신빙성이 있다.[255)]

그러나 여기서 우리가 마지막으로 해결해야 할 것은 "왜 모세는 지팡이로 반석을 두 번이나 내리쳤느냐?"는 질문에 대한 답이다. 단지 그가 반역한 백성들에 대한 분노로 그러한 행동을 하게 된 것인지, 아니면 자신이 가지고 있던 어떤 선입견적인 신앙이 그러한 동기를 유발시켰는지를 알아보아야 한다. 위에서 두 므리바 사건의 비교를 통해서 우리가 분명하게 알 수 있는 것은 한 곳에서는 여호와의 명령으로 지팡이로 반석을 내리쳤고, 다른 곳에서는 지팡이는 들고만 가라는 것이다. 분명하게 인식할 수 있는 것은 일관성이 없다는 것이다. 동일한 원인에 대한 접근 방법은 다르나 사건의 주인공은 동일하다. 모세에게는 분명 오해할 수 있는 소지가 있다. 왜 여호와께서는 지팡이를 가지고 가라고 하셔서 마치 모세를 함정에 빠뜨리는 것 같은 인상을 주시는 걸까?[256] 이제 지팡이가 아닌 다른 어떤 요소가 여호와의 영광을 드러낸다는 것인가? 이 질문은 여호와 임재의 또다른 상징이 이스라엘 신앙의 중심에 자리 잡았음을 시사한다.

## 지팡이에서 법궤로

출애굽기에서 지팡이는 이적을 행하는 도구였으며 하나님께서 함께하신다는 증거였다.출 4:17 그러나 시내산에 임재하셨던 그 하나님께서 성막이 완성된 다음에는 이스라엘의 중심에, 더 정확하게는 속죄소 위 곧 증거궤 위에 있는 두 그룹 사이에서 모세와 만나실 것이며, 이스라엘 자손을 위하여 명할 모든 일을 이르시겠다고 하신다.출 25:22 여호와 임재의 상징은 이제 증거궤, 즉 법궤가 된다. 그리고 이것을 증명이나 하듯이 여호수아서부터 법궤가 출애굽의 역사에서 지팡이가 맡았던 역할을 전적으로 대체한다.

지팡이가 홍해를 가르는데 한 역할을 감당했듯이, 법궤는 이스라엘의 가나안 입성을 위해 요단강을 가르고 마른 땅이 되게 한다.수 3:17; 4:7 지팡이를 바다를 향해 들라 하시고, 결국 홍해의 바닷물이 물러가 물이 갈라져 바다가 '마른 땅'이 되었다고 한다.출 14:21 그리고 여호와의 언약궤를 멘 제사장들이 요단 가운데 '마른 땅'에 굳게 섰고 온 이스라엘 백성은 '마른 땅'으로 행하여 요단을 건넜다.수 3:17 또한 이 두 사건 사이에는 여러 가지 공통점이 발생한다.[257] 이 사건들은 다 하나님에 대한 경외와 두려움을 자아낸다.출 14:31; 수 4:24 그리고 막힌 물들은 '벽'이 되고출 15:8; 수 3:13,16, 다 건넌 후에는 물들이 다시 원상태로 돌아온다.출 14:27; 수 4:18 이방인들의 두려움이 증폭되는출 15:15-16; 수 5:1 모습까지 동일하게 살펴볼 수 있다.

그 외에도 많은 유사한 역할들이 존재한다. 모세가 아말렉을 물리칠 때 지팡이가 동행했다면, 이스라엘이 여리고를 정복하기 위하여 전진할 때 법궤가 동행했다. **수 6장** 모세는 법궤의 이런 능력을 감지하고 있는 듯하다.

민수기 10장 35절에는 "궤가 떠날 때에 모세가 말하기를 여호와여 일어나사 주의 대적들을 흩으시고 주를 미워하는 자가 주 앞에서 도망가게 하소서."라고 간구했다. 이것은 법궤가 지팡이가 맡았던 역할을 차지했으며, 심지어는 모세라는 지도자의 위치까지도 차지함으로 모세 이후 세대를 준비하고 있음도 직감해 볼 수 있다. 그리고 법궤는 지팡이가 그랬던 것처럼, 늘 외부의 적들과의 전쟁에 동행한다. **삼상 4:4; 14:18; 삼하 11:11** 그리고 애굽에서 열 가지 재앙을 일으킬 때 지팡이가 그 도구로서 지대한 역할을 했다면, 사무엘상 4장 1절부터 7장 2절까지에는 블레셋에 빼앗긴 법궤가 이방 땅 블레셋에서 애굽에서의 재앙과 같은 재난을 일으키는 도구가 되는 법궤 이야기가 펼쳐진다. 여호와께서 우박을 내리실 때 '재앙'מַגֵּפָה**막게파**이라는 히브리어 단어를 쓰고, 모세가 하늘을 향하여 지팡이를 들자 뇌성과 우박 그리고 불이 하늘에서 내렸다고 한다. **출 9:14, 23** 법궤 이야기에서는 블레셋 사람들이 법궤로 인해 자신들에게 '재앙' מַגֵּפָה **막게파**이 생겼다고 하며 그 해결책을 찾아 고심한다. **삼상 6:4** 그리고 이것을 해결하기 위해 바로가 박사와 박수, 술객들을 불렀다면, **출 7:11,22; 8:7** 블레셋 사람들은 제사장들과 복술자들을 불러서 문제를 해결하려 한다. **삼상 6:2** 지팡이를 통해 애굽에 내려진 재앙들이 애굽의 신들에 대한 심판이었다면,

**Thinking Tip !**

하지만 하나님에 대한 믿음 없이 미신적이고 주술적인 용도로 여호와의 법궤를 이용하려 하면 어떠한 도움도 받을 수 없다. 사무엘상 4장 1-11절에 나타난 이야기에는 엘리의 두 아들 홉니와 비느하스가 전쟁터에서 한 날에 죽고, 법궤는 블레셋에 빼앗기는 수모를 당한 사건이 보도되고 있다.

법궤는 블레셋 땅에서 다곤을 징계한다. 출 12:12; 삼상 5:2-7. 258)

위에서 살펴본 것처럼 이제 법궤가 지팡이의 역할을 위임받았다. 그것이 모세의 지팡이든, 아론의 지팡이든 상관없이 지팡이의 시대는 이미 지나간 것임을 살펴 볼 수 있다. 법궤의 존재는 지팡이의 시대를 대신하는 역할을 한다. 법궤가 성막 안에 그 자리를 정하고 나서부터는 성경 어디에서도 지팡이가 출애굽 때에 했던 그러한 역할을 했다는 이야기를 찾아볼 수가 없다. 이제 지팡이는 새로운 여호와의 임재의 상징인 법궤에 그 자리를 양도해야만 했고, 그 증거로 지팡이는 늘 언제나 여호와 앞, 즉 증거궤 앞에 권위 양도의 상징으로 놓여져 있어야만 한다. 아론의 지팡이뿐만 아니라 각 지파의 두령들의 지팡이 모두가 여호와의 언약궤 앞에 놓여져 있었던 것처럼 이스라엘 전체의 권위가 여호와의 임재의 상징인 법궤에 주어졌음을 증거 하는 것이다. 이것은 하나님의 임재의 상징이 모세의 지팡이에서 여호와의 법궤로 옮겨지는 신학적인 전이가 일어나는 것이다. 이스라엘의 위대한 인물이 휘둘렀다는 여호와의 임재의 상징인 지팡이가 또 다른 하나님의 임재의 상징인 법궤에 그 자리를 내어주는 것을 보여준다. 권위의 양도, 그것은 결코 쉽지 않은 변화이다. 하지만 여호와께서 이스라엘의 중심에 좌정하신 다는 것은 이러한 변화를 예고하는 것이었다.

## 변화를 거부하는 리더십의 실패

모세는 이 변화를 정확하게 인식하지 못했다. 이것은 가데스 므리바에서만 나타났던 현상은 아니었다. 모세는 이미 법궤와 함께 시내산을 출발할 때부터 법궤인가, 사람인가라는 갈등을 하고 있음을 볼 수 있다. 민수기 10장 29-34절에는 또 하나의 다른 대조가 나타난다. 이 대조는 "사람을 의

지할 것인가 법궤를 의지할 것인가?"라는 질문을 제기한다. 모세는 자신의 처남인 미디안 사람 호밥에게 동행을 간절하게 부탁하는데, 그 이유가 "우리가 광야에서 어떻게 진 칠 것을 아나니 우리의 눈이 되리라."10:31는 것이다. 그러나 호밥의 동행에 대해 본문은 의도적으로 침묵을 지킨다. 그리고 바로 그 다음에 연이어서 "그들이 여호와의 산에서 떠나 삼 일 길을 행할 때에 여호와의 언약궤가 그 삼 일 길에 앞서 행하며 그들의 쉴 곳을 찾았고 그들이 행진할 때에 낮에는 여호와의 구름이 그 위에 덮였었더라."10:33-34고 진술하고 있다.[259] 모세가 염려하던 일을 사람이 아닌 여호와의 언약궤가 행하는 것을 보여준다. 그러나 모세에게 이 일은 실험적인 과정이었다. 성경을 통해 우리는 법궤가 하나님의 임재의 장소이며, 요단도 가르고 전쟁도 수행하며, 모든 재앙 또한 내릴 능력의 도구임을 너무도 분명하게 알고 있다. 그러나 모세는 법궤의 능력을 깨달아 가고 있는 중이었다. 그에게 있어서 아직까지 확신하고 하나님의 임재를 상징하는 도구는 바로 자신의 손에서 기적을 일으켰던 지팡이인 것이다.

그러나 과거에는 지팡이를 휘둘렀으나 이제는 이스라엘의 중심에 좌정해 계신 여호와의 말씀의 능력이 법궤를 통해 쏟아져 나간다. '말'만으로도 충분하다. 이것은 과거를 상징하는 지팡이에 아직도 권위를 두고 있는 모세의 실패이다. 그 권위는 그가 소명을 받을 때 분명히 깨달아야 했던 '내가' 누구인지에 대한 재조명이다. "내가 누구이기에 바로에게 가며"출 3:11에 대한 하나님의 확증은 "내가 정녕 너와 함께 있으리라"출 3:12였다. 모세가 깨달아야 했던 것이 바로 이 '주체'이다. 그런데 여기서 모세는 '우리가'즉, **'아론과 내가'**를 강조하며 그 주권을 상징하는 지팡이를 휘둘렀다. 이는 점점 지팡이와 함께 했던 자신의 경험이 하나님의 말씀을 대신하는 자리를 차지하게 된 것이다. 우리가 하나님과 함께 쌓아온 경험이 아무리 소중할지라도 가장 중요한 것은 하나님께서 명령하신대로 행하는 순종의 삶이다. 때로 그 말씀이 우리 경험과 어긋날지라도 하나님의 주권에 우리의 경험을 양도하는 것이다.

모세는 초심을 잃은 것이며, 또한 새롭게 변화된 현재를 정확히 인식하고 여호와의 뜻을 따르는데 실패한 것이다. 이것은 "말씀하신 대로 그대로 행하는" 믿음의 눈을 상실한 행동이며, 그로 인해 여호와의 거룩함을 드러내지 못한 결과를 초래한다. 리더에게는 자신의 손에 쥐어진 지팡이 같은 도구가 없어도 함께하시는 하나님의 임재를 확신하는 믿음의 눈이 필요하다. 이러한 믿음은 먼 미래에 여호와 임재의 상징이라는 법궤마저 상실되어버려도 하나님의 백성이 살 수 있는 길을 열 수 있다. 여호와의 말씀을 들을 수 있는 열린 귀가 있다면 하나님의 거룩함을 드러내며 믿음의 삶을 살아갈 수 있는 시대를 만들 수 있는 것이다.

모세의 실패는 변화를 인식하지 못한 구시대적인 발상에 있었다. 변화를 인식하지 못했다는 것은 자신의 역할에 대한 오해에서 기인한다. 모세는 하나님의 말씀과 능력이 전달되는 통로로 부르심을 받았다. 이러한 소명을 바르게 깨닫지 못하면 오히려 하나님의 말씀과 능력을 막아서는 장벽이 될 수 있다. 하나님의 말씀보다는 그것을 전하는 도구로 사람들을 현혹할 수 있다. 모세의 손에 들려 있던 그 지팡이가 대표적인 예다. 그의 얼굴에서 비치는 광채 또한 무시할 수 없고, 광야에서 그가 만들어 세운 놋뱀 **민 21:9; 왕하 18:4** 또한 백성들의 시선에 혼란을 가져올 수 있다. 그러나 하나님께서는 모세라는 인간이 유한한 생을 마감하고 사라져도 아무런 문제가 발생치 않도록 하나님의 말씀을 담은 법궤를 만들게 하셨다. 그러므로 법궤와 함께 새 시대를 헤쳐 나갈 새 인물이 필요했다. 이제 법궤를 앞세우고, 하나님께서 함께하심을 온 세상에 증거 할 인물이 요청된다. 그가 바로 법궤를 앞세우며 가나안 정복의 대장정을 이루어낸 여호수아이다. 모세가 지팡이의 시대를 상징한다면, 여호수아는 법궤와 함께하는 새 시대의 주역이 된다.

"모세는 왜 약속의 땅에 들어가지 못했나?" 혹은 "모세는 왜 이스라엘을 약속의 땅으로 이끌지 못했나?"라는 질문은 민수기 속에 나오는 모세의 실패 이야기만으로는 그 실체를 파악하기가 힘들다. 법궤가 나타난 후로 위대했던 지팡이의 역할은 사라진다. 정작 이러한 시대의 흐름을 파악하지 못한 사람은 지팡이의 주인인 모세이다. 법궤에 임재하신 하나님을 믿고 따르는 신앙이 필요한 시대가 왔다. 모세가 지팡이를 휘둘러서 자신의 믿음과 여호와의 거룩함을 드러낸 시대를 상징한다면 여호수아는 이제 법궤를 통해 자신의 믿음과 여호와의 거룩함을 드러낼 새 시대를 상징한다. 지팡이와 법궤가 세대교체를 하듯 모세와 여호수아가 교체되는 이유를 가데스 므리바 사건은 보여주고 있다. 그럼에도 "그 후에는 이스라엘에 모세와 같은 선지자가 일어나지 못하였나니"**신 34:10**라는 명예는 지워지지 않는 영상으로 남아 온 천하에 어디서든지 하나님의 놀라운 역사가 전파되는 곳에는 이 모세의 행한 일도 말하여 저를 기념하게 될 것이다.

# 제 10 장

# 정신적 유산을 물려주는 리더

그 때에 내가 여호와께 간구하기를 주 여호와여 주께서 주의 크심과 주의 권능을 주의 종에게 나타내시기를 시작하였사오니 천지간에 무슨 신이 능히 주의 행하신 일 곧 주의 큰 능력으로 행하신 일 같이 행할 수 있으리이까 구하옵나니 나로 건너가게 하사 요단 저편에 있는 아름다운 땅, 아름다운 산과 레바논을 보게 하옵소서 하되 여호와께서 너희의 연고로 내게 진노하사 내 말을 듣지 아니하시고 내게 이르시기를 그만해도 족하니 이 일로 다시 내게 말하지 말라 너는 비스가 산 꼭대기에 올라가서 눈을 들어 동서남북을 바라고 네 눈으로 그 땅을 보라 네가 이 요단을 건너지 못할 것임이니라 너는 여호수아에게 명하고 그를 담대케 하며 그를 강경케 하라 그는 이 백성을 거느리고 건너가서 네가 볼 땅을 그들이 기업으로 얻게 하리라 하셨느니라(신 3:23-26).

성공이라는 원칙을 놓고 볼 때 모세는 분명 실패자이다. 그가 애초에 이루어야 했던 사명은 이스라엘 민족을 이끌고 젖과 꿀이 흐르는 그 곳으로 인도하는 것이다. 그러나 그는 결국 그 땅을 바로 눈앞에 두고 멈추어야만 했다. 그에게는 그럴만한 힘과 능력, 여력이 있었다. **신 34:20; 반대의견-신 31:2** 120세였으나 눈이 흐리지 아니하였고, 기력 또한 쇠하지 않았다. 그가 마음을 다져 먹었다면 억지로라도 그는 리더로서의 마지막 성공신화를 만들 수 있었을지도 모른다. 그러나 그는 그리하지 않았다. 하나님 안에서의 최고의 성공은 하나님의 승리이며, 하나님의 뜻의 성취이기 때문이다. 인간의지의 승리가 아니며, 인간계획의 승리가 아니다. 여호와의 명령에 그가 할 수 있든, 할 수 없든 전폭적인 순종의 모습으로 그 자리를 차세대에게 양도하는 것, 그것이 바로 진정한 승리자의 모습이며, 성경적 리더십의 표상이다.

하지만 우리가 살아가는 현실 속에서는 오랜 역사를 통해 이러한 성경적 리더십의 표상을 살펴보기 힘든 시대가 되었다. 이 세상에는 차세대 리더를 길러내지 못하게 막는 인위적인 장벽들이 존재한다. 앤디 스탠리는 리더로 서있는 사람들의 각각의 리더십의 유형에 따라서 차세대 위임에 대한 개개의 장벽들을 소개하고 있는데 눈여겨 볼 필요가 있다.[261]

| | |
|---|---|
| 모험심이 많은 리더 | 위험을 무릅쓰고 새 영토를 개척하는 데는 전문이지만, 다른 사람들의 참신한 아이디어들을 자신의 아이디어에 대한 위협이나 경쟁으로 느낄 수 있다. |
| 자상한 리더 | 참을성이 많고 남을 잘 격려해주시만, 상대방에게 정말 변화가 필요한 부분들을 지적해주는 데는 열의가 부족할 수 있다. |
| 카리스마 있는 리더 | 무리를 감화시켜 꿈에 합류시킬 수 있지만, 사람들이 새로운 리더를 따라야 할 때가 오면 거기에 질투를 느껴 방어적으로 나올 수 있다 |
| 혁신적인 리더 | 창의력을 발휘하여 뭔가 시의성 있고 독창적인 것을 만들어 내지만, 다른 아티스트가 그 작품을 더 발전시키려 하면 독점욕을 보이는 경향이 있다. |
| 관리형의 리더 | 직원들을 조정하고 시스템을 개발하는 데 능하지만, 과정에 이의를 제기하거나 다른 업무 방식을 실험하려 하는 사람들을 완고하게 물리칠 수 있다. |
| 능력이 출중한 리더 | 엄청난 작업량을 용케 감당하면서도 높은 생산성을 유지할 수 있지만, 위임할 줄 모르기 때문에 아무도 비전의 작은 일부에 라도 주인의식을 가질 수 없다 |

다양한 예들이 제시되어 있지만 그 장벽을 단 한 마디로 요약하라고 한다면 바로 "내가 아니면 안 된다"라는 의식이다. 이 '나'라는 강력한 흡인력

은 리더로 서 있는 사람들에게 시대를 초월하여 늘 커다란 유혹으로 존재해 왔다. 모세 또한 이 유혹에 빠지려 했다. 그는 하나님께 가나안 땅 정복이라는 자신의 대과업을 완수하게 해 달라는 청을 드리기도 했다. **신 3:25** 리더에게 있어서 장기집권의 유혹은 자신이 다 이루고 싶다는 충동과 더불어, 씨를 뿌린 것에 대해 꽃도 보고, 열매도 맛보고 싶다는 갈망에서 시작된다. 그러나 리더가 반드시 기억해야 할 것은 사도 바울의 말이다: "나는 심었고 아볼로는 물을 주었으되 오직 하나님께서 자라나게 하셨나니 그런즉 심는 이나 물주는 이는 아무 것도 아니로되 오직 자라게 하시는 하나님뿐이니라." **고전 3:6-7** 하나님과 인간은 그 질에 있어서 결코 저울에 같이 놓을 수 없는 존재이다.

**Thinking Tip !**

맥스웰은 리더로서의 '모세의 희생'을 이야기 하며 독자들에게 "당신은 성공하기 위하여 기꺼이 희생하는가?"라는 질문을 놓고 묵상하기를 요청한다. 주객이 전도 된 질문이다. 하나님을 위한 희생은 결코 대가를 바라지 않는 것이기 때문이다. 그리스도인으로서 올바른 질문은 "당신은 리더로서 기꺼이 희생할 준비가 되어있는가?"여야 할 것이다. 만약 스펄전의 고백을 기억한다면 성공은 그리 위험스럽지 않다: "성공이 나의 우두머리가 되어 내가 그것을 성취하게 한 분이 하나님이심을 기억하지 못하게 된다면 하나님께서는 나의 도움이 없이도 일을 계속 하실 수 있으심을 보이실 것이며, 어떻게 해서든지 나를 낮추시고 마실 것이다.[260]

하나님과 인간의 차이를 가장 극명하게 대조하고 있는 곳이 바로 전도서이다. 인간이란 존재는 전도서가 보여주는 것처럼 한 순간을 살아가는 '헛된 존재'이다. 전도서는 이 '헛됨'이라는 단어로 '헤벨'הֶבֶל이라는 히브리어를 쓰고 있는데 그 뜻은 '한 숨, 한 호흡, 안개, 연기' 등으로 해석될 수 있다. 인간이 내 쉬는 '한 숨' 정도가 바로 인생이라는 것이다. 이 단어가 38번에 걸쳐서 전도서에서 쏟아져 나오며, 하나님의 속성을 나타내는 '영원'עוֹלָם **올람; 3:11, 14**이라는 단어와 대조되고 있다.[262] 인간의 삶이나, 하는 일들, 업적들은 '한 호흡'이지만 "하나님께서 행하시는 모든 것은 영원히 있을 것이라 그 위에 더 할 수도 없고 그것에서 덜 할 수도 없나니 하나님이 이같이 행하심은 사람들이 그의 앞에서 경외하게 하려 하심"전 3:14의 목적이 있다. 그런데 인간은 하나님께서 이 영원을 사모하는 마음을 그 마음속에 넣어 주셨을 때전 3:11 이것이 자신의 것인 줄 착각하며 살아갈 때가 많다. 하나님이 영원하시고, 나는 한 호흡과 같다는 것을 인식하는 사람만이 이 땅에서 올바른 리더의 삶을 살아갈 수 있다. 왜냐하면 그 리더는 한 호흡 밖에 안 되는 인간이 영원한 하나님의 계획을 이루기 위해서는 계속적으로 그 호흡이 이어져야 한다는 것을 깨닫고 있기 때문이다. 자신은 역사의 뒤안길로 사라져 갈지라도, 그 다음 사람이 살아서 역사하시는 하나님의 말씀을 그대로 이루기 위해 또 애쓸 것이기 때문이다. 실로, "모든 육체는 풀이요 그의 모든 아름다움은 들의 꽃과 같으니 … 풀은 마르고 꽃은 시드나 우리 하나님의 말씀은 영원히 설 것"사 40:6-8이기 때문이다.

블랙커비의 말대로 새로운 리더가 나타날 때마다 하나님의 마음과 계획이 바뀌는 것이 아니다. 하나님은 새 리더가 왔다고 해서 이전에 하신 모든 말씀을 폐하시지 않으신다. 리더는 세월의 흐름과 함께 오고 가지만 하나님의 계획과 목표와 임재는 영원히 남는다. 이와 같이 현명한 리더는 하나님의 전체 계획에서 자신이 차지하고 있는 자리를 정확하게 인식하고 있는 사람이다. 그래서 자기 과시의 유혹이 되는 이기적이고 경건치 못한 동기를 모두 버리고 하나님의 계획에 만족할 수 있게 되는 것이다.[263] 그러므로 리더십은 나누어져야 하며, 리더는 바로 그런 포용력으로 하나님을 바라보는 눈이 있어야한다.

모세가 자신에게 주어진 사명을 다 완수하지 못했음에도 그를 실패자로 남게 하지 않는 이유가 있다. 그는 후계자를 세우고 훈련시켰다는 것이다.

40여년에 이르는 모세의 사명의 기간 동안 그를 그림자처럼 따르던 인물이 있다. 바로 여호수아이다. **출 17:9 - 아말렉과의 전투에서부터** 모세에게 있어서 여호수아는 단순한 후임 그 이상이다. 구약성경 속에서 거의 유일하다고 할 수 있는 전임자와 후임자의 완전한 교체의식이 모세와 여호수아의 관계 속에 들어가 있다. 물론, 몇몇 예들이 더 존재하기도 한다. 선지자들 중에서는 엘리야와 엘리사의 관계, 그리고 왕들의 역사 속에서는 역대기서에서 다윗과 솔로몬의 관계가 전임자에게서 후임자에게로의 사명전수의 좋은 연결 고리를 보이고 있기도 하다. 그러나 하나님 앞에서 전체 이스라엘 연합체를 이끌며 하나님의 뜻을 온전하게 성취한 예는 모세와 여호수아 팀이 최고의 능력을 발휘하였다. 이러한 전형적인 모범은 분명 그 목표하는 바가 있을 것이라 본다.

## 1. 리더십의 승계

### 사명완수를 위한 위임

모세의 리더십의 계승은 하나님께나, 모세에게나 극히 중요한 의미를 가지고 있다. 모세의 리더십이 승계되지 않았으면 하나님의 백성 이스라엘은 리더를 잃어버리고, 광야에서 방향 없이 헤매다가 스스로 와해되어 버렸을 것이고, 하나님의 놀라운 출애굽의 영광은 흩어진 가족들의 머릿속에 잠시 남아있다 결국은 잊혀진 과거가 되어버렸을 것이다. 하나님의 영광도 그리고 모세의 이름도 역사의 무대에서 사라져 버리고 말았을 것이다. 특히나 여호수아가 없었다면 지금 모세라는 이름이 그렇게도 중요하게 이스라엘 신앙 속에 자리 잡을 수도 없었을 것이다. 가나안 땅에서의 이스라엘 민족 자체의 존립이 없었을 것이기 때문이다. 이와 같이 리더십이 잘 승계 된다는 것은 선임 리더에게도 반드시 필요한 일이며 하나님의 계획에도 중요한 요소가 된다.

모세는 이제 막 요단 강 동편의 정복을 마쳤다. 민 21:21-35 이제 요단 강 서편을 정복하는 것은 시간문제일 뿐이다. 하지만 하나님께서는 이미 모세에게 너는 "이 회중을 내가 그들에게 준 땅으로 인도하여 들이지 못하리라" 민 20:12고 선언하셨다. 우리는 아직 해야 할 일이 남았음에도 그 자리를 떠나야만 하는 안타까운 한 리더를 보고 있다. 여기서 요구되는 것은 한 사람의 리더십이 끝났을 때 새로운 다른 사람에 의해서 그 자리가 연결되어야 한다는 것이다. 이유는 너무도 분명하다. 아직 마쳐지지 않은 하나님의 사명이 있기 때문이다.[264)]

여호와께서 모세에게 산 위로 올라가서 이스라엘에게 주신 땅을 바라보라고 말씀하시고, 아론이 그렇게 광야에서 사라져간 것처럼 모세도 역시 그곳에서 생을 마감해야 한다고 하신다. 이때 모세는 여호와를 향하여 "한 사람을 이 회중 위에 세워서"민 27:16 백성을 인도하게 하여 달라고 간구한다. 모세는 "여호와의 회중이 목자 없는 양과 같이 되지 않게 하기 위해서" 민 27:17라고 그 이유를 분명히 밝힌다. 양떼에게 목자가 없다면 그 양떼의 운명은 누구라도 쉽게 예측할 수 있다. 리더에게는 바로 이러한 돌봄의 의식이 있어야 한다. 모세의 리더로서의 마음은 이미 미디안 광야에서 그가 장인 이드로의 양떼를 이끌고 다닐 때 자연스럽게 갖추어진 자세라고 생각한다. 이 부탁에 여호와께서 응답하셔서 여호수아를 지목하시고, 정해진 절차를 거쳐 그를 모세의 후계자로 세우라 명령하신다. 민 27:18-23

## 리더 임명 양식

몇몇 학자들은 신명기 그리고 여호수아서의 여러 곳에서 나타나고 있는 모세에서 여호수아로 넘어가는 리더십의 전이에 대한 관계를 면밀히 분석하여 '리더임명 양식'the form of installation, 혹은 installation genre을 발견했다. 그들의 분석에 의하면 이 양식은 세 가지를 포함하고 있다.[265)]

I. 격려의 형태 (Formula of encouragement)
II. 사명의 언급 (Statement of a task)
III. 후원의 약속 (Formula of support)

먼저, 격려의 형태에는 '마음을 강하게 하고 담대히 하라'신 31:6, 23; 수1:6, 7, 9는 표현이 사용된다. 그리고 '두려워 말라'는 표현도 같이 등장하기도 한다.신 31:6, 8; 수 1:9 이렇게 강한 마음을 먹어야만 하는 이유가 두 번째 사명의 언급과 밀접하게 연관 된다: "너는 이 백성을 거느리고 여호와께서 그들의 조상에게 주리라고 맹세하신 땅에 들어가서 그들에게 그 땅을 차지하게 하라."신 31:7, 23; 수 1:6 이 사명이 결코 만만치 않은 것임을 쉽게 파악해 볼 수 있는 근거는 바로 여호와께서 여호수아에게 이 사명을 위임하실 때 동일한 문맥에서 세 번에 걸쳐서 "마음을 강하게 하고 담대히 하라"수 1:6, 7, 9고 격려와 권면을 아끼지 않으신다는 사실에서이다. 마지막으로 후원의 약속은 하나님의 전형적인 특징이 드러나는 말씀이다: "네가 어디로 가든지 네 하나님 여호와가 너와 함께 하느니라."신 31:6, 8, 23; 수 1:5, 9 모세 또한 동일한 약속을 하나님께로부터 부여받았다. 그리고 수많은 다른 지도자들 또한 유사한 '임명의식'을 통과하기도 한다.

그렇지만 모세의 후계자 여호수아의 경우에는 다른 어떤 곳에서도 찾아볼 수 없는 독특한 특징이 있다. 그것은 바로 모세라는 전임자가 행하는 임명의식과 그가 이 땅에서 사라진 후에 여호와께서 직접 여호수아에게 나타나셔서 행하는 임명의식이 동일하다는 것이다. 결국 여호수아는 전임자에게도 인준을 받았고, 하나님께도 인준을 받은 공적인 정통성을 소유한 새 리더라는 강조점이 들어가 있다. 그 순서를 살펴보면 가장 먼저 하나님과 모세에 의해서**민 27:12-23**, 둘째로 모세에 의해서**신 31:1-8**, 셋째로 하나님에 의해서**신 31:14-15, 23**, 마지막으로 다시 한번 더 하나님에 의해서**수 1:1-9** 확증되며 새 리더의 임명 의식이 그 막을 내린다. 이렇게 여러 번에 걸쳐서 새 리더의 임명이 이루어지고 있다는 것은 다양한 이야기가 존재한다는 것보다도, 그 만큼 모세에서 여호수아로 넘어가는 리더십의 양도는 이스라엘 역사에서 커다란 중요성을 가지고 있다는 것을 강조하기 위한 반복법으로 보인다. 그리고 그 목적을 한 가지 더 밝히자면 새로운 리더로서의 정통성을 심어줌으로 따르는 백성들의 지지를 공고히 하기 위한 목적도 있을 것이다. 모세가 임종하기 직전에 "눈의 아들 여호수아에게 안수하였으므로 그에게 지혜의 영이 충만하니 이스라엘 자손이 여호와께서 모세에게 명령하신 대로 여호수아의 말을 순종하였더라"**신 34:9**라는 사실만 보아도 짐작해 볼 수 있다.

이렇게 공적인 정확한 절차를 거치고, 여호와의 의견과 사람의 의견이 일치되어서 새로운 리더가 세워지고, 그 새로운 리더가 전임자가 이루어야 했던 사명들을 그대로 이어서 완전하게 수행하는 예는 구약성경 속에서 바로 모세와 여호수아의 예가 유일무이한 경우이다. 왜 이렇게도 완벽한 모습으로 리더십의 전이를 보여주고 있는 것일까? 그것은 그 만큼 모세라는 지도자의 역량이 컸기 때문일 것이라 사려 된다. 블랙커비의 말처럼 신임 리더는 무의식중에 자신도 전임자 못지않게 유능함을 입증해야 한다는 강박관념을 가질 수 있다. 전임자가 자기보다 경륜이 많고, 사람들의 깊은 존경을 받은 경우 특히 그렇다. 그리고 그 앞에 놓여져 있는 사명이 크면 클수록 더욱 그럴 것이다. 리더는 이런 일들로 정서 불안에 빠지지 않도록 마음을 잘 지켜야 한다. 그런 불안 때문에 자칫 전임자들이 시작한 훌륭한 일들을 백지화할 수 있다. 물론 전임자가 후임자의 업무 방식을 지시해서는 안 되지만 전임자는 새 리더가 미래를 향한 하나님의 뜻을 분별하는 데 도움이 될 소중한 역사와 지혜를 전해 줄 수 있다.[266]

모세는 이것을 하였다. 자신의 모든 것을 다 쏟아 부어 여호수아를 새 시대를 열어갈 그의 후임으로 세웠다. 그리고 그가 받고 있던 모든 조명을 여호수아에게 양도하고, 그는 사라져 간다. 모세가 여호수아에게 행하는 임명의식이 들어 있는 신명기 31장 2절에는 다른 곳에서**신 34:7 120세에도 기력이 쇠하지 않았음**와는 달리 "내가 더 이상 출입하지 못하겠고"라고 기력이 쇠한 노인으로서의 모세를 묘사하고 있다. 이 두 구절은 모순 되는 것이 아니라 코우츠의 말과 같이 모세를 노화된 비영웅으로 격하하고, 여호수아라는 인물을 새 리더로 부각시키기 위한 목적을 담고 있다고 하겠다.[267] 이와 같이 모세는 하나도 남김없이 자신의 모든 것을 다 양보할 준비가 되어 있었다. 심지어 자신의 무덤조차 남기지 않고 사라져 간다. 도대체 모세에게 무엇이 남은 것일까?

## 2. 숭배의 대상이 아닌 영적인 이상

### 조상숭배의 이유

모세의 마지막을 다루고 있는 신명기의 결론 부분에서는 "이에 여호와의 종 모세가 여호와의 말씀대로 모압 땅에서 죽어 벳브올 맞은편 모압 땅에 있는 골짜기에 장사되었고 오늘까지 그의 묻힌 곳을 아는 자가 없느니라"34:6고 언급하고 있다.[268] 왜 모세의 무덤에 관하여 한 마디를 하고 넘어가야만 할까? 죽음은 인간의 삶 속에서 벗어날 수 없는 한 부분이다. 무덤은 늘 살아있는 사람들의 삶의 주변에 존재하는 필연적인 것이기도 하며 심지어 인간의 신앙 또한 죽음과 관련되는 경우가 많다.[269] 그렇다면 이스라엘은 이 죽음과 죽은 자의 거처인 무덤을 어떻게 이해하고 있는지를 먼저 살펴보아야 한다. 혹시 모세의 무덤을 숨기시는 하나님의 뜻이 영웅적인 한 인간의 죽음을 숭배하는 어리석음을 방지하기 위한 것인지도 모르기 때문이다. 이스라엘에 이러한 영웅숭배, 혹은 조상숭배의 의식이 있었는지에 대한 조사가 필요하다.

성경에는 죽은 자의 혼을 불러내어 미래를 묻는 것에 대해서 금지하고, 조롱하는 내용이 자주 나타난다.**레 19:31; 20:6, 27; 신 18:10-11; 삼상 28:3-25; 왕하 21:6; 23:24; 대상 10:13-14; 대하 33:6; 사 8:19-20; 19:3; 29:4** 이러한 금지명령이 자주 나타난다는 것은 이스라엘 백성의 삶 속에서 이러한 일들이 흔히 벌어지고 있었을 것임을 추측해 볼 수 있다. 전혀 이루어지지 않고 있는 일에 대해서 이렇게 자주 금지 명령을 내릴 이유는 없을 것이기 때문이다. 실제 고고학적인 발굴을 통해 살펴보면 팔레스틴에서 발굴되는 무덤들은 여러 가지 형태가 발견되고 있다. 땅을 파고 시체를 매장한 다음 흙이나 모래로 덮는 가장 단순한 형태의 토광묘, 네 면이 단단한 돌이나 점토로 둘러싸인 장방형의 무덤, 시신을 토기에 안치한 옹관묘, 나무나 점토로 만들어진 관묘, 점토로 만들어진 타원형 모양의 커다란 통관묘, 그리고 일반적으로 우리가 잘 알고 있는 석회암으로 이루어진 자연동굴이나 인공적으로 구멍을 뚫은 동굴형 무덤이 있다. 무덤의 형태보다 더 중요한 것은 그 안에서 발굴되는 부장품들이다. 이 부장품들은 회고적인 기능을 하는 것도 있지만 종교적인 의미의 부장품들도 나타난다는 사실이다. 그런데 특이한 것은 죽은 자가 죽은 후에도 편안한 생활을 영위할 수 있도록 하기 위한 '음식, 음료, 점토 상들, 부적, 도자기 그릇, 심지어 화장실 용품' 등이 발굴된다는 것이다. 사람이 출입할 수 있는 동굴무덤의 경우에는 주기적으로 음식과 음료가 바쳐지고 향이 살라진 흔적들이 발견된다. 이러한 부장품들은 죽은 자가 무덤이라는 '영원한 집'**시 49:11; 전 12:5**에서 계속적으로 사는 것을 희망하는 고대인들의 종교관을 반영하는 것일 수 있다. 그냥 기억하는 정도가 아니라 죽은 자를 위해 음식과 음료를 공급하는 행위는 죽은 자가 신적인 존재임을 인정하는 제의 행위이며, 종교적 표현으로 간주할 수도 있다.[270]

롤랑 드보는 이렇게 죽은 자의 무덤에 음식을 제공하는 행위는 최소한 죽음 이후에도 그 사람들이 살아있다는 것과, 고인들과의 애정에 찬 유대감을 표현하는 정도일 뿐이지 죽은 자를 숭배하는 어떤 종교적인 의식은 아니라고 본다. 그리고 이런 행위를 통하여 십계명의 네 부모를 공경하라는 명령도 지킬 수 있는 것으로 본다.[271] 그러나 이러한 의식이 단순한 공경 의식정도였다면 왜 그렇게도 신명기서는 죽은 자에 대한 공경을 심각하게 금지하고 있는 것일까**신 14:1; 18:10-11; 26:14**라는 의문점을 가져볼 수 있다. 만약 음식이나 음료 등을 죽은 자에게 바치며 그들의 혼백을 불러내어 이 땅에서 일어날 일에 대해 묻기를 원하고 있다면 죽은 자들은 이 땅에 사는 자들 보다 무언가를 더 많이 그리고 더 잘 알고 있다는 전제가 있는 것으로 볼 수 있다. 특히, 그 대상이 죽은 조상을 포함해서 내로라하는 위대한 인물들, 즉 전쟁영웅, 지파의 창시자, 위대한 왕, 능력있는 선지자들이었다면 충분히 그럴 수 있으리라여겨진다. 죽은 자 숭배는 사망한 사람의 명성, 부, 권력, 축복 등이 자기나 혹은 자기와 연관된사람들에게 전수 되기를 기대하는 의미가 있을 것으로 추정된다. 이 때신접자, 박수, 초혼자들은 이러한 죽은 자 숭배와 관련된 주술적인제의 집행자들이 되었을 것이다.[273] 이러한 위대한 죽은 자들이 결코 여호와 하나님의 주권에는 절대 미치지 못함에도 불구하고, 이 속에는 분명 죽은 자에 대한 신앙이 존재하고 있음을 볼수 있다.

Thinking Tip !

고대근동과 이스라엘에도 존재 했던 죽은 자를 숭배하는 풍습으로 보이는 '마르제아흐'제도가 있다. '마르제아흐'(מרזח)라는 단어는 구약성경 속에 단 두 번만 나타나는데 예레미야 16장 5절에는 '상가' 혹은 '초상집'으로 번역되고, 아모스 6장 7절에는 '떠드는 자의 소리'로 번역된다. 이를 통해 정기적인 수호신이나 영웅을 숭배하는 종교적 모임을 위한 특별한 집(잘 차려진 무덤일수도)이 있고, 대개 과음하며 소란스러운 경우가 허다했던 것으로 추측된다. '마르제아흐' 회원들이 죽은 '성자-영웅'을 섬기는 이유는 이 자리가 후계 계승의 정통성을 인정해 주는 자리였기 때문이라고 본다. 회원으로서의 자신과 가문이 고대의 죽은 영웅에게서 유래한 정통성을 지닌 합법적인 것이며, 동시에 그런 영웅의 후원을 받고 있다는 사실을 과시하려는 욕구가 팽배했을 것이라고 본다. 아마도 모세의 무덤이 있었다면 그의 정통성을 인정받기 원하는 사람들이 그의 무덤에서 이런 제의를 행하지 않았을까 추측해 볼 수 있다.[272]

## 조상숭배의 출처

이러한 죽은 자 숭배는 분명 이스라엘 자생적인 현상이라기보다는 주변의 다른 민족들, 그리고 섞여 사는 가나안 족속들의 풍속을 따라, 죽음이나 죽은 자들에게 특별한 의미를 부여하게 되었을 것이다. 이것은 법조문 속에 흔히 나타나고 있는 "이방인들의 가증한 행위를 본받지 말라는 금지 명령"에서 살펴볼 수 있다. **신 18:9** 예언자들의 잦은 투쟁은 이러한 죽은 자를 숭배하는 의식이 이스라엘의 삶 속에 깊이 파고들어 있음을 실감해 볼 수 있다. 이사야는 이스라엘 백성을 향하여 이렇게 외친다:

> 혹이 너희에게 고하기를 지절거리며 속살거리는 신접한 자와 마술사에게 물으라 하거든 백성이 자기 하나님께 구할 것이 아니냐 산 자를 위하여 죽은 자에게 구하겠느냐 하라 마땅히 율법과 증거의 말씀을 좇을지니(사 8:19-20).

이사야 선지자는 이런 죽은 자에게 신탁을 구하는 배교 행위를 공격하며 오직 '여호와의 말씀'으로 돌아갈 것을 강권하고 있다.[274] 이사야 65장 4절의 "그들이 무덤 사이에 앉으며 은밀한 처소에서 밤을 지내며 돼지고기를 먹으며 가증한 것들의 국을 그릇에 담고"라는 기록은 죽은 자의 무덤에서 음식물을 동반한 제의 행위가 이루어지고 있는 것으로 추정해 볼 수 있다. 그 증거로 다윗, 솔로몬 시대를 통과하는 철기시대 이후로 팔레스틴의 많은 무덤에서 타고 남은 동물들의 잔해가 발굴되었으며, 그 뼈들 중에 상당량이 돼지의 것임이 밝혀졌다.[275] 기원전 8세기의 것으로 추정되는 두 무덤에는 제물을 드리는 옆에 제의 도구를 보관하는 것으로 추정되는 상자도 발견되었는데 이것은 정기적인 방문과 제의 집행이 이루어 졌음을 보이는 증거가 된다.[276]

그러나 신명기 18장에는 하나님께서 주시는 땅에 들어가서는 결단코 그들의 가증한 행위를 본 받지 말라고 명령하고 있다. 그 대표적인 것으로 "아들이나 딸을 불 가운데로 지나게 하는 자나 점쟁이나 길흉을 말하는 자나 요술하는 자나 무당이나 진언자나 신접자나 박수나 초혼자를 너희 가운데 용납하지 말라"(18:10-11)고 선포하고 있다. 이 대부분의 행위들은 죽은 자의 영을 불러 미래를 예측하거나 신들의 뜻을 알아내기 위해서 시도하는 방법들이다. 이 속에는 제의적인 행위와 예언자적 행위 양쪽이 다 결부되어 있다. 분명 그런 이유로 인해 신명기에서 제사장과 레위인에 대한 규정과 예언자에 대한 규정 사이에 이 금지 규정이 삽입되어 있는 것은 논리적이다. 이것은 이스라엘의 제사장과 예언자는 이방의 풍속을 따라서 행하면 안 된다는 것을 보여주기 위한 의도가 들어있다. 이 속에는 이스라엘이 반드시 따라가야 할 길이 주어지고 있는데 이것은 한 구절 차이로 이방적인 방법과 여호와의 방법 사이의 비교 대조를 통해 이루어진다.

| | |
|---|---|
| 신 18:14 | 네가 쫓아낼 이 민족들은 길흉을 말하는 자나 점쟁이의 '말을 듣거니와'(שָׁמַע 샤마) 네게는 네 하나님 여호와께서 이런 일을 용납하지 아니하시느니라 |
| 신 18:15 | 네 하나님 여호와께서 너희 가운데 네 형제 중에서 너를 위하여 나와 같은 선지자 하나를 일으키시리니 너희는 그의 '말을 들을지니라'(שָׁמַע 샤마) |

이스라엘은 죽은 자를 불러내어 미래를 예측하는 행위를 통해서가 아니라 살아서 역사하시는 하나님께서 끊임없이 일으키시는 선지자들을 통해 여호와의 음성을 들어야 한다는 것이다. 하나님은 죽은 자의 하나님이 아니라 산 자의 하나님이시며, 생존 세계의 모든 것을 주관하시는 유일하신 참 신이시기 때문이다. **수 3:10; 왕하 19:4; 렘 10:10; 호 1:10** 그리고 여호와께서는 모세와 같은 선지자를 이스라엘을 위하여 세우셔서 "내 말을 그 입에 두리니

내가 그에게 명령하는 것을 그가 무리에게 다 말하리라"신 18:18고 약속하신다. 이스라엘은 죽은 자가 아니라 하나님을 통하여 말하는 모세의 뒤를 잇는 선지자들을 통하여 들어야 하는 것이다.[277] "산 자들은 죽을 줄을 알되 죽은 자들은 아무 것도 모른다"전 9:6는 사실이 이스라엘의 죽은 자에 대한 생각으로 자리 잡은 것이다.

## 엔돌의 신접한 여인과 사무엘의 영

구약성경 속에는 단 한 번 죽은 자가 죽음의 세계인 지하세계, 즉 스올에서 올라오는 장면이 보도되고 있다. 사울 왕이 엔돌의 신접한 여인을 통해 사무엘의 영을 불러올리는 것이다. 사울 왕은 극심한 위기와 절박감 가운데 처한 자신에게 여호와께서 '꿈으로도, 우림으로도, 선지자로도' 그 어떠한 것으로도 응답하시지 않자 두려움으로 초조해졌다. 여기에는 자신의 운명을 바꾸고 싶어 하는 한 절박한 인간의 몸부림이 있음을 느껴볼 수 있다. 이에 사울은 마지막 수단으로 죽은 사무엘을 통하여서라도 신탁을 들으려고 율법이 금하고 있는 신접한 여인을 찾은 것이다. 그 여인이 사울의 요청대로 죽은 사무엘의 영을 불러 올렸다. 그러나 사무엘의 입에서 나온 말들은 사울의 기대를 전혀 채워주지 못했다. 사무엘은 "여호와께서 너를 떠나 네 대적이 되셨거늘 네가 어찌하여 내게 묻느냐?"삼상 28:16라고 오히려 반문하며 고요한 휴식을 깼다고 질책하기도 한다. 그리고는 여호와께서 이미 전에 나를 통하여 말씀하신 대로 네게 행하사 나라를 네 손에서 빼앗아 네 이웃 다윗에게 주셨으며, 너와 네 아들들은 블레셋에 의해 죽임을 당하고 내일 나와 함께 있을 것이다삼상 28:17-19라고 선포한다. 이 이야기는 단순히 사무엘이라는 위대한 영웅의 영이 무덤에서 올라오는 사건의 차원을 넘어

선다. 죽음의 세계가 열린 사건이기 때문이다. 자칫, 영매술이 실제로 죽은 자를 불러올릴 수 있는 것 아니냐는 의문을 제기할 수 있다. 그러나 그런 위험을 감수하면서도 이 사건을 기록한 목적은 아무리 영웅적인 인물을 불러내어 운명을 바꾸려고 시도해도, 아무 소용이 없다는 것이 이 이야기의 중심 주제이다. 살아있었을 때 선포된 것을 죽은 자는 결코 바꿀 수 없다는 것이다. 즉, 하나님께서 이미 선포하신 말씀은 죽은 자가 살아 돌아와도 결단코 뒤바뀌지 않는 다는 사실이다. 죽은 자에게서 아무 것도 기대할 수 없으며 오직 살아계신 하나님만이 모든 주권을 가지고 계신다는 신앙고백이 들어있다. 신약의 부자와 거지 나사로 이야기에서도 역시 마찬 가지의 주제가 나타난다. 고통의 세계에서 고생하는 부자가 아브라함에게 거지 나사로를 자기의 형제들에게 보내서 그들이 여기 오지 않게 해달라는 부탁에 대해, "그들에게 모세와 선지자들이 있으니 그들에게 들을지니라"눅 16:29라고 단호히 말하고 있다.[278] 영웅적인 인물의 죽음이나 무덤은 결코 숭배의 대상이 아니다. 그들의 위대함의 근거는 바로 하나님의 함께하심이었고, 그들의 능력은 하나님의 능하신 손의 역사였으며, 그들을 통해 일어났던 이적과 기적들은 바로 살아계신 여호와의 말씀의 생명력이었다.

## 무덤도 묘비명도 없는 리더

이제 모든 지도자들과 선지자들의 선두에 서 있는 모세는 무덤도 남기지 않고 사라져 간다. 조상숭배, 영웅숭배의 흔적조차도 남기지 않는다.[279] 진정한 리더는 그의 무덤에서 숭배되는 것이 아니라 후손들의 삶 속에서 살아나는 것이다. 오직 여호와 홀로 이 영웅의 죽음을 수행하셨으며, 그리고 여호와 홀로 그를 매장하셨다.

영웅의 죽음에 있어서 이러한 여호와의 임재는 그 삶과 사역을 하나님이 받으셨음을 확고히 하는 것이다. 이 영웅은 살았을 때에도 하나님께 속하였고, 그리고 그가 죽었을 때에도 그는 또한 하나님께 속한 것이다.[281] 더 이상 무엇이 필요하겠는가?

이스라엘의 위대한 왕이었던 다윗도 그의 죽음과 무덤에 대해서는 단 한 구절만이 할애된다: "다윗이 그의 조상들과 함께 누워 다윗 성에 장사되니."**왕상 2:10** 그러나 그의 마지막 유언은 상세하고 자세하게 제시되어 있다. 솔로몬에게 행한 그 유언의 가장 중요한 부분은 "여호와의 명령을 지켜 그 길로 행하여 그 법률과 계명과 율례와 증거를 모세의 율법에 기록된 대로 지키라"**왕상 2:3**는 것이다. 죽은 자의 무덤이 아니라 죽은 자의 말과 신앙이 더욱 중요하다는 것을 보여주고 있다. 모세의 무덤이 숭배를 받아야 하는 것이 아니라, 그가 선포한 여호와의 말씀이 인정을 받고 후손들에게 존중되어야만 한다. 그래서 모세의 죽음에 대하여 보고한 다음에 곧 이어서 다음의 말이 나오는 것은 바로 모세의 무덤이 아닌 모세의 정신을 말하여 주고 있다. "모세가 눈의 아들 여호수아에게 안수하였으므로 그에게 지혜의 영이 충만하니 이스라엘 자손이 여호와께서 모세에게 명령하신 대로 여호수아의 말을 순종 하였더라."**신 34:9** 그러므로 리더가 물려주어야 할 것은 무덤이 아니라 오직 여호와의 말씀인 여호와의 율법에 대한 순종의 정신이다.[282]

모세의 죽음이 비록 그가 가나안 땅에 들어가는 마지막 사명을 완수할 수 없게 만들었지만, 그는 자신이 해야 할 사명을 다 완수 했다. 이스라엘

**Thinking Tip !**

신명기 34장 6절에서 "골짜기에 장사 되었고"는 히브리어 문장대로 하면 "그가 그를 장사하였다"로 번역할 수 있다. 여기서 '그'라는 3인칭 주어는 '여호와' 밖에는 될 수가 없다. 여호수아를 생각해 볼 수 있지만 "그가 묻힌 곳을 아는 자가 없다"는 말을 살펴 볼 때 여호수아도 예외는 아닐 것이다. 결국 모세의 장례는 하나님과 모세 사이에 일어난 긴밀한 일임을 알 수 있다.[280]

은 모세를 잃었지만 그를 통해 더욱 중요한 여호와의 말씀을 받았다. 이 말씀이 이들의 모든 길을 인도할 것이다. 이스라엘은 이제 모세와 함께 살아가는 것이 아니라 여호와의 말씀의 인도를 받으며 살아가는 민족이 된다. 이 말씀은 법궤 안에 놓여져서 가장 큰 권위로 이스라엘의 모든 삶을 이끌고 나갈 것이다. 신 10:1-5.[283] 이 법궤를 앞세우며 모세의 정신을 이어가는 그 사람이 차세대의 리더로 이스라엘을 하나님께서 주신 약속의 땅으로 인도할 것이다.

## 3. 정신이 사라지지 않는 불멸의 리더

### 죽었으나 살아있는 사람

"여호수아서 속에서 모세는 죽었는가? 혹은 살았는가?"라고 묻는 다면 너무 식상한 질문일까? 그렇다고 쉽게 대답할 수 있는 질문은 아니다. 특히나, 영적인 것을 소중하게 생각하는 신앙의 사람들에게 있어서는 삶과 죽음이 반드시 육체적인 것에만 있는 것은 아니기 때문이다. 여호수아서 속에는 '모세'라는 이름이 적어도 57번 이상은 나타나고 있다. 요단 강 저편에서 죽은 사람의 이름치고는 너무 많이 등장하고 있다는 사실이 의문을 자아내게 한다. 이 57번 중에서 20번 이상이나 모세의 이름은 여호수아와 이스라엘 백성들이 반드시 지켜야 할 율법과 관련해서 나타나고 있다.[284] 이것에 대한 가장 좋은 예가 여호수아 11장 15절에 나타난다.

> 여호와께서 그 종 모세에게 명하신 것을 모세는 여호수아에게 명하였고 여호수아는 그대로 행하여 여호와께서 무릇 모세에게 명하신 (모든) 것을 하나도 행치 아니한 것이 없었더라

이 한 구절 안에 모세의 이름이 세 번이나 등장하고 있다. 여호수아는 모세를 통하여 주어진 하나님의 말씀을 그대로 준행하며 가나안 정복의 대과업을 수행하고 있는 것이다. 이것은 여호수아의 임명의식에서 주어진 여호와의 권면과 명령 속에도 그대로 들어가 있다: "오직 강하고 극히 담대하여 나의 종 모세가 네게 명령한 율법을 다 지켜 행하고 우로나 좌로나 치우치지 말라 그리하면 어디로 가든지 형통하리니."수 1:7 이와 같이 여호수아서 속에 모세는 죽은 것이 아니라 그의 정신으로 여전히 살아있다.

여기서 "어디로 가든지 형통을 보장하는 여호와의 율법"에 대한 정의를 분명히 할 필요가 있다. 왜냐하면 한글로 번역된 율법이라는 단어 자체가 많은 오해를 주고 있기 때문이다. 보통 '율법' 하면 사람들이 가장 먼저 떠올리는 것은 '하라' 나 '하지 마라'를 동반한 세세한 법조문들이다. 그러다 보니 '모세의 율법,' 혹은 '여호와의 율법'하게 되면 생각하는 것이 출애굽기 계약법전20-24장, 레위기의 제사법전과 성결법전17-26장 그리고 신명기의 세세한 율법조항들12-26장만을 생각하게 된다. 그러나 이것은 매우 협소한 의미에서의 율법을 말하고 있는 것이다. 구약성경에서 '율법'이라고 번역된 히브리어 단어는 대부분 '토라'תּוֹרָה이다. 이 단어를 율법이라고 번역하는 것은 그 본연의 뜻을 왜곡시킬 수가 있는데 이스라엘이 '토라'라고 할 때에는 기본적으로 지금 우리가 가지고 있는 '모세오경' 전체를 의미한다. 그리고 나아가서는 성경의 모든 부분으로까지 확장될 수 있다. '토라'라는 명사형은 '야라'יָרָה라는 '가르치다, 교육하다, 훈계하다'라는 의미를 내포하고 있는 동사형에서 유래 했다. 그렇다면 '토라'의 가장 적당한 번역은 '율법'이라기보다는 '가르침이나 교훈'이라고 하는 것이 더 바람직하다. 영어 번역도 보통 '토라'를 '법'을 뜻하는 'law'로 번역하지만 올바르게는 'instruction, education, teaching'이라고 하는 것이 바람직하다.[285)]

'토라'를 '가르침, 교훈'이라고 번역하면 이제 모세오경 전체를 생각할 수 있는 길을 열 수 있다. 세세한 법조문뿐만 아니라 다양한 이야기들과 시, 노래들까지도 이 교훈에 포함될 수 있기 때문이다. 천지창조 이야기도, 에덴동산의 아담과 하와, 가인과 아벨, 노아의 이야기, 아브라함 이야기, 요셉이야기, 바로 왕의 교만함, 광야에서의 이스라엘의 이야기 등은 이제 이 글을 읽는 사람들에게 살아있는 가르침이 되어서 다가오기 때문이다. 하나님께서는 여호수아에게 이 토라를 "입에서 떠나지 말게 하며 주야로 그것을 묵상하여 그 안에 기록한 대로 행하라 그리하면 네 길이 평탄하게 될 것이며 네가 형통하리라"수 1:8고 하신다. 토라를 묵상하며, 그대로 지키는 것이 어떻게 형통하는 길이 될 수 있을까?

## 프레임 바로잡기

모세는 여호수아와 이스라엘에게 삶의 길을 보여주었다. 바로 율법을 묵상하며 좌로나 우로나 치우치지 않는 삶이 무엇인지를 보여준 것이다. 모세를 통해 주어진 토라가 바로 모든 삶의 판단기준이 된다. 즉 생각의 프레임이 되는 것이다.

서울대 심리학과 최인철 교수가 쓴 『나를 바꾸는 심리학의 지혜 프레임』이란 책은 프레임이란 것이 무엇인지에 대해 생각해 볼 거리를 제공해 준다. 프레임frame의 가장 흔한 정의는 창문이나 액자의 틀, 혹은 안경테이다. 이 모두 어떤 대상을 보는 것과 관련이 있다. 그래서 심리학에서 '프레임'은 세상을 바라보는 '마음의 창'을 의미한다. 어떤 문제를 바라보는 관점, 세상을 관조하는, 세상에 대한 비유, 사람들에 대한 고정관념 등이 모두 여기에 속한다고 한다. 그의 정의에 의하면 간단하게 프레임은 하나의 판단기준을 의미한다. 그는 두 가지 형태의 질문을 통해서 프레임의 예를 들고 있다. 첫 번째 질문은 화씨 50도는 섭씨로 몇 도가 되냐는 것이다. 이것은 공식을 알지 못하면 풀 수 없다. 그 공식은 'C=(F-32)÷1.8'이다. 이 공식에 대입하면 'C=(50-32)÷1.8'이 되므로 화씨 50도는 섭씨 10도가 정답이 된다. 이런 문제는 '잘 구조화된 문제, 혹은 잘 정의된 문제'라고 한다. 왜냐하면 수학적인 공식으로 정확하게 답이 나오기 때문이다. 이럴 때는 판단의 틀인 프레임이 필요치 않다고 본다. 그러나 인생은 이렇게 정답이 나오는 질문이 아닌 복잡한 문제들에 부딪칠 때가 많다는 것이다. 예를 들어, "미군은 이라크에서 철수해야 하는가?"라든가 "부부가 이혼할 때 아이의 양육권은 누가 가져야 하나?"라는 질문들이다. 이렇게 정답이 없는 '잘 구조화 되지 않은 문제, 혹은 잘 정의되지 않은 문제'들을 해결하기 위해서 생각의 틀, 즉 지혜로운 판단기준이 필요하다는 것이다. 여기까지는 좋았는데, 최인철 교수는 한 걸음 더 나아가 자신이 그 생각의 기준이 되는 10가지의 프레임을 사람들에게 정해주고 있다. 자신이 정해준 프레임대로 생각하라는 것이다.[286)]

① 의미 중심의 프레임을 가져라.
② 접근 프레임을 견지하라.
③ '지금 여기' 프레임을 가져라.
④ 비교 프레임을 버려라.
⑤ 긍정의 언어로 말하라.
⑥ 닮고 싶은 사람을 찾아라.
⑦ 주변의 물건들을 바꿔라.
⑧ 체험 프레임으로 소비하라.

⑨ '누구와'의 프레임을 가져라.

⑩ 위대한 반복 프레임을 연마하

Thinking Tip !

인간이 인간에게 생각의 프레임을 제공해 준다는 것은 불가능한 일이다. 어떻게 인간이 다른 인간에게 판단의 기준을 제공해 줄 수 있을 것인가? 오직 그 일을 할 수 있는 것은 불변의 진리인 '하나님의 말씀' 밖에는 없다.

안타깝게도 이 프레임들은 모두 흔히 말하는 성공논리와 별반 다를 바가 없다. 그러나 최소한 프레임의 정의가 무엇인지는 쉽게 파악할 수 있는 길은 열어주었다고 생각한다.

## 프레임과 율법

이제 여호수아에게 주어진 프레임은 '모세의 율법'이다. 즉 '모세를 통해서 주신 여호와의 가르침'이다. 결국은 모세가 보여 주었던 모든 것이 다 이 안에 농축되어 있다. 모세가 문제에 부딪쳤을 때 어떻게 그 문제를 풀어갔는가에 대한 해답이 이미 '토라' 안에 다 들어가 있다. 모세는 늘 여호와 앞에 나아가서 그 문제를 내려놓았다. 하나님의 뜻을 듣고 그 말씀을 따라 모든 문제를 해결해 나갔다. 듣고 순종하는 것이었다. 토라 안에는 들었음에도 순종하지 않은 수많은 이야기들도 포함하고 있다. 그것들 또한 '가르침'이 되고 '교훈'이 되어서 여호수아를 순종의 길로 인도할 것이다. 모세가 가나안 땅에 들어가지 못하게 된 그 이유 또한 여호수아의 마음속에 깊이 각인되었을 것이다.

여호수아는 어느 모로 보나 전형적인 모세의 삶을 살았다. 이것은 여호수아의 삶의 행적 자체가 모세의 삶의 여정을 그대로 따라가고 있다는 점에서 분명하게 드러난다. 여호와께서 함께하신다는 약속과 함께 두 인물은 그 사명의 길을 걸어간다.출 3:12; 수 1:5-6 모세가 이스라엘 구세대와 함께 홍해를 마른 땅을 통하여 건너듯이출 14:22; 15:19, 여호수아는 신세대와 함께 요단강을 마른 땅을 건너듯이 건너게 된다.수 3:12-17 이 두 사건은 공히 이스라엘이 여호와를 경외하는 계기가 되고출 14:31; 수 4:24, 또한 그 소식을 듣는 주변 이방인들에게 두려움을 자아낸다.출 15:14-15; 수 5:1 모세와 여호수아 두 사람 다 물을 건넌 후에 12돌기둥을 세운다.출 24:4; 수 4:7-9 모세는 애굽에서 첫 번째의 유월절을 지켰다면출 4:25-26 할례; 12-13장, 여호수아는 가나안 땅에서 처음으로 유월절을 대대적인 할례 행사 후에 지키게 된다.수 5:2-12 모세는 여호와의 현존을 만났을 때, 그리고 여호수아는 여호와의 군대장관을 만났을 때, "네가 선 곳은 거룩한 곳이니 네 발에서 신발을 벗으라"는 명령을 받는다.출 3:5; 수 5:15 모세가 가나안 땅을 정탐하기 위해 정탐꾼들을 파견한다면민 13:16-26, 여호수아 또한 여리고로 정탐꾼들을 파견하여 정황을 살펴본다.수 2장 모세는 자신의 지팡이를 들어 적을 물리칠 때까지 내리지 않고출 17:8-16, 여호수아는 자신의 손에 잡은 단창을 높이 쳐들어 아이 성을 정복할 때까지 내리지 않았다.수 8:18-19, 26 모세는 여호와의 율법을 적은 두 돌판을 이스라엘에게 중계하였고출 24;12; 34:28, 여호수아는 모세를 통해 주신 율법을 이스라엘 자손의 목전에서 에발산의 새 돌에 새겼다.수 8:30-32 모세는 출애굽한 이스라엘을 하나님의 계약의 백성으로 세우기 위해 시내산에 집결시켰고출 19장, 여호수아는 가나안 정복 신세대를 하나님과의 계약 백성으로의 결단을 위해 세겜에 집결시켰다.수 24장. 287) 여호와께서는 바로와 애굽인의 마음을 강퍅하게 하신 것처럼, 가나안 대적들의 마음을 강퍅하게 하셔서 이스라엘을 대적하게 하시고, 결국 멸망시키신다.수 11:20 홍해 앞에서 애굽인을 혼란 시키셨던 것처럼, 가나안 왕들의 연합군을 혼란시키셔서

패하게 하신다. 출 14:24; 수 10:10

하지만 이 모든 흐름이 아무런 단절 없이 그대로 연결된 것은 아니다. 여호수아 또한 모세를 통해 주신 하나님의 토라를 주야로 묵상하는 것이 무엇인지를 몸으로 체득해야만 하기도 했다. 여리고 성 전투와 아이 성 전투는 그 전형적인 본보기로 나타나고 있다. 여리고 성은 든든한 성채를 가지고 요새처럼 버티고 있는 난공불락의 성으로 나타난다. 그런데 그런 요새를 앞에 두고 내려진 여호와의 명령은 너무도 바보스러운 것이었다. 법궤를 앞세우고 제사장들은 양각나팔을 잡고 그 앞에 서고, 무장한 자들도 그 앞에 서서 엿새 동안은 한 바퀴씩, 일곱째 날에는 일곱 번 돌고, 제사장들이 나팔을 길게 울려 불 때 모든 백성이 성을 향해 고함을 치라는 것이다. 그리고 그 전까지는 결코 사람의 소리가 들려서는 안 된다. 이스라엘은 이것을 그대로 실행했고, 결국 여리고는 무너졌다. 아주 단순한 동화 같은 이야기이다.

아이 성 전투는 좀 실감이 난다. 여호수아가 정탐을 아이로 보내서 적들의 화력을 평가해 본다. 정탐들이 돌아와서 그들의 전력은 보잘 것 없다고 전한다. 그들의 병력이 소수이니 다 올라갈 것 없이 이삼천 명만 올라가도 충분히 이길 수 있다는 진단을 내리고 여호수아는 그 말을 듣고 삼천 명쯤을 전투에 투입한다. 그러나 결과는 무참한 참패였다. 오히려 삼십 육인의 전사자를 냈다. 인간적인 판단으로 볼 때에 아이 성 전투가 실제인 것 같고, 입맛에 당긴다. 사람들이 판단하고, 결정하여 행동하고, 그 결과를 내는 것이다. 그런데 그 결말은 여리고 성 전투와 정반대이다. 두 전투의 차이는 무엇일까? 토라를 묵상하느냐 하지 않느냐의 차이 밖에는 없다.

여리고 성 전투에서 들을 수 있는 것은 오직 백퍼센트 하나님의 음성이었다. 여호수아도 하나님께 들은 것을 그대로 전하는 사람일 뿐이다. 그리고 여호수아는 단호하게 명령한다: "너희는 외치지 말며 너희 음성을 들리게 하지 말며 너희 입에서 아무 말도 내지 말라 그리하다가 내가 너희에게 명령하여 외치라 하는 날에 외칠지니라."수 6:10 그러나 아이 성에서는 오직 사람들의 말 밖에는 들리는 것이 없다. 하나님은 완전히 인간의 계획 그 바깥에 계신다. 아무리 거대한 성도 여호와의 음성에 순종할 때 무너지며, 아무리 하찮은 성도 인간의 힘만으로는 결코 무너지지 않는다는 사실이다. 이를 통해 여호수아는 토라를 묵상하는 삶, 즉 모세의 율법을 따르는 삶이 무엇인지를 뼈저리게 배운다. 바로 여호와의 음성에 순종하는 삶이다. 모세는 여호와의 음성대로 움직여 결국은 출애굽의 대과업을 이루었던 것이다. 결국 여호수아는 "옷을 찢고 이스라엘의 장로들과 함께 여호와의 궤 앞에서 땅에 엎드려 머리에 티끌을 뒤집어쓰고 저물도록 있다가"수 7:6 주 여호와께 묻기를 시작한다.

이러한 비교를 통해 볼 때 가나안 정복은 전적으로 출애굽 역사의 재현이며 모방이다. 그리고 모세는 전형적인 지도자의 표상이며, 여호수아는 모세에게 주어진 약속의 실현자이며 또한 출애굽의 목표를 완전하게 성취시킨 사람이다. 그러므로 여호수아는 새로운 모세나 혹은 제2의 모세로 불릴 수 있는 사람이다.[288] 결국 창세기에서 주어진 땅의 약속이 출애굽기에서 위대한 지도자인 모세와 함께 그 성취의 시작을 열어가고, 여호수아서에서 새로운 지도자인 여호수아에 의해서 완벽하게 성취되는 구조를 보여주고 있다. 이 두 리더들이 하나의 목적을 위하여 연결될 때, 그들은 이스라엘에 리더십과 리더십의 계승의 전형적인 모범을 보여주고 있다. 이러한 관계는 미래의 리더들에게 모세와 여호수아의 길을 걸을 것을 촉구하는 무언의 요구를 하고 있다. 그리고 여호수아가 모세의 삶을 그대로 따라감으로 모세의 승리를 가나안에서 일구어 내었던 것처럼, 그 뒤를 잇는 리더들이 모세의 본을 최선을 다해 따라 갈 것을 촉구하고 있다. 시간이 흘러가며 이 모세의 정신은 후세를 살아가는 사람들에게는 끊임없이 그리움의 대상이었을 것이다. 특히나 모세의 시대와 같이 이방인의 억압과 수탈, 그리고 땅을 잃을 수 있는 위기의 순간에, 더 나아가 그 약속의 땅마저 잃고 포로민의 삶을 살아갈 때에는 더욱더 그랬을 것이다. 이제 모세의 율법은 하나의 모범이 된다. 하나님의 뜻을 따라 바르게 걸어간 사람의 이야기는 세대를 이어가며 모든 사람들이 따라야 할 패러다임이 되는 것이다.

# 제 11 장

# 새로운 모세를 기다리며

네 하나님 여호와께서 너의 중 네 형제 중에서 나와 같은 선지자 하나를 너를 위하여 일으키시리니 너희는 그를 들을지니라…내가 그들의 형제 중에서 너와 같은 선지자 하나를 그들을 위하여 일으키고 내 말을 그 입에 두리니 내가 그에게 명하는 것을 그가 무리에게 다 고하리라(신 18:15, 18)

애굽으로부터의 탈출은 이스라엘 민족의 역사 속에서 그들의 삶의 전형적인 모형으로 존재하며 어떠한 억압의 현실 속에서도 그들로 희망을 잃지 않게 하는 힘을 제공해 주는 역할을 한다. 그리고 그 모든 여정의 선두에 서서 하나님의 구원역사를 이 땅에 그대로 실현시킨 사람 모세는 이제 이스라엘에서 지도자의 표상이 되었다. 그의 탄생부터 죽음까지는 하나님께 부름 받은 리더라면 반드시 걸어가야 할 전형적인 모범을 보여주고 있기 때문이다. 물론 그의 실패를 통해서도 배울 수 있다면 하나님 앞에서나, 하나님의 백성에게 있어서나 그 사람은 모세를 넘어서는 최고의 리더가 될 수도 있을 것이다. 이렇게 모세는 하나님 앞에서나, 사람들 앞에서나 공히 인정받는 지도자였다. 하나님께서는 자신이 주인 되시는 역사의 흐름 속에서 끊임없이 모세처럼 '하나님이 하나님 되심을 드러낼 사람'을 찾고 계시며, 이스라엘은 이스라엘대로 모세와 같이 자신들을 구원의 길로 인도하며 하나님의 영광을 보여줄 지도자의 출현을 갈망하고 있다. 하나님 앞에서는 사람 편이 되고 사람들 앞에서는 하나님의 편이 되는 그 사람을 애타게 기다리고 있다.

여호수아는 분명 그 일순위를 차지하기에 부족함이 없는 사람이다. 모세와 여호수아로 인해 만들어진 세상, 그것은 이스라엘이 새 출발을 하기에 부족함이 없는 세상이다. 하나님의 모든 영광을 같이 바라보며 나아갔던 전임자와 후임자인 이 리더십의 앙상블이 끝나는 그날부터 이스라엘은 모세에 대한 그리움으로 가득 차게 된다. 모세 같은 리더를 기다리는 그 기나긴 세월의 그리움은 어느 누구도 이해할 수 없는 기대와 절망의 세월이 된다.[289)]

## 1. 사사, 왕, 예언자 그리고 모세

### 사라져가는 모세의 정신: 기드온

사사기에는 여호수아서에 그렇게 많이 등장하던 '모세'라는 이름이 단지 다섯 번 나타난다. 족보 나열에 세 번1:16; 4:11; 18:30, 갈렙에게 준 약속에 한 번1:20, 그리고 나머지 단 한 번 모세의 율법과 관련된다.3:4 그러나 사사시대의 이스라엘이 모세의 율법을 지켰다는 언급은 나타나지 않는다. 사사시대는 그런 시대였다. 기드온이라는 인물이 모세의 소명 사건과 같은 경험을 하며 미디안에 정복당한 이스라엘의 구원자로 나선다.

| | |
|---|---|
| 부르심 | 너는 가서 이스라엘을 미디안의 손에서 구원하라 내가 너를 보낸 것이 아니냐(삿 6:14; 비교, 출 3:9-10) |
| 주저함 | 오 주여 내가 무엇으로 이스라엘을 구원하리이까 보소서 나의 집은 므낫세 중에 극히 약하고 나는 내 아버지 집에서 가장 작은 자니이다(삿 6:15; 비교, 출 3:11) |
| 약 속 | 내가 정녕 너와 함께 하리라(삿 6:16; 비교, 출 3:12) |
| 징 표 | 만일 내가 주께 은혜를 얻었사오면...주 되심의 표징을 내게 보이소서(삿 6:17; 비교, 출 4:1-9) |

모세가 거쳤던 것과 똑같은 과정을 통해 기드온이 선다.[290] 그리고 기드온도 끝내는 미디안으로부터 이스라엘을 구원해 내고, 자손 대대로 왕이 되어 달라는 백성들의 요청을 일언지하에 거절하고, "나도 아니고 내 후손도 아니며 오직 여호와께서 너희를 다스리실 것이다"**삿 8:23**라는 명언을 남긴다. 여기까지는 모세라는 인물의 뒤를 착실하게 따르고 있다. 그러나 그는 그 후에 백성들의 금귀걸이를 모아서 에봇을 만들어 이스라엘이 음란히 섬기게 함으로 모세의 뒤를 좇기 보다는 오히려 철저하게 거부되어진 아론의 금송아지 숭배**동일한 금귀걸이로 만든**와 같은 길로 이스라엘을 몰아간다.[291]

## 무너져 내린 모세의 정신: 삼손

단 지파의 영웅 삼손은 사사기에서 유일하게 모세에 버금가는 탄생이야기를 가지고 있다. 부모에게 두 번씩이나 하나님의 사자가 나타나 삼손의 탄생을 예고하고, 나실인 서원이 된 특별한 존재임을 알린다. 그에게는 사사기의 음울한 죄악의 순환을 단번에 끊어내기를 바라는 거대한 희망이 들어가 있다. 그러나 그의 삶은 결국 실망 투성이로 끝이 나고 만다. '기대와 정반대되는 삶'contrary-to-expectation을 살았던 것이 삼손의 삶이다.[292] 모세가 이스라엘을 이방의 압제로부터 구해냈다면, 삼손은 그들에게 잡혀 노리개감이 되고 결국은 이스라엘을 구하지도 못하고 생명을 다하게 된다.[293] 그의 요청은 늘 자신의 욕구를 채우는 것이었다: "목말라 죽겠나이다"삿 15:18, 그리고 "나의 두 눈을 뺀 원수를 단번에 갚게 하옵소서."삿 16:28.[294] 그의 기적은 의미 없이 행해질 때도 많았다. 삿 16:3 성 문짝들과 두 설주와 빗장을 어깨에 메고 헤브론 앞산 꼭대기로 감 모세 같은 리더가 아니라 흡사 광야의 이스라엘 같은 느낌이다. 그의 실패로 인해 결국 단 지파는 블레셋의 압박으로 인해 하나님께 원래 부여 받은 약속의 땅인 삼손의 고향 소라와 에스다올 지역삿 13:25; 16:31; 18:2을 포기하고, 최북단까지 떠도는 지파가 된다. 결국은 하나님께서 계획하지도 않으셨던 이스라엘 전 국토를 지칭하는 이름인 '브엘세바최남단에서 단최북단까지'라는 어이없는 지리적인 구도를 만들어 내고 만다. 심지어 단 지파는 그곳에서 모세의 손자요 게르솜의 아들인 요나단과 그의 자손을 제사장으로 삼아 우상숭배의 원흉이 된다.삿 18:30 모세의 리더십은 점점 더 뒤로 후퇴하는 것만 같은 안타까운 시대를 보내고 있는 것이다.

## 실패한 하나님의 계획: 사무엘

사무엘도 탄생신화를 가지고 있다. 흡사 사사들의 실패와 삼손의 실패를 만회해야한다는 강박관념이 있었던 듯이 최선을 다해 모세의 뒤를 그 탄생부터 따라가려 애쓴다.[295] 그러나 모세와 다르게 사무엘이 먼저 대적해야 할 상대는 "여호와를 모르는 엘리의 아들들"이다.삼상 2:12 여호와의 심판이 블레셋을 통해서 엘리 가문에 이루어지고 법궤가 탈취를 당한다. 법궤 이야기**삼상 4:1-7:2**는 모세를 통해 일어난 10가지 재앙 사건과 유사하다. 이방인이 하나님께 속한 것**모세-이스라엘, 사무엘-법궤**을 보내지 않으려 하고, 그로 인해 재앙이 일어나고, 제사장과 복술자를 불러 해결하려 하고, 결국에는 하나님께 속한 그것을 돌려보냄으로 사건이 일단락된다.[296] 그리고 사무엘은 결국 블레셋으로부터의 승리를 이끌어 내고 이스라엘을 구해낸다. 그러나 그는 새로운 리더를 세우지 못한다. 그의 아들들은 엘리의 아들들처럼 불량자들이라 그의 뒤를 이어 하나님의 백성을 바르게 이끌 역량이 없다. 결국 백성들이 자신들을 다스릴 왕을 요구하게 된다. 하나님이 왕이 아니라, 사람을 왕으로 세워달라는 요청 앞에서 서게 된다. 리더가 차세대에게 정신을 이어주지 못한다면 사람들은 하나님을 보지 못할 것이다. 모세가 하나님을 왕으로 세우는 시대를 열어갔다면, 사무엘은 안타깝게도 그의 최선의 노력에도 결국은 인간을 왕으로 세우는 시대를 열어간다.[297]

## 대물림으로도 살아나지 않는 모세의 정신: 다윗과 솔로몬

이제 어쩔 수 없는 왕들의 시대가 되었다. 다윗과 솔로몬은 어떠한가? 다윗은 새 시대를 이끌고 가는 주역으로서의 삶을 시작한다. 다윗은 사울의 눈에 띄어 왕궁 생활을 시작한다. 그리고 왕의 딸과 결혼해 왕실의 가족이 된다. 그러나 그는 이방인인 골리앗을 죽임으로 왕의 시기를 받게 되고, 그를 죽이려는 사울왕을 피해 광야로 도피를 하게 되고 그곳에서 긴 세월을 떠돌게 된다. 그리고 사울이 죽은 뒤에 그 왕의 아들과 경쟁하게 된다. 그리고는 그 경쟁에서 승리하고, 왕국을 통일하게 되며, 이스라엘을 주변의 모든 적들로부터 해방시킨다. 이 모든 과정이 모세가 걸어갔던 길과 유사하다.[298]

그러나 이렇게 이스라엘을 새로운 시대로 이끌어 놓자마자 다윗은 바로 왕의 길을 걷는다. 자기 욕심에 끌려 남의 것을 빼앗는 길을 걸어가는 것이다(우리아의 아내). 그리고 그것을 무마하기 위해 사람의 생명을 자신의 손안에 넣고 삶과 죽음을 결정한다. **우리아를 죽임.** [299] 결국 다윗은 이 죄 값을 치르는데 자신의 남은 생을 다 소비한다.

솔로몬은 다윗의 뒤를 이어 모세가 했던 것처럼 성전을 짓는 것으로 그의 왕권은 전성기를 누린다. 그리고 지혜로운 통치로 가장 극대화된 평화의 시기를 맞이한다. 그러나 그의 후반부의 삶은 그의 통치기간 동안 끊임없이 주창되는 "법률과 계명과 율례와 증거를 모세의 율법에 기록된 대로 지키라 그리하면 어디를 가든지 형통할찌라"**왕상 2:3; 3:14; 6:12; 9:4**는 명령을 떠난 삶을 살게 된다. 솔로몬은 모세의 입을 통해 주어진 신명기 17장 14-20절의 '왕의 법도'를 철저하게 뒤집는 삶을 살았다: ① 말을 많이 얻으려 애굽으로 돌아가지 말 것, ② 아내를 많이 두어 마음이 미혹되게 말 것, ③ 은금을 많이 쌓지 말 것, ④ 율법서를 옆에 두고 평생에 읽어 하나님 경외를 배울 것, 그리고 ⑤ 형제 위해 교만하지 말 것. 결국, 솔로몬은 애굽의 바로 왕이 했던 것처럼 감역관들을 세워 자신의 동족을 노예화하고, 수많은 건물을 짓는데 동원하여 무거운 노동에 시달리게 한다. **왕상 4:6-7; 5:27; 9:17-19** 이제 왕들은 하나님이 주신 약속의 땅마저 애굽화 시키고 있고, 이스라엘은 그 땅에서 자신들이 요청한 왕으로 인해 고역의 노동을 하며 탄식하고 있다.[300]

바로 왕같이 변해버린 솔로몬과 그의 아들 르호보암에게서 이스라엘의 열 지파들을 해방시킨 북이스라엘의 초대왕인 여로보암에게 새로운 기대를 걸어볼 수 있지만 그도 또한 금송아지를 만들어 벧엘과 단에 세움으로 모세의 길이 아니라 철저히 배격된 아론의 우상숭배로 급속히 빠져들어 간다.

## 예언자들에게 걸린 희망: 엘리야와 엘리사

이렇게 희망 없이 타락해 가는 이스라엘에 불꽃처럼 나타난 모세와 같은 예언자가 있었다. 그의 이름은 엘리야, 바로 예언자의 최고봉이다. 모세와 엘리야의 여정은 둘 다 왕의 낯을 피해 광야로 도망가는 것으로 새로운 국면에 들어가고, 그곳에서 한 가족을 만나고 거기에 머물렀다가 마침내 돌아와서 왕을 대적하게 된다. 그리고 백성들의 신앙을 회복시키고, 시내산/호렙 산에서 여호와의 현현을 대하게 되며, 소명을 확인한다. 그리고 그들의 생을 요단 강가에서 마감한다.[301] 광야에서 이스라엘은 모세의 중재로 저녁에는 고기를 아침에는 빵을 하나님께로부터 공급 받은 것처럼**출 16:8**, 엘리야도 광야의 가뭄 속에서 하나님으로부터 까마귀들을 통하여 아침과 저녁에 빵과 고기를 공급받는다.**왕상 17:6** 역시 광야에서 모세를 통해 이스라엘에게 물을 공급하신 것처럼**출 17:1-7**, 엘리야 또한 광야에서 물을 공급받는다.**왕상 17:1-7** 엘리야의 갈멜 산에서의 우상숭배와의 대결은 시내산에서의 모세가 아론의 금송아지 숭배를 완전히 배격하고 우상숭배자들을 죽인 사건을 연상시킨다. 그러나 엘리야는 북이스라엘의 우상숭배를 완전히 끝내지는 못하고 그 사명을 하나님의 명령에 의해 그의 후계자인 엘리사에게 물려주게 된다.**왕상 19:16; 왕하 2:9-15**

예언의 역사 중에서 가장 독특한 사건인 자신의 후계자를 세우는 일은 엘리야-엘리사 관계를 모세-여호수아 관계와 연결시키는 구조를 형성한다.[302] 이것은 또 하나의 희망을 제시하는 것으로 이스라엘 역사를 비극으로 마감하지 않기 위한 하나님의 배려라 여겨진다. 엘리사나 여호수아나 다 동일하게 약속의 땅을 눈앞에 두고 요단강 가에서 선임자로부터 사명을 위임 받는다. 모세와 엘리야는 두 사람 다 무덤도 남겨 놓지 않고, 자신들의 후계자들에게 정신을 연결시켜주고 사라져간다. **신 34:6; 왕하 2:17** 엘리사는 여호수아처럼 전임자로부터 하나님의 신의 충만함**갑절의 영감**을 부여받고 출발한다. **신 34:9; 왕하 2:9** 엘리사는 요단강 동편에서 엘리야가 남긴 유품으로 여호수아처럼 요단강을 가르며 여리고로 들어간다.[303] 결국 이러한 연관성은 여호수아의 사명이 약속의 땅을 하나님의 땅으로 완전히 뒤바꾸는 사명이라면 엘리사의 사명 또한 그와 같을 것이라 짐작해 볼 수 있다. 이방의 모든 것을 다 끊어 버리고 그 땅을 여호와의 이름만이 드높임을 받는 그런 땅으로 되돌리는 것이 바로 그의 사명이다. 그러나 엘리사는 그의 스승 엘리야와는 다르게 광야를 떠도는 주변인으로서가 아니라 도시에 머물며 많은 문하생을 거느린 지도자로 그리고 왕들로부터 존경 받고 왕궁의 조언자 구실을 하며 지낸다. 그러나 그는 그 어디에서도 하나님께로부터 직접적인 계시를 받은 적이 없고, 북이스라엘의 타락한 그 어떤 왕에게도 그리고 백성들에게도 회개를 촉구하는 메시지를 전한 바가 없다.[304] 결국 엘리야-엘리사로 연결되는 예언자의 계승에서도 모세-여호수아의 정신을 이어받지 못함으로 인해 북이스라엘은 더욱더 혼란으로 빠져들어 가게 되고, 마침내 멸망의 길을 걸었다.

## 모세의 정신을 살린 : 요시야 왕

북이스라엘의 멸망이후, 남유다의 왕들은 새로운 정치, 종교적인 국면으로 접어든다. 남과 북을 아우르는 남북통일의 대 과업을 이룰 수 있는 절호의 기회를 맞이한 것이다. 이와 같이 이스라엘의 역사는 최종적인 국면에 당도해 있다. 새로운 모세인 요시야 왕의 리더십을 바탕으로 다시 한번 잃어버린 이스라엘의 영광을 회복하려는 움직임이 바로 그것이다. 요시야 왕은 남유다만의 개혁이 아니라 북이스라엘에까지 미치는 그래서 잃어버린 땅인 북이스라엘까지 회복하고자 하는 열망으로 대대적인 여호와 신앙을 중심한 종교개혁을 단행한다. 모세나 요시야 왕, 이 두 지도자들의 주요한 관심은 하나님께서 약속하신 땅을 회복하는 것이다. 특징적으로 요시야는 모세의 행적과 비교되면서 이스라엘 열왕들 중에 오직 그만이 모세가 신명기에서 명한 모든 명령을 그대로 실행한 유일한 사람이 된다.[305] 그 예들을 여기 나열하면 다음과 같다.

요시야는 "그 후에 이스라엘에 모세와 같은 선지자가 일어나지 못하였다"**신 34:10**는 말을 바꿀 수 있을 만큼의 삶을 산다: "요시야와 같이 모세의 모든 율법을 온전히 준행한 임금은 요시야 전에도 없었고 후에도 그와 같은 자가 없었더라."**왕하 23:25b** 또한 요시야 왕은 "너는 마음을 다하고 성품을 다하고 힘을 다하여 네 하나님 여호와를 사랑하라"**신 6:5**는 명령을 그대로 준행한다.**왕하 23:25a** 여호와의 뜻에서 좌로나 우로나 치우치지 말라는 명령 또한 그대로 행한다.**신 17:11; 왕하 22:2** 왕은 율법을 등사하여 옆에 두고 읽어서 그 규례를 지키라는 명령에 요시야만이 그 법을 그대로 준수한 유일한 왕이다.**신 17:19; 왕하 22:11** 그리고 율법을 온 백성이 듣는 데서 때마다 읽어 주라는 명령을 유일하게 실행한 사람이 요시야이다.**신 31:26; 31:11; 왕하 22:8** 모세가 한 것처럼 금송아지 상을 불로 태우고, 그것이 가는 먼지가 될 때까지 부수어 버린다.**신 9:21; 왕하 23:6; 23:15** 모세는 우상들을 만드는 것을 금하고, 그것들을 불태워 버릴 것을 명령하고, 요시야 왕은 그것을 그대로 실행한다. **신 5:8; 왕하 23:4, 15** 이런 모든 정황들을 살펴볼 때 요시야 왕은 어느 모로 보나 모세의 뒤를 그대로 따르는 새로운 모세, 즉 모세 같은 왕으로 그려져 있을 뿐만 아니라 나아가서는 이러한 요시야를 통해 다시 한 번 이스라엘은 하나님과 새 계약을 맺고 그 때의 그 영광을 회복할 수 있다는 희망을 가져볼 수 있다.[306]

그런데 이스라엘의 마지막이면서 가장 완전한 새 모세인 요시야는 안타깝게도 애굽의 바로 왕의 손에 의해 죽임을 당하고 만다. 모세가 애굽을 파멸로 이끌며 출애굽에 성공했다면, 바로가 요시야를 죽임으로 새로운 출애굽이 무효화에 이르게 된 것이다.[307] 너무도 깊숙이 뿌리박힌 하나님의 백성의 죄악은 이제 그 어떤 것으로도 회복할 수 없는 단계에까지 온 것이다. 노아, 다니엘, 욥과 같은 의인들이 거기에 있어도 그들의 자녀들도 건지지 못하고, 자기의 의로 자신의 생명 밖에는 건질 수 없는 시대가 된 것이다. **겔 14:14, 20**

요시야의 할아버지 므낫세의 극악은 이미 그 도를 지나쳐 더 이상의 관용이 용납되지 않는다. **왕하 23:26; 24:3-4** 모세는 가나안 땅의 문턱에서 생을 마감해야 했을 때, 여호수아라는 후계자가 있었다. 그러나 요시야 또한 약속의 땅 회복이라는 사명의 절정에서 생을 마감했으나 아무도 그의 정신을 이어갈 후계자가 없었다. 출애굽의 성공이 땅의 정복이라면, 이제 새로운 출애굽의 실패는 결국 땅 상실로 이어질 것은 명약관화한 사실이다. 이스라엘의 역사는 결국 바벨론으로 포로가 되고, 애굽으로 돌아감으로 역사를 마감하고야 만다. **왕하 25:22-26**

## 2. 바벨론 포로, 해방 그리고 모세

### 마지막 희망인 예레미야와 바벨론 포로기

패망과 포로기는 이미 예언자들에 의해서 그렇게도 경고되었으나 결단코 실현되지 않기를 바랐던 가장 비극적인 시나리오였다. 예레미야는 위기의 최절정에 나타났던 마지막 기회였으며, 새로운 모세였다. 예레미야는 "여호와께서 그의 손을 내밀어 내 입에 대시며 여호와께서 내게 이르시되 보라 '내가 내 말을 네 입에 두었노라' נָתַתִּי דְבָרַי בְּפִיךָ **나타티 데바라 베피가**" **렘 1:9**라는 소명을 받았다. 이것은 신명기 18:18절에 여호와께서 모세에게 약속하신 "내가 그들의 형제 중에서 너와 같은 선지자 하나를 그들을 위하여 일으키고 '내 말을 그 입에 두리니' נָתַתִּי דְבָרַי בְּפִיו **나타티 데바라 베피브** 내가 그에게 명령하는 것을 그가 무리에게 다 말하리라"를 그대로 실현시키는 내용이다. "내 말을 그 입에 두겠다"라는 이 표현이 구약성경 전체에서 이 두 구절에서만 나타난다면 예레미야가 제2의 모세라고 할만하지 않을까? 이제 위기감은 이스라엘이 모세의 말을 경청하듯이 예레미야의 말을 그대로 따를 것인가에 운명의 갈림길이 놓여있다. 예레미야는 계약위반의 불순종과 죄악으로 가득 찬 유다를 향해서 그들을 징벌하기 위해 사용되는 도구인 바벨론을 여호와께서 도우실 것이며, 출애굽 때 이스라엘을 도와 애굽을 친 '드신 손과 강한 팔' **출 3:20; 15:12; 렘 21:3-5**로 도리어 유다를 치실 것이라고 선포하기를 주저하지 않는다. 그러나 왕들도, 신하들도, 유다의 백성들도 그 어느 누구도 예레미야의 말에 귀를 기울이지 않는다. 결국 유다는 바벨론에 패하고 포로로 끌려가게 된다. 그리고 나머지 잔류민들은 애굽으로 절대로 돌아가지 말라는 예레미야의 경고를 무시하고 그들 스스로 피난처를 찾아 애굽으로 내려가는 죄악을 범한다. 렘 42:11-17; 43:1-44:30 자신들만 그곳으로 가는 것이 아니라 강제로 예레미야를 끌고 애굽으로 가는 것이다.

이렇게 위기의 순간에 나타났던 새 모세는 동족의 손에 포로가 되어, 모세가 탈출에 성공했던 애굽으로 끌려가 그의 생을 마감한다. 출애굽의 역전이며 반전이다.[308] 또한 호세아도 과거에는 "여호와께서 한 선지자로 이스라엘을 애굽에서 인도하여 내셨고 이스라엘이 한 선지자로 보호 받았지만"12:13 이스라엘이 계속해서 여호와와의 계약을 어기고 바알을 섬기는 불순종의 죄악을 저지를 때 여호와께서 "너희를 애굽으로 돌려보낼 것"이라는 경고를 하고 있기도 하다. 호 9:6; 11:5

모세를 통한 애굽 탈출의 이미지는 이스라엘 민족에게 끊임없이 삶의 긍정적인 부분을 부각시키며 희망과 기대를 던져 준다. 하지만 이와는 반대되는 것으로 '애굽으로 돌아가는 이미지'는 이방인들 보다 못한 극악한 죄악으로 돌아선 이스라엘에게 심판의 경고로 사용되고 있다는 것은 역사의 처절한 반복이라 할 수 있다. 신명기 28장 27절에서는 이스라엘이 불순종할 때의 경고로 "여호와께서 애굽의 종기와 치질과 괴혈병과 피부병으로 너를 치시리니 네가 치유 받지 못할 것이며"라는 선언은 그 전에는 이러한 것으로부터 구별되고, 보호를 받았으나 그들의 불순종과 죄악은 그러한 구별을 없애버릴 것이라는 심각한 경고를 내리고 있는 것이다. 하지만 이런 경고와 그 성취만으로 역사가 마감 된다면 그것은 비극이다.

모세를 통한 '애굽 탈출'이라는 역사적, 신앙적 사건은 이스라엘에게는 자신들이 하나님의 백성으로 탄생하는 유일한 길을 제공해 주었다는 것은 의심의 여지가 없다. 그러기에 이 역사적인 사건은 언제나 극심한 고통이 닥칠 때면 어김없이 이스라엘을 새로운 희망 앞에 서게 하는 새 출발선으로서의 역할 또한 맡고 있다.[309] 이러한 예들은 이스라엘이 바벨론의 포로에서 풀려날 때 그들은 이 역사적 사실을 '새 출애굽'으로 인식하며 예언자들의 입술을 통해 하나님의 놀라운 구원역사를 출애굽기 15장에 나타나는 '홍해를 가르는 사건'과 같이 세상에 다시금 선포하는 계기로 삼는다.사 27:1; 43:1-3; 렘 23:7-8; 31:1-40 등 이사야는 특히 40-55장에서 하나님께서 새 일을 일으키실 터인데 그것은 바로 출애굽의 새로운 영광과 연결되며사 43:14-21 그 영광을 위하여 새로운 모세의 역할을 맡은 여호와의 종을 통하여 일하실 것을 보도하고 있다.42:1-9; 43:8-13; 49:1-7; 52:13-53:12.[310] 에스겔서에는 출애굽기에서 여호와 하나님과 바로 왕 사이의 대결의 주제인 "내가 여호와인 줄 알리라"출 6:2, 6, 7, 8, 29; 7: 5, 17; 8:10, 22; 9:14; 10:2; 12:13; 14:4, 18는 표현이 이 예언서 전체를 통해 약 58번에 걸쳐서 사용된다. 이 표현이 전반부인 1-24장에는 이스라엘의 멸망을 향하여 나아가며 24번 사용되며 반역한 이스라엘이 여호와를 알게 될 것을 나타내고, 후반부인 25-39장은 열방이 심판을 받고, 이스라엘이 회복될 것을 강조하는 부분에 34번 사용된다. 이 후반부는 곧 바벨론 포로로부터 회복된 이스라엘이 모세의 비전을 품은 에스겔의 이상 속에서 거룩하게 된 새로운 땅에서 새 성전을 짓고, 새 법을 받으며, 다시 땅을 분배 받고 하나님의 거룩한 백성으로 지내게 될 새 출애굽의 환상으로 넘쳐난다.[311]

## 새로운 시작의 초입에서: 스룹바벨과 여호수아

역사는 이렇게 기대와 좌절의 연속이다. 희망을 걸고 벅찬 기대감으로 새로운 리더를 맞이하지만 늘 그 결과는 절망으로 끝맺을 때가 대부분이었다는 것이다. 그럼에도 사람들은 이렇게 기다린다. 끊임없이 기다린다. 새로운 시작을 기다리며, 그 시작을 가져올 모세 같은 인물을 갈망하고 있다. 그 처절하리만치 기나긴 포로기의 끝에 드디어 하나님의 백성을 포로로 만들고 억압했던 바벨론의 멸망이 이루어지고 이스라엘의 해방이 선포되었다. 그 뒤에는 세계를 움직이시는 하나님의 역사가 있었음은 말할 필요도 없다. 유다 예루살렘에 성전을 건축하라는 명령이 떨어지고, 이스라엘 백성이 어디에 거하든지 그곳 사람들이 마땅히 은과 금과 기타 물건과 짐승으로 성전을 건축할 예물을 즐거이 드리라는 명령 또한 내려진다. 스 1:3-4 이것은 모세를 통해 이루어진 애굽의 약탈과도 동일하다. 출 3:21; 11;2; 12:35 그리고 돌아온 이스라엘의 가장들이 성전을 건축하려고 예물을 즐거이 드렸다고 한다. 스 2:68; 출 35:21-29 포로에서 돌아온 사람들의 족보가 나열되는데스 2:1-67 흡사, 모세가 광야에서 인구조사를 통해 가나안 땅을 정복하고 분배하는 것을 재현하는 듯하다.

유다 목백 세스바살이 예루살렘 성전의 모든 기물을 갖고 돌아오고, 이 새 성전의 완성은 총독 스룹바벨과 대제사장 여호수아의 지도력 아래에서 이루어진다. 마치 스룹바벨-여호수아의 관계가 모세-아론의 관계를 연상시킨다. 그리고 에스라의 귀환은 회복된 이스라엘이 모세의 율법으로 돌아가게 하기 위함이며스 7:1-10, 이것은 또한 이방의 풍속을 따르지 않게 하기 위함이다: "이스라엘 백성과 제사장들과 레위 사람들이 이 땅 백성들에게서 떠나지 아니하고 가나안 사람들과, 헷 사람들과 브리스 사람들과 여부스 사람들과 암몬 사람들과 모압 사람들과 애굽 사람들과 아모리 사람들의 가증한 일을 행하여."스 9:1 여기에 나타난 이방민족들이 모세의 시대에 반드시 정복해야 할 가나안 족속들의 대부분을 다 포함하고 있다는 것은 이제 새출애굽은 모세의 법을 통해 이들과 구별된 삶이어야 한다는 것을 명시하고 있는 것이다.

느헤미야는 에스라에게도 나타난 '여호와의 선한 손'느 2:8, 18; 스 7:28; 8:18, 31의 도움으로 성벽 건축을 성공적으로 마침으로써 이스라엘이 든든하게 이방인들 가운데서 하나님의 백성으로 살아갈 수 있는 구별선을 만들었다. 그리고 회복된 이스라엘에게 철저한 안식일 준수, 이방인들과의 잡혼배격, 레위기의 규례를 따르는 성전중심의 삶을 살아갈 것을 서원케 하여 하나님과의 새로운 계약을 체결한다.느 10:26-39 이제 또 다시 시내산에서의 모세의 때와 같이 이스라엘은 약속의 땅에서 '세스바살성전기물의 회복-스룹바벨새성전건축-에스라모세의 율법-느헤미야공동체의 회복'로 연결되며 모세의 시대를 재현하고 있다.[312)]

## 디아스포라 공동체: 모르드개와 에스더

그렇다면 가나안 땅으로 돌아오기 보다는 이방 땅에 그대로 남았던 다수의 사람들의 삶은 어떠했을까? 그들의 고민을 아하수에로 왕기원전 486-465년 통치의 통치기를 살았던 사람들의 이야기인 에스더서를 통해 살펴볼 수 있다. 물론 이 이야기의 본래 독자는 그 후대의 사람들이었을 것이다. 기원전 538년 고레스의 칙령에 의해 유다인들의 일부가 고향 땅으로 돌아 간지가 벌써 50년이 지났다. 제2의 모세였던 예레미야가 예고한 포로기 70년렘 29:10 또한 지났다.성전의 무너진 587년에서 성전 재건 516년까지. [313)] 아직도 이방 땅 그곳에서 하나님의 백성은 자신의 정체성을 찾기 위해 씨름하고 있다. 에스더서에는 하나님이라는 명칭이나 여호와의 이름이 전혀 나타나지 않는다.

이것은 그 당시의 상황을 반영하는 요소라 생각한다. 해방되었음에도 약속의 땅으로 돌아가지 않은 사람들이 하나님의 은혜를 누릴 자격이 있는가라는 질문이 들어가 있는 것이다. 이들에게 태동되기 시작한 신학은 "아직도 여호와께서 포로민들을 돌보시고 계시는 것인가?" 그리고 "우리가 아직도 하나님의 백성인가?"라는 질문일 것이다.

이런 고민 가운데 이방 땅에서 하나님의 백성을 멸망시키려는 힘에 부딪히게 된다. 아각 사람 하만이란 자가 유다인들을 몰살시키려는 음모를 꾸민 것이다. 하나님의 백성은 또 다시 이방 땅에서 모세의 시대와 같은 멸망의 위기에 처했다. 이때 하나님께서 에스더라는 여인을 왕궁에 들여보내시고 이스라엘 민족을 구원할 여성 모세로 들어 쓰신다.[315] 자신의 목숨을 바치는 한 여인의 신앙으로 하나님의 백성을 대적하는 자가 오히려 목숨을 잃는 꼴이 되어 버렸다. 이것은 마치 이스라엘을 멸망시키려 했던 바로의 계획이 자신을 망케 하는 결과만 낳은 것과 같다. 이스라엘이 모세라는 지도자를 통해 경험한 유월절은 이제 이방 땅에서 여성 모세로 인해 부림절로 거듭난다.[316] 유다인들은 이방 땅에서 여호와의 숨은 섭리로 구원을 경험한다. 이러한 하나님의 뜻에 따라 서 있는 새로운 모세가 있는 한 이방 땅도 구원의 장소가 될 수 있음을 보이고 있다. 이것을 도표로 나타내면 다음과 같다.

| 성 경 | 출애굽기 | 에스더서 |
|---|---|---|
| 중심 인물 | 모세, 아론 | 모르드개, 에스더 (베냐민지파, 2:5) |
| 대 적 | 애굽, 바로 | 아말렉, 하만 (아각사람 3:1) |
| 방 법 | 여호와의 이적과 기적 | 여호와의 숨은 섭리 |
| 구 원 | 바로의 완전한 파멸 | 하만의 완전한 파멸 |
| 기 념 일 | 유월절 | 부림절 |
| 차 이 점 | 약속의 땅으로의 전진 | 이방 땅에서의 승리와 평안 |

이방 땅 그곳은 여호와의 이름이 전혀 들려지지 않는 곳이며, 오직 들리는 것이라고는 정복자의 신 '마르둑'과 전쟁의 여신 '에스타르테'의 이름이 높이 칭송되는 곳이다. 귀에 쟁쟁하게 들리는 것은 승리한 이방신의 이름들뿐이다. 그러나 그 이방신들까지 총출동하여 이스라엘의 새로운 구원사에 나선다. 모르드개**마르둑의 변형**와 에스더**에스타르테의 변형**, 이 두 이름은 바로 하나님의 전능하심의 상징이다. 실제의 고레스 칙령이 마르둑의 이름으로 선포되었든, 아니든 상관없다. 그것이 존재한다면 하나님의 손 안에서 움직일테니까 말이다. 이것은 아이러니이며, 풍자이다. 그리고 패배주의가 아닌 승리주의이다. 이와 같이 에스더의 이야기는 하나님의 백성은 이방 땅에서도 여전히 하나님의 구원의 역사를 맞을 수 있음을 보여주고자 하는 목표가 있다. 하지만 그곳에는 모세의 리더십과 그 정신을 이어 받은 사람이 남성이든, 여성이든 반드시 필요하다. 그리고 그 정신은 끊임없이 이어져서 하나님의 백성을 하나님 앞에 바로 서게 해야만 한다.

### Thinking Tip !

유대교의 해석에 의하면 에스더가 왕과 하만을 초대할 때 한 말인 "하만과 함께 임하소서"(에 5:4)의 히브리어 원문에서 각 단어의 맨 앞 알파벳을 합하면 하나님의 거룩한 이름인 "야훼"(**יהוה**)가 된다고 한다. 그 히브리어 문장은 다음과 같다: '**וֹא הַמֶּלֶךְ וְהָמָן בַ:**'(야보 함멜레크 와하만). 메로즈는 이것은 특별한 의미를 함축하고 있는데 에스더가 베푸는 잔치가 사람들끼리 벌이는 것이 아니라 역사의 장 안으로 하나님을 초대하여 그 자리를 차지하시게 하는 것이라 한다. 그리고 아무리 힘센 임금이라도 하나님의 손 안에서 섭리를 이루어가는 꼭두각시에 지나지 않다는 것을 강조하고 있다고 본다.[314)]

### Thinking Tip !

'고레스 원통'(Cyrus Cylinder)에는 고레스가 바벨론을 정복하게 된 것이 마르둑 덕택이었다고 말한다. 마르둑은 세상 나라들을 샅샅이 살핀 후에 자신의 숭배 행렬을 앞장서서 인도할 의로운 왕을 찾았는데, 그 인물이 바로 안산 왕 고레스라는 것이다. 그래서 고레스를 호명한 후 그를 온 세상의 왕으로 선포했다는 내용이다.[317)]

## 예언의 끝자락에서: 말라기에서 다니엘서까지

그러나 말라기서를 살펴보면 약속의 땅에 돌아온 새 공동체의 타락은 제사장들을 필두로 하나님을 향한 예배가 무너지고, 사회의 법질서가 사라진 안타까운 시절로 넘어가고 있음을 살펴볼 수 있다. 이것은 결코 디아스포라 공동체라고 해서 다를 바는 없을 것이다. 그 이후로 긴 시간이 흘러 바야흐로 신구약 중간기의 시간을 거치며 이스라엘은 끊임없는 고통의 나락으로 빠져들게 된다. 다니엘서는 예레미야가 예언한 70년의 포로기간이 수정되어야 할 만큼 그렇게 이스라엘은 바벨론, 페르시아, 헬라로 연결되는 해방이 아닌 식민지로 단지 대제국의 한 속주 정도의 위치밖에는 안되는 삶을 살아가고 있는 상황 속에 기록되었다.

다니엘서의 정확한 배경은 기원전 167년경의 마카비 혁명을 전후한 시대이다. 알렉산더 대왕의 뒤를 이어 또 다시 이스라엘을 헬라화 시키려는 열정에 불타는 안티오쿠스 에피파네스의 통치기인 기원전 175-163년에는 대제사장들이 타락의 극을 달려 아론의 계열도 아니며, 단지 정치세력에 붙어서 돈을 주고 그 지위를 사는 현상이 벌어지며 백성들의 신임을 떨어뜨렸다. 이렇게 되자 정통 유대인들은 제사장을 믿거나 의지할 수 없었다. 헬라문화가 침범한 이후에는 성전의식 자체가 이 방제의로 인해 오랫동안 정지되기까지 했었다. 반면에 모세의 율법은 상황이 달랐다. 강대국의 힘으로나 이와 합세한 성직자의 힘으로도 율법은 파괴할 수 없었다. 이렇게 여전히 모세의 율법은 유대인들의 정체성과 충성심의 구심점으로 남아 있었다.

**Thinking Tip !**

다니엘서 9장 1-2절에는 그 70년의 비밀을 풀기 위한 노력이 들어가 있다. 이것은 약속의 땅에 거주하는 이스라엘 백성이나, 디아스포라로 살아가는 흩어져 있는 이스라엘 백성이나 동일하게 고민했던 것이리라 본다. 이제 70년은 70 이레가 되고, 한 이레는 7년으로 산정되어 역사의 흐름을 추적하고 있다. 즉 70년이 490년으로 확장되는 것이다(단 9:24-27).[318]

## 위기와 희망의 시대: 마카비 혁명

마카비 형제들이 혁명을 일으킬 때 그들을 도운 혁명의 주체는 바로 경건파인 하시딤들 즉, 율법에 충실한 사람들로 이루어져 있었다. 이들이 안티오쿠스 에피파네스의 헬라화 정책에 항의한 반면 실권층이던 성직자 계급은 이 정복자와 화평을 맺음으로써 민족의 대의를 저버렸다. 이들이 사두개인의 선조인 것으로 볼 수 있다. 아마도 율법에 열심이었던 하시딤들 속에는 바리새인의 선조들이 있었을 것으로 볼 수 있다. 마카비 형제들의 혁명의 성공과 이스라엘의 해방은 실로 눈부신 것이었다. 이것은 이방인들로부터 되찾은 새로운 출애굽이며 또한 다윗과 솔로몬의 시대를 재현하는 영광스런 시기로 비쳐지기도 했다.**마카비상 14:1-15** 하지만 이런 영광도 잠시 마카비 형제들의 후손들은 단 한두 세대 만에 왕권을 놓고 다툼을 벌이며 타락의 길로 빠져들게 되고, 결국은 로마의 세력을 등에 업고라도 자신의 지위를 지키려는 후손으로 인해 해방의 영광이 끝이 난다. 모세가 꿈꾸었던 하나님의 나라가 아니라 자신들의 나라를 추구했던 것이다. 혁명의 성공인 기원전 164년부터 63년의 로마의 폼페이우스가 예루살렘에 입성하기까지 불과 100여년의 세월을 누린 해방이었다.[319] 그리고 또 다시 이방인의 지배하에서 이스라엘은 신음하게 되며 영광스런 구원의 날을 기대하게 된다.

# 3. 모세 대 예수 그리스도

## 예수 그리스도, 토라의 완성

그 기대가 예수님의 시대까지 연결되었다. 세례 요한이 폭풍처럼 나타나 광야에서 회개의 세례를 행하며 하나님 나라를 선포하기 시작하자 사람들은 그에게 사람을 보내어 질문한다: "유대인들이 예루살렘에서 제사장들과 레위 인들을 요한에게 보내어 네가 누구냐 물을 때에 요한의 증언이 이러하니라 요한이 드러내어 말하고 숨기지 아니하니 드러내어 하는 말이 나는 그리스도가 아니라 한대 또 묻되 그러면 누구냐 네가 엘리야냐 이르되 나는 아니라 또 묻되 네가 그 선지자냐 대답하되 아니라."**요 1:19-21** 여기서 '그 선지자'에 대한 기다림이 모세가 떠난 그 이후로 천 년이 훨씬 넘는 시간 동안 계속되어 오고 있다는 것을 살펴볼 수 있다. 이 기다림에 마침표를 찍은 분이 계시다. 바로 우리 구주 예수 그리스도시다. 갈라디아서 4장 4절에는 "때가 차매 하나님이 그 아들을 보내사 여자에게서 나게 하시고 율법아래 나게 하신 것은"이라고 표현하고 있다. "때가 찼다"는 것은 그동안 기다려 온 모든 것이 준비되었다는 느낌을 갖게 한다. 바울 사도의 선언처럼 예수 그리스도의 탄생은 모든 것이 준비된 새 시대의 출발점이라는 것이다.

Thinking Tip !

예수님의 법은 복으로부터 시작한다(마 5장). 모세의 때와 다른 것은 저주가 사라지고 있다는 점이다. 어떠한 여건 속에서도 하나님의 복을 누릴 수 있음을 강조하고 있는 것이다. 누가복음 6장 17-49절에는 평지에서 법을 전하신 것으로 되어있다.

신약성경의 선두에 서 있는 마태복음은 예수 그리스도와 모세의 삶을 세밀하면서도 철저하게 처음부터 끝까지 비교하고 있다. 유아 살해 명령이 있었고**마 2:16**, 애굽에서 잠시 피난처를 얻게 되시고**마 2:15**, 40일 동안의 금식이 있었으며**마 4장**, 그 후에 제자들을 부르신다. 그리고 허다한 무리가 좇게 되고**마 4:18-25**, 그 무리를 데리고 산으로 가셔서 하나님 나라의 법을 선포하신다.**마 5-7장**

모세는 12지파를 이끌고, 12정탐꾼들을 파송했다면, 예수님은 12 제자를 파송하신다.**마 10장** 광야에서 오천 명과 사천 명을 먹이시고(마 14-15장), 물위를 걸으셨으며**마 14장**, 모세의 얼굴의 광채와 같이 변화 산에서 얼굴에

빛이 나셨다.마 17장 유월절을 성만찬으로 대체하고마 26장, 모세가 느보 산 꼭대기에서 새 땅을 바라보고 이스라엘을 파송했듯이, 예수 그리스도께서는 갈릴리 명하시던 산에서 제자들을 세상의 모든 민족에게로 파송하신다마 28:16-20 : "그러므로 너희는 가서 모든 민족을 제자로 삼아 아버지와 아들과 성령의 이름으로 세례를 베풀고 내가 너희에게 분부한 모든 것을 가르쳐 지키게 하라."[320]

예수 그리스도는 이렇게 일생을 통해 모세의 모든 여정을 다 걸으신 분이시다. 그리고 우리에게 진정한 출애굽의 완성을 보여주셨다. 끊임없는 기다림 속에 사람들은 기대의 끝이 단지 절망임을 실감하면서도 그 순간적인 해방에 목말라 했다. 그러나 예수 그리스도께서 보신 것은 단지 폭력을 휘두르고 있는 한 억압자를 보시는 것이 아니라 그 뒤에 도사리고 있는 악의 실체를 보신 것이다.[321] 이제 예수 그리스도께서 부여해 주는 해방은 이방의 압제로부터의 해방이라는 피상적인 것이 아닌, 인간 삶에 굴레를 씌웠던 죄의 종으로부터의 해방을 이루어 내셨다. 바로 그것이 하나님 나라를 이루는 출발이기 때문이다. 모세는 이 땅에 악이 분출되고 있는 존재인 바로와 부딪치며 이스라엘을 해방시켰다면, 예수께서는 악의 실체인 혼돈과 흑암의 세력인 사탄과의 전쟁을 통해 자신의 백성을 구해내신다. 모세가 하나님의 나라, 하나님의 백성, 하나님의 땅을 위하여 자신의 평생을 다 바쳤다면, 예수께서는 당당히 그 하나님의 나라가 '내 나라'(요 18:36)이며, 그 나라가 오고 있다고 말씀하신다. 그리고 그 나라는 모세가 애굽의 대안으로 제시한 '가나안 땅' 정도가 아닌, 하나님께서 애초에 꿈꾸셨던 온 천하 만국이 된다: "세계가 다 내게 속하였나니 너희가 내 말을 잘 듣고 내 언약을 지키면 너희는 열국 중에서 내 소유가 되겠고 너희가 내게 대하여 제사

장 나라가 되며 거룩한 백성이 되리라."출 19:5-6

## 예수 그리스도의 십자가를 지고

모세가 리더의 전형적인 모형이라면, 이제 예수 그리스도는 새로운 모세의 차원을 넘어서는 오히려 모세의 원형prototype이시라는 점을 밝혀나간다. 즉, 모세가 리더의 원형을 제공해 주는 것이 아니라 오히려 모세가 닮아야 했던 분이 바로 예수 그리스도이시라는 것을 역으로 강조하고 있다. 예수님의 삶은 바로 그 모세의 삶의 확장을 보여주고 있다는 점에서 뿐만 아니라 모세를 통해서 이루고자 하셨던 하나님의 그 이상이 예수 그리스도를 통하여 온전히 이루어진다는 점에서 그렇다. 모세와 예수 그리스도를 통하여 두 가지의 길이 만나고 있다. 이 땅에 구현되고 있는 악의 모형바로과 실체사탄를 다루는 리더십을 배울 수 있는 것이다. 이제 모세/예수 그리스도의 뒤를 따르는 제자들은 약속의 땅을 바로 눈앞에 두고 새로운 모세/예수 그리스도가 되어 이 땅을 하나님의 나라로 만들어 가는 것이다.

> 오직 너희는 택하신 족속이요 왕 같은 제사장들이요 거룩한 나라요 그의 소유된 백성이니 이는 너희를 어두운데서 불러내어 그의 기이한 빛에 들어가게 하신 자의 아름다운 덕을 선전하게 하려 하심이라(벧전 2:9).

이제 우리에게 주어진 과제가 있다면 모세의 뒤를 이었던 여호수아의 심정으로 새로운 모세의 뒤를 이어야만 한다. 끝내 "하늘에 있은 자들과 땅에 있는 자들과 땅 아래 있는 자들로 모든 무릎을 예수의 이름에 꿇게 하시고 모든 입으로 예수 그리스도를 주라 시인하여 하나님 아버지께 영광을 돌리는"빌 2:10-11 그 날을 이루기 위하여 전진하는 삶이다. 모세를 통하여 이루어졌던 그 모든 회복들이 이제 예수 그리스도의 비전아래서 세상을 향한 과제가 되어야만 한다. 이것이 이루어지는 그날까지 '모세-여호수아,' '예수 그리스도-제자들'의 연결은 결코 끊어짐이 없이 계속되어야만 한다. 인간의 순간적인 호흡을 영원까지 이어가는 리더십의 연결이 오직 우리에게 주어진 희망이기 때문이다.

# 나가는 말

이 책의 처음 의도는 영웅적인 인물이며 불멸의 리더인 '모세'에 대해 쓰려는 갈망으로 시작되었다. 그리고 책의 본래 제목도 『성경적 리더십의 재발견: 불멸의 영웅 모세를 그리워하며』로 정하려 하였다. 이 시대를 바라보는 한 사람의 목회자로서 모세와 같은 리더에 대한 갈증이 너무도 컸기 때문이다. 오직 생애 전체를 '여호와를 드러내기'에 헌신했던 사람, 모세와 같은 지도자가 있다면 이 시대가 다시 한 번 희망을 가져볼 수 있을 것이라는 확신 때문이었다. 리더의 부재가 너무도 절실하게 느껴지는 이 시대상으로 인해 나의 마음속에 모세는 '불멸의 영웅'으로 새겨졌다.

그런데 글을 써내려 갈수록 모세의 모습이 점점 사라져 가는 것을 안타깝게 바라봐야만 했다. 도대체 모세는 어디로 간 것인가? 이쯤에서는 그의 존재가 특별하게 비쳐져야 하는데, 그는 그림자처럼 어딘가에 숨어있었다. 모세는 그의 출현이 절실히 요구되는 장소에서조차도 모습을 감추었다. 그리고 그는 단 한 번의 실패로 사명도 완수하지 못한 채 역사의 무대에서 물러나야만 했다. "왜, 모세에게 이렇게 가혹한 일이…?" 그런데 모세의 모습이 시야에서 사라져 가면 갈수록 점점 더 크게 다가오시는 분이 계셨다. 바로 모세를 부르셨던 하나님이셨다. 모세는 이렇게 살아있을 때나 생을 마감할 때나 오직 "그들이 내가 여호와인줄 알리라"라는 목표로 자신의 전 생애를 통해 '하나님이 왕이 되시는 세상'을 열어 갔음을 분명하게 살펴볼 수 있었다.

그러나 지금 현재를 살펴보면 성공과 리더십에 대한 책들이 각 서점들의 한 코너를 화려하게 장식하고 있다. 그만큼 찾는 사람들이 많다는 증거이다. 수많은 원리들이 화려한 성취를 약속하며 인간의 무한한 가능성을 부추기고 있다. 사람마다 차이는 있겠지만, 그 중에 백미를 하나 들라고 한다면 단연 스티븐 코비의 『성공하는 사람들의 7가지 습관 *The 7 Habits of Highly Effective People*』일 것이다. 원리의 내용뿐만 아니라 든든한 이론적인 바탕들, 그리고 여러 선례들을 통하여 자신의 이론을 뒷받침하고 있다. 그의 성공과 리더십에 관한 원리가 설득력 있게 다가오는 주요한 이유를 하나 더 든다면 지난 200년 동안 발표된 성공문헌들에 대한 치밀한 조사였을 것이다. 코비 자신도 이 기간 동안에 나타난 수많은 사상가들의 영감과 지혜에 감사하다는 고백을 하고 있다.[322)]

200년이란 말에 감탄을 할 수도 있겠지만, 이것이 오히려 성공에 관한 책들의 한계를 이미 지적하고 있다는 것을 깨달아야만 한다. 불과 200년의 역사를 담은 것이다. 이 200년이란 기간 동안에 인간의 역사는 이미 새로운 국면으로 접어들었다. 중세의 암흑을 깨고 15세기 이후로 시작된 르네상스, 종교개혁, 과학혁명, 산업혁명과 계몽주의는 18세기에 이르러는 인간의 전적인 해방이 이루어진 시대를 만들었다. 이 시기의 인간은 종교와 신으로부터도 독립을 선언한 인간 이성의 승리를 구가하기도 했다. 이러한 배경 위에 19-20세기가 펼쳐진다. 그렇다면 코비가 조사한 지난 200년 동안의 성공과 리더십에 관한 문헌은 분명 이러한 시대의 사조 속에서 태동된 원리들이라는 것을 추측해 볼 수 있다. 인간의 힘만으로 세계를 유지할 수 있다는 자부심으로 가득 차 있던 시절이기에 인간은 스스로의 원리로 세상을 통제하려는 욕망을 내비친 것이다.

지금으로부터 수천 년 전 애굽의 바로가 했던 일과 무엇이 다른가? 단지 바로 왕과 현대 성공 원리는 시간적인 격차만 가지고 있을 뿐이지 그 동기와 의도에 있어서는 전혀 다를 바가 없다. 인간이 절대적인 주권을 가지고 세상을 통제하며, 자신이 세운 목표로 세상을 움직여가는 것이다. 그곳에는 일의 경쟁, 다른 사람의 제거, 최강자의 승리라는 힘에 겨운 노동이 삶의 방식이며, 사람 사이에는 시기, 적개심, 갈등으로 인한 분열이 조장된다.[323] 그 결국은 무엇인가? 한 곳에는 착취를 통한 호화스런 누림이, 다른 곳에는 상실과 박탈감으로 탄식의 신음이 터져 나오는 메울 수 없는 균열이다. 그 때나 지금이나 원리를 가지고 인간 삶을 단정 지은 것은 마찬 가지이다. 바로 왕은 신화라는 원리를 가지고 자신의 통치 이념을 삼았다. 이 세상에 존재 하지도 않는 신들을 만들어 자신의 통치와 지배 원리로 삼고, 이 세상을 두 개의 부류로 나눈다. 바로 마틴 부버가 경고한 '나'I와 '그것'It의 관계만이 있는 세상이다. 돈, 물질, 권력, 소유는 물론이고, 인격적인 상대방인 '너'가 되어야 할 인간도 '그것'으로 전락되어 버린 사회 속에 살고 있는 것

**Thinking Tip !**

이렇게 성공학으로 많은 사람들에게 성공에 대한 영감을 확신 있게 전하던 코비가 2010년 파산을 했다. 한 기자가 파산 이유를 묻자 그는 짤막하게 "내가 쓴 대로 살지 않았기 때문이다"라고 대답했다. 정말 자신이 세운 원리대로 살지 않았기 때문일까? 혹시 그 원리들의 한계 때문이 아닐까? 그리고 저자 자신도 살지 못하는 원리를 누가 살라고 주는 것인가?

이다.[324)]

성공신화를 앞세운 현대 리더십의 논리는 어떠한가? 그 원리는 분명 성공자와 실패자를 나누는 시금석이 될 것이다. 성공자는 누림의 세계로, 실패자는 탄식의 세계에 머물 것이다. 이 두 그룹 사이의 조화는 실패자들이 다시 성공자들이 만들어낸 원리를 따라 자신들의 삶을 그곳으로 옮기는 길밖에는 없다. 왜냐하면 그 반대로의 움직임은 거의 일어나지 않기 때문이다. 올라간 자는 다시는 내려오지 않으려 하고 그곳을 지키기 위해 수단과 방법을 가리지 않을 것이다. 바로 왕이 자신이 누리고 있는 것을 결코 놓지 않으려 했듯이 이 뿌리 깊은 습성은 이미 수천 년에 걸쳐서 진행되어 온 것이다. 인간이 만든 원리에 또다시 희망을 건다는 것은 역사를 통해 참으로 배우지 못했다는 것을 증명하는 것 이상도 이하도 아니다.

모세는 이미 이러한 시도와 실험에 대해 지금으로부터 약 3200여 년 전에 '아니다'라는 선언을 하며 새로운 대안으로의 탈출을 시도했다. 여기에 리더로서의 모세의 위대함이 있다. 세상의 성공과 리더십의 원리가 제시하는 화려한 이상을 뒤로하고 완전히 새롭고, 다른 세상을 제시했다. 착취도, 경쟁도, 노동도, 오직 일부만의 승리도 아닌, 모든 적개심과 시기, 갈등이 사랑과 돌봄으로 승화되는 세상, 그런 공동체를 세우기 위해 자신의 삶을 헌신했다. 이것은 금송아지 숭배로 타락한 이스라엘을 일시에 진멸하고 모세를 통해 그들보다 강대한 나라**신 8:14**를 만드시겠다는 여호와의 의지를 모세가 돌이키는 것을 통해 역력히 드러난다. 자신의 강대함은 곧 이스라엘의 죽음이요, 다른 이들의 파멸을 의미하는 것임을 직시했기 때문일 것이다. 한 사람이 자신의 야심을 꺾을 때 모두가 새로운 기회를 누릴 수 있고, 회생할 수 있는 길이 주어질 수 있다는 것을 보여주는 살아있는 교훈이다. 모세는 분명 모두를 위해 더 나은 길을 택한 것이다. 이는 모세가 가나안에 들어가지 못하고 죽었다는 사실까지도 그의 실패를 넘어서서 이스라엘이 그곳에 대신 들어갈 수 있는 길이 되었다는 해석도 가능해진다.[325] 이처럼 그는 하나님의 전폭적인 사랑에 의해서 창조되고 구원된 한 백성을 세우고 지켜내는 데에 성공했다. 그러나 궁극적으로 이것을 가능하게 한 존재는 모세가 아니다.

"출애굽의 영웅이 누구인가?"라는 질문을 하면 사람들은 이구동성, 한 목소리로 '모세'라고 대답한다. 그러나 성경 어디를 살펴보아도 하나님께서 모세를 부르실 때 '나의 지도자', '나의 리더' 혹은 '나의 영웅'이라는 말로 칭하신 적이 없으시다. 오히려 '지도자'나 '리더'라는 표현보다는 늘 '나의 종, 모세'라는 칭호로 그를 부르신다.수 1:1, 2, 7, 13, 15; 8:31, 33; 9:24; 11:12, 15; 12:6; 13:8; 14:7; 18:7; 22:2, 5. [326] 종의 역할에 대해서는 모세가 태어나기 전에 이미 매우 선명하게 주어져 있다. 창세기 24장에는 '아브라함의 종'이 나타나고 있는데 그는 이름도 없으며, 그의 호칭은 처음부터 끝까지 '아브라함의 종'이었다. 그도 자신을 소개할 때 당당하게 "나는 아브라함의 종이니이다"창 24:34라고 말한다. 오직 보낸 자의 사명을 완수하기 위해 먹는 것, 쉬는 것조차도 다 마다하고 그의 뜻을 이루기 위해 최선을 다한다. 그리고 사명이 완수된 후에는 아무런 미련도 없이 삶의 무대에서 사라진다. 그 종의 정체성은 자신의 역할 앞에 붙여진 이름에 의해 정해진 것이다. '아브라함'이라는 이름이 그의 모든 정체성이었다. 그리고 그는 아브라함의 일을 했다.

'여호와의 종, 모세'라는 칭호 속에는 이미 그러한 삶이 예고되어 있는 것이다. 자신이 불멸의 영웅이 되는 삶이 아니라 여호와가 '불멸의 영웅'이심을 드러내는 삶, 그것이 모세가 걸어가야 할 길이었다. 그래서 모세의 이야기는 곧 하나님의 이야기가 된다. 모세의 특별한 탄생도 하나님을 향한 사명과 사람들을 향한 책임을 위한 것이었다. 하나님께서는 모세를 통해 놀라운 구원사를 베푸셨고, 하나님의 '능하신 손과 펴신 팔'은 모세를 통해서 나타났다. 그럼에도 모세가 행한 모든 것은 결코 모세의 것일 수 없다. 모세는 오직 "여호와가 누구이신가"를 드러내는 사명을 감당하고 있는 것이다.

하나님의 말씀이 모세의 말이 되고, 하나님의 지팡이가 모세의 지팡이가 되고, 하나님의 행동이 모세의 행동이 된다. 이렇게 하나님의 정체성은 모세를 통해서 드러나기 시작했고, 이스라엘은 모세를 통해서 하나님의 살아 계심을 보았다. 그리고 이스라엘은 애굽에 내린 열 가지 재앙과 홍해에서의 놀라운 기적을 체험하고, 승전가를 부르며 "여호와가 영원토록 왕이 되셔서 다스리실 것"**출 15:18**을 간구한다. 하나님께서 세우시는 리더가 서 있는 곳에는 이런 일이 일어나야 한다. 아무리 세상의 힘이 거대할지라도 '여호와만이 왕'이심을 삶으로 드러내는 것이다. 이것이 바로 리더를 탄생시키시고 부르시는 이유이다. 그래서 하나님 앞에 리더로 선 사람이 가장 주의해야 할 말은 '내가'라는 말이다. 리더로 부름 받은 사람은 반드시 그 '내가'라는 말의 주체가 하나님이셔야 함을 명심해야 한다. 그럴 때 리더 자신이 숭배되는 삶이 아니라 오직 하나님만이 예배의 대상이 되시는 것이다.

우상이 숭배되고, 바로가 신격화 되어있는 애굽에서의 고난을 경험한 모세는 인간을 신격화하고 우상숭배를 자행하는 거짓 예배를 철저히 배격하고 진정한 예배를 세운다. 우상숭배가 그것을 만든 자의 욕심을 드러내는 것이기에 그 결국은 다른 사람을 억압하는 것으로 흘러갈 수밖에 없는 것을 이미 보았기 때문이다. 모세는 하나님을 향한 예배는 전심을 다해 왕이신 하나님을 찬양하며, 하나님의 뜻과 명령을 따르는 것임을 증거했다. 그리고 하나님의 뜻과 명령은 '하나님 경외'와 '형제/자매 돌봄'이라는 율법의 정신 속에 그대로 농축되어 있다는 것을 자신의 마지막 숨을 다 모아 토로했다. 지금도 우리 인간에게는 스스로 만든 논리가 아니라 모세를 통해 주어진 하나님의 정신이 살아나야 할 필요가 절실하다.

모세는 이 예배하는 공동체를 애굽도 아니고, 광야도 아닌, 진정한 대안의 장소인 하나님께서 약속한 땅, 가나안의 입구까지 이끌었다. 비록 그 자신은 그 땅에 들어가지 못했으나 죽음 직전까지도 하나님께서 주신 그 땅을 갈망하며, 여호수아를 비롯한 광야 2세대들이 그 땅에서 하나님의 복을 누리며 살 수 있는 모든 준비를 한다. 그리고 그 땅은 인간의 것이 아니라 하나님의 것이며, 그 안에 있는 것은 모두 다 하나님의 선물임을 거듭 강조한다. 마지막으로 모세는 자신을 숭배할 그 어떤 것도 남겨놓지 않고 오직 '여호와의 말씀'만을 전하며 무덤도 없이 사라져간다. 모세가 전한 그 말씀은 여호와의 말씀임에도 지금도 '모세의 율법'이라는 타이틀로 불린다. 그 정도로 "모세는 여호와께서 대면하여 아시던"**신 34:10** 리더였다. 그는 그의 후계자 여호수아에게 오직 이 정신만을 물려준다. 이 정신을 물려받는 리더가 있다면 그곳은 희망이 있다. 여호와 하나님을 진심으로 예배할 것이기 때문이다. 그리고 하나님께서 선물로 주신 그 땅에서 서로를 돌보며 살아갈 것이기 때문이다.

하나님께서는 이스라엘을 자신의 종으로 부르시기 위해 모세를 먼저 부르셨다. 모세라는 인물은 어느 시대에나 필요했다. 그의 열정, 그의 리더십, 그의 사명감 그래서 이스라엘 역사는 말 그대로 모세를 기다리는 역사였다고 해도 과언이 아니다. 그러나 모세가 미디안 광야 하나님의 산에서 가시떨기 불꽃 가운데 임재하신 여호와의 소명을 받는 사건은 모세가 태어난 그 후로 무려 80년의 세월이 흐른 것이다. 하나님께서는 이스라엘이 애굽인의 음모에 의해서 고난을 당하는 것과, 그들의 고통이 점점 가중되며 울부짖음의 탄식을 쏟아 붓고 있다는 사실을 익히 잘 아심에도 80년의 세월을 보내신 것이다. 어쩌면 이스라엘의 탄식의 세월은 이보다 더 길었을지도 모른다.

한 명의 리더를 기다리는 것이 이와 같고, 그를 통한 구원이 이와 같다. 하나님의 구원은 결코 인스턴트식의 구원이 아니다. 물만 끓여서 부으면 맛볼 수 있는 컵라면 같은 것이 아니라는 것이다. 리더 한 명이 훈련되고, 서기까지 80년의 세월이 필요했는데, 만약 그렇게 공들인 리더가 실패한다면 그 다음은 어떤 일이 생기겠는가 상상해 보라. 또 다른 80년, 그리고 또 80년 그렇게 시간은 늦추어질 것이다. 지금 우리는 어떠한가? 이러한 책임의식을 가지고 있는가? 나에게 맡겨주신 탄식하는 사람들에게 복된 소식을 전하기 위해 어떤 소명 가운데 거하고 있는가? 하나님께서는 모세에게 "내가 그들의 형제 중에 너와 같은 선지자 하나를 그들을 위하여 일으키겠다"**신 18:18**고 약속하셨다. 이것은 지금도 유효하다. 모세가 탄생해서 훈련되고, 그리고 하나님에 의해 부름 받고, 사명을 감당하며, 자신의 생을 마감한 것 같이 그런 리더를 계속해서 세우시겠다고 하셨다. 이것이 희망이다.

우리는 지금 새 밀레니엄의 초입에서 모세라는 리더를 애타게 갈망하고 있다. 우리에게 지금 필요한 것은 모세라는 지도자의 환생이 아니라, 그의 정신을 이어받기를 간절히 소망하는 한 사람이다. 나이가 어찌 되었든 자신의 탄생의 의미부터 시작해서 철저하게 자신의 삶 전체를 다 쏟아 부어 하나님의 뜻을 전할 사람을 기다리고 있다. 처음부터 끝까지 시종일관 오직 여호와만이 왕이심을 드러내는 하나님의 종을 기다리고 있는 것이다. 그 사람을 통해 열려질 진정한 예배와 평화와 평등의 하나님 나라를 간절히 사모하고 있는 것이다. 그것만이 인간이 만든 원리를 대체할 수 있는 완전한 대안이기 때문이다. 그러므로 리더 모세는 곧 하나님의 종이라는 정체성으로 그 결론에 이를 때 최고의 사명을 감당한 것이며, 지금 현재를 살아가는 모든 그리스도인 리더들 또한 삶의 결론은 하나님의 종이어야만 하는 것이다.

참고문헌
미주

## 참고문헌

가드너, 하워드(Gardner, Howard), 『통찰과 포용(*Leading Minds*)』 (송기동 역)(서울: 북스넛, 2007).

가이 가와사키, 『당신의 경쟁자를 미치게 하는 초심리 전략(*How to Drive Your Competition Crazy*)』 (송경근 외 역)(서울: 한언, 1997).

강병도, 『창세기-출애굽기』 (QA 시스템 성경연구 시리즈 1; 서울: 기독지혜사, 1986).

강성열, 『고대 근동 세계와 이스라엘 종교』 (서울: 한들출판사, 2003).

게를레만, 길리(Gerleman, Gilli), "에스더서 연구(*Studien zu Esther*)," 『에스더서 연구』 (전경연 편집)(서울: 대한기독교서회, 1976): 33-70.

그린리프, 로버트 K.(Greenleaf, Robert K.), 『서번트 리더십 원전(*Servant Leadership*)』 (강주헌 역)(서울: 참솔, 2006).

김득중, 『복음서 신학』 (서울: 컨콜디아사, 1991).

김영민, 『리더십 특강(대한민국 혁신 리더를 위한)』 (서울: 새로운 제안, 2008).

김용준, 『사람의 과학』 (서울: 통나무, 1994).

권준, 『우리 교회 이보다 더 좋을 수 있다』 (서울: 두란노, 2007).

나우웬, 헨리(Nouwen, H. J. M.), 『예수님의 이름으로: 크리스천 리더십을 다시 생각한다(*In The Name of Jesus: Reflections on Christian Leadership*)』 (두란노출판부 역)(서울: 두란노, 1998).

노트, 마틴(Noth, Martin), 『민수기(*Das vierte Buch Mose: Numeri*)』 (국제성서주석 4; 서울: 한국신학연구소, 1993).

________________, 『출애굽기(*Das zweite buch Mose: Exodus*)』 (국제성서주석 2; 서울: 한국신학연구소, 1994).

________________, 『오경의 전승사(*Überlieferungsgeschichte des Pentateuch*)』 (원진희 역)(서울: 한우리, 2004)

________________, 『전승사적 연구들(*Überlieferungsgeschichtiche Studien: Die sammelnden und bearbeitenden Geschichtswerke im Alten*

*Testament*)』(원진희 역)(서울: 한우리, 2004).
도킨스, 리처드 (Dawkins, Richard), 『만들어진 신(*The God Delusion*)』(이한음 역) (서울: 김영사, 2007).
듀웰, 웨슬리(Duewel, Wesley L.), 『열정적인 지도자(*Ablaze for God*)』(정중은 역)(서울: 생명의말씀사, 1992).
드러커, 피터(Drucker, P. F.), 『피터 드러커의 위대한 혁신(*Peter F. Drucker on Innovation*)』(서울: 한국경제신문, 2006).
드보, 롤랑(de Vaux, Roland), 『구약시대의 생활풍속(*Das Alte Testament und seine Lebensordnungen*)』(서울: 대한기독교출판사, 1983).
러셀, D. S.(Russell), 『신구약 중간시대(*Between the Testaments*)』(임태수 역) (서울: 컨콜디아사, 1977).
로제, 에드워드(Lohse, Eduard), 『신약성서배경사 (*Umwelt des Neuen Testaments*)』(서울: 대한기독교출판사, 1984).
루이스(Lewis), C. S., 『천국과 지옥의 이혼(*The Great Divorce*)』(김선형 역) (서울: 홍성사, 2007).
류호준, "출 1-4장: 누가 우리의 왕인가? 여호와인가 바로인가?" 『출애굽기 어떻게 설교할 것인가』(서울: 두란노아카데미, 2009): 131-179쪽.
매칸, J. 클린튼(McCann, J. Clinton), 『새로운 시편여행(*A Theological Introduction to the Book of Psalms: The Psalms as Torah*)』(김영일역)(서울: 은성, 2000).
맥루한, 마샬(McLuhan, H. Marshall), *Understanding Media: The Extension of Man* (New York: McGraw-Hill, 1964).
맥스웰, 존(Maxwell, John), 『성경에서 배우는 불변의 리더십(*The 21 Most Powerful Minutes in a Leader's Day*)』(서울: 청우, 2001).
메로즈, 크리스띠안, 『귀양간 에스델: 다름의 영성을 위하여』(전유미 역) (서울: 성서와함께, 2000).
메이스, 제임스 L.(Mays, James L.), 『시편(*Psalms*)』(Interpretation; 서울: 한국장로교출판사, 2002),

밀러, J. 맥스웰(Miller, J. Maxwell) & J. H. 헤이스(J. H. Hayes), 『고대 이스라엘 역사(*A History of Ancient Israel and Judah*)』 (박문재 역) (서울: 크리스챤 다이제스트, 2001)

몰츠, 맥스웰(Maltz, Maxwell), 『맥스웰 몰츠 성공의 법칙 (*The New Psycho-Cybernetics: The Original Science of Self-Improvement and Success*)』 (공병호 역)(서울: 비즈니스북, 2003).

바르트, 칼(Barth, Karl), 『교의학 개요(*Dogmatics in Outline*)』 (신경수역)(서울: 크리스챤다이제스트, 2006).

박철현, "출 32-34: 시내산의 은혜 언약," 『출애굽기 어떻게 설교할 것인가』 (서울: 두란노아카데미, 2009): 373-403.

박필, 『당신의 말이 기적을 만든다』 (서울: 국민일보 제네시스 21, 2003).

부버, 마르틴(Buber, M.), 『나와 너(*Ich und Du*)』 (김천배 역)(서울: 대한기독교서회, 1973).

브라운, 레이먼드(Brown, Raymond), 『신명기강해: 사람이 떡으로만 살 것 아니요(*The Message of Deuteronomy: Not by Bread Alone*)』 (정옥배 역) (BST; 서울: IVP, 1997).

브루지만, W.(Brueggemann, Walter), 『예언자적 상상력(*The Prophetic Imagination*)』 (김쾌상역)(서울: 대한기독교출판사, 1981).

블랙커비, 헨리(Blackaby, Henry), 『영적 리더십(*Spiritual Leadership*)』 (윤종석 역)(서울: 두란노, 2002).

버질(Publius Vergilius Maro), 『아이네이드 (*Aeneid*)』 (김명복 역)(서울: 문학과의식, 1998).

사이토 다카시(Saito Takashi), 『세계사를 움직이는 다섯 가지 힘(*Saito Takashi No Zakkuri! Sekaishi*)』 (홍성민 역)(서울: 뜨인돌, 2009).

샌더스, 오스왈드(Sanders, J. Oswald), 『영의 지도(*Spiritual Leadership*)』 (서울: 보이스사, 1985).

세일해머, J. H.(Sailhamer), 『'서술'로서의 모세오경 하(*The Pentateuch as Narrative: A Biblical-Theological Commentary*)』 (김동진·정충하 공역)(서

울: 크리스찬서적, 2005).
스톨츠, 폴(Stoltz, Paul G.), 『위기대처능력AQ(*Adversity Quotient*)』 (강미영역) (서울: 세종서적, 1997).
스탠리, 앤디(Stanley, Andy) 외, 『성공하는 사역자의 7가지 습관(*7 Practices of Effective Ministry*)』 (윤종석역)(서울: 디모데, 2005).
쉴러, 로널드, "성서의 출애급기는 사실인가?" 『리더스 다이제스트』 6월호 (1983년): 25-30.
시오노 나나미, 『로마인 이야기 6권: 팍스 로마나』 (김석희 역)(서울: 한길사, 1997).
실바, 호세 (Silva, José) & 해리 맥나이트(H. McKnight), 『마음의 창조학 마인드 컨트롤(*Silva Mind Control: Key to the Inner Kingdoms through Psychorientology*)』 (봉준석 역) (서울: 정신세계사, 2001).
얀시, 필립(Yancey, Philip), 『내가 알지 못했던 예수(*[The] Jesus I Never Knew*)』 (김동완 역) (서울: 요단출판사, 1998).
________________________, 『놀라운 하나님의 은혜(*What's So Amazing About Grace?*)』 (윤종석 역) (서울: IVP, 1999).
________________________, 『교회, 나의 고민 나의 사랑(*Church: Why Bother?*)』 (김동완 역) (서울: 요단출판사, 2000).
________________________, 『하나님 당신께 실망했습니다(*Disappointment With God*)』 (최병채 역)(서울: 좋은씨앗, 2007).
________________________, 『기도: 하나님께 가는 가장 쉽고도 어려운 길』 (최종훈 역) (서울: 청림출판, 2007).
어거스틴, 『성어거스틴의 고백록(*St. Augustine's Confessions*)』 (선한용 역)(서울: 대한기독교서회, 2003).
엘룰, 자끄(Ellul, Jacques), 『존재의 이유(*La Raison D'être*)』 (박건택 역)(서울: 규장, 2005).
이극범, 『성공적 유학생활을 위한 마인드 컨트롤』 (서울: 누벨끌레, 2007).
이온스, 베로니카(Ions, Veronica), 『이집트 신화(*Egyptian Mythology*)』 (심재훈

역)(서울: 범우사, 2003).

이원용 편저, 『세계를 움직인 12인의 천재들』 (서울: 을유문화사, 1996).

이재철, 『인간의 일생』 (서울: 홍성사, 2007).

이희학, 『구약성서와 조상숭배』 (서울: 프리칭아카데미, 2007).

우택주, 『8세기 예언서 이해의 새 지평: 사회과학 비평적 읽기』 (서울: 대한기독교서회, 2005).

윌리몬, 윌리엄(Willimon, William H.), 『21세기형 목회자: 목회의 신학과 실천(*Pastor: The Theology and Practice of Ordained Ministry*)』 (최종수 역)(서울: 한국기독교연구소, 2004).

장일선, 『구약세계의 문학』 (서울: 대한기독교출판사, 1981).

자크, 크리스티앙(Jacq, Christian), 『람세스 1-5권』 (서울: 문학동네, 1997).

전병욱, 『생명력』 (서울: 규장, 2008).

정진홍, "죽음. 종교. 문화," 『기독교사상』 286호 (1982): 82-93.

젠센, 어빙 L.(Jensen, Irving L.), 『창세기(*Genesis: A Self-Study Guide*)』 (정인찬 역)(서울: 아가페출판사, 1981).

존스, 로리 베스(Jones, Laurie Beth), 『최고 경영자 예수(*Jesus CEO*)』 (송경근, 김홍섭역)(서울: 한국언론자료간행회, 1999).

지글러, 지그(Ziglar, Zig), 『정상에서 만납시다(*See You at the Top*)』 (성공가이드센터 역)(서울: 산수야, 2002).

카, E. H.(Carr), 『역사란 무엇인가(*What Is History*)』 (서울: 범우사, 1996).

카네기, 데일(Carnegie, Dale), 『데일 카네기 인간관계론(*How to Win Friends & Influence People*)』 (서울: 리베르, 2006).

카터-스콧, 셰리(Carter-Scott, Chérie), 『성공의 법칙(*If Success is a Game, These are the Rules*)』 (이창식역)(서울: 도서출판창해, 2001).

코비, 스티븐 (Covey, Stephen R.), 『성공하는 사람들의 7가지 습관(*The 7 Habits of Highly Effective People*)』 (김경섭, 김원석 역)(서울: 김영사, 1994),

코우츠, G. W.(Coats), 『모세: 영웅적 인간, 하나님의 사람(*Moses: Heroic Man, Man of God*)』 (서울: 성지출판사, 2000).

크로산, 존 도미닉 크로산(Crossan, Jon Dominic), 『역사적 예수: 지중해 지역의 한 유대인 농부의 생애 (*A Historical Jesus: The Life of a Mediterranean Jewish Peasant*)』 (김준우 역) (서울: 한국기독교연구소, 2000).

크렌쇼, 제임스 L.(Crenshaw, J. L.), 『구약지혜문학의 이해(*Old Testament Wisdom: An Introduction*)』 (강성열 역)(서울: 한국장로교출판사, 1993).

킹 2세, 마틴 루터 (King, Jr., Martin Luther), 『나에게는 꿈이 있습니다(*I Have a Dream*)』 (채규철, 김태복 옮김) (서울: 한터, 1989).

토인비, A. J. (Toynbee, Arnold J.), 『토인비와의 대화(*Surviving the Future*)』 (홍신사상신서 34; 서울: 홍신문화사, 1995).

토저, 에이든(Tozer, A. W.), 『예배인가 쇼인가(*Tozer on Worship and Entertainment*)』 (서울: 규장, 2004).

토케이어, 마빈 & 루스 실로, 『성전 탈무드』 (김영옥 역) (서울: 청아출판사, 1988).

투엘, 스티븐 S.(Tuell, Steven S.), 『역대상.하(*First and Second Chronicles*)』 (서울: 한국장로교출판사, 2007).

트레이시, 브라이언(Tracy, Brian), 『절대 변하지 않는 8가지 성공원칙(*The Absolutely Unbreakable Laws of Business Success*)』 (이종인 역)(서울: 더난출판, 2001).

트론베이트, 마크 A.(Throntveit, Mark A.), 『에스라-느헤미야(*Ezra-Nehemiah*)』 (Int.; 서울: 한국장로교출판사, 2001).

푀르스터, 베르너(Förster, Werner), 『신구약 중간사(*From the Exile to Christ: A Historical Introduction to Palestinian Judaism*)』 (문희석 역)(서울: 컨콜디아사, 1980).

피터슨, 유진(Peterson, Eugene H.), 『묵시: 현실을 새롭게 하는 영성(*Reversed Thunder: The Revelation of John & the Praying Imagination*)』 (홍병룡 역) (서울: IVP, 2002).

________________, 『응답하는 기도(*Answering God: The Psalms as Tools for Prayer*)』 (서울: IVP, 2003).

프랑크포르트, H.(Frankfort, Henri) 외, 『고대 인간의 지적 모험(*The Intellectual Adventure of Ancient Man*)』 (이성기역)(서울: 대원사, 1996).

프랭클, 빅터(Frankl, Viktor E.), 『죽음의 수용소에서: 당신이 가진 최고의, 최후의 자유는 바로 선택할 수 있는 자유이다(*Man's Search for Meaning: An Introduction to Logotherapy*)』 (서울: 청아출판사, 2005).

차동엽, 『무지개원리: 하는 일마다 잘되리라』 (서울: 위즈앤비즈, 2006).

최인철, 『나를 바꾸는 심리학의 지혜 프레임』 (서울: 21세기북스, 2007).

한국 18세기 학회 엮음, 『위대한 백년 18세기: 동서문화 비교 살롱토크』 (서울: 태학사, 2007).

한상복, 『배려: 마음을 움직이는 힘』 (서울: 위즈덤하우스, 2006).

한홍, 『거인들의 발자국: 무엇이 리더를 리더 되게 하는가?』 (서울: 비전과 리더십, 2004).

헌터, 제임스 C.(Hunter, James C.), 『서번트 리더십: 내 안의 위대한 혁명 (*The Servant Leadership*)』 (김광수 역) (서울: 시대의창, 2000),

헤로도투스(Herodotos), 『역사(상) (*HISTORIAI*)』 (박광순 역)(서울: 범우사, 2005).

헤셸, 아브라함 요수아(Heschel, A. J.), 『예언자들 상권(*The Prophets, vol. I*)』 (이현주 역)(서울: 종로서적, 1987).

______________________, 『예언자들 하권(*The Prophets, vol. II*)』 (이현주 역)(서울: 종로서적, 1988).

______________________, 『사람은 혼자가 아니다(*Man Is Not Alone: A Philosophy of Religion*)』 (이현주 역)(서울: 한국기독교연구소, 2007).

헤시오도스(Hesiodos, 기원전 740-670년경), 『신통기(*Theogonia*)』 (서울: 한길사, 2004).

헨릭슨, 월터 A.(Henrichsen, Walter A.), 『훈련으로 되는 제자: 제자는 태어나는 것이 아니다 (*Disciples are Made - not born*)』 (서울: 네비게이토출판사, 1980).

Ackermann, James S., "The Literary Context of the Moses Birth Story(Exodus 1−2)," In *Literary Interpretation of Biblical Narratives*, eds. K. R. R. Gros Louis, J. S. Ackermann & T. S. Warshaw, 89−96, (Nashville: Abingdon, 1974).

Ahlström, G. W., "Another Moses Tradition," *JNES* 39 (1980): 65−69.

Albright, William F., *From the Stone Age to Christianity* (2nd ed.; Garden City, NY: Doubleday Anchor, 1957).

__________________, *Yahweh and the Gods of Canaan: A Historical Analysis of Two Contrasting Faith* (Garden City, NY: Doubleday, 1968).

Allison, Dale C., *The New Moses: A Matthean Typology* (Minneapolis: Fortress Press, 1993).

Alter, Robert, *The World of Biblical Literature* (New York: Basic Books, 1992), 126−128쪽; Graeme A. Auld, "Gedeon: Hacking at the Heart of the Old T estament," VT 39 (1989): 257−267.

Arden, Eugene, "How Moses Failed God," *JBL* 76 (1957): 50−52.

Auld, A. Graeme, *Joshua Retold: Synoptic Perspectives* (Edinburgh: T&T Clark, 1998).

Balentine, Samuel E., *Prayer in the Hebrew Bible: The Drama of Divine−Human Dialogue* (OBT; Minneapolis: Fortress Press, 1993).

Barr, James, "An Aspect of Salvation in the Old Testament", In *Man and His Salvation: Studies in Memory of D. G. F. Brandon*, eds. E. J. Sharpe and J. R. Hinnells, 39−52, (Manchester: Manchester University Press, 1973).

Batto, Bernard F., *Slaying the Dragon: Mythmaking in the Biblical Tradition* (Westminster Bible Com.; Louisville, Kentucky: Westminster John Knox Press, 1992).

Beegle, Dewey M., *Moses: The Servant of Yahweh* (Grand Rapids: Eerdmans, 1972).

Begg, Christopher T., "The Interpretation of the Gedaliah Episode(2Kgs 25,22−

26) in Context," *Antonianum* 62 (1987): 3–11.

Blenkinsopp, Joseph, "The Structure of P," *CBQ* 38 (1976): 275–292.

__________________, "Deuteronomy and the Politics of Post-Mortem Existence," *VT* 45 (1995): 1–16.

Bourke, Joseph, "Samuel and the Ark: A Study in Contrasts," *DS* 7 (1954): 73–103.

Braulik, Georg, "The Sequence of the Laws in Deuteronomy 12–26 and in the Decalogue," In *A Song of Power and the Power of Song: Essays on the Book of Deuteronomy*, ed. Duane L. Christensen, 313–335, (Winona Lake, Indiana: Eisenbrauns, 1993).

Brichto, H. C., "The Worship of the Golden Calf: A Literary Analysis of a Fable on Idolatry," *HUCA* 54 (1983): 41–44.

Brisman, Leslie, "On the Divine Presence in Exodus," ed. Harold Bloom, *Exodus* (New York: Chelsea House Publishers, 1987): 105–21.

Brodie, Thomas L., *Genesis as Dialogue: A Literary, Historical, & Theological Commentary* (Oxford: Oxford University Press, 2001).

Brueggemann, Walter, "The Kerygma of the Priestly Writers," In *The Vitality of Old Testament Traditions* (Atlanta: John Knox Press, 1975).

__________________, "ISamuel 1: A Sense of Beginning," *ZAW* 102 (1990): 33–48.

__________________, *1 and 2 Kings* (Smyth & Helwys Commentary; Macon, GA: Smyth & Helwys, 2000),

Buber, Martin, *Moses: The Revelation and the Covenant* (New York: Harper & Brothers, 1958).

Büchner, Frederick, *Godric* (New York: Atheneum, 1981).

Budd, Philip J., *Numbers* (WBC; Waco, Texas: Word Books, 1984).

Caragounis, Chrys C., *The Son of Man: Vision and Interpretation* (Tübingen: J. C. B. Mohr, 1986).

Carroll, R. P., "The Elijah-elisha Sagas: Some Remarks on Prophetic Succession in Ancient Israel," *VT* 19 (1969): 400-15.

Cartun, Ari Mark, "'Who Knows Ten?' The Structural and Symbolic Use of Numbers in the Ten Plagues: Exodus 7:14-13:16," *USQR* 45(1991): 65-119.

Childs, Brevard S., "Tree of Knowledge, Tree of Life," In *IDB*, vol. IV (Nashville: Abingdon, 1962): 695-697.

________________, "The Birth of Moses," *JBL* 84(1965): 109-122.

________________, "A Traditio-Historical Study of the Reed Sea Tradition," *VT* 20 (1970): 406-418.

________________, *The Book of Exodus: A Critical, Theological Commentary* (Philadelphia: Westminster Press, 1974).

________________, *Introduction to the Old Testament as Scripture* (Philadelphia: Fortress Press, 1979).

Clements, R. E., "Jeremiah 1-25 and the Deuteronomistic History," In *Understanding Poets and Prophets*, ed. A. G. Auld, 94-113, (JSOTSup. 152; Sheffield: JSOT Press, 1993).

Clines, David J. A., "The Tree of Knowledge and the Law of Yahweh(Psalm 19)," *VT* 24 (1974): 8-14.

Coats, George W., *Rebellion in the Wilderness* (Nashville: Abingdon, 1968).

________________, "The Song of the Sea," *CBQ* 31 (1969): 1-17.

________________, "The King's Loyal Opposition: Obedience and Authority in the Moses Tradition," In *Canon and Authority in the Old Testament*, eds. G. W. Coats & B. O. Long, 91-109, (Philadelphia: Fortress, 1979).

________________, "An Exposition for the Conquest Theme," *CBQ* 47 (1985): 47-54.

Cohn, Robert L., "Narrative Structure and Canonical Perspective in Genesis," *JSOT* 25 (1983): 3-16.

Coogan, Michael David(ed. & trans.), *Stories from Ancient Canaan* (Louisville: Westminster Press, 1978).

Coote, Robert B., "Yahweh Recalls Elijah," In *Traditions in Transformation: Turning Points in Biblical Faith*, eds. B. Halpern & Jon D. Levenson, 115-20, (Winona Lake, Indiana: Eisenbrauns, 1981).

Craigie, Peter C., *The Book of Deuteronomy* (NICOT; Grand Rapids, Mich: Eerdmans, 1976).

______________, *Psalms 1-50* (WBC; Waco, Texas: Word Books, 1983).

Crossan, John Dominic, "From Moses to Jesus: Parallel Themes," *BibRev* 2 (1986): 18-27.

Dahlberg, Bruce T., "On Recognizing the Unity of Genesis," *TD* 24 (1976): 360-367.

Damrosch, David, *The Narrative Covenant, Transformations of Genre in the Growth of Biblical Literature* (Ithaca, New York: Cornell University, 1987).

Daube, D., *The Exodus Pattern in the Bible* (London: Faber and Faber, 1963).

Davies, Graham, "The Theology of Exodus," In *Search of True Wisdom: Essays in O.T. Interpretation in Honour of Ronald E. Clements* (JSOTsup. 300; Sheffield: Sheffield Academic Press, 1999): 137-52쪽.

Deroche, Michael, "The Reversal of Creation in Hosea," *VT* 31 (1981), 400-409.

De Sales, Francis, *Introduction to the Devout Life*, trans. John K. Ryan (Garden City, NY: Image Books, Doubleday & Co., Inc., 1955).

Dozeman, Thomas B., "The yam-sûp in the Exodus and the Crossing of the Jordan River," *CBQ* 58 (1996): 407-416.

Drive, S. R., *The Book of Genesis with Introduction and Notes* (London: Methuen, 1926).

Durham, John I., *Exodus* (WBC 3; Waco, Texas: Word Books, 1987).

Enns, Peter, "Law of God(תּוֹרָה)," In *New International Dictionary of Old*

*Testament Theology & Exegesis*, vol. 4, ed. W. A. van Gemeren, 893-900, (Grand Rapids, Mich.: Zondervan Publishing House, 1997).

Exum, J. Cheryl, "The Centre Cannot Hold: Thematic and Textual Instabilities in Judges," *CBQ* 52 (1990): 410-31.

Fass, David E., "The Molten Calf: Judgement, Motive, and Meaning," *Judaism* 39 (1990): 171-75.

Fishbane, Michael, "Jeremiah 4:23-26 and Job 3:3-13: A Recovered Use of the Creation Pattern," *VT* 21 (1971): 151-67.

__________, *Biblical Interpretation in Ancient Israel* (Oxford: Clarendon Press, 1985).

Fox, Everett, "Can Genesis Be Read as a Book," *Semeia* 46 (1989): 31-40.

Fox, Michael V., "The Meaning of Hebel for Qohelet," *JBL* 105 (1986): 409-427쪽.

Freedman, David Noel, "Pentateuch," In *IDB*, vol. III (New York: Abingdon, 1962): 712-727.

__________, "Deuteronomic History, The," In *IDB*, Supplementary volume (Nashville: Abingdon, 1962): 226-228.

__________, "The Nine Commandments: The Secret Progress of Israel's Sins," *BR* 5 (1989): 28-37, 42.

__________, *The Unity of the Hebrew Bible* (Ann Arbor: The University of Michigan Press, 1993).

Fretheim, Terence E., "The Plagues as Ecological Signs of Historical Disaster," *JBL* 110 (1991): 385-396쪽;

__________, *Exodus* (Int.; Louisville: John Knox Press, 1991).

Friedman, Richard Elliott, *Who Wrote the Bible* (New York: Harper & Row Publishers, 1987).

Frisch, Amos, "The Exodus Motif in 1Kings 1-14." *JSOT* 87 (2000): 3-21.

Garsiel, Moshe, *The First Book of Samuel: A Literary Study of Comparative*

*Structures, Analogies and Parallels* (Ramat-Gan: Revivim Publishing House, 1985).

Gaster, T. H., Myth, *Legend, and Custom in the Old Testament* (New York: Harper, 1975).

Globe, Alexander, "'Enemies Round About': Disintegrative Structure in the Book of Judges," In *Mappings of the Biblical Terrain: The Bible as Texts*, eds. Vincent L. Tollers & John Maier, 233-51, (BucRev 33; Lewisburg: Bucknell University Press, 1990).

Good, E. M., "Joshua, Son of Nun," In *IDB*, vol. II (Nashville: Abingdon, 1962).

Gooding, D. W., "The Composition of the Book of Judges," *Eretz-Israel* 16 (1982): 70-79.

Gray, G. B., A *Critical and Exegetical Commentary on Numbers* (Edinburgh: T. & T. Clark, 1976).

Gressmann, H., *Mose und seine Zeit* (FRLANT 1; Göttingen: Vandenhoeck & Ruprecht, 1913).

Gros Louis, Kenneth R. R., "Genesis 3-11," In *Literary Interpretation of Biblical Narrative*, vol. II, ed. K. R. R. Gros Louis, 37-52, (Nashville: Abingdon, 1982).

Gunkel, Hermann, *Genesis*, trans. M. E. Biddle (Macon, Georgia: Mercer University Press, 1997).

Gutierrez, G., *A Theology of Liberation*, tran. Maryknoll (New York: Orbis Books, 1973).

Hagner, D. A., *Matthew 1-13* (WBC 33A; Dallas, Texas: Word Books, 1993).

Hambrick-Stowe, Charles E., "Ruth the New Abraham, Esther the New Moses," *ChrCen* 100 (1983): 1130-1134.

Harvey, John E., "Tendenz and Textual Criticism in 1Samuel 2-10," *JSOT* 96 (2001): 71-81.

Hauser, Alan J., "Linguistic and Thematic Links Between Genesis 4:1-16 and

Genesis 2–3," *JETS* 23 (1980): 297–305.

Hoffmeier, James K., "Egypt, Plagues In," In *ABD*, vol. II (New York: Doubleday, 1992): 374–378.

Holladay, William L., "The Background of Jeremiah's Self Understanding: Moses, Samuel and Psalm 22," *JBL* 83 (1964): 153–64.

__________, "Jeremiah and Moses: Further Observation," *JBL* 85 (1966): 17–27.

__________, *A Concise Hebrew and Aramaic Lexicon of the Old Testament* (Leiden: E. J. Brill, 1971).

Humphreys, W. Lee, *The Tragic Vision and the Hebrew Tradition*, (OBT 18; Philadelphia: Fortress Press, 1985).

Iacocca, Lee, *Iacocca: An Autobiography* (Toronto: Bantam Books, 1984).

Iersel, B. & a. Weiler, eds., *Exodus–A Lasting Paradigm* (New York: T & T Clark, 1987).

Isbell, Charles David, *The Function of Exodus Motifs in Biblical Narratives: Theological Didactic Drama* (SBEC 52; New York: The Edwin Mellen Press, 2002).

Janzen, J. Gerald, "The Character of the Calf and Its Cult in Exodus 32," *CBQ* 52 (1990): 597–607.

__________, *Exodus* (Westminster Bible Com.; Louisville, Kentucky: Westminster John Knox Press, 1997).

Kapelrud, Arvid S., "How Tradition Failed Moses," *JBL* 76 (1957).

Kearney, P. J., "Creation and Liturgy: The P Redaction of Exod. 25–40," *ZAW* 89(1977): 375–387.

Koehler, Ludwig and Walter Baumgartner, *The Hebrew and Aramaic Lexicon of the Old Testament*, vol. 1 (Leiden: Brill, 2001).

Kohn, Risa Levitt, "A Prophet Like Moses? Rethinking Ezekiel's Relationship to the Torah," *ZAW* 114 (2002): 236–254.

Lawton, Robert B., "Saul, Jonathan and the 'Son of Jesse'," *JSOT* 58 (1993): 35–46.

Lohfink, Norbert, "The Deuteronomistic Picture of the Transfer of Authority from Moses to Joshua: A Contribution to an Old Testament Theology of Office," In *Theology of the Pentateuch: Themes of the Priestly Narrative and Deuteronomy*, trans. Linda M. Maloney, 234–247, (Minneapolis: Fortress Press, 1994).

Mann, Thomas W., "The Pillar of Cloud in the Reed Sea Narrative," *JBL* 90 (1971): 15–30.

________________,"Theological Reflections on the Denial of Moses," *JBL* 98 (1979): 481–494.

________________, *The Book of the Torah: The Narrative Integrity of the Pentateuch* (Atlanta: John Knox Press, 1988).

McBride, S. Dean Jr., "The Yoke of the Kingdom: An Exposition of Deuteronomy 6:4–5," *Int* 27 (1973).

McCarthy, Dennis J., "An Installation Genre?" *JBL* 90 (1971): 31–41.

McKeating, H., "Ezekiel the 'Prophet Like Moses'?" *JSOT* 61 (1994): 97–109.

Merrill, Eugene H., *Deuteronomy* (NAC; USA: Broadman & Holman Publishers, 1994).

Miller, Patrick D., "El the Warrior," *HTR* 60 (1967).

________________, *Deuteronomy* (Int.; Louisville: John Knox Press, 1990).

Miscall, Peter D., "Moses and David: Myth and Monarchy," *In The New Literary Criticism and the Hebrew Bible*, eds. J. Cheryl Exum & David J. A. Clines, 184–200, (Pennsylvania: Trinity Press International, 1993)

Moberly, R. W. L., *At the Mountain of God: Story and Theology in Exodus 32–34* (JSOTSup, 22; Sheffield: JSOT Press, 1983).

Nohrnberg, James, *Like Unto Moses: The Constituting of an Interpretation* (Bloomington & Indianapolis: Indiana University Press, 1995).

Oblath, Michael D., "Of Pharaohs and Kings Whence the Exodus?" *JSOT* 87 (2000): 23-42.

O'Brian, Mark A., "The 'Deuteromistic History' as a Story of Israel's Leadership," *AusBibRev* 37 (1989): 14-34.

O'Connell, Robert H., *The Rhetoric of the Book of Judges* (VTSup. 63; Leiden: Brill, 1996).

Olson, Dennis T., *The Death of the Old and the Birth of the New: The Framework of the Book of Numbers and the Pentateuch* (Brown Judaic Studies 71; Chico, California: Scholars Press, 1985).

________________, *Deuteronomy and the Death of Moses: A Theological Reading* (OBT; Minneapolis: Fortress Press, 1994).

Ottosson, Magnus, "Eden and the Land of Promise," (VTSup. XL; Leiden: E. J. Brill, 1988): 177-188.

Peckham, Brian, "Writing and Editing," In *Fortunate the Eyes that See: Essays in Honor of David Noel Freedman in Celebration of His Seventieth Birthday*, eds. A. B. Beck, A. H. Bartelt, P. R. Raabe and C. A. Franke, 364-383, (Grand Rapids, Michigan: W. B. Eerdmans Publishing Co., 1995).

Propp, William. H. C., "The Rod of Aaron and the Sin of Moses," *JBL* 107 (1988): 19-26.

____________________, "Why Moses Could Not Enter the Promised Land," *BibRev* 14 (1998): 36-40, 42-43.

____________________, Exodus 1-18: A New Translation with Introduction and Commentary (AB; New York: Doubleday, 1999).

Reimer, David J., "Concerning Return to Egypt: Deuteronomy XVII 16 and XXVIII 68 Reconsidered," In *Studies in the Pentateuch*, ed. J. A. Emerton, 217-29, (VTSup. 41; Leiden: E. J. Brill, 1990).

Rolf Rendtorff, "Samuel the Prophet: A Link Between Moses and the Kings," In *The Quest for Context and Meaning: Studies in Biblical Intertextuality in*

*Honor of James A. Sanders,* eds. Craig A. Evans & S. Talmon, 27–36, (Leuven: Brill, 1997).

Ringgren, H., "רָשַׁע rāša'; רָשָׁע rāšā'; רֶשַׁע reša'; רִשְׁעָה riš'â," In *Theological Dictionary of the Old Testament*, vol. XIV, eds. G. J. Botterweck, H. Ringgren and H–J. Fabry, 1–9, (Grand Rapids, Michigan: W. B. Eerdmans Publishing Company, 2004).

Sakenfeld, Katharine Doob, "Theological and Redactional Problems in Numbers 20.2–13," In *Understanding the Word: Essays in Honor of Bernhard W. Anderson*, eds. J. T. Butler, E. W. Conrad & B. C. Ollenburger, 133–154, (JSOTsup. 37; Sheffield: JSOT Press, 1985).

Sanders, Oswald, *Spiritual Leadership* (Chicago: Moody, 1967).

Sarna, Nahum M., *Exploring Exodus: The Heritage of Biblical Israel* (New York: Schocken Books, 1987).

__________, *Genesis* (JPS Torah Commentary; Philadelphia: The Jewish Publication Society, 1989).

__________, *Exodus* (JPS Torah Commentary; New York: The Jewish Publication Society, 1991).

Seitz, Christopher R., "The Prophet Moses and the Canonical Shape of Jeremiah," *ZAW* 101 (1989): 3–27쪽.

Speiser, E. A., "The Legend of Sargon," In *Ancient Near Eastern Texts Relating to the Old Testament*, ed. J. B. Pritchard (3rd ed. with Supplement) (Princeton, New Jersey: Princeton University Press, 1969).

Spencer, John R., "Golden Calf," In *ABD*, vol. II (New York: Doubleday, 1992): 1065–1069.

Stager, Lawrence E., "Jerusalem and the Garden of Eden," *Eretz–Israel* 26 (1999): 183–194.

__________, "Jerusalem as Eden," *BAR* 26 (2000): 36–47.

Thompson, J. A., *1, 2Chronicles* (NAC; USA: Broadman & Holman, 1994).

Towner, W. Sibley, *Daniel* (Int.; Atlanta: John Knox Press, 1984).

Van Seters, John, *The Life of Moses: The Yahwist as Historian in Exodus-Numbers* (Louisville, Kentucky: Westminster, 1994).

Von Rad, G., *Genesis: A Commentary* (OTL; Philadelphia: Westminster Press, 1972).

Walsh, Jerome T., "Elijah," In *ABD*, vol. 2 (New York: Doubleday, 1992): 463-66.

Waltke, Bruce K., *Genesis: A Commentary* (Grand Rapids, Michigan: Zondervan, 2001).

Watts, John D. W., *Isaiah 34-66* (WBC; Waco, Texas: Word Books, 1987).

Webb, Barry G., *The Book of Judges: An Integrated Reading* (JSOTSup. 46; sheffield: Sheffield Academic Press, 1987).

Weber, Max, *The Theory of Social and Economic Organization* (New York: Oxford University Press, 1947).

Weinfeld, Moshe, "Sabbath, Temple and the Enthronement of the Lord-The Problem of the Sitz im Leben of Genesis 1:1-2:3," In *Mélanges bibliques et orientaux en l'honneur de M. Henri Cazelles*, eds. A. Caquot & M. Delcor, 501-12, (Neukirchen: Neukirchener Verlag, 1981).

Wellhausen, J., *Prolegomena to the History of Ancient Israel* (Cleveland and New York: Meridan Books, 1965).

Wenham, Gordon J., *Genesis 1-15* (WBC; Waco, Texas: Word Books, 1987).

________________, "Sanctuary Symbolism in the Garden of Eden Story," In *I Studied Inscriptions from before the Flood; Ancient Near Eastern, Literary and Linguistic Approaches to Genesis 1-11*, eds. R. S. Hess & D. T. Tsumura, 399-404, (Winona Lake, Indiana: Eisenbrauns, 1994).

Westermann, Claus, *Praise and Lament in the Psalms*, trans. Keith R. Crim & R. N. Soulen (Atlanta: John Knox Press, 1981).

Whitelam, Keith W., "Elisha," In *ABD*, vol. 2 (New York: Doubleday, 1992):

472-73.

Williams, James G. "What Does It Profit A Man?: The Wisdom of Koheleth," In *Studies in Ancient Israelite Wisdom*, ed. J. L. Crenshaw (New York: Ktav Pub. House, 1976): 375-89.

Wilson, John A., "The Instruction of the Vizier Ptah-hotep; The Instruction for King Meri-ka-Re; The Instruction of King Amen-em-het,; The Instruction of Prince Hor-dedef; The Instruction of Ani; The Instruction of Amen-em-Opet," In *Ancient Near Eastern Texts Relating to the Old Testament*, ed. J. B. Pritchard (3rd ed. with Supplement)(Princeton, New Jersey: Princeton University Press, 1969): 412-425.

Woudstra, M. H., *The Book of Joshua* (NICOT; Grand Rapids, Mich.: Eerdmans, 1981).

Wolff, Hans Walter, *Anthropology of the Old Testament* (Philadelphia: Fortress, 1974).

Yassine, K., "Social-Religious Distinctions in Iron Age Burial Practice in Jordan," in *Midian, Edom and Moab: The History and Archaeology of Late Bronze and Iron age Jordan and North-West Arabia*, eds. J. F. A. Sawyer & D. J. A. Clines, 29-36, (JSOTSup. 24; Sheffield: JSOT Prsess, 1983).

Zakovitch, Yair, "*And you shall tell your son…" The Concept of the Exodus in the Bible* (Jerusalem: The Magnes Press, 1991).

## 미주

1) 한홍, 『거인들의 발자국: 무엇이 리더를 리더 되게 하는가?』 (서울: 비전과 리더십, 2004), 84-86쪽.

2) J. A. Thompson, 1, 2Chronicles (NAC; USA: Broadman & Holman, 1994), 127쪽; 스티븐 S. 투엘(Steven S. Tuell), 『역대상.하(*First and Second Chronicles*)』 (서울: 한국장로교출판사, 2007), 92쪽. "현명한 잇사갈은 다윗 위에 있는 하나님의 손을 감지하는 분별력, 성령이 인도하심의 방향을 감지하는 지혜, 그리고 실천하는 용기를 지녔다."

3) 차동엽, 『무지개원리: 하는 일마다 잘되리라』 (서울: 위즈앤비즈, 2006), 25, 81-82쪽.

4) 스티븐 코비(Stephen R. Covey), 『성공하는 사람들의 7가지 습관(*The 7 Habits of Highly Effective People*)』 (김경섭, 김원석 역)(서울: 김영사, 1994), 280-325쪽.

5) 윌리엄 윌리몬(William H. Willimon), 『21세기형 목회자: 목회의 신학과 실천(*Pastor: The Theology and Practice of Ordained Ministry*)』 (최종수 역)(서울: 한국기독교연구소, 2004), 71쪽; 로리 베스 존스(Laurie Beth Jones), 『최고 경영자 예수(Jesus CEO)』 (송경근, 김홍섭역)(서울: 한국언론자료간행회, 1999). 이 책은 제목부터 예수 그리스도를 경영자로 부각시키고 예수님의 사역을 신앙적인 측면에서 경영자들의 본으로 보이려고 애쓰고 있다.

6) Lee Iacocca, *Iacocca: An Autobiography* (Toronto: Bantam Books, 1984), 146쪽. 헨리 블랙커비(Henry Blackaby), 『영적 리더십(*Spiritual Leadership*)』 (윤종석 역)(서울: 두란노, 2002), 285쪽에서 중인.

7) Iacocca, *Iacocca: An Autobiography*, 285쪽.

8) 제임스 L. 메이스(James L. Mays), 『시편(*Psalms*)』 (Interpretation; 서울: 한국장로교출판사, 2002), 393-94쪽.

9) W. 브루지만(Walter Brueggemann), 『예언자적 상상력(*The Prophetic Imagination*)』 (김쾌상역)(서울: 대한기독교출판사, 1981), 17쪽.

10) 지그 지글러(Zig Ziglar), 『정상에서 만납시다(*See You at the Top*)』 (성공가

이드센터 역)(서울: 산수야, 2002), 49-51쪽.

11) 월터 A. 헨릭슨(Walter A. Henrichsen), 『훈련으로 되는 제자: 제자는 태어나는 것이 아니다 (*Disciples are Made - not born*)』 (서울: 네비게이토출판사, 1980). 가장 최근의 것은 2007년에 동일 출판사에서 출판되었다.

12) 로버트 K. 그린리프(Robert K. Greenleaf), 『서번트 리더십 원전(*Servant Leadership*)』 (강주헌 역)(서울: 참솔, 2006); 스티븐 코비(Stephen R. Covey), 『성공하는 사람들의 7가지 습관(*The 7 Habits of Highly Effective People*)』 (김경섭, 김원석 역)(서울: 김영사, 1994); 맥슬웰 몰츠(Maxwell Maltz), 『맥스웰 몰츠 성공의 법칙 (*The New Psycho-Cybernetics: The Original Science of Self-Improvement and Success*)』 (공병호 역)(서울: 비즈니스북, 2003); 앤디 스탠리(Andy Stanley) 외, 『성공하는 사역자의 7가지 습관(*7 Practices of Effective Ministry*)』 (윤종석역)(서울: 디모데, 2005); 차동엽, 『무지개 원리』 (서울: 위즈앤비즈, 2007).

13) Max Weber, *The Theory of Social and Economic Organization* (New York: Oxford University Press, 1947).

14) 김영민, 『리더십 특강(대한민국 혁신 리더를 위한)』 (서울: 새로운 제안, 2008), 125쪽.

15) 제임스 C. 헌터(James C. Hunter), 『서번트 리더십: 내 안의 위대한 혁명 (*The Servant Leadership*)』 (김광수 역) (서울: 시대의창, 2000), 46-52쪽.

16) 헌터, 『서번트 리더십』 , 56쪽.

17) 하워드 가드너(Howard Gardner), 『통찰과 포용(Leading Minds)』 (송기동 역)(서울: 북스넛, 2007), 5-16쪽.

18) B. M. Bass, *Leadership and Performance beyond Expectations* (New York: Free Press, 1985); B. M. Bass & B. N. Avolio, *Developing Potential across A Full Range of Leadership: Case on Transactional and Transformational Leadership* (Mahwah, NJ: Lawrence Erlbaum Associates Publishers, 2002).

19) Hermann Gunkel, *Genesis* (trans. M. E. Biddle)(Macon, Georgia: Mercer University Press, 1997), vii-viii, xii쪽.

20) 고운기, "고대왕권국가 신라를 세운 지혜로운 왕 박혁거세," 네이버캐스트 (2010. 1.11).

21) 키케로(Marcus Tullius Cicero; 기원전106-43)는 로마시대의 정치가, 웅변가, 문학가, 철학자였다.

22) 헤로도투스(Herodotos; 기원전 480-420), 『역사(상) (*HISTORIAI*)』 (박광순 역)(서울: 범우사, 2005), 84-100쪽.

23) 시오노 나나미, 『로마인 이야기 6권: 팍스 로마나』 (김석희 역)(서울: 한길사, 1997).

24) 에드워드 로제(Eduard Lohse), 『신약성서배경사 (*Umwelt des Neuen Testaments*)』 (서울: 대한기독교출판사, 1984), 188-189쪽에서 중인.

25) 버질(Publius Vergilius Maro), 『아이네이드 (*Aeneid*)』 (김명복 역)(서울: 문학과의식, 1998).

26) 존 도미닉 크로산(Jon Dominic Crossan), 『역사적 예수: 지중해 지역의 한 유대인 농부의 생애 (*A Historical Jesus: The Life of a Mediterranean Jewish Peasant*)』 (김준우 역) (서울: 한국기독교연구소, 2000).

27) 여기서 '바꾸어 놓은'이라는 말은 무슨 뜻인지 정확하지 않다. 아카드어의 *enitum*이 어원적으로 *enu*(바꾸다)에서 왔다는 것만 알 수 있기 때문이다. 그러나 E. A. Speiser, "The Legend of Sargon," in *Ancient Near Eastern Texts Relating to the Old Testament*, ed. J. B. Pritchard, (3rd ed. with Supplement) (Princeton, New Jersey: Princeton University Press, 1969), 119쪽. 스파이저는 이 단어를 '여대사제'(a high priestess)로 번역하고 있다. G. W. 코우츠(Coats), 『모세: 영웅적 인간, 하나님의 사람(*Moses: Heroic Man, Man of God*)』 (서울: 성지출판사, 2000), 75쪽. 코우츠는 이 단어를 '무성의한 사람'으로 번역하고 있다.

28) 장일선, 『구약세계의 문학』 (서울: 대한기독교출판사, 1981), 384-49쪽.

29) H. Gressmann, *Mose und seine Zeit* (FRLANT 1; Göttingen: Vandenhoeck & Ruprecht, 1913), 1쪽이하. 그레스만은 모세의 탄생 이야기를 사르곤의 탄생신화와 비교하며 거지에서 부귀로의 상승을 보여주는 '동화적 요

소'(Märchenmotif)를 가진 것으로 본다. 만약 그레스만의 주장처럼 여기에서 멈춘다면 모세의 탄생이야기는 동일하게 '지배와 군림'이라는 위험성을 내포하고 있다.

30) 아브라함 요수아 헤셸(Abraham J. Heschel), 『예언자들 하권(*The Prophets, vol. II*)』(이현주 역)(서울: 종로서적, 1988), 291쪽.

31) James S. Ackermann, "The Literary Context of the Moses Birth Story(Exodus 1-2)," in *Literary Interpretation of Biblical Narratives*, eds. K. R. R. Gros Louis, J. S. Ackermann & T. S. Warshaw (Nashville: Abingdon, 1974), 89-96쪽. 고대 근동전역에서 이렇게 버려진 아이를 데려다 키우는 주제는 영웅의 출생 이야기들에 자주 등장한다고 한다.

32) Walter Brueggemann, "The Kerygma of the Priestly Writers," in *The Vitality of Old Testament Traditions* (Atlanta: John Knox Press, 1975), 108쪽; Joseph Blenkinsopp, "The Structure of P," *CBQ 38* (1976), 290쪽; A. Graeme Auld, *Joshua Retold: Synoptic Perspectives* (Edinburgh: T&T Clark, 1998), 63-68쪽.

33) Terence E. Fretheim, "The Plagues as Ecological Signs of Historical Disaster," *JBL* 110 (1991), 385-396쪽; *idem, Exodus* (Interpretation; Louisville: John Knox Press, 1991), 27쪽.

34) 장일선, 『구약세계의 문학』, 98-122쪽. '아멘-엠-오펫'의 교훈은 그 목적을 밝히는 서론과 30가지로 되어 있다. 이러한 연관을 명확하게 하기 위해서 우리말 『공동번역 성서』는 잠언 22장 17절부터 24장 22절까지를 서론과 30가지로 번호를 붙여 표기하고 있다.

35) 코우츠, 『모세: 영웅적 인간, 하나님의 사람』, 72쪽. 코우츠는 이를 '아이러니'라고 해석한다.

36) Brevard S. Childs, "The Birth of Moses," *JBL* 84(1965), 118쪽. 그리고 차일즈는 119-122쪽에서 모세의 탄생이야기가 요셉의 이야기와 비슷한 지혜전승의 영향을 강하게 받고 있다고 주장한다.

37) 코우츠, 『모세: 영웅적 인간, 하나님의 사람』, 77-78쪽. 코우츠는 모세의 탄생 이야기는 모세의 과거가 미래의 이력에 영향을 미치는 방식으로 기술된 것이

며, 그와 그 자신의 백성과의 관계를 보여주려는 의도와 그의 백성을 위한 영웅으로 소개하려는 의도를 가진 것으로 본다.

38) 크리스티앙 자크(Christian Jacq), 『람세스 1-5권』 (서울: 문학동네, 1997).

39) James B. Pritchard(ed), *Ancient Near Eastern Texts Relating to the Old Testament*, 412-425쪽. 이 책에 윌슨 (John A. Wilson)이 기고한 것으로 “The Instruction of the Vizier Ptah-hotep, The Instruction for King Meri-ka-Re, The Instruction of King Amen-em-het, The Instruction of Prince Hor-dedef, The Instruction of Ani, The Instruction of Amen-em-Opet” 등이 있다. 프타호테프의 교훈과 아멘엠오페트의 교훈의 번역은 다음을 참고하라: 장일선, 『구약세계의 문학』, 86-122쪽.

40) Dewey M. Beegle, *Moses: The Servant of Yahweh* (Grand Rapids: Eerdmans, 1972), 347-48쪽.

41) 셰리 카터 스콧(Chérie Carter-Scott), 『성공의 법칙(*If Success is a Game, These are the Rules*)』 (이창식역)(서울: 도서출판창해, 2001).

42) 데일 카네기(Dale Carnegie), 『데일 카네기 인간관계론(*How to Win Friends & Influence People*)』 (서울: 리베르, 2006).

43) 맥스웰 몰츠, 『맥스웰 몰츠 성공의 법칙』, 332쪽.

44) 한글 『공동번역 성서』 의 제 2경전 부분에 있는 “마카베오하”를 말한다.

45) 참조, Pritchard, ed., *Ancient Near Eastern Texts*, 420-421쪽.

46) James Nohrnberg, *Like Unto Moses: The Constituting of an Interpretation* (Bloomington & Indianapolis: Indiana University Press, 1995), 146쪽.

47) 한 가지의 예외적인 사용은 출애굽기 17장 6절로 지팡이로 반석을 쳐서 광야에서 목마른 백성에게 물을 제공하는 사건에 사용된다: “내가 호렙 산에 있는 그 반석 위 거기서 네 앞에 서리니 너는 그 반석을 치라 그것에서 물이 나오리니 백성이 마시리라 모세가 이스라엘 장로들의 목전에서 그대로 행하니라.”

48) H. Ringgren, "רָשַׁע rāša'; רָשָׁע rāšā'; רֶשַׁע reša'; רִשְׁעָה riš'â," in *Theological Dictionary of the Old Testament*, vol. XIV, eds. G. J. Botterweck, H. Ringgren and H-J. Fabry, (Grand Rapids, Michigan: W. B. Eerdmans Publishing

Company, 2004), 1-9쪽.

49) 헨리 블랙커비(Henry Blackaby), 『영적 리더십(*Spiritual Leadership*)』 (윤종석 역)(서울: 두란노, 2002), 277.

50) 웨슬리 듀웰(Wesley L. Duewel), 『열정적인 지도자(*Ablaze for God*)』 (정중은 역)(서울: 생명의말씀사, 1992), 111쪽.

51) John I. Durham, *Exodus* (WBC; Waco, Texas: Word Books, 1987), 27-60쪽. 더함은 모세의 이 세 가지 질문을 권위(authority)라는 측면에서 해석하고 있다. 모세가 "내가 누구관대 바로에게 가며"라는 질문에 하나님께서 "내가 정녕 너와 함께 하리라"라는 대답은 모세의 소명에 권위를 부여하는 것으로 보고, "이름이 무엇입니까?"라는 질문에 하나님께서 자신의 정체를 밝히신 것은 "하나님 자신의 변함없으신 권위"를 드러내는 것이며, 모세가 "이스라엘 백성들이 믿지 않으면 어찌 합니까?"라는 질문에 세 가지의 하나님의 이적을 행할 능력이 부여됨을 통해 "모세의 권위"를 세우기 위함이라는 것이다.

52) Thomas W. Mann, *The Book of the Torah: The Narrative Integraty of the Pentateuch* (Atlanta: John Knox Press, 1988), 85-86쪽.

53) 폴 스톨츠(Paul G. Stoltz), 『위기대처능력AQ(*Adversity Quotient*)』 (강미영 역)(서울: 세종서적, 1997).

54) 한홍, 『거인들의 발자국』, 47쪽.

55) J. Gerald Janzen, *Exodus* (Westminster Bible Com.; Louisville, Kentucky: Westminster John Knox Press, 1997), 21쪽.

56) J. H. 세일해머(Sailhamer), 『'서술'로서의 모세오경 하(*The Pentateuch as Narrative: A Biblical-Theological Commentary*)』 (김동진·정충하 공역)(서울: 크리스챤서적, 2005), 37쪽.

57) 코우츠, 『모세: 영웅적 인간, 하나님의 사람』, 9쪽.

58) 코우츠, 『모세: 영웅적 인간, 하나님의 사람』, 15쪽.

59) 존 나이스비트(J. Naisbitt), 『하이테크 하이터치(*High Tech High Touch*)』 (안진환 역) (서울: 한국경제신문, 2000).

60) E. H. 카(Carr), 『역사란 무엇인가(*What Is History*)』 (서울: 범우사, 1996),

128, 130쪽.

61) A. J. 토인비(Arnold J. Toynbee), 『토인비와의 대화(*Surviving the Future*)』(홍신사상신서 34; 서울: 홍신문화사, 1995), 249-250쪽.

62) 나이스비트, 『하아테크 하이터치』, 23-24, 30쪽.

63) 하박국 선지자는 눈앞에 다가온 바벨론의 침공을 바라보며 바벨론의 갈대아 사람들을 다음과 같이 평가한다: "보라 내가 사납고 성급한 백성 곧 땅의 넓은 곳으로 다니며 자기의 소유가 아닌 거처들을 점령하는 갈대아 사람들을 일으켰나니 그들은 두렵고 무서우며 당당함과 위엄이 자기들에게서 나오며…그들은 *자기들의 힘을 자기들의 신*으로 삼는 자들이라 이에 바람 같이 급히 몰아 지나치게 행하여 범죄하리라"(합 1:6-11). 우상은 자신들이 만든 것이기에 자신들의 마음과 일치한다. 그러므로 자신들의 힘이 곧 신이 될 수 있다.

64) 브루지만, 『예언자적 상상력』, 20, 22쪽.

65) 브루지만, 『예언자적 상상력』, 33쪽.

66) B. S. Childs, *The Book of Exodus: A Critical, Theological Commentary* (Philadelphia: Westminster Press, 1974), 20쪽. 여기에서 차일즈는 히브리어로 쓰여진 애굽어 '비돔' (Pr-Tm)을 '템'(아툼; Tem'[Atum])의 신전으로 보고 '람세스' (Pr-r'-ms-sw)를 바로 왕 람세스의 궁전으로 이해하고 있다.

67) H. 프랑크포르트(Henri Frankfort) 외, 『고대 인간의 지적 모험(*The Intellectural Adventure of Ancient Man*)』(이성기역)(서울: 대원사, 1996), 156쪽.

68) 프랑크포르트, 『고대 인간의 지적 모험』, 156-57쪽.

69) 프랑크포르트, 『고대 인간의 지적 모험』, 157-58쪽.

70) 강성열, 『고대 근동 세계와 이스라엘 종교』(서울: 한들출판사, 2003), 80-81쪽.

71) 베로니카 이온스(Veronica Ions), 『이집트 신화(*Egyptian Mythology*)』(심재훈역)(서울: 범우사, 2003), 271쪽.

72) Pritchard, ed., *Ancient Near Eastern* Texts, 417쪽.

73) 장일선, 『구약세계의 문학』, 331쪽. 바벨론의 '창조서사시'(Enuma Elish) 부

분을 참조하라.

74) Martin Buber, *Moses: The Revelation and the Covenant* (New York: Harper & Brothers, 1958). 이 책에서 부버는 애굽과 바로를 'I-It'관계인 동료 인간을 도구화하는 '비인격적 문명'으로 그리고 이스라엘과 모세는 'I-Thou'의 관계인 '인격적 실존'으로 두 사고를 대립시키고 있다.

75) 칼 바르트(Karl Barth), 『교의학 개요(*Dogmatics in Outline*)』 (신경수역)(서울: 크리스찬다이제스트, 2006), 21-30쪽.

76) Nahum M. Sarna, *Exodus* (JPS; New York: The Jewish Publication Society, 1991), 28쪽.

77) Ari Mark Cartun, "'Who Knows Ten?' The Structural and Symbolic Use of Numbers in the Ten Plagues: Exodus 7:14-13:16," *USQR* 45(1991), 107쪽; Nahum M. Sarna, *Exploring Exodus: The Heritage of Biblical Israel* (New York: Schocken Books, 1987), 75-76쪽.

78) James K. Hoffmeier, "Egypt, Plagues In," in ABD, vol. 2 (New York: Doubleday, 1992), 376-377쪽.

79) 강병도, 『창세기-출애굽기』 (QA 시스템 성경연구 시리즈 1; 서울: 기독지혜사, 1986), 413-414쪽; Sarna, Exploring Exodus, 78-79쪽.

80) 강성열, 『고대 근동 세계와 이스라엘 종교』 (서울: 한들출판사, 2003), 290-94쪽.

81) 브루지만, 『예언자적 상상력』 , 18-19쪽.

82) Cartun, "Who Knows Ten?" 77-80쪽.

83) Fretheim, "Ecological Signs of Historical Disaster," 393쪽.

84) William L. Holladay, *A Concise Hebrew and Aramaic Lexicon of the Old Testament* (Leiden: E. J. 83) Brill, 1971), 30쪽. '새벽'이라는 단어는 '아쉬무라'로 '밤의 한 경점'(night-watch)이라는 의미가 있고, 저녁을 의미하는 '하보퀘르'와 같이 쓰여서 분명하게 '밤의 마지막 경점'(last watch of night)으로 동이 트기 바로 직전을 의미한다(출 14:24; 삼상 11:11; 시 63:7; 119:148).

85) Holladay, *A Concise Hebrew and Aramaic Lexicon*, p. 46. '새벽에 미쳐'는 '아

침 직전'(toward morning)으로 동이 터오는 것을 의미한다. Ludwig Koehler and Walter Baumgartner, *The Hebrew and Aramaic Lexicon of the Old Testament*, vol. 1 (Leiden: Brill, 2001), 151쪽. '아침이 되었을 때'(When morning came) (출 4:27; 삿 19:26; 시 46:6)으로 번역하고 있다.

86) Fretheim, "Ecological Signs of Historical Disaster," 391–92쪽.

87) Fretheim, "Ecological Signs of Historical Disaster," 395쪽.

88) Fretheim, *Exodus*, 13쪽. 14쪽에서 프레다임은 창세기 1–9장과 출애굽기의 창조의 비교를 보이고 있다. (a) 창조의 정점(출 1:7; 창 1:28); (b) 창조의 파괴과정(출 1–2, 5장; 창 3–6장); (c) 노아와 모세(출 2:1; 25:1; 33:12; 창 6:9; (d) 홍수와 천재지변으로서의 재앙들(출 7:8이하; 창 6:10이하); (e) 우주적 함축을 내포한 물을 통한 죽음과 구원(출 15;1; 창 8:1); (f) 노아와 아브라함 계약과 시내산 계약(출 24;1; 31:17; 창 9장, 15장, 17장).

89) 코우츠, 『모세: 영웅적 인간, 하나님의 사람』, 162–63쪽.

90) Claus Westermann, *Praise and Lament in the Psalms*, trans. Keith R. Crim & R. N. Soulen (Atlanta: John Knox Press, 1981), 160–61쪽. 베스터만은 이스라엘의 찬양은 하나님을 향한 확고한 믿음에 기초하고 있으며 이러한 흔들이지 않는 토대 위에서 하나님과의 관계를  가장 분명하게 표현하는 것이 찬양이라고 한다. 그리고 이러한 찬양의 대상이 인간이나 사상 혹은 제도가 된다면 인생 자체는 혼란으로 가득 찰 것이고 결국 파멸에 이르게 될 것이라 한다. 그러므로 오직 하나님이 찬양 받으시는 곳에만 진정한 삶이 있다고 선언한다.

91) 브루지만, 『예언자적 상상력』, 34–35쪽.

92) Bernard F. Batto, *Slaying the Dragon: Mythmaking in the Biblical Tradition* (Westminster Bible Com.; Louisville, 91)Kentucky: Westminster John Knox Press, 1992), 111쪽.

93) Sarna, *Exploring Exodus*, 114–116쪽.

94)Graham Davies, "The Theology of Ex94)odus," in *Search of True Wisdom: Essays in O.T. Interpretation in Honour of Ronald E. Clements* (JSOTsup. 300; Sheffield: Sheffield Academic Press, 1999), 137–52쪽. 데이비스는 출애굽기의

중심주제가 "예배"에 있다고 피력한다. 그는 제임스 바아의 주장인 출애굽기는 구원의 역사를 그 중심에 두는 것이 아니라 율법의 수여와 그 율법을 준수하는 것이 계약관계를 지키며 이스라엘의 미래를 향한 책임이라는 전제하에 "율법"을 출애굽기의 중심주제로 놓는 것과 구스타프 구티에레즈의 출애굽 구원사 중심의 해방신학적인 주제들 둘다를 출애굽기를 바르게 보는 것에서 벗어난 것이라 주장하고 있다. James Barr, "An Aspect of Salvation in the Old Testament", in *Man and His Salvation: Studies in Memory of D. G. F. Brandon*, eds. E. J. Sharpe and J. R. Hinnells, (Manchester: Manchester University Press, 1973), 39-52쪽. G. Gutierrez, *A Theology of Liberation*, tran. Maryknoll (New York: Orbis Books, 1973), 155-59쪽. 흥미롭게도 바아의 주장은 해방신학이 출애굽기의 구원신학을 구원사의 전형적인 모형으로 심각하게 다루던 시기에 발표되었다.

95) 김용준, 『사람의 과학』 (서울: 통나무, 1994), 157쪽.

96) 이원용 편저, 『세계를 움직인 12인의 천재들』 (서울: 을유문화사, 1996). 이 책에는 18-20세기까지의 인물들 중에서 세계에 영향력을 끼친 12명의 천재들을 뽑아 그들의 삶을 추적하고 있는데 그 안에 어김없이 '뉴톤'과 '다윈'이 한 자리씩을 차지하고 있다.

97) 김용준, 『사람의 과학』, 155쪽. 알렉산더 포프가 쓴 것으로 알려져 있으나, 『인간 등정의 발자취(*The Ascent of Man*)』를 쓴 제이콥 브로노우스키(Jacob Bronowski)는 이 추모시는 포프의 것이 아니라 당시 런던시내의 어린아이들이 골목에서 불렀던 동요의 한 구절을 그대로 인용한 것이라고 한다.

98) 김용준, 『사람의 과학』, 157-58쪽.

99) 김용준, 『사람의 과학』, 159쪽.

100) 한국 18세기 학회 엮음, 『위대한 백년 18세기: 동서문화 비교 살롱토크』 (서울: 태학사, 2007), 199쪽.

101) 김용준, 『사람의 과학』, 75-76쪽.

102) 김용준, 『사람의 과학』, 83쪽.

103) 김용준, 『사람의 과학』, 162쪽.

104) 로널드 쉴러, "성서의 출애굽기는 사실인가?" 『리더스 다이제스트』 6월호

(1983년), 25-30쪽.

105) Gordon J. Wenham, *Genesis 1-15* (WBC; Waco, Texas: Word Books, 1987), 6-10쪽.

106) William H. C. Propp, Exodus 1-18: A New Translation with Introduction and Commentary (AB; New York: Doubleday, 1999), 37쪽;

107) 자끄 엘룰(Jacques Ellul), 『존재의 이유(*La Raison D'être*)』 (박건택 역)(서울: 규장, 2005), 65쪽.

108) 필립 얀시(Philip Yancey), 『교회, 나의 고민 나의 사랑(*Church: Why Bother?*)』 (김동완 역) (서울: 요단출판사, 2000), 100-101쪽.

109) Fretheim, *Exodus*, 1쪽.

110) P. J. Kearney, "Creation and Liturgy: The P Redaction of Exod. 25-40," *ZAW* 89(1977), 380쪽 이하.

111) J. 클린튼 매칸(J. Clinton McCann), 『새로운 시편여행(*A Theological Introduction to the Book of Psalms: The Psalms as Torah*)』 (김영일역)(서울: 은성, 2000), 75쪽.

112) B. S. Childs, "Tree of Knowledge, Tree of Life," in *IDB*, vol. IV (New York: Abingdon, 1962), 697쪽; Wenham, *Genesis* 1-15, 62-64쪽.

113) 레이먼드 브라운(Raymond Brown), 『신명기강해: 사람이 떡으로만 살 것 아니요(*The Message of Deuteronomy: Not by Bread Alone*)』 (정옥배 역) (BST; 서울: IVP, 1997), 27쪽.

114) 매칸, 『새로운 시편여행』, 57-58쪽.

115) Moshe Weinfeld, "Sabbath, Temple and the Enthronement of the Lord-The Problem of the Sitz im Leben of Genesis 1:1-2:3," in *Mélanges bibliques et orientaux en l'honneur de M. Henri Cazelles*, eds. A. Caquot & M. Delcor (Neukirchen: Neukirchener Verlag, 1981), 501쪽.

116) Brian Peckham, "Writing and Editing," in *Fortunate the Eyes that See: Essays in Honor of David Noel Freedman in Celebration of His Seventieth Birthday*, eds. A. B. Beck, A. H. Bartelt, P. R. Raabe and C. A. Franke (Grand

Rapids, Michigan: W. B. Eerdmans Publishing Co., 1995), 367쪽.

117) Leslie Brisman, "On the Divine Presence in Exodus," ed. Harold Bloom, *Exodus* (New York: Chelsea House Publishers, 1987), 105-21쪽. 그러므로 성막에서의 예배는 하나님께서 이루신 창조작업에 동참하는 것이며, 그 창조의 완성을 위한 계속적인 기회를 제공한다.

118) Michael Fishbane, "Jeremiah 4:23-26 and Job 3:3-13: A Recovered Use of the Creation Pattern," VT 21 (1971), 151-67쪽; Michael Deroche, "The Reversal of Creation in Hosea," *VT* 31 (1981), 400-409쪽;

119) 하워드 가드너(Howard Gardner), 『통찰과 포용(*Leading Minds*)』 (송기동 역)(서울: 북스넛, 2007), 5-16쪽. '다중지능이론'(multiple intelligence hypothesis)이란 사람을 IQ 한 가지 만으로 평가하는 것이 아니라 음악, 미술, 체육, 문학, 스포츠, 군사학 등 각기 다양한 분야에서 나타나는 천재성을 인정하는 것이다.

120) 가드너, 『통찰과 포용』, 511-19쪽.

121) 가드너, 『통찰과 포용』, 363-93쪽.

122) 마틴 루터 킹 2세(Martin Luther King, Jr.), 『나에게는 꿈이 있습니다(*I Have a Dream*)』 (채규철, 김태복 옮김) (서울: 한터, 1989), 15, 23, 83.

123) 킹, 『나에게는 꿈이 있습니다』, 121쪽.

124) 가드너, 『통찰과 포용』, 391쪽. 가드너는 킹 목사의 어두운 측면을 공개하고 있는데 그의 거드름, 과거 유명 종교 지도자들과 자신을 동일시하는 행동, 대학원 논문 표절과 FBI가 밝혀낸 그의 부적절한 여성관계들이다. 킹 목사 또한 가족은 물론 자신의 신조에 충실하지 못한 것에 대해 죄의식을 느꼈다고 적고 있다.

125) 류호준, "출 1-4장: 누가 우리의 왕인가? 여호와인가 바로인가?" 『출애굽기 어떻게 설교할 것인가』 (서울: 두란노아카데미, 2009), 163쪽.

126) 에이든 토저(A. W. Tozer), 『예배인가 쇼인가(*Tozer on Worship and Entertainment*)』 (서울: 규장, 2004).

127) Janzen, *Exodus*, 226-27쪽.

128) John R. Spencer, "Golden Calf," in *ABD*, vol. II (New York: Doubleday, 1992), 1068-1069쪽. 금송아지의 정체에 대해 다양한 견해를 제시하고 있다.

129) David E. Fass, "The Molten Calf: Judgement, Motive, and Meaning," *Judaism* 39 (1990), 171-75쪽; William F. Albright, *From the Stone Age to Christianity* (Garden City, NY: Doubleday Anchor, 2nd ed., 1957), 266쪽; idem, *Yahweh and the Gods of Canaan: A Historical Analysis of Two Contrasting Faith* (Garden City, NY: Doubleday Anchor, 1968), 151쪽; Sarna, *Exploring Exodus*, 218-89쪽.

130) Fretheim, *Exodus*, 281쪽.

131) Spencer, "Golden Calf," 1068쪽.

132) R. W. L. Moberly, *At the Mountain of God: Story and Theology in Exodus 32-34* (JSOTSup, 22; Sheffield: JSOT Press, 1983), 281쪽; H. C. Brichto, "The Worship of the Golden Calf: A Literary Analysis of a Fable on Idolatry," *HUCA* 54 (1983), 41-44쪽.

133) Thomas W. Mann, *The Book of the Torah: The Narrative Integraty of the Pentateuch* (Atlanta: John Knox Press, 1988), 111쪽.

134) Patrick D. Miller, "El the Warrior," HTR 60 (1967), p. 419.

135) J. Gerald Janzen, "The Character of the Calf and Its Cult in Exodus 32," *CBQ* 52 (1990), 598쪽.

136) Janzen, "The Character of the Calf and Its Cult in Exodus 32," 599쪽.

137) Moberly, *At the Mountain of God: Story and Theology in Exodus 32-34*, 109쪽,

Janzen, Exodus, 228-29쪽.

138) Janzen, *Exodus*, 228-29쪽.

139) Janzen, "The Character of the Calf and Its Cult in Exodus 32," 600-602쪽; idem, *Exodus*, 230쪽.

140) Robert L. Cohn, "Narrative Structure and Canonical Perspective in Genesis," *JSOT* 25 (1983), 5쪽.

141) Everett Fox, "Can Genesis Be Read as a Book," Semeia 46 (1989), 33쪽; Thomas L. Brodie, *Genesis as Dialogue: A Literary, Historical, & Theological Commentary* (Oxford: Oxford University Press, 2001), 13-14쪽.

142) Bruce T. Dahlberg, "On Recognizing the Unity of Genesis," *Theology Digest* 24 (1976), 365쪽.

143) Nahum M. Sarna, *Genesis* (JPS Torah Commentary; Philadelphia: The Jewish Publication Society, 1989), 331쪽; Brodie, *Genesis as Dialogue*, 409-410쪽.

144) 편집부 편, 『어서가거라, 성서가족을 위한 출애굽기 해설서』 (서울: 성서와 함께, 1995), 230-31쪽.

145) 필립 얀시(Philip Yancey), 『하나님 당신께 실망했습니다(*Disappointment With God*)』 (최병채 역)(서울: 좋은씨앗, 2007), 173-74쪽. 얀시는 옛날의 기적을 그리워하는 그리스도인들에게 바울의 이야기를 통해 시각을 돌린다. 예루살렘에 기근이 발생했을 때 바울은 자기가 개척한 교회를 통해 헌금을 거두었다. 이스라엘의 필요를 채우셨던 것처럼 이 새로운 교회의 필요를 채우시는데 이제는 사람들을 통해 간접적으로 역사하시는 것이다. 그리고 바울은 "교회가 이렇게 했노라"와 "하나님께서 이렇게 하셨습니다"를 전혀 구별 짓지 않았다고 한다. 왜냐하면 교회는 곧 그리스도의 몸이기 때문이다.

146) Mann, *The Book of the Torah*, 106쪽.

147) Janzen, *Exodus*, 229-30쪽.

148) 전병욱, 『생명력』 (서울: 규장, 2008), 103-10쪽.

149) 어거스틴, 『성어거스틴의 고백록(*St. Augustine's Confessions*)』 (선한용 역)(서울: 대한기독교서회, 2003), 67쪽. 제 1권 16장 "신화에 대하여"를 참고하시오.

150) 시오노 나나미, 『로마인 이야기 I』 , 45, 51쪽.

151) 마빈 토케이어 & 루스 실로, 『성전 탈무드』 (김영옥 역) (서울: 청아출판사, 1988), 35-36쪽.

152) 헤시오도스(Hesiodos, 기원전 740-670년경), 『신통기(*Theogonia*)』 (서울:

한길사, 2004), 35-59쪽.

153) 장일선, 『구약세계의 문학』, 374-428; Michael David Coogan(ed. & trans.), *Stories from Ancient Canaan* (Louisville: Westminster Press, 1978), 75-115쪽.

154) Janzen, *Exodus*, 230쪽.

155) 아브라함 요수아 헤셸, 『예언자들 하권』 (이현주 역)(서울: 종로서적, 1988), 261-287쪽. 헤셸은 세계 도처의 예언현상들과 이스라엘의 예언자들을 비교하며 이스라엘 예언의 독특성을 말하고 있다.

156) 아브라함 요수아 헤셸, 『예언자들 상권』 (이현주 역)(서울: 종로서적, 1987), 35쪽.

157) 헤셸, 『예언자들 상권』, 54쪽.

158) 헤셸, 『예언자들 상권』, 33쪽.

159) 유진 피터슨(Eugene H. Peterson), 『묵시: 현실을 새롭게 하는 영성(*Reversed Thunder: The Revelation of John & the Praying Imagination*)』 (홍병룡 역)(서울: IVP, 2002), 153쪽.

160) 호세 실바(José Silva) & 해리 맥나이트(H. McKnight), 『마음의 창조학 마인드 컨트롤(*Silva Mind Control: Key to the Inner Kingdoms through Psychorientology*)』 (봉준석 역) (서울: 정신세계사, 2001).

161) 이극범, 『성공적 유학생활을 위한 마인드 컨트롤』 (서울: 누벨끌레, 2007).

162) 박필, 『당신의 말이 기적을 만든다』 (서울: 국민일보 제네시스 21, 2003).

163) 박필, 『당신의 말이 기적을 만든다』, 24-25쪽.

164) 박필, 『당신의 말이 기적을 만든다』, 28쪽.

165) Frederick Büchner, *Godric* (New York: Atheneum, 1981), 142쪽. 필립 얀시(Philip Yancey), 『기도: 하나님께 가는 가장 쉽고도 어려운 길』 (최종훈 역) (서울: 청림출판, 2007), 279쪽에서 중인.

166) 리처드 도킨스(Richard Dawkins), 『만들어진 신(*The God Delusion*)』 (이한음 역) (서울: 김영사, 2007), 97쪽.

167) 유진 피터슨(Eugene H. Peterson), 『응답하는 기도(*Answering God: The*

*Psalms as Tools for Prayer)*』 (서울: IVP, 2003), 표지 글.

168) John I. Durham, *Exodus* (WBC 3; Waco, Texas: Word Books, 1987), 79-84쪽.

169) 필립 얀시(Philip Yancey), 『놀라운 하나님의 은혜(*What's So Amazing About Grace?*)』 (윤종석 역) (서울: IVP, 1999), 214쪽.

170) Francis de Sales, *Introduction to the Devout Life*, trans. John K. Ryan (Garden City, NY: Image Books, Doubleday & Co., Inc., 1955), 157-63쪽.

171) 이재철, 『인간의 일생』 (서울: 홍성사, 2007), 224-37쪽.

172) C. S. 루이스(Lewis), 『천국과 지옥의 이혼(*The Great Divorce*)』 (김선형 역) (서울: 홍성사, 2007), 95쪽.

173) B. S. Childs, *The Book of Exodus: A Critical, Theological Commentary* (Louisville: Westminster Press, 1974), 567-68; R. W. L. Moberly, *At the Mountain of God: Story and Theology in Exodus 32-34* (JSOTS 22; Sheffield: JSOT Press, 1983), 50-53쪽.

174) 박철현, "출 32-34: 시내산의 은혜 언약," 『출애굽기 어떻게 설교할 것인가』 (서울: 두란노아카데미, 2009), 387쪽.

175) Fretheim, *Exodus*, 286-87쪽.

176) 박철현, "출 32-34: 시내산의 은혜 언약," 390-92쪽.

177) Samuel E. Balentine, *Prayer in the Hebrew Bible: The Drama of Divine-Human Dialogue* (OBT; Minneapolis: Fortress Press, 1993), 270-71쪽.

178) 솔로몬은 '여호와의 명령을 지키지 않았을 때'(왕상 11:9-10)에 '하나님의 나라'가 아니라 '자신의 제국'을 세우는 악을 행했다. 그가 행한 악은 아브라함이 동족 여성을 찾아 아들 이삭과 결혼시키려했던 그 신앙의 순수성을 지키는 것에 실패한 것에서 비롯되었다.

179) 필립 얀시(Philip Yancey), 『내가 알지 못했던 예수(*[The] Jesus I Never Knew*)』 (김동완 역) (서울: 요단출판사, 1998), 304-305쪽.

180) Fretheim, *Exodus*, 292쪽.

181) 브라이언 트레이시(Brian Tracy), 『절대 변하지 않는 8가지 성공원칙(*The*

*Absolutely Unbreakable Laws of Business Success)*』(이종인 역)(서울: 더난 출판, 2001), 166-204쪽.

182) 트레이시, 『절대 변하지 않는 8가지 성공원칙』, 204쪽.

183) 한상복, 『배려: 마음을 움직이는 힘』(서울: 위즈덤하우스, 2006).

184) 빅터 프랭클(Viktor E. Frankl), 『죽음의 수용소에서: 당신이 가진 최고의, 최후의 자유는 바로 선택할 수 있는 자유이다(*Man's Search for Meaning: An Introduction to Logotherapy)*』(서울: 청아출판사, 2005), 120, 152쪽.

185) 코비, 『성공하는 사람들의 7가지 습관』, 97쪽.

186) 코비, 『성공하는 사람들의 7가지 습관』, 408쪽.

187) 코비, 『성공하는 사람들의 7가지 습관』, 175-183쪽.

188) 가이 가와사키, 『당신의 경쟁자를 미치게 하는 초심리 전략(*How to Drive Your Competition Crazy)*』(송경근 외 역)(서울: 한언, 1997). 가이 가와사키는 1945년 호놀룰루에서 태어나 스텐포드에서 심리학을 전공하고, UCLA에서 MBA과정을 마쳤다. 애플사에 재직 중 IBM과의 격렬한 전쟁을 승리로 이끌어 애플의 급격한 부상에 큰 공헌을 하였다고 평가되어 진다.

189) Oswald Sanders, *Spiritual Leadership* (Chicago: Moody, 1967), 33쪽.

190) Wenham, *Genesis 1-15*, 61쪽.

191) Wenham, *Genesis 1-15*, 297쪽.

192) Bruce K. Waltke, Genesis: A Commentary (Grand Rapids, Michigan: Zondervan, 2001), 224쪽.

193) Dahlberg, "On Recognizing the Unity of Genesis," 364쪽.

194) Brodie, *Genesis as Dialogue*, 400쪽.

195) Brodie, *Genesis as Dialogue*, 352쪽.

196) 브루지만, 『예언자적 상상력』, 23쪽.

197) Sarna, *Genesis*, 325쪽.

198) Lawrence E. Stager, "Jerusalem and the Garden of Eden," *Eretz-Israel* 26 (1999), 189쪽; idem, "Jerusalem as Eden," *Biblical Archaeology Review* 26 (2000), 38-39쪽.

199) Magnus Ottosson, "Eden and the Land of Promise," (VTSup. XL; Leiden: E. J. Brill, 1988), 177–188쪽.

200) G. J. Wenham, "Sanctuary Symbolism in the Garden of Eden Story," in *I Studied Inscriptions from before the Flood: Ancient Near Eastern, Literary and Linguistic Approachs to Genesis 1–11*, eds. R. S. Hess & D. T. Tsumura (Winona Lake, Indiana: Eisenbrauns, 1994), 401쪽.

201) Propp, *Exodus 1–18*, 37쪽.

202) David J. A. Clines, "The Tree of Knowledge and the Law of Yahweh(Psalm 19)," *VT* 24 (1974), 8–14쪽.

203) Peter C. Craigie, *Psalms 1–50* (WBC; Waco, Texas: Word Books, 1983), 177–184쪽.

204) David J. Reimer, "Concerning Return to Egypt: Deuteronomy XVII 16 and XXVIII 68 Reconsidered," in *Studies in the Pentateuch*, ed. J. A. Emerton (VTSup. 41; Leiden: E. J. Brill, 1990), 217–29쪽.

205) 솔로몬은 하나님이 주신 약속의 땅에 애굽 바로 왕의 딸을 아내로 맞아 애굽화를 시작하고, 하나님께서 맡기신 백성을 자신의 노예로 만들어 버린다. 이스라엘은 약속의 땅에서 애굽에서의 삶을 다시 살아가기 시작하는 것이다. 솔로몬의 바로화 혹은 애굽화는 다음을 참고하시오: Michael D. Oblath, "Of Pharaohs and Kings Whence the Exodus?" *JSOT* 87 (2000), 23–42쪽; Amos Frisch, "The Exodus Motif in 1Kings 1–14." *JSOT* 87 (2000), 3–21쪽; Walter Brueggemann, *1 and 2 Kings* (Smyth & Helwys Commentary; Macon, GA: Smyth & Helwys, 2000), 43쪽. 브루거만은 솔로몬은 자신의 정부 조직과 건축 계획을 애굽의 모델을 본따서 진행했다고 본다.

206) 다음의 학자들은 이 두 이야기는 원래 아무런 연관이 없던 이야기들이라고 본다: S. R. Drive, *The Book of Genesis with Introduction and Notes* (London: Methuen, 1926), 63, 71–74쪽; T. H. Gaster, *Myth, Legend, and Custom in the Old Testament* (New York: Harper, 1975), 51–75쪽; J. Wellhausen, *Prolegomena to the History of Ancient Israel* (Cleveland and New York:

Meridan Books, 1965), 308-309, 324쪽; G. von Rad, *Genesis: A Commentary* (OTL; Philadelphia: Westminster Press, 1972), 99-105쪽.

207) Alan J. Hauser, "Linguistic and Thematic Links Between Genesis 4:1-16 and Genesis 2-3," *Journal of the Evangelical Theological Society* 23 (1980), 297-305쪽; Kenneth R. R. Gros Louis, "Genesis 3-11," in *Literary Interpretation of Biblical Narrative*, vol. II, ed. K. R. R. Gros Louis (Nashville: Abingdon, 1982), 43쪽; Sarna, *Genesis*, 31-40쪽; Wenham, *Genesis 1-15*, 92-118쪽.

208) Hauser, "Linguistic and Thematic Links," 297-98쪽; Sarna, *Genesis*, 31쪽; Wenham, *Genesis 1-15*, 99-100쪽.

209) Georg Braulik, "The Sequence of the Laws in Deuteronomy 12-26 and in the Decalogue," in *A Song of Power and the Power of Song: Essays on the Book of Deuteronomy*, ed. Duane L. Christensen (Winona Lake, Indiana: Eisenbrauns, 1993), 321-22쪽: 제 1-2계명(신 12:2-13:19), 제 3계명(14:1-21), 제 4계명(14:22-16:17), 제 5계명(16:18-18:22), 제 6계명(19:1-21:23), 제 7계명(22:13-23:14), 제 8계명(23:15-25; 24:6-7), 제 9계명(24:8-25:4), 제 10계명(25:5-16).

210) 피터 드러커(P. F. Drucker), 『피터 드러커의 위대한 혁신(*Peter F. Drucker on Innovation*)』 (서울: 한국경제신문, 2006), 19쪽.

211) 드러커, 『피터 드러커의 위대한 혁신』, 15-16쪽.

212) 권준, 『우리 교회 이보다 더 좋을 수 있다』 (서울: 두란노, 2007), 48쪽.

213) D. A. Hagner, *Matthew 1-13* (WBC 33A; Dallas, Texas: Word Books, 1993), 64쪽. 모세가 이끈 이스라엘과 예수님이 겪었던 시험의 동질성이 이를 입증할 수 있다. 신명기는 여호와께서 이스라엘을 광야로 이끌어 내어 시험하시는 것이고(신 8:2), 마태복음은 성령께서 예수님을 광야로 이끌어 시험받게 한다. 이스라엘의 40년과 예수님의 40일이 비교되고, 동일하게 '주림'(hunger)이 주요한 동기로 작용한다(신 8:3; 마 4:2).

214) 로버트 치알디니(Robert B. Cialdini), 『설득의 심리학: 사람의 마음을 사로

잡는 6가지 불변의 법칙(*Influence: Science and Practice*)』 (서울: 21세기북스, 2002), 26-27, 37-38쪽.

215) M. W. Fox, Concepts in Ethology: Animal and Human Behavior (Minneapolis: University of Minnesota Press, 1974).

216) 헨리 나우웬(H. J. M. Nouwen), 『예수님의 이름으로: 크리스천 리더십을 다시 생각한다(*In The Name of Jesus: Reflections on Christian Leadership*)』 (두란노출판부 역)(서울: 두란노, 1998).

217) D. T. Olson, *Deuteronomy and the Death of Moses: A Theological Reading* (OBT; Minneapolis: Fortress Press, 1994), 60쪽. "여호와만 사랑하라"는 명령은 이스라엘의 존립이 하나님의 선물과 약속으로만 가능하며 결코 이스라엘 자체의 성취에 달려 있지 않다는 점에서 그 정당성이 입증된다.

218) 나우웬, 『예수님의 이름으로: 크리스천 리더십을 다시 생각한다』, 15-34쪽.

219) 나우웬, 『예수님의 이름으로: 크리스천 리더십을 다시 생각한다』, 35-51쪽.

220) 사이토 다카시(Saito Takashi), 『세계사를 움직이는 다섯 가지 힘(*Saito Takashi No Zakkuri! Sekaishi*)』 (홍성민 역)(서울: 뜨인돌, 2009), 236-63.

221) 나우웬, 『예수님의 이름으로: 크리스천 리더십을 다시 생각한다』, 53-68쪽.

222) S. Dean McBride, Jr., "The Yoke of the Kingdom: An Exposition of Deuteronomy 6:4-5," *Int* 27 (1973), 288, no. 30.

223) T. W. Mann, *The Book of the Torah: The Narrative Integrity of the Pentateuch* (Atlanta: John Knox Press, 1988), 143쪽; B. S. Childs, *Introduction to the Old Testament as Scripture* (Philadelphia: Fortress Press, 1979), 204쪽.

224) Olson, *Deuteronomy and the Death of Moses*, 55쪽. 이것은 물질적이고 정욕적인 세계에 대항하는 영적이고 금욕적인 것을 의미하는 것이 아니라 삶을 가능케 하는 모든 선물이 오직 하나님의 손으로부터 오는 것을 강조하는 것이다.

225) 성경에 "두려워 말라," "강하고 담대하라" 그리고 "놀라지 말라"라는 하나님의 위로와 격려가 자주 등장하는 것만 보아도 알 수 있다(창 15:1; 21:17; 26:24; 46:3; 출 20:20; ;민 21:34; 신 1:21; 2:4; 3:2; 20:1; 31:6; 수 8:1; 10:8; 사

41:10; 렘 1:8; 겔 2:6).

226) Mann, *The Book of the Torah*, 144쪽. 여호와의 가시적인 현현보다도 그의 말씀이 더욱 중요하다는 요지는 구름과 불이라는 가시적 현상이 이스라엘이 요단강을 건너며 사라지고, 그 후에는 여호와의 말씀으로 대변되는 토라가 이스라엘의 삶을 이끈다는 점에서 명백해진다.

227) 엄밀하게 이제 시험은 하나님께서 하실 차례이다(신 8:2-3절에서처럼). 이미 하나님께서는 이스라엘에게 자신의 능력을 가시적으로 과도할 정도로 보여주신 상태이다. 그러나 아직 이러한 하나님의 능력과 돌봄에 대한 이스라엘의 신뢰는 미미한 것이 지나지 않는다.

228) 이처럼 '하나님 말씀-하나님 시험-하나님 경외'라는 세 단계 구도 속에서 그 가운데 있는 '하나님 시험'에 따라서 그 결과가 완전히 다른 방향으로 나아갈 수 있는 특징을 내보이고 있다. '하나님 시험'은 '하나님의 말씀'을 인간의 통제 아래 두려는 욕구의 표출이기에 그 결과는 '하나님 경외'가 아닌 '우상숭배'(하나님을 제외한 모든 것이 포함될 수 있다. 인간의 자아 또한 예외는 아니다.)로 나갈 것이기 때문이다.

229) 제5장 '참예배와 거짓예배를 분별하는 리더'는 이 주제를 분명하게 전개하고 있다.

230) Olson, *Deuteronomy and the Death of Moses*, 60쪽.

231) 어빙 L. 젠센(Irving L. Jensen), 『창세기(*Genesis: A Self-Study Guide*)』(정인찬 역)(서울: 아가페출판사, 1981), 43쪽.

232) 제임스 L. 크렌쇼(J. L. Crenshaw), 『구약지혜문학의 이해(*Old Testament Wisdom: An Introduction*)』(강성열 역)(서울: 한국장로교출판사, 1993), 58-78쪽.

233) 아브라함 요수아 헤셸(A. J. Heschel), 『사람은 혼자가 아니다(*Man Is Not Alone: A Philosophy of Religion*)』(이현주 역)(서울: 한국기독교연구소, 2007), 249-59쪽.

234) 하워드 가드너, 『통찰과 포용』, 467쪽.

235) Eugene Arden, "How Moses Failed God," *JBL* 76 (1957), 50쪽. 아덴은 모

세와 아론의 이 사건을 "오경속에서 가장 수수께끼같이 모호한 사건"(the most enigmatic incident of the Pentateuch)이라고 말하고 있다.

236) Dennis T. Olson, *The Death of the Old and the Birth of the New: The Framework of the Book of Numbers and the Pentateuch* (Brown Judaic Studies 71; Chico, California: Scholars Press, 1985).

237) Peter D. Miscall, "Moses and David: Myth and Monarchy," in *The New Literary Criticism and the Hebrew Bible*, eds. J. Cheryl Exum & David J. A. Clines (Pennsylvania: Trinity Press International, 1993), 186쪽, n. 5.

238) 이에 대한 반대 의견은 알스트룀 (G. W. Ahlström, "Another Moses Tradition," *JNES* 39 [1980], 65-69쪽)이 제시하는데 그는 사무엘상 12장 8절 "야곱이 애굽에 들어간 후 너희 열조가 여호와께 부르짖으매 여호와께서 모세와 아론을 보내사 그 두 사람으로 너희 열조를 애굽에서 인도하여 내어 이곳에 거하게 하셨으나"라는 구절 속에 또 다른 모세에 관한 이야기가 있다고 본다. 여기서는 가나안 정착이 여호수아에 의해서가 아니라 모세와 아론에 의해서 이루어졌다고 기록하고 있기 때문이다.

239) Arvid S. Kapelrud, "How Tradition Failed Moses," *JBL* 76 (1957), 242쪽.

240) G. B. Gray, *A Critical and Exegetical Commentary on Numbers* (Edinburgh: T. & T. Clark, 1976), 262쪽.

241) Arden, "How Moses Failed God," 52쪽.

242) George W. Coats, *Rebellion in the Wilderness* (Nashville: Abingdon, 1968), 71-82쪽.

243) William. H. Propp, "Why Moses Could Not Enter the Promised Land," *BibRev* 14 (1998), 36-40, 42-43쪽.

244) Katharine Doob Sakenfeld, "Theological and Redactional Problems in Numbers 20.2-13," in *Understanding the Word: Essays in Honor of Bernhard W. Anderson*, eds. J. T. Butler, E. W. Conrad & B. C. Ollenburger (JSOTsup. 37; Sheffield: JSOT Press, 1985), 133-154쪽.

245) Philip J. Budd, *Numbers* (WBC; Waco, Texas: Word Books, 1984), 218쪽.

버드는 만약 지팡이 자료가 이 사건의 원래적인 요소였다면, 왜 모세에게 이러한 명령이 주어졌는지가 아주 선명치 않다고 한다.

246) 마틴 노트(Martin Noth), 『민수기(*Das vierte Buch Mose: Numeri*)』 (국제성서주석 4; 서울: 한국신학연구소, 1993), 161쪽.

247) Sakenfeld, "Theological and Redactional Problems," 143쪽.

248) Budd, *Numbers*, 219쪽. 르비딤은 백성들이 이스라엘을 시험하고 다투었으므로 그 명칭은 맛사 혹은 므리바가 된다. 그러나 가데스(콰데쉬)라는 지명은 모세가 여호와의 거룩함(콰다쉬)을 나타내지 못하였다는 의미를 함축하고 있는 듯하고, 이스라엘은 여호와와 다투었으므로 므리바 물이라는 칭호를 받는다.

249) 전체적인 이야기들을 종합해 볼 때 지팡이가 나타나는 자료들이 주로 JE 혹은 오로지 E문서(모세)와 P문서 (아론)로 나뉘어 진다.

250) W. H. Propp, "Why Moses Could Not Enter the Promised Land," 22쪽. 프뢉은 모세의 지팡이는 JE혹은 오로지 E자료로 아론의 지팡이는 P자료로 본다. 그리고 결국 아론의 지팡이가 모세의 지팡이를 대신하는 것으로 결론지어지고 모세의 지팡이는 다시는 나타나지 않는 것으로 본다.

251) Sakenfeld, "Theological and Redactional Problems," 145쪽.

252) Sakenfeld, "Theological and Redactional Problems," 144쪽.

253) 마틴 노트(Martin Noth), 『출애굽기(*Das zweite buch Mose: Exodus*)』 (국제성서주석 2; 서울: 한국신학연구소, 1994), 169쪽.

254) 노트, 『민수기』, 161쪽; Sakenfeld, "Theological and Redactional Problems," 143쪽; Propp, "Why Moses Could Not Enter the Promised Land," 22쪽.

255) Propp, "Why Moses Could Not Enter the Promised Land," 36-40, 42-43쪽.

256) William H. Propp, "The Rod of Aaron and the Sin of Moses," *JBL* 107 (1988), 22쪽.

257) 홍해의 기적과 요단강의 기적에 관한 평행적 요소의 비교는 다음의 자료들을 참고 하시오. G. W. Coats, "The Song of the Sea," *CBQ* 31 (1969), 16-17쪽; B. S. Childs, "A Traditio-Historical Study of the Reed Sea Tradition," *VT* 20 (1970), 414-415쪽; T. W. Mann, "The Pillar of Cloud in the Reed Sea

Narrative," *JBL* 90 (1971), 15-30쪽; Thomas B. Dozeman, "The yam-sûp in the Exodus and the Crossing of the Jordan River," *CBQ* 58 (1996), 411, 414쪽.

258)법궤 이야기와 출애굽의 애굽의 재앙들 사이의 연관 관계를 연구한 학자들의 분석결과를 참고하라. Joseph Bourke, "Samuel and the Ark: A Study in Contrasts," *DS* 7 (1954), 73-103쪽; D. Daube, *The Exodus Pattern in the Bible* (London: Faber and Faber, 1963), 73-88쪽; Moshe Garsiel, *The First Book of Samuel: A Literary Study of Comparative Structures, Analogies and Parallels* (Ramat-Gan: Revivim Publishing House, 1985), 51-54쪽; David Damrosch, *The Narrative Covenant, Transformations of Genre in the Growth of Biblical Literature* (Ithaca, New York: Cornell University, 1987), 182-192쪽; Yair Zakovitch, *"And you shall tell your son..." The Concept of the Exodus in the Bible* (Jerusalem: The Magnes Press, 1991), 52-53쪽; John E. Harvey, "Tendenz and Textual Criticism in 1Samuel 2-10," *JSOT* 96 (2001), 71-81쪽; Charles David Isbell, *The Function of Exodus Motifs in Biblical Narratives: Theological Didactic Drama* (SBEC 52; New York: The Edwin Mellen Press, 2002), 115-123쪽.

259)Budd, *Numbers*, 114쪽. 버드는 이 두 구절인 호밥(민 10:31)과 법궤 이야기(10:33)의 갈등을 간단하게 정리한다. 호밥 이야기는 마지막 저자가 알고 있던 다른 전통(J 혹은 E 문서)에서 온 것이고, 법궤 이야기는 그가 정말 강조하고 싶은 사람의 인도가 아닌 신적인 인도에 대한 중요성을 피력하기 위함이라고 본다.

260) 존 맥스웰(John Maxwell), 『성경에서 배우는 불변의 리더십(*The 21 Most Powerful Minutes in a Leader's Day*)』 (서울; 청우, 2001), 347쪽. 오스왈드 샌더스(J. Oswald Sanders), 『영의 지도(*Spiritual Leadership*)』 (서울: 보이스사, 1985), 306쪽.

261) 앤디 스탠리 외, 『성공하는 사역자의 7가지 습관』, 181-82쪽.

262) James G. Williams, "What Does It Profit A Man?: The Wisdom of Koheleth," in *Studies in Ancient Israelite Wisdom*, ed. J. L. Crenshaw (New York: Ktav Pub. House, 1976), 376-77쪽; Michael V. Fox, "The Meaning of

Hebel for Qohelet," *JBL* 105 (1986), 409-427쪽.

263) 블랙커비, 『영적 리더십』, 224쪽.

264) G. W. Coats, "An Exposition for the Conquest Theme," *CBQ* 47 (1985), 50.

265) Dennis J. McCarthy, "An Installation Genre?" *JBL* 90 (1971), 31; Norbert Lohfink, "The Deuteronomistic Picture of the Transfer of Authority from Moses to Joshua: A Contribution to an Old Testament Theology of Office," in *Theology of the Pentateuch: Themes of the Priestly Narrative and Deuteronomy*, trans. Linda M. Maloney (Minneapolis: Fortress Press, 1994), 241쪽.

266) 블랙커비, 『영적 리더십』, 223쪽.

267) 코우츠, 『모세: 영웅적 인간, 하나님의 사람』, 249-50쪽.

268) John van Seters, *The Life of Moses: The Yahwist as Historian in Exodus-Numbers* (Louisville, Kentucky: Westminster, 1994), 456쪽. 밴 세터스는 모세의 무덤을 아는 자가 없다는 말은 이스라엘에서 '영웅숭배를 막기 위한 한 방식'(as a safeguard against undue hero worship)으로 이해한다.

269) 정진홍, "죽음. 종교. 문화," 『기독교사상』 286호 (1982), 82-93쪽. 이스라엘에서는 죽음을 어떻게든 비신화화 하려는 움직임을 느낄 수 있다. 에덴동산에서 죽음과 불순종이 밀접하게 연관되는 것만 보아도 그 사실을 쉽게 알 수 있다.

270) 이희학, 『구약성서와 조상숭배』 (서울: 프리칭아카데미, 2007), 100-113쪽. 사무엘상 28장 13절에 사무엘이 지하 죽음의 세계에서 올라올 때 신접한 여인이 "내가 신이 땅에서 올라오는 것을 보나이다"라고 한다. 여기서 '신'이라 번역된 히브리어는 '엘로힘'(אֱלֹהִים)으로 '하나님'이나 이방의 다른 '신들'을 지칭할 때 쓰는 용어이다.

271) 롤랑 드보(Roland de Vaux), 『구약시대의 생활풍속(*Das Alte Testament und seine Lebensordnungen*)』 (서울: 대한기독교출판사, 1983), 115-119쪽.

272) 우택주, 『8세기 예언서 이해의 새 지평: 사회과학 비평적 읽기』 (서울: 대한기독교서회, 2005), 169-223쪽.

273) 이희학, 『구약성서와 조상숭배』, 82, 168쪽; J. Blenkinsopp, "Deuteronomy and the Politics of Post-Mortem Existence," *VT* 45 (1995), 11-15쪽.

274) Hans Walter Wolff, *Anthropology of the Old Testament* (Philadelphia: Fortress, 1974), 103–104쪽.

275) 이희학, 『구약성서와 조상숭배』, 178–79; John D. W. Watts, *Isaiah 34–66* (WBC; Waco, Texas: Word Books, 1987), 343쪽. 이 사실을 죽은 자의 영과 접촉하는 신접을 동반한 죽은 자 제의로 본다.

276) K. Yassine, "Social–Religious Distinctions in Iron Age Burial Practice in Jordan," in *Midian, Edom and Moab: The History and Archaeology of Late Bronze and Iron age Jordan and North–West Arabia,* eds. J. F. A. Sawyer & D. J. A. Clines (JSOTSup. 24; Sheffield: JSOT Prsess, 1983), 33쪽.

277) 이희학, 『구약성서와 조상숭배』, 152–156쪽.

278) Wolff, *Anthropology of the Old Testament*, 104쪽.

279) Eugene H. Merrill, *Deuteronomy* (NAC; USA: Broadman & Holman Publishers, 1994), 453쪽. 메릴은 모세의 무덤을 숨기신 이유가 이스라엘이 여호와의 명령인 모세는 요단을 건너 가나안에 들어갈 수 없다는 것을 어기고 모세의 시신을 가지고 요단을 건널까봐 였다고 본다.

280) P. C. Craigie, *The Book of Deuteronomy* (NICOT; Grand Rapids, Mich: Eerdmans, 1976), 405쪽.

281) 코우츠, 『모세: 영웅적 인간, 하나님의 사람』, 248쪽.

282) Wolff, *Anthropology of the Old Testament*, 101쪽.

283) Patrick D. Miller, *Deuteronomy* (Int.; Louisville: John Knox Press, 1990), 244쪽.

284) 여호수아 1:7, 13; 4:10, 12; 8:31, 32, 33, 35; 9:24; 11:12, 15(3번), 20, 23; 14:2, 5; 20:2; 21:2, 8; 22:2, 5, 9; 23:6.

285) Peter Enns, "Law of God(תּוֹרָה)," in *New International Dictionary of Old Testament Theology & Exegesis*, vol. 4, ed. W. A. van Gemeren (Grand Rapids, Mich.: Zondervan Publishing House, 1997), 893–900쪽; M. H. Woudstra, *The Book of Joshua* (NICOT; Grand Rapids, Mich.: Eerdmans, 1981), 62쪽. 우드스트라는 '토라'를 이스라엘을 위한 하나님의 총체적인 구원의 역사가 총망라되어 있는 하나님의 계시언어라고 본다. 참고: 매칸, 『새로운

시편여행』,22-23쪽; 메이스, 『시편』, 79쪽.

286) 최인철, 『나를 바꾸는 심리학의 지혜 프레임』 (서울: 21세기북스, 2007).

287) Nohrnberg, *Like Unto Moses*, 148쪽.

288) Michael Fishbane, *Biblical Interpretation in Ancient Israel* (Oxford: Clarendon Press, 1985), 359쪽; E. M. Good, "Joshua, Son of Nun," in *IDB*, vol. II (Nashville: Abingdon, 1962), 996쪽.

289) Peter D. Miscall, "Moses and David: Myth and Monarchy," in *The New Literary Criticism and the Hebrew Bible*, eds. J. Cheryl Exum & D. J. A. Clines (Pennsylvania: Trinity Press International Valley Forge, 1993), 187-88쪽; Mark A. O'Brian, "The 'Deuteromistic History' as a Story of Israel's Leadership," *AusBibRev* 37 (1989), 22쪽.

290) Barry G. Webb, *The Book of Judges: An Integrated Reading* (JSOTSup. 46; sheffield: Sheffield Academic Press, 1987), 148-153쪽. 웹은 이런 비교를 통해서 기드온을 '모세적 경건의 모델'(a model of Mosaic piety)로 본다. J. Cheryl Exum, "The Centre Cannot Hold: Thematic and Textual Instabilities in Judges," *CBQ* 52 (1990), 417쪽.

291) Robert Alter, *The World of Biblical Literature* (New York: Basic Books, 1992), 126-128쪽; Graeme A. Auld, "Gedeon: Hacking at the Heart of the Old Testament," VT 39 (1989), 258, 267쪽(257-267); Robert H. O'Connell, *The Rhetoric of the Book of Judges* (VTSup. 63; Leiden: Brill, 1996), 162-163쪽.

292) Webb, *The Book of Judges*, 174쪽.

293) D. W. Gooding, "The Composition of the Book of Judges," *Eretz-Israel* 16 (1982), 73쪽(70-79).

294) Exum, "The Centre Cannot Hold," 423쪽; W. Lee Humphreys, *The Tragic Vision and the Hebrew Tradition*, (OBT 18; Philadelphia: Fortress Press, 1985), 69쪽; Alexander Globe, "'Enemies Round About': Disintegrative Structure in the Book of Judges," in *Mappings of the Biblical Terrain: The Bible as Texts*, eds. Vincent L. Tollers & John Maier (BucRev 33; Lewisburg:

Bucknell University Press, 1990), 24쪽(233-51).

295) Rolf Rendtorff, "Samuel the Prophet: A Link Between Moses and the Kings," in *The Quest for Context and Meaning: Studies in Biblical Intertextuality in Honor of James A. Sanders*, eds. Craig A. Evans & S. Talmon (Leuven: Brill, 1997), 27쪽(27-36).

296) Harvey, "*Tendenz* and Textual Criticism in 1Samuel 2-10," 74-76쪽; Bourke, "Samuel and the Ark: A Study in Contrasts," 96-97.

297) Rendtorff, "Samuel the Prophet: A Link Between Moses and the Kings," 27-36; Walter Brueggemann, "ISamuel 1: A Sense of Beginning," *ZAW* 102 (1990), 33쪽.

298) Nohrnberg, *Like unto Moses*, 248-249쪽; Robert B. Lawton, "Saul, Jonathan and the 'Son of Jesse'," *JSOT* 58 (1993), 35-46.

299) Isbell, *The Function of Exodus Motifs in Biblical Narrative*" 143쪽.

300) Oblath, "Of Pharaohs and Kings-Whence the Exodus," 25쪽; Frisch, "The Exodus Motif in 1Kings 1-14," 14쪽; Zakovitch, *"And You Shall Tell Your Son…"* The Concept of the Exouds in the Bible, 88쪽; Brueggemann, *1 and 1Kings*, 43쪽.

301) Isbell, *The Function of Exodus Motifs*, 151쪽; Jerome T. Walsh, "Elijah," in *ABD*, vol. 2 (New York: Doubleday, 1992), 463쪽.

302) R. P. Carroll, "The Elijah-elisha Sagas: Some Remarks on Prophetic Succession in Ancient Israel," VT 19 (1969), 403쪽; Keith W. Whitelam, "Elisha," in *ABD*, vol. 2 (New York: Doubleday, 1992), 472쪽; Ishbell, *The Function of Exodus Motifs*, 161-62쪽.

303) Robert B. Coote, "Yahweh Recalls Elijah," in *Traditions in Transformation: Turning Points in Biblical Faith*, eds. B. Halpern & Jon D. Levenson (Winona Lake, Indiana: Eisenbrauns, 1981), 119쪽; Isbell, *The Function of Exodus Motifs*, 162쪽

304) Whitelam, "Elisha," 472-73쪽.

305) Richard Elliott Friedman, *Who Wrote the Bible* (New York: Harper & Row Publishers, 1987), 111-13쪽; Dale C. Allison, *The New Moses: A Matthean Typology* (Minneapolis: Fortress Press, 1993), 46-47쪽.

306) Friedman, *Who Wrote the Bible*, 113-14쪽.

307) Christopher T. Begg, "The Interpretation of the Gedaliah Episode(2Kgs 25,22-26) in Context," *Antonianum* 62 (1987), 7-8쪽.

308) W. Holladay, "The Background of Jeremiah's Self Understanding: Moses, Samuel and Psalm 22," *JBL* 83 (1964), 153-64; idem, "Jeremiah and Moses: Further Observation," *JBL* 85 (1966), 17-27; Christopher R. Seitz, "The Prophet Moses and the Canonical Shape of Jeremiah," *ZAW* 101 (1989), 3-27쪽; R. E. Clements, "Jeremiah 1-25 and the Deuteronomistic History," in *Understanding Poets and Prophets*, ed. A. G. Auld (JSOTSup. 152; Sheffield: JSOT Press, 1993), 94-113.

309) B. Iersel & a. Weiler, eds., *Exodus-A Lasting Paradigm* (New York: T & T Clark, 1987).

310) 코우츠, 『모세: 영웅적 인간, 하나님의 사람』, 330-31쪽.

311) H. McKeating, "Ezekiel the 'Prophet Like Moses'?" *JSOT* 61 (1994), 97-109쪽; Risa Levitt Kohn, "A Prophet Like Moses? Rethinking Ezekiel's Relationship to the Torah," *ZAW* 114 (2002), 236-254쪽.

312) 마크 A. 트론베이트(Mark A. Throntveit), 『에스라-느헤미야(*Ezra-Nehemiah*)』 (Int.; 서울: 한국장로교출판사, 2001).

313) 신명기 역사 신학의 마지막 책인 열왕기하 25장 27-30절은 바벨론에서 여호야긴 왕의 지위가 회복되어 진 것으로 그 역사를 마감하고 있다. 그리고 예레미야 28장 1-4절에는 이미 시드기야왕 4년에 포로 되어진 유다민족과 여호야긴 왕이 두 해가 가기 전에 하나님께서 회복시키실 것이라는 예언이 난무하고 있었음을 살펴볼 수 있다. 그러나 예레미야는 그 다음 장에서 단호하게 그 기간은 70년이 될 것이라고 선언하고 있다 (29:1-14).

314) 크리스띠안 메로즈, 『귀양간 에스델: 다름의 영성을 위하여』 (전유미 역)

(서울: 성서와함께, 2000), p. 57.

315) Charles E. Hambrick-Stowe, "Ruth the New Abraham, Esther the New Moses," *ChrCen* 100 (1983), 1130-1134쪽.

316) 길리 게를레만(Gilli Gerleman), "에스더서 연구(*Studien zu Esther*)," 『에스더서 연구』 (전경연 편집)(서울: 대한기독교서회, 1976), 33-70쪽.

317) Pritchard, ed., *Ancient Near Eastern Texts*, 315-16쪽.

318) W. Sibley Towner, *Daniel* (Int.; Atlanta: John Knox Press, 1984), 128-29쪽.

319) 구체적인 역사를 이해하기 위해서는 '마카비상. 하' 그리고 요세푸스의 '유대 전쟁사'와 '유대 고대사'를 참고할 필요가 있다. 참조, D. S. 러셀(Russell), 『신구약 중간시대(*Between the Testaments*)』 (임태수 역)(서울: 컨콜디아사, 1977); 베르너 푀르스터(Werner Förster), 『신구약 중간사(*From the Exile to Christ: A Historical Introduction to Palestinian Judaism*)』 (문희석 역)(서울: 컨콜디아사, 1980).

320) John Dominic Crossan, "From Moses to Jesus: Parallel Themes," *BibRev* 2 (1986), 18-27쪽; 김득중, 『복음서 신학』 (서울: 컨콜디아사, 1991), 17-32쪽.

321) Chrys C. Caragounis, *The Son of Man: Vision and Interpretation* (Tübingen: J. C. B. Mohr, 1986), 111쪽.

322) 코비, 『성공하는 사람들의 7가지 습관』, 11쪽. 그의 '감사의 말'에서 인용.

323) 엘룰, 『존재의 이유(*La Raison D'être*)』, 65쪽.

324) 마르틴 부버, 『나와 너(*Ich und Du*)』 (김천배 역)(서울: 대한기독교서회, 1973).

325) Olson, *Deuteronomy and the Death of Moses*, 61쪽.

326) P. D. Miller, "Moses My Servant: The Deuteronomic Portrait of Moses," *Int* 41 (1987), 245-55쪽. '여호와의 종'이라는 호칭은 소수의 사람들만이 들은 것이다(수 24:29; 삿 2:8; 삼하 3:18; 7:5, 8; 왕상 11:13; 14:8; 왕하 18:12; 19:34; 21:8; 욥 1:8; 42:8; 사 20:3; 41:8-9; 42:1; 44:1; 52:13; 53:11).

장별
나눔

## 제 1 장 | 고주몽, 고레스 대 모세

1. 리더는 탄생되는 것인가요, 아니면 훈련으로 이루어지는 것인가요?

(1) 각자가 생각하는 리더의 중요한 자질을 나누어보세요.
(2) 그리고 그 자질들이 선천적으로 탄생 때 주어지는 것인지, 아니면 후천적인 훈련을 통해 이루어지는 지를 분석해 보세요.

2. 성경 속에서 리더의 탄생 이야기는 어떤 목적을 가지고 있다고 생각하시나요?(예, 이삭, 야곱, 모세, 삼손, 사무엘 등)

3. 모세의 탄생 이야기와 하나님과 바로 왕의 지혜의 대결은 어떤 연관관계를 가지고 있나요?

4. 리더의 탄생과 훈련은 어떤 상관관계를 가지고 있는 것인가요?

(1) 탄생 이야기가 없고 훈련만 있는 리더와
(2) 탄생 이야기와 훈련이 조화를 이루고 있는 리더의 비교

5. 각자의 탄생 이야기를 나누어 보세요. 태몽이 있느냐, 없느냐 혹은 탄생 신화가 있느냐, 없느냐가 아니라 자신의 탄생의 의미를 인지하고 있는가, 아닌가를 나누는 것입니다.

## 제 2 장 | 성경적 리더란?

1. 출애굽의 영웅은 누구라고 생각하시나요? 모세인가요, 하나님이신가요? 그 대답에 따라 성경적 리더십과 세상적 리더십의 갈라짐이 만들어질 것입니다.

2. 모세의 이틀에 걸친 나들이에서 발생했던 사건들은 리더십에 어떤 의미를 던져 주나요?

   (1) 한 애굽인을 치고, 한 히브리인 동족을 구출한 사건
   (2) 한 히브리인이 동족 히브리인을 치는 것을 중재함

3. 모세가 미디안 광야에서 40년간 지내며 배운 것은 무엇인가요?

   (1) 목자로서의 40년 – "내가 누구관대?"
   (2) 하나님께 받은 응답 – "내가 반드시 너와 함께 하리라"

4. 여호와께서 자신의 이름을 계시하시고, 모세에게 기적을 일으키는 능력까지 부여해 주시는 이유는 무엇인가요? 이 속에는 때로 인간이 부여받은 은사로 인해 교만해질 수 있음에도 이렇게 계시와 능력을 주시는 하나님의 뜻은 무엇인가요?

5. 모세라는 리더의 경험은 어떤 의미로 다가오나요?

   *모세의 탄생　　　　　　　*모세의 나일강 구출
   *모세의 미디안 광야 경험　　*모세의 호렙산 소명체험

   (1) 모세의 경험과 이스라엘 백성의 관계
   (2) 각자의 삶의 경험과 리더십의 관계를 나눔

## 제 3 장 | 하나님의 왕 되심을 증거 하는 리더

1. 지금 현재 이 세상의 문명을 바라보면 가장 먼저 무엇이 느껴지나요? 인간의 능력인가요 아니면 하나님의 능력인가요?

(1) 인간 문명사의 변화 속에서

(2) 역사의 흐름 속에서

2. 이스라엘이 인간이 신이 된 세상 속에서 겪은 일과 그렇게 될 수밖에 없는 이유가 무엇인지 나누어 보세요.

(1) 인간이 신이 된 세상의 특징

(2) 여호와 하나님이 인간을 이끄는 세상의 특징

3. 애굽에 내린 열 가지 재앙 사건을 통해 드러나는 진실은 무엇인가요?

(1) 애굽의 신들과 여호와의 비교

(2) 재앙 사건들과 천지창조의 비교

4. 구원 받은 공동체가 해야 할 가장 최고의 사명은 무엇인가요?

5. 각자 자신의 삶에서 가장 기쁘게 올려드리는 찬양의 내용과 이유를 나누어 보세요.

## 제 4 장 | 예배를 회복하는 리더

1. 15세기부터 현재까지 인류 문명사의 변천은 급박하게 이루어져왔습니다. 특히 '르네상스-종교개혁-과학혁명의 시대'로 이어지는 변화는 인간을 어느 단계까지 올려놓았나요?

2. 예배는 하나님께서 행하신 은혜에 대한 찬양을 그 근본으로 하고 있습니다. 자신에게 행해주신 하나님의 행하심을 나누어 보세요.

3. 이 세상에는 두 종류의 일이 있는데 바로 노동과 예배라 할 수 있습니다. 노동과 예배의 히브리어 단어를 통해 이렇게 나뉘는 근본 이유를 살펴보고, 자신은 어느 쪽에 서 있는지를 나눠보세요.

4. 이스라엘이 애굽에서 비돔과 라암셋을 짓는 것과 성막을 짓는 것의 차이점은 무엇인가요? 그리고 성막과 천지창조의 연관성을 통해 무엇을 알 수 있나요?

5. 각자가 생각했던 예배와 본장이 말하는 예배의 공통점과 차이점을 나누어 보세요.

## 제 5 장 | 참 예배와 거짓 예배를 분별하는 리더

1. 세상 리더십의 최종적인 목표와 성경적 리더십의 최종적인 목표의 현저한 차이점은 무엇인가요?(하워드 가드너의 여섯 가지 리더십 원리와 마틴 루터 킹 목사의 비교를 통해서)

2. 금송아지 우상은 어떤 의미를 가지고 있나요?

3. 우상숭배의 치명적인 병폐는 무엇이라 할 수 있나요?
(금송아지와 여호와 하나님의 언약의 비교를 통해서)

4. 우상숭배와 그리스-로마 신화 그리고 바알 신화를 비교해 보고, 하나님 예배와의 차이점을 나누어 보세요.
(1) 정의에 대한 개념 차이
(2) 신화와 하나님의 율법의 차이

5. 각자 자신이 하나님께 올려 드리는 예배가 우상적 요소가 철저히 사라진 참 예배인지에 대해 나누어 보세요.

## 제 6 장 | 기도의 의미를 깨닫는 리더

1. 하나님을 믿고 신뢰하는 사람에게 있어서 기도와 무신론자에게 있어서의 기도는 어떤 느낌의 차이가 있나요?

2. 모세가 바로 앞에 서서 하나님의 뜻을 전했으나 바로의 무시로 소명이 실패로 끝났을 때 하나님께 올린 불평과 원망의 기도는 정당한 것인가요?

3. 모세의 불평과 원망의 기도에 대한 하나님의 응답으로 레위 지파의 족보 제시는 모세의 탄식 기도와 어떤 연관관계가 있나요?

4. 모세가 금송아지 숭배로 타락한 이스라엘을 진멸하시려는 하나님의 계획을 돌이키려고 하는 것은 우리에게 어떤 기도의 자세를 일깨워주나요?

5. 각자의 삶 속에서 응답받는 기도와 응답하는 기도의 예를 들어보고, 어느 쪽에 초점이 더 맞춰져 있는지를 나누어 보세요.

## 제 7 장 | 대안을 제시하는 리더

1. 세상 리더십 원리를 다루는 책들이 제시하는 대안과 그리스도인들이 이루어야 할 대안은 어떤 점에서 함께 할 수 없는 차이점이 있나요?
   (트레이시와 코비의 이론과 그리스도인의 길을 비교)

2. 하나님께서 이스라엘에게 제시한 대안의 땅인 가나안은 애굽 땅과 비교해서 어떤 점에서 온전한 대안이 될 수 있는 땅인가요?

3. 대안의 땅인 가나안과 에덴동산은 어떤 점에서 공통점을 가지고 있나요?

4. 잃어버린 에덴의 회복이 될 수 있는 대안인 가나안 땅은 어떻게 에덴으로 가꾸어 갈 수 있나요?

5. 각자가 품고 있는 비전이 하나님께서 계획하신 대안의 땅과 어떤 점에서 차이가 있고, 어떤 부분에서 공통점이 있는지 나누어 보세요.

## 제 8 장 | 본질을 직시하는 리더

1. 각자 21세기가 필요로 하는 리더십의 본질이 무엇인지를 나누어 보세요.

2. 동물 생태 실험에서 어미 칠면조와 박제된 족제비 사례와 검치베도라치와 큰 농어과 물고기 사례를 통해 각자 자신을 그렇게 마비시키는 다른 사람의 행동이나 말이 있는지를 나누어 보세요.

3. 헨리 나우웬의 『예수님의 이름으로』 라는 책의 요약을 통해 살펴본 예수님이 겪은 사탄의 세 가지 시험과 자신의 삶의 정황을 비교해 보세요.

4. 사탄의 세 가지 시험을 극복하는 길을 신명기에서 모세를 통해 주신 말씀과 더불어 나누어 보세요.

5. 그리스도인 리더로서 마음에 새겨야 할 본질이 무엇인지를 서로 나누어 보세요.

## 제 9 장 | 리더십의 실패

1. 리더들이 실패하는 가장 주요한 이유들에는 무엇이 있는지를 나누어 보세요.

2. 모세가 약속의 땅에 들어갈 수 없다는 선고를 받은 주요한 이유는 무엇이라고 생각하셨나요? 각자가 생각했던 이유들과 여기에 주어진 이유를 비교해 보세요.

3. 출애굽기의 르비딤 므리바(출 17:1-7)와 민수기의 가데스 므리바(민 20:1-13)의 비교를 통해서 공통점과 차이점을 나누어 보세요.

4. 모세의 지팡이와 여호와의 법궤의 공통점은 무엇인가요? 그리고 이 둘 사이의 차이점은 무엇인가요? 이러한 비교가 모세의 리더십 실패와 어떤 연관이 있는지 나누어 보세요.

5. 모세가 가나안 땅에 들어가지 못한 근본적인 이유와 각자의 리더로서의 행동들을 비교하며 자신은 하나님께 어떤 평가를 받을 수 있다고 생각하는지를 서로 나누어 보세요.

## 제 10 장 | 정신적 유산을 물려주는 리더

1. 여러 가지 리더십의 유형을 살펴보며 리더십의 승계가 원활하게 이루어지지 않는 이유를 분석해 보세요. 그리고 하나님의 교회 안에서 리더십의 승계가 어떻게 이루어져야 할지를 나누어 보세요.

2. 가장 성경적인 리더십의 승계는 어떤 원칙을 따라야 하는지를 살펴보고, 모세와 여호수아의 승계가 왜 가장 이상적인 리더십의 전이를 보여주고 있는지에 대해 나누어 보세요.

3. 리더십 승계에 가장 중요한 요소는 무엇인지를 살펴보며, 모세의 무덤을 숨기시는 하나님의 의중을 나누어 보세요.

4. 리더가 가져야 할 정신을 생각과 판단의 틀인 프레임과 비교하며, 그리스도인 리더가 갖추어야 할 판단의 프레임이 무엇인지를 나누어 보세요.

5. 각자 지금까지 자신이 갖고 있었던 판단의 프레임을 생각해 보고, 선임자로서 자신은 어떤 정신을 후임자에게 전할 것인지를 나누어 보세요.

## 제 11 장 | 새로운 모세를 기다리며

1. 모세-여호수아 이루에 그와 같은 리더십의 정신과 승계가 바르게 이루어진 사람들이 있었나요? 모세와 같은 선지자로 세움 받은 리더로 누가 생각나는 사람을 나누어 보세요?

2. 기드온, 삼손, 사무엘, 다윗-솔로몬, 엘리야-엘리사 그리고 요시야에 대하여 리더십과 리더십 승계에 대해 나누어 보고, 이들의 성공과 실패의 원인을 서로 나누어 보세요.

3. 바벨론 포로기 즈음의 예레미야와 포로 해방기의 스룹바벨-여호수아 그리고 디아스포라 공동체의 희망이었던 에스더-모르드개에 대해 모세의 리더십과 연관해서 나누어 보세요.

4. 예수님과 모세의 리더십은 어떤 공통점이 있으며, 차이점이 있는지를 나누고, 왜 예수님이 그리스도인 리더십의 완성이며 원형이라 할 수 있는지를 서로 나누어 보세요.

5. 이제 마지막으로 모세의 생애를 통해 살펴본 리더십의 교훈을 통해 각자의 마음속에 자리 잡은 성경적 리더십을 나누어 보세요.